2007年

山西银行业监管统计年鉴

Shanxi Banking Supervision Statistical Yearbook

山西银监局　编

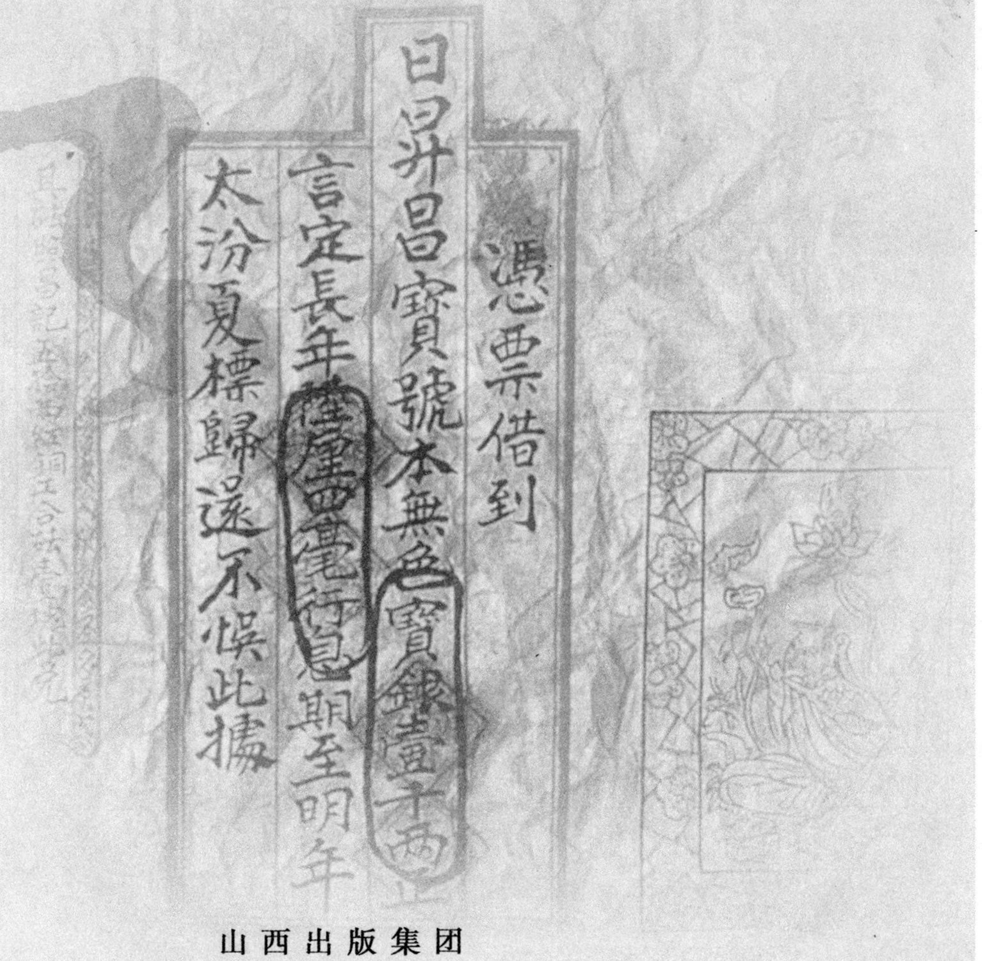

山西出版集团
山西经济出版社

图书在版编目(CIP)数据

2007年山西银行业监管统计年鉴/山西银监局编.
太原:山西经济出版社,2008.12

ISBN 978-7-80767-115-2

Ⅰ.2… Ⅱ.山… Ⅲ.银行监督-统计资料-山西省-2007-年鉴 Ⅳ.F832.725-54

中国版本图书馆CIP数据核字(2008)第203272号

2007年:山西银行业监管统计年鉴

编 者:山西银监局

责任编辑:董利斌

设计制作:山西银行业监管统计年鉴编委会
印彩图文工作室

出 版 者:山西出版集团·山西经济出版社

地 址:太原市建设南路21号

邮 编:030012

电 话:0351-4922133(发行中心)
0351-4922085(综合办)

E-mail: sxjjfx@163.com
jingjshb@sxskcb.com

网 址:www.sxjjcb.com

经 销 者:山西经济出版社

承 印 者:山西煤炭地质制图印务中心

开 本:889mm×1094mm 1/16

印 张:27

字 数:350千字

版 次:2008年12月 第1版

印 次:2008年12月 第1次印刷

书 号:ISBN 978-7-80767-115-2

定 价:360元

献给改革开放三十年

山西银监局用数字展示监管成果

《山西银行业监管统计年鉴》

编委会和编辑人员

编者说明

一、《山西银行业监管统计年鉴》系统收录了山西省以及各地市银行业机构的主要监管统计数据，是一套全面反映山西银监局成立以来，银行业业务发展情况的资料性书籍。

二、本年鉴正文内容分为六个篇章，即：①机构概览，②形势分析，③全省汇总数据，④分机构数据，⑤分地市数据，⑥图表。

三、本年鉴全省汇总数据直接来源于各银行业机构报送的汇总数据。

四、本年鉴所统计银行业数据均为本外币业务数据。

五、由于数据来源于不同的统计制度，数据不符之处均在下方有标注。

六、符号使用说明：“空格”表示该项统计数据为“0”。“—”在分机构表中，表示某机构未成立；在全省汇总表中表示由于制度原因，未取得该项数据。

目　　录

五、分地市数据

六、图表

附：

1

机构概览

Survey agencies

国家开发银行山西省分行

截至2007年底，国家开发银行山西省分行正式在册员工118人，具有高级职称的员工共29名，占员工总数的24.5%，具有中级职称的27名，占员工总数的22.8%。共设15个职能处室，行长1名，副行长4名，处级干部35名。

2007年，国家开发银行山西省分行以结合山西省情全面推进开发性金融作为主线，继续增强金融服务能力。特别是在金融推动“水利建设”、“棚户区改造”、“中小企业发展”、全国第一个“省级创业投资风险基金”、“大同商行重组”、“全国扶贫开发试点”、“国际合作业务”、“产业融资支持”等方面加强了机制创新、业务创新、内部控制和风险化解工作，在大力引入新员工，保持人均利润和可持续发展能力的同时，有力地促进了山西省经济社会的进一步和谐发展。

截至2007年底，国家开发银行山西省分行本外币资产总额635.35亿元，负债总额623.03亿元；本外币存款余额72.25亿元，较年初减少3.76亿元；本外币贷款余额604.36亿元，较年初增加63.27亿元；中间业务收入实现0.768亿元；实现利润12.32亿元，人均创利1044万元。

中国农业发展银行山西省分行

中国农业发展银行山西省分行成立于1995年，截至2007年底，共有68个机构，其中：1个省分行机关，1个省分行营业部，10个市分行，9个市分行营业部，47个县（市、区）支行；另外，还有53个客户服务组。截至2007年底，共有从业人员1640人。

2007年，中国农业发展银行山西省分行紧紧围绕全省新农村建设和“两区”开发建设，加快业务发展，狠抓经营管理，各项业务得到了稳步、健康发展。本年在继续做好粮棉购、销、储主营业务和农业产业化龙头企业、加工企业等商业性信贷业务的基础上，先后开办了农业基础设施建设、农业综合开发、农业小企业、农业科技贷款等新业务，在支持全省新农村建设和农业经济发展中的骨干和支柱作用更加突出。

截至2007年底，中国农业发展银行山西省分行各项贷款余额226.36亿元，较年初增加28.24亿元；各项存款余额35.49亿元，较年初增加12.16亿元；清收不良贷款3亿元，核销呆账1.17亿元；实现中间业务收入515.99万元，同比增加216.8万元；实现账面利润3.16亿元，同比增盈0.92亿元。

中国工商银行山西省分行

中国工商银行山西省分行成立于1984年，截至2007年底，共有493个机构，其中：1个一级分行，1个一级分行营业部，10个二级分行，县支行65个，城区支行88个，二级支行218个，分理处60个，储蓄所50个。共有从业人员14791人。

2007年，中国工商银行山西省分行以“效益、质量、安全”为工作重心，加大市场营销力度，强化内部管理，传统业务和新兴业务均实现了健康、快速发展。继续加强对年金业务的营销推介，积极开展第三方存管业务营销活动，大力拓展常年财务顾问业务，大力拓展结算业务市场，大力拓展电子银行业务，取得良好效果。全年清收处置不良贷款10.54亿元。

截至2007年底，中国工商银行山西省分行本外币资产总额2129.78亿元；本外币存款余额1938.99亿元，较年初增加259.74亿元；本外币贷款余额784.79亿元，较年初增加70.61亿元；实现中间业务收入8.6亿元；实现利润23.2亿元。

中国农业银行山西省分行

中国农业银行山西省分行成立于1979年6月，截至2007年底，共有508个机构，其中：1个省分行机关，1个省分行营业部，2个省分行直属支行，11个市分行，224个支行(其中包括县市支行96个)，253个分理处和16个储蓄所。ATM机358台，从业人员13696人。

截至2007年，农行山西省分行紧紧围绕股改中心工作，按照“营销系统化、管理精细化、责任具体化”要求，以“十七件具体工作”为索引，强化执行力建设，加大市场营销力度，加强风险综合治理，积极面向“三农”，坚持“商业运作”，全行各项经营管理工作又迈上了一个新台阶。

截至2007年底，农行山西省分行本外币存款余额达1443.52亿元，较年初净增211.77亿元；各项贷款余额636.66亿元，较年初净增54.66亿元；中间业务实现收入44978万元；经营利润-7.26亿元。

中国银行山西省分行

截至2007年底，中国银行山西省分行共有318个机构，其中：1个省分行，5个省分行直属支行，10个市分行，164个支行（其中包括39个县支行），136个分理处，4个储蓄所。自助机具105台，共有从业人员8411人。

2007年，中国银行山西省分行新老两届班子认真贯彻落实中行总行党委各项战略部署，认真落实科学发展观，在全行的共同努力下，各项业务稳步推进，经营基础不断夯实，运行机制逐步完善。大力加强内控建设和案件专项治理工作，积极采取措施稳定存款业务发展，努力推动优质资产业务稳步发展，加速各项中间业务的快速发展，努力改善资产质量。全年清收化解不良资产9.22亿元。

截至2007年底，中国银行山西省分行本外币资产总额913.77亿元，负债总额927.90亿元；本外币存款余额887.76亿元，较年初减少3.69亿元；本外币贷款余额480.26亿元，较年初增加19.17亿元；中间业务净收入实现3.79亿元；实现利润-8.54亿元。

中国建设银行山西省分行

截至2007年底，中国建设银行山西省分行共有机构341个，其中一级分行1个，二级分行10个，支行174个，分理处110个，储蓄所45个，营业部1个；全年撤销机构5个。全行员工10378人，其中中长期合同员工7430人，短期合同员工2714人，劳务合同工234人。

2007年，建行山西省分行坚持结构调整主线，推动信贷业务稳健发展，在规模紧张的情况下，加大对国家及山西省重点建设项目、基础设施项目的支持，全年新增投放重点、拓展客户占新增投放的70%。积极推进网点转型工作，坚持一手抓传统存款业务，一手抓基金、账户金、利得盈等中间业务产品的推广与销售，全面改进业务流程，提高柜面服务效率。在高端客户方面，创建了第一家财富管理中心，搭建起服务富裕客户的财富平台。开展“风险内控年、制度落实年”活动。开展一系列以查隐患、防风险、抓落实、促管理为主要内容的主题活动，培育、构建全员风险文化管理理念。继续培育特色企业文化，王红梅同志当选十七大代表。

截至2007年底，建行山西省分行资产总额1154.47亿元，负债总额1157.21亿元；各项存款余额为1059.16亿元，新增100.48亿元；各项贷款余额为551.99亿元，新增35.41亿元；实现中间业务毛收入5.18亿元；实现账面利润11.87亿元。

交通银行太原分行

交通银行太原分行成立于1989年，截至2007年底，有1个省分行机关，1个省分行营业部，1个市分行，1个市分行营业部，32个支行；自助机具118台，共有从业人员782人。

2007年，交通银行太原分行将其确定为销售年。一年来，面对中央进一步加强宏观调控、金融改革继续深化、同业竞争更加激烈的态势，在交通银行总行的正确领导和监管机构的指导帮助下，全面贯彻落实总行对太原分行2007年经营管理工作的总体要求和具体部署，振奋精神，克难而上，实现了速度、结构、质量、效益的全面提升和协调统一。先后推出金融租赁、信托投资顾问、第三方存管、沃德财富、满金宝等新业务。处置、划转、核销不良资产3.64亿元。

截至2007底，交通银行太原分行本外币资产总额217.37亿元，负债总额216.18亿元；本外币存款余额208.36亿元，较年初增加30.59亿元；本外币贷款余额118.32亿元，较年初增加16.58亿元；中间业务收入实现0.73亿元；实现利润1.68亿元。

中信银行太原分行

中信银行太原分行成立于2007年8月21日，截至2007年底，有1个太原分行机关，1个太原分行营业部；自助机具5台，从业人员95人。

2007年，中信银行太原分行严格贯彻中信银行总行“效益、质量、规模”的经营思路，以“效益第一的原则和追求滤掉风险的利润”为发展理念，始终以风险管理和合规经营为前提，充分发挥公司、零售、中间业务三条主线的联动优势，积极打造市场的营销能力、客户的服务能力、风险的掌控能力、服务的保障能力、品牌的营造能力和业务的创新能力，在网上银行、国际业务、信用卡业务以及投资银行等多项业务上均取得了突破，实现了各项业务又好又快地发展。

截至2007年底，中信银行太原分行资产总额31.27亿元，负债总额31.30亿元，各项存款总额28.10亿元，各项贷款总额19.98亿元，中间业务净收入451.8万元，实现利润0.02亿元。

中国光大银行太原分行

中国光大银行太原分行成立于1999年11月，截至2007年底，共有营业网点10个，自助机具165台，从业人员441人。

2007年，全行按照做宽做优零售业务、做新做强公司业务、做深做实合规治理和不良资产治理的工作思路，通过积极治理、主动调整，以改革重组为动力推进各项业务持续健康发展，中间业务实现了飞速增长。理财业务、贸易融资业务、链式融资业务、电子银行业务继续保持市场领先地位，对公新业务上取得重大突破，成功续做漳泽电力外债保值、阳光焦化私募融资等业务，在系统甚至是当地同业内首开先河。同时优质客户持续增长、经营效益进一步提高、不良资产治理与合规治理成效显著，风险控制和化解能力明显提升。

截至2007年末，光大银行太原分行本外币资产总额242.75亿元，较年初增加33亿元；各项存款183.57亿元；各项贷款126.97亿元；实现中间业务净收入1.06亿元（税后）；实现各项收入12.86亿元；实现利润4.27亿元；完成不良贷款处置任务1.69亿元。

华夏银行太原分行

华夏银行太原分行成立于1998年，截至2007年底，有1个分行机关,1个分行营业部,9个同城支行，自助机具62台,从业人员314人。

2007年,华夏银行太原分行以效益为中心,以质量为重点,紧紧围绕结构调整,加大不良资产清收化解力度,在严格风险控制的基础上积极开拓业务市场。通过梳理制度,确立了依法合规办事的标准;通过加强信贷审查力度,严把信贷入口风险,防范了信贷风险;通过扎实推进"四进"营销活动,树立了华夏银行业务品牌形象;通过制定目标、落实责任、强化激励等一系列措施,为业务发展提供了保障,推进了各项业务发展。

截至2007年底，华夏银行太原分行本外币资产总额245.65亿元，负债总额243.30亿元；本外币存款余额206.85亿元，比年初增加21.69亿元；本外币贷款余额132.79亿元，比年初增加6.28亿元；中间业务收入实现0.45亿元;实现利润3.77亿元。

招商银行太原分行

招商银行太原分行成立于2006年11月，截至2007年底,共有2个营业网点,自助机具5台,从业人员140人。

2007年是招商银行太原分行成立的第二个会计年度。全体员工继续保持了开业时期团结进取、勇于拼搏的创业精神,全年严格贯彻落实招商银行总行合规经营、防范风险的经营理念,狠抓合规管理与制度建设,在内控方面采取多项措施,实现了各项业务的平稳发展。全年加大力度宣传零售产品,在理财、基金、信用卡、网上银行等拳头产品的营销上都获得了不错的业绩，较好地树立了招商银行的零售银行品牌形象。同时,在国内宏观经济调控趋紧、贷款规模压缩的情况下,及时转变经营策略,顺应国家调控政策，达到了合规经营与业务发展，并取得效果。截至2007年底各项经营指标良好，资产质量保持优秀。

截至2007年底，招商银行太原分行本外币资产总额31.23亿元，负债总额31.20亿元；本外币各项存款余额26.78亿元，较年初增加14.23亿元；本外币贷款余额30.98亿元,较年初增加9.54亿元;不良资产为零,实现利润0.06亿元。

上海浦东发展银行太原分行

截至2007年底，上海浦东发展银行太原分行共有7个机构，其中包括分行营业部，高新、双西、漪汾、建设路、兴华街5个同城支行，一个异地支行——晋中支行，25个离行式自助，从业人员379人。

2007年，全行上下以投行业务、中间业务、多元化的产品经营为抓手，以建立事前、事中、事后全过程风险控制为保障，以队伍建设、品牌打造和文化传承为支撑，持续深入推进了经营结构调整和经营模式的战略转型，有效提升了核心竞争能力，实现了年初确立的各项主营目标。经营综合指标、人均效益及人均收入第一次取得了全系统之首的可喜佳绩，真正实现了又好又快的发展。

截至2007年，上海浦东发展银行太原分行本外币资产总额190.46亿元，负债总额186.06亿元；本外币存款余额165.89亿元，较年初增加50.02亿元；本外币贷款余额113.05亿元，较年初增加18.26亿元；中间业务收入实现4753万元；实现利润4.4亿元。

兴业银行太原分行

截至2007年末，兴业银行太原分行共有营业网点2家，分行本部与桃园支行，自助机具64台，从业人员173人。

2007年，兴业银行太原分行适时转变经营策略，积极调整资产负债结构，实现了规模、质量、效益的同步增长，各项指标较上年实现突破性进展。一是资产负债总量显著提升，增速明显，业务品种结构较上年明显改善，个人住房贷款、储蓄存款等战略性业务实现长足发展；二是财务指标完成情况良好，盈利能力增强，中间业务收入实现跨越式发展，理财业务、咨询代理类业务收入在总量中的占比明显提升。

截至2007年末，兴业银行太原分行本外币资产总额133.33亿元，负债总额130.28亿元；本外币存款余额87.96亿元，较年初增加21.43亿元；本外币贷款余额63.66亿元，较年初增加19.70亿元；中间业务收入实现0.16万元；实现利润1.52亿元。

中国民生银行太原分行

2007年,中国民生银行太原分行在董事会《五年发展纲要》的战略指引下,顺利完成了公司业务集中经营改革二期工程和零售支行改革,各项经营指标全面完成。全年进一步完善法律合规制度体系,成功堵截17起总额为3614.5万元的利用克隆银行承兑汇票或假证件进行诈骗的案件。先后获得"全国金融五一劳动奖状"、"山西省五一劳动奖状"、"山西省模范单位"等近10项省级以上重要荣誉。

截至2007年末,全行员工总数552人,新建北路支行获批筹建。年内成功开发煤炭战略客户群体,集中获批授信额度53.7亿元,在太原煤炭交易中心战略项目的开发推进上取得显著成效;在系统内率先建设个人出国金融中心;自主研发上线多功能"管理信息一眼清"系统,进一步提升了科技应用和电子化管理水平。各项业务继续领跑当地股份制同业,对公业务市场份额、票据业务、同业业务和税后利润等多项指标超过当地国有银行。成功化解河南安彩2亿元不良贷款,资产质量大幅提升。

截至2007年末,资产总额达到382.70亿元,各项存款余额303.37亿元,储蓄存款余额84.40亿元。资产负债合理配比,创利水平稳步提升,实现利润5.48亿元,不良贷款余额为5322万元,不良资产率0.24%,市场份额在系统内和当地股份制同业连续第七年保持第一。

太原市商业银行

太原市商业银行成立于1998年,截至2007年底,共有71个机构,其中1个总行营业部,53个支行,17个储蓄支行。自助机具36台,共有从业人员2056人。

2007年,太原市商业银行全面推进各项经营管理工作,改革创新,观念更新,管理水平取得较大突破,经营稳健,全行经营工作步入健康、有序、快速发展的轨道。资本充足率提高到8.26%,提取呆账准备金1.01亿元,各项指标均达到历史最好水平。

截至2007年底,太原市商业银行资产总额200.80亿元,各项存款余额149.06亿元,各项贷款余额104.77亿元,实现利润1.1亿元。

大同市商业银行

大同市商业银行成立于2001年1月，截至2007年底，共有33个营业网点，拥有员工903人。

2007年，大同市商业银行重组工作进展顺利，增资扩股和处置不良资产工作圆满完成。在此基础上，各项业务稳健发展，经营管理不断完善，基础功能更加健全，社会形象不断提升。本年度，在发展传统业务的同时，大同市商业银行加大业务创新力度，相继发行了“猪年生肖卡”、“云冈便民卡”、“鼠年生肖卡”等三个特色卡产品；适时开展代理理财业务，积极培育新的利润增长点，取得了很好的效果；开通了与兴业银行的银银平台“柜面通”业务，依托小额支付系统实现了全国范围内的通存通兑，进一步完善了服务功能，为实现异地结算提供了有力的保障。

截至2007年底，大同市商业银行总资产达到115.09亿元，各项存款余额达到了103.44亿元，各项贷款余额达到了54.18亿元，分别较年初增长了3.99%、15.5%和25.9%，全年实现利润0.46亿元。

长治市商业银行

长治市商业银行成立于2005年12月，截至2007年末，下辖21个支行，共有从业人员615人。

2007年，长治市商业银行以激活经营机制为动力，以防控风险为重心，加强内控建设，努力提升管理水平，实现了较好的经营业绩。本年推出了“下岗失业人员小额担保贷款”。当年核销不良资产0.02亿元。

截至2007年末，长治市商业银行资产总额88.67亿元，负债总额83.84亿元；存款余额达71.62亿元，较年初减少0.43亿元；贷款余额达49.47亿元，较年初减少0.37亿元；中间业务收入实现0.02亿元；实现利润1.59亿元。

晋城市商业银行

晋城市商业银行股份有限公司，成立于2005年12月31日。截至2007年底，共有22个机构，其中：1个总行机关，21个支行。自助机具3台，共有从业人员480人。

2007年，全行进行了经营转型的重大改革，积极构建流程银行，对全行的业务流程、组织流程和管理流程进行了再造，进一步规范了法人客户和自然人客户授信业务操作规程，完善了授信体系，强化了经营管理。票据业务和资金业务发展迅速。推出了“珠联璧合”借记卡业务、委托贷款业务、“白领通”个人授信等新业务。处置、划转、核销不良资产2462万元。

截至2007年底，晋城市商业银行资产总额达到66.03亿元，负债总额63.12亿元；各项存款余额为56.06亿元，较年初增加8.97亿元；各项贷款余额为31.49亿元，较年初增加2.38亿元；中间业务收入实现192万元；实现利润0.99亿元。

阳泉市商业银行

阳泉市商业银行成立于1985年，截至2007年底，共有13个机构，其中：1个总行机关，12个支行，共有从业人员302人。

2007年，阳泉市商业银行坚持“诚信经营，构建和谐再辉煌，创新品牌，稳健求胜促发展”的宗旨，认真抓好稳健发展和风险控制两项重点工作，着力打造“阳泉人自己的银行”品牌，于2007年9月成功挂牌成立了阳泉市商业银行，全行各项业务呈现出持续、快速、健康发展的良好势头。本年度增资扩股1亿元。以科技支撑为依托，对“综合业务系统”进行了更新换代，全年累计清收不良贷款7235万元。

截至2007年底，阳泉市商业银行资产总额31.66亿元，负债总额28.70亿元；各项存款余额26.37亿元，较年初增加5.8亿元；各项贷款余额19.28亿元，较年初增加3.4亿元；中间业务收入137万元；实现利润0.71亿元。

晋中市商业银行

2007年是晋中市商业银行发展历史上具有重要意义的一年，全行以坚持科学发展、建设和谐商行为指导方针，深化基础管理和内控建设，努力扩大经营规模，不断提高资产质量，全行各项业务及工作取得了明显成效。1月26日，晋中市商业银行经中国银监会批准在城市信用社基础上正式筹建晋中市商业银行。8月1日，取得了晋中市商业银行股份有限公司金融许可证，8月28日，晋中市商业银行股份有限公司正式挂牌运营，全行共有员工359人，13个职能部门，14个支行。截至2007年底，全行资产总额为38.94亿元，其中各项贷款余额为17.01亿元，不良贷款占比8.2%；负债总额为36.61亿元，其中各项存款余额为34.61亿元；各项收入1.9亿元；实现利润0.48亿元。

山西河津农村合作银行

山西河津农村合作银行是于2007年9月27日经中国银行业监督管理委员会批准成立的，是全省首家农村合作银行。其前身是河津市农村信用联社，是由辖内农民、农村工商户、企业法人和其他经济组织入股组成的股份合作制社区性地方金融机构。注册资本为9500万元，实行一级法人，统一核算，分级管理，授权经营的管理体制。其核准的业务范围为：吸收公众存款；发放短期、中期和长期贷款；办理国内结算；办理票据承兑与贴现；代理发行、代理兑付、承销政府债券；买卖政府债券、金融债券；从事同业拆借；提供保管箱服务。下设11个部室、11个支行、10个分理处、11个储蓄所。现有员工320人，其中大中专以上文化程度216人，占比达68%，初中级职称121人，占比达38%。

2007年，河津农村合作银行深化体制改革，优化经营机制，创新金融服务，提升经营水平，各项业务全面、快速、稳健发展。各项综合指标考核名列运城市信合系统第一，全省信合系统前茅，被誉为“河津金融领域的一颗明珠，运城信合系统的一朵奇葩，山西信合改革的一面旗帜”。

截至2007年12月末，河津农村合作银行资产总额达24.61亿元，其中各项贷款14.34亿元；负债总额为23.19亿元，其中各项存款20.33亿元。先后荣获“支农先进单位”、“服务经济建设先进单位”、“创三晋首富市优秀服务单位”、“跻身全国经济百强市优秀服务单位”、“党建工作先进单位”、“宣传工作先进单位”、“党风廉政建设先进单位”、运城市信合系统“先进单位”、运城市“百佳诚信单位”、“运城市文明单位”、“省级文明单位”、“全国巾帼文明岗”等荣誉称号。

山西省农村信用社联合社

山西省农村信用社联合社于2005年8月24日正式挂牌开业，截至2007年底，共有3021个机构，其中：1个省联社，2个直属机构，8个派出机构（办事处），3个市级联社，110个县级联社，1614个信用社，812个分社，475个储蓄所。截至2007年底，共有3011个营业网点，自助机具110台，员工27394人。

2007年，全省农村信用社进一步推进改革试点工作，强化经营管理，加快金融创新步伐，大力实施了“三千三百惠农工程”和扎实推进信用工程建设，总结提升了河曲、榆社、侯马三种支农模式，全力支持社会主义新农村和“两区”开发项目建设，狠抓不良贷款“双降”和非信贷资产风险分类工作，完善财务主管委派制度，加强内控制度建设，建立健全稽核体系，风险防范水平不断提高。截至2007年底，累计发放支农贷款1194.30亿元，支持1464个县域重点企业，创建省级信用村1063个，扶持658个农业专业合作社，为337.5万户提供了信贷支持，创建信用市场376个。运城市联社开办了“关帝银联卡”（借记卡）业务。

截至2007年底，全省农村信用社资产总额1986.48亿元，负债总额1889.97亿元；各项存款余额达1661.83亿元，较年初净增294.10亿元；各项贷款余额达1098.97亿元，较年初净增167.52亿元，其中农业贷款余额达630.11亿元，较年初净增114.89亿元；中间业务收入0.43亿元；实现利润20.90亿元。

中国邮政储蓄银行山西省分行

2007年是山西邮政储蓄改革和发展的关键之年。一方面,积极加快各项业务发展。推出邮政储蓄定期存单小额质押贷款业务,结束了山西邮储20余年"只存不贷"的历史。在全省广泛开展基金代销业务。作为试点,在全国率先完成了邮政汇兑全国大集中工程。新增邮储网点1处,截至2007年末共有储蓄网点1115个,汇兑网点1409个,储汇从业人员达到9806人。当年新增存款87.63亿元,发放"绿卡"374.18万张,实现中间业务代收付额217.3亿元,发放小额质押贷款3.1亿元。邮储存款余额达到798.21亿元,市场占有率达到14.72%,在全省各金融机构中列第三位。另一方面,积极推进邮储体制改革,于2007年12月18日正式成立中国邮政储蓄银行山西省分行。经银监部门批准,中国邮政储蓄银行山西省分行可以经营的业务范围为:吸收公众存款;办理汇兑业务;从事银行卡业务;代理收付款项及代理保险业务;代理发行、兑付、承销政府债券;买卖、代理买卖外汇;代理政策性银行、商业银行及其他金融机构特定业务;办理协议存款;买卖政府债券、金融债券;办理个人存款证明服务;提供保管箱服务;办理网上银行业务;从事银团贷款业务;办理小额贷款业务;办理基金代销业务;办理国内外结算;办理票据承兑与贴现;从事同业拆借;经国务院银行业监督管理机构批准的其他业务。

中国华融资产管理公司太原办事处

中国华融资产管理公司是国务院批准设立的国有独资非银行金融机构,太原办事处系其驻山西分支机构,成立于2000年4月29日。太原办事处内设8个部门,即综合管理部、经营管理部、债权管理一部、债权管理二部、债权管理三部、新业务发展部、资金财务部、审计监察部。截至2007年末,共有员工78人,其中在册员工35人,短期聘用员工43人。

2007年,太原办事处以加快各类不良资产处置进度为主线,以加快新业务开拓进程、加大专业化人才培养力度为重点,一手抓政策性与准政策性资产处置收尾工作不放松,一手积极准备商业化转型。基本完成了各项政策性及准政策性债权资产的处置任务。截至2007年末,政策性债权资产处置率达到99.77%,处置扫尾验收单户通过率达到99.93%;受托工行损失类资产处置率达到87.52%,受托处置的1230、1231、1232等专项资产处置率达到了100%。商业化业务开拓进程明显加快,全年开辟金融租赁项目3个,开展财务顾问项目2个。完成了对德恒证券太原营业部证券类资产的收购工作,拓展了商业化业务品种。

全年实现政策类债权资产处置回现50万元,代理处置回现14130万元。实现融资租赁投放资金8800万元,获得财务顾问服务费10万元。证券业务全年实现利润450万元。

中国长城资产管理公司太原办事处

中国长城资产管理公司太原办事处成立于2000年3月16日，内设8个职能部室，有员工61人。主要业务领域是利用国家赋予的特殊法律地位和专业化优势，综合运用债务追偿，资产置换、租赁、转让与销售，债务重组及企业重组，债权转股权，资产证券化、上市辅导承销等手段，处置国有商业银行剥离的不良资产，实现价值回收的最大化，最大限度地保全国有资产，防范化解金融风险，有效推进地方企业的改革和发展。

2007年，太原办事处按照中国长城资产管理公司党委的统一部署，在资源严重不足的情况下，全体员工围绕实现自求平衡的目标，大力拓展商业化业务，在代理业务、财务顾问业务及评估业务方面取得了较好成效，超额完成了全年金融服务收入任务，全年实现金融服务收入437.8万元，完成总公司下达任务300万元的146%。

中国东方资产管理公司太原办事处

中国东方资产管理公司太原办事处成立于2000年。下设5个部(室)：总经理办公室、资金财会部、风险管理部、资产经营一部、资产经营二部。截至2007年底共有从业人员51人。

2007年，太原办事处在集中力量做好不良资产收购、管理和处置的同时，大力倡导业务创新，有效开展信用评级业务，积极发展委托代理和中间业务，先后与中国长城资产管理公司太原办事处签订委托代理协议，委托其代理处置除个贷以外的500万元以下债权项目；与太原市国有资产经营公司签署了战略合作框架协议，约定双方加强在金融不良债权(资产)管理和处置、资本运作、信用评级、财务顾问、人员培训及有关政策法律信息交流等领域的合作。

2007年太原办事处处置政策性银行、工行、建行可疑类以及中行损失类资产共计43.91亿元，回收现金13.1亿元，是2000-2006年收现总额的1.5倍，创历史最好水平。

2007年，东方资产管理公司通过了ISO9001质量管理体系国际认证，体系的实施使得太原办事处的管理更加流畅，操作更加规范，风险控制更加严谨，参与市场竞争的能力进一步增强，标志着在提升管理水平上迈出了关键性的一步。随着商业化转型的逐渐深入，太原办事处将以满足市场需求为导向，从存量不良资产经营起步，提供有特色的金融服务，形成可持续的盈利模式，不断提升核心竞争能力。

中国信达资产管理公司太原办事处

中国信达资产管理公司太原办事处于1999年8月正式设立。业务范围为:根据授权,收购并经营银行剥离的山西省范围内的不良资产,进行债务追偿、债务重组、资产置换和转让,实施债权转股权,开展资产管理范围内的公司上市推荐及债券、股票承销,资产证券化、财务咨询与顾问等。

信达太原办事处设主任1名,副主任1名,主任助理1名。现设6部1室,综合管理部、资金财务部、法律事务部、业务一部、二部、三部、审核委办公室。根据工作需要,业务二部下设太原一组、太原二组、晋中组三个项目组;业务三部下设晋北组、晋东组、晋南组三个项目组。本年在编人员54人,其中长期聘用人员42人,短期聘用人员12人。

2007年，太原办事处政策性及商业化资产共计回收现金19.48亿元；政策性资产处置现金回收累计达20.24亿元。

2007年12月27日,中国信达资产管理公司分别与山西省人民政府和山西省国资委签署了《战略合作协议》和《山西省5户煤炭企业合作备忘录》。此次签约不仅构建了中国信达资产管理公司与山西省政府良好合作的平台，更重要的是为太原办事处今后开拓新业务创造了条件。

山西信托有限责任公司

山西信托有限责任公司前身为成立于1985年4月1日的山西省经济开发投资公司,1991年更名为山西省信托投资公司;2002年4月经中国人民银行总行批准,重新登记改制为山西信托投资有限责任公司;2007年8月经中国银监会批准，更名为山西信托有限责任公司。2007年,公司人员数为133人,机构数为17个,增加了业务创新部。公司业务主要分为信托业务和自营业务两大类。公司信托业务品种主要有单一资金信托、集合资金信托、财产信托等。按资金运用方式主要分为投资信托、贷款信托、租赁信托、资产回购信托等。

2007年,随着《信托公司管理办法》、《信托公司集合资金信托计划管理办法》的正式颁布施行,山西信托有限责任公司积极应对新规带来的变化,通过规范业务、积极创新、控制风险等措施,努力实现业务转型,尽快向专业化的理财机构迈进。公司抓住资本市场繁荣向上的机会,实现了经营业绩的高速增长。全年营业收入36194万元(其中信托手续费收入6098万元),实现拨备前利润总额25011万元,完成全年经营计划的180.97%和250.11%,分别比上年同期的22956万元和15003万元增长57.67%和66.71%。

2007年，山西信托有限责任公司新增集合资金信托计划14个,资金5.4亿;新增单一信托计划21个,资金22.4亿,共管理70个信托计划,信托资产总值693515万元,比年初的527743万元增加了31.41%,实现信托业务收入84405万元,比去年同期的38759万元增长118%,给客户实现收益最高达到150%，为受益人取得了丰厚回报,赢得了客户的赞誉。截至12月底,已全额按期兑付晋兴一期、平遥古城旅游综治项目等已到期信托计划47个,共195077万元,公司诚信度得到有效维护和提升。

潞安集团财务有限公司

潞安集团财务有限公司是通过重组方式，经中国银行业监督管理委员会批准成立的一家非银行金融机构。2007年8月19日正式挂牌营业，注册地为山西省长治市城西路。注册资本金5亿元，由山西潞安矿业（集团）有限责任公司、山西潞安环保能源开发股份有限公司分别出资3.3335亿元和1.6665亿元，各自占比为66.67%和33.33%。

潞安集团财务有限公司是山西省第一家财务公司，也是全国煤炭行业第二家财务公司。坚持以“服务集团”为己任，坚持规范稳健与开拓创新并举，紧跟集团发展需求创新业务品种，在资金结算、融资、资产管理与财务顾问等方面为集团提供了多方位的金融服务，为集团公司资金的高效运作发挥了积极作用；以市场为导向，取得了较全面的业务资格，与金融同业建立了良好的合作关系，在管理中强化制度建设与风险管理，取得了良好收益。截至2007年12月31日，公司资产总额为33.75亿元，其中贷款9.46亿元，缴存法定准备金4.19亿元，实现营业收入3050万元；负债总额为30.45亿元，净资产3.3亿元，实现利润总额1991万元，资本充足率为34.15%，不良资产率为0。

山西金融租赁有限公司

山西金融租赁有限公司成立于1993年3月，主要从事直接租赁、回租、委托租赁等融资租赁业务。至2007年底，公司设董事会、风险控制委员会，总经理1名，副总经理2名，总经理助理2名，6部1室，共有员工38人。

2007年金融租赁业展开新一轮重组，面对这一变化，山西金融租赁有限公司积极行动起来，正确分析形势，制定应对措施，按照新的《金融租赁公司管理办法》的规定进行公司重组工作。规范对存量项目的租后管理，加大清收力度，千方百计地回收逾期本息，为重组打好基础。同时积极稳妥拓展新业务，注重对原有优质客户的深度开发，结合金融租赁业务特点，开拓工程物资、印刷设备等租赁领域，拓展业务空间。

截至2007年12月31日，公司资产总额14.82亿元；负债总额9.23亿元；委托租赁资金余额9.08亿元，较年初减少9.59亿元；应收租赁款余额3.93亿元，较年初减少0.11亿元；实现利润0.18亿元。

2

形势分析

Situation analysis

2007 年山西省经济金融运行及银行业风险状况分析

2007 年，山西省积极贯彻科学发展观，加强和改进宏观调控，取得明显成效，经济金融在规模和效益保持较快增长的同时，运行质量也明显向好。但同时，制约经济金融又好又快发展的深层次矛盾和问题仍未根本解决，又面临着宏观调控、市场变化及自身因素等带来的挑战，需要采取措施，积极加以把握和应对。

一、宏观调控成效明显，经济金融保持良好发展态势

(一)经济发展呈总量较快增长、结构不断优化、协调性增强、效益继续提高、民生明显改善的良好态势

1. 经济平稳快速增长。2007 年，全省生产总值达 5696.2 亿元，同比增长 14.2%，连续 7 年保持两位数增长，分别高于全国平均增幅和去年增幅 2.7 个、2.4 个百分点，但比一季度有所回落（全年前三季度累计增幅依次为 14.6%、14.1%、13.6%），处于适度回落的理性高位，有效避免了经济增长由偏快转向过热。全省规模以上工业增加值完成 2682 亿元，同比增长 21%，增幅高于全国平均水平 3.5 个百分点，在全国排名第 12 位。

2. 经济效益稳步提高。财政收入快速增长。全年全省财政总收入 1200 亿元，一般预算收入 597.6 亿元，同口径分别增长 30.5%和 31.4%。工业企业效益大幅度提高，超过年初调控目标，快于生产增幅。全省规模以上工业销售收入突破 7400 亿元，增长 37%，实现利税和利润分别突破 1000 亿元和 500 亿元，分别增长 38%和 45%，工业综合经济效益指数达 189%，再创历史最好水平。

3. 经济发展协调性增强。投资、消费、出口协调较快增长。全年全省城镇固定资产投资完成 2665.9 亿元，增长 25.7%，保持合理的快速增长。全社会消费品零售总额 1914.1 亿元，增长 18.6%，消费增长创近年来的最高水平。进出口总额突破百亿美元达 115.7 亿美元，同比增长 74.6%，增幅居全国首位，对外贸易高速增长。

4. 经济结构不断优化。投资结构优化。全省城镇三次产业投资分别增长 36.4%、20.3%、33.9%，呈“一、三、二”增长格局。内涵效益型投资加快的特征更趋明显，以技术改造为主的内涵效益型投资比重上升，煤化工、装备制造等产业投资增幅高达 50%，超过煤焦等传统工业增幅 30 个百分点。外贸结构优化。进口占进出口总额的比重达 43.5%，同比提高 6 个百分点，比 2002 年提高 15.4 个百分点，长期以来进口比重偏低的状况明显改善。钢铁行业出口总值超过煤炭行业成为第一大出口行业。财政支出结构优化。全省民生性财政支出快速增长，占到一般预算支出总量的近 85%。物价基本可控。居民消费价格结构性上涨，核心 CPI 保持平稳，全年全省居民消费价格上涨 4.6%，低于全国平均涨幅 0.2 个百分点。

5. 民生得到有效改善，居民收入快速增长。全年全省城镇居民人均可支配收入和农民人均纯收入分别达 11565 元和 3665.7 元，同比分别增长 15.3%和 15.2%，增幅创近年来新高。扩大就业收效良好。新增就业岗位 43.8 万个，下岗失业人员再就业 17 万人，均超额完成全年目标任务，9 月底前实现零就业家庭“消零”目标。节能减排成效明显。依法关闭淘汰高耗能、高污染的落后产能企业 690 户。生态环境明显改善。11 个重点城市空气质量二级以上天数累计达 3110 天，增长 15%；全省列入全国 113 个重点考核城市的太原、大同、阳泉、长治和临汾五市的空气质量有了明显改善，全部摘掉了倒数前五名的“黑帽子”。

(二)银行业运行呈经营规模稳步增长、信贷结构趋向优化、经营管理明显强化、抗风险能力增强、盈利能力和服务水平显著提高的良好态势

1. 经营规模稳步增长，信贷结构趋向优化

一是存款同比少增，短期化趋势明显。全省银行业负债总额于 8 月份突破万亿元，年末达 10552.3 亿元，同比增长 16.7%，低于全国平均增幅(20.15%)3.45 个百分点；存款总额于 11 月份突破万亿元，年末达 10111.9 亿元，比年初增加 1456.9 亿元，同比少增 74.3 亿元，增长 16.82%，比上年回落 4.22 个百分点，分别高于全国和中部六省平均增幅(13.69%、14.58%)3.13 个、2.24 百分点，存款余额和增幅在中部六省均排第三位；所有者权益年末达 172.3 亿元，同比增长 26.43%，比上年回落 14.6 个百分点，低于

全国平均增幅(32.86%)6.43个百分点。

从时序看，全年四个季度分别新增存款552亿元、274.3亿元、401.9亿元、228.7亿元，同比增幅依次为20.56%、18.18%、17.79%、16.82%，呈逐季回落态势。2004年本轮宏观调控以来，存款同比增幅基本呈下行趋势，由2004年4月的峰值26.96%下降到目前的16.82%，回落了10.14个百分点。

从性质看，企业存款2685.9亿元，比年初增加421.7亿元，同比少增98.9亿元，增长18.62%，比上年回落6.97个百分点，分别低于全国和中部六省平均增幅(22.73%、22.41%)4.11个、3.79个百分点，企业存款在中部六省中余额排第三，增幅仅高于河南排第五；居民储蓄5462.2亿元，比年初增加617.8亿元，同比少增60.1亿元，增长12.75%，比上年回落3.52个百分点，回落幅度低于企业存款3.45个百分点，增幅分别高于全国和中部六省平均增幅(5.99%、8.63%)6.76个、4.12个百分点，居民储蓄在中部六省中余额排第三、增幅排第一；其他存款1900.7亿元，比年初增加386.7亿元，同比多增60.8亿元，增长25.54%，比上年回落2.07个百分点，回落幅度明显低于企业和储蓄存款。

从期限看，企业和居民活期存款3855.5亿元，比年初增加591.8亿元，同比少增48.5亿元，增长18.13%，比上年回落6.28个百分点；企业和居民定期存款4292.7亿元，比年初增加447.6亿元，同比少增110.6亿元，增长11.64%，比上年回落5.26个百分点，低于活期存款回落1.02个百分点。同业存款高达159.2亿元，比年初增加101.1亿元，同比多增107.6亿元（上年同期减少6.5亿元），增长1.74倍。

存款同比少增，增幅回落，以及企业存款、活期存款、同业存款较快增长，表明存款分流的同时，短期化趋势明显。其原因：一是资本市场活跃，企业和居民投资意愿增强。二是信贷收紧，民间融资活跃。同时，储蓄回落慢于企业存款，定期存款回落慢于活期存款，表明央行连续六次加息效应明显，特别是第六次不对称加息，对于稳定储蓄特别是定期储蓄发挥了积极作用。

二是贷款适度增长，结构趋向优化。全省银行业资产总额于6月份突破万亿元，年末达10724.6亿元，同比增长16.85%，低于全国平均增幅(20.82%)3.97个百分点；年末贷款总额5514.2亿元，比年初增加635.5亿元，同比多增70.7亿元，增长13.03%，增幅高于上年0.33个百分点，但分别低于全国和中部六省平均增幅（16.84%、14.9%)3.81个、1.87个百分点，贷款在中部六省中余额仅高于江西排第五、增幅仅高于河南排第五，保持了适度的增长水平，较好地支持了山西经济的发展。

从时序看，前三个季度分别新增贷款302.4亿元、159.9亿元、178.5亿元，四季度减少5.3亿元，同比增幅依次为13.48%、12.33%、13.41%、13.03%，呈前高后低的投放特点。三季度较上半年有所加快，主要是9月份当月新增贷款111.1亿元，其中短贷增加39.4亿元；但四季度不增反降，增幅又回落，主要是短期贷款12月份当月减少24亿元，票据融资四季度累计减少达57.6亿元。前高后低的投放特点，体现了商业银行早投放、早收益的经营策略，同时为控制信贷规模和增加收益，对部分资金采取了年初放、年末收的短贷和操作灵活的贴现形式，由于存款准备金率连续提高，部分短贷和贴现年末集中收回。

从品种看，短期贷款2683.7亿元，比年初增加355.1亿元，同比多增178.6亿元，增长15.25%，比上年提高6.89个百分点，高于中部六省平均增幅(12.33%)2.92个百分点，短期贷款在中部六省中余额仅高于江西排第五、增幅最高；中长期贷款2329.9亿元，比年初增加288.8亿元，同比少增53.8亿元，增长14.15%，比上年回落5.76个百分点，低于中部六省平均增幅(21.33%)7.18个百分点，中长期贷款在中部六省中余额仅高于江西排第五、增幅最低；票据融资393.3亿元，比年初减少34.4亿元，下降8.04%(上年增加47亿元，增长12.3%)，降幅低于中部六省平均降幅(12.69%)4.65个百分点，票据融资在中部六省中余额仅低于河南排第二、降幅仅高于江西排第五（六省票据融资均下降）。信贷品种呈短快长慢票据降的趋势特点，表明商业银行开始注重信贷期限结构的优化配置，一改以往中长期贷款高速投放的做法。

从投向看，工业贷款新增142.9亿元，同比多增45.5亿元，农业贷款新增97.8亿元，同比多增50.8亿元，乡镇企业贷款新增27.7亿元，同比多增0.7亿元，基本建设贷款新增112.4亿元，同比少增13.9亿元，煤炭、焦炭、冶金（含钢铁、铁合金、铝）、电力、电石、水泥等高耗能、高污染、资源性行业贷款增加292.9亿元，同比少增76.2亿元，其中焦炭、生铁、铝、水泥贷款均为负增长，合计减少11.4亿元，个人短期和中长期消费贷款分别减少3.2亿元和11.1亿元。涉及节能降耗的贷款少增或减少，以及违约高发的个人消费信贷减少，而涉农贷款多增，表明商业银行积极贯彻落实各项调控政策，大力开展绿色信贷服务，推进节能减排和产业结构调整，区别对待、有保有压地支持经济发展。

2. 改革发展继续深化，经营管理明显强化

农业银行股改准备进展顺利，政策性银行职能转换成效明显，新增2家股份制商业银行，股份制商业银行延伸到市县，城市信用社全部改制为城市商业银行，24家统一法人社组建开业，55家筹建，河津市农村合作银行顺利开业，6家县联社成功兑付专项央行票据，36家提出兑付申请，晋商银行组建和村镇银行试点稳步推进，邮政储蓄银行挂牌，信托公司完成改制，财务公司入驻，类别齐全、功能完备、覆盖全省的银行业机构体系基本形成。银行业公司治理和内控机制进一步完善，审慎经营和风险管控水平得到全面提升，案件治理的主动性和有效性明显增强。2007年全省银行业资产、负债增幅分别同比回落1.78个和1.65个百分点，经营发展更趋审慎。成功堵截各类案件45起、金额8198万元，比上年多36起、4886万元。

3. 业务创新不断加快，服务水平全面提升

全省银行业不断优化调整信贷结构和加快产品服务创新，社会责任意识明显增强，不断提升金融服务水平，充分发挥银行信贷在宏观调控、产业结构调整、节能减排、和谐社会构建与新农村建设中的重要作用。注重期限结构的合理配置，贷款品种呈短快长慢票据降的趋势特点；涉及节能减排和违约高发的贷款少投或收缩，重点优势项目和涉农贷款较快增长；业务创新不断加快，仅小企业金融服务产品就开发出140多种，比上年增加50多种；中间业务快速发展，全年全省主要银行中间业务量和中间业务收入分别达12万亿元和15亿元，同比分别增长30%和50%。

4. 银行业整体不良贷款余额反弹、比例下降，法人机构“双降”、非法人机构“双升”

年末，全省银行业不良贷款余额854.28亿元，比年初增加29.39亿元，增长3.56%，全国银行业不良贷款减少3.05%，不良贷款比例15.53%，高于全国平均水平(8.46%)7.07个百分点，比年初下降1.44个百分点，比全国平均下降水平少降0.3个百分点，中部六省银行业不良贷款安徽、湖北实现“双降”，山西、江西余额反弹、比例下降，山西反弹额度较大、不良率最高，河南和湖南农村信用社仍为四级分类不具有可比性，四五级不良贷款合计河南反弹、湖南下降。其中，非法人银行业机构（政策性银行、国有商业银行和股份制商业银行）不良贷款余额436.35亿元，比年初增加95.21亿元，比例10.6%，比年初上升1.35个百分点，中部六省非法人银行业机构不良贷款除湖北外全部反弹；法人银行业机构（城市商业银行、农村合作银行、农村信用社和非银行金融机构）不良贷款余额417.93亿元，比年初减少65.81亿元，比例30.13%，比年初下降11.11个百分点，中部六省法人银行业机构不良贷款江西余额反弹，山西、湖北、安徽“双降”，河南和湖南因农村信用社仍为四级分类不具有可比性，法人银行业机构四五级不良贷款合计河南和湖南均“双降”。

具体来看，与年初相比，国有商业银行“双升”，余额345.48亿元，增加106.14亿元，比例14.08%，上升3.55个百分点，其中工行、建行“双降”，农行、中行大幅“双升”，中部六省国有商业银行不良贷款全部反弹；政策性银行“双降”，余额74.52亿元，减少10.1亿元，比例8.97%，下降2.48个百分点，开行和农发行均“双降”，中部六省政策性银行不良贷款全部“双降”；股份制商业银行“双降”，余额16.35亿元，减少0.83亿元，比例1.97%，下降0.58个百分点，其中交行和民生“双降”，华夏、兴业“双升”，光大余额反弹、比例下降，中信、招行、浦发无不良贷款，中部六省股份制商业银行不良贷款除河南余额反弹外，其余均“双降”；城市商业银行“双降”，余额11.55亿元，减少2.08亿元，比例4.23%，下降1.6个百分点，其中太原、大同、晋城市商业银行“双降”，长治市商业银行“双升”，晋中、阳泉市商业银行今年新挂牌，与改制前相比“双降”，中部六省城市商业银行不良贷款除江西余额反弹外，其余均“双降”；农村合作银行（河津农合行新挂牌）余额减少、比例上升，余额1.62亿元，比上月减少22万元，比例11.31%，比上月上升0.65个百分点；农村信用社“双降”，余额403.65亿元，减少64.99亿元，比例37.21%，下降13.1个百分点，中部六省农村信用社不良贷款江西余额反弹，山西、湖北、安徽为五级“双降”，河南和湖南为四级“双降”；非银行金融机构“双升”，余额1.12亿元，增加0.09亿元，比例21.11%，上升10.16个百分点，其中信托余额减少、比例上升，租赁“双升”，财务公司无不良，中部六省非银行金融机构不良贷款安徽、湖北、山西余额反弹，江西、河南余额减少，湖南无非银行金融机构。

银行业不良贷款反弹的原因主要有：一是政策原因。由于节能减排等综合调控政策措施的出台，加大淘汰落后产能力度，同时房地产调控力度也不断加大，相关贷款形成不良。年末全省煤炭、焦炭、冶金、电力、电石、水泥、房地产等行业不良贷款合计163.2亿元，反弹45.4亿元。二是改革因素。农业银行股份制改革，原来平台反映的不良贷款全部进账反映，受此影响农行不良贷款大量增加，全年反弹72.2亿元。三是外部监督。国有银行股改上市后，外部审计力度加大，不良贷款分类更加严格，原部分正常贷款划入不良贷款。受此影响最大的是中行，全年不良贷款反弹41.8亿元。

5. 抗风险能力增强，经营效益大幅提高

2007年，全省主要银行（政策性银行、国有商业银行和股份制商业银行）累计提取各项资产减值准备金30.1亿元，累计核销不良资产0.2亿元，年末各项资产减值准备金达80.9亿元，其中贷款损失准备金69.2亿元，贷款损失抵补率达22.12%，比年初提高3.09个百分点。城市信用社已全部改制为城市商业银行，城市商业银行风险处置取得重要进展，年末六家城市商业银行资本充足率，太原市商业银行接近8%，其余五家均达8%以上。全年，全省银行业实现账面利润84.6亿元，再创历史最好水平，同比增长10.11%，远低于全国和中部六省银行业利润平均增幅（52.77%、46.14%）41.66个、36.03个百分点，银行业利润在中部六省中余额仅高于江西排第五、增幅最低。其中11～12月银行业利润减少26亿元，主要用于提取拨备和冲销不良资产。营利能力迅速提高，有利于商业银行提足拨备和处置风险，增强抗风险能力和竞争实力，实现科学稳健经营。

二、经济发展中的主要矛盾和问题

当前山西经济在持续快速向好发展的同时，一些深层次的矛盾和问题尚未根本解决，又面临宏观政策、市场变化及自身因素所带来的严峻挑战。

（一）主要矛盾和问题

从宏观经济来看，三种趋势值得关注。经济增长由偏快转为过热的势头依然明显，投资存在反弹压力，通货膨胀的势头需要高度关注；从山西经济发展来看，“五个过大、三个过多”问题突出。拉动经济增长的“三驾马车”中投资比重过大、三次产业中二产的比重过大、支柱产业中传统产业的比重过大、传统产业中粗放型工艺的产能比重过大、整个经济运行中能源消耗过大，生态问题过多、安全生产事故过多、民生社会事业欠账过多。具体来看，主要是节能减排、产业结构调整任务依然艰巨。山西经济是超重型工业经济，由于资源赋存、结构刚性特征，受市场需求拉动，重工业发展快于轻工业。从2007年情况看，拉动全省经济快速增长的主要力量依然是重化工业带动，特别是高耗能行业的增长速度居高不下，明显快于其他行业的增长。煤炭、焦炭、冶金、电力行业的较快增长，固然有力地促进了全省经济的快速发展，但也使山西资源、环境承受着巨大的压力。推进节能减排，加快产业结构调整，转变经济发展方式的任务非常艰巨。

（二）宏观政策的影响

近年来，国家出台实施各项宏观调控政策，2008年将进一步加强和改善宏观调控，有利于投资结构优化和产业结构升级、节能降耗和生态保护、发展方式转变和经济又好又快发展，但也带来一定的负面影响。一是抑制投资的影响。山西基础原材料工业比重大的基本特征决定了对投资增长的依赖性较强，一方面抑制投资将使投资对山西经济增长的直接拉动作用减弱；另一方面，国内投资趋缓，势必造成对山西基础原材料工业的需求趋弱。二是节能减排的影响。节能减排工作的推进、淘汰落后产能力度的加大及抑制高耗能、高污染、资源性产品出口政策的实施，将直接影响山西以高耗能、高污染、资源性产业为主导的工业经济增长。三是货币政策的影响。从紧货币政策的实施，将使全省的银行信贷进一步收紧，企业融资难度加大，直接影响企业的生产经营和投资建设。

（三）市场变化的影响

能源市场、资本市场、劳动力市场等的变化，也会增加经济金融运行发展中的不确定性。一是能源市场变化的影响。煤炭等能源原材料市场需求旺盛和价格快速上涨，一方面可能再次引发投资过度，导致新一轮的产能过剩，另一方面，增加下游产品的生产成本，影响相关产业的生产和效益，并可能引发下游产品价格的联动上涨，甚至导致物价由结构性上涨演变为明显通货膨胀，这些都值得密切关注。二是资本市场变化的影响。近年来，房地产、证券等资本市场的快速发展，有利于改善金融结构、转换银行经营机制、促进消费增长和缓解银行业整体性流动性过剩压力，但“井喷”式的股市行情和快速上涨的房价，极易在社会上形成巨大的财富示范效应，滋生“无知者无畏”的投资心态，蕴藏着巨大风险，不利于资本市场和经济金融的健康发展。同时，房地产、证券等市场调控力度的加大，进一步增加了经济运行的不确定性。三是劳动力市场变化的影响。改革开放以来，一方面市场机制不断完善，市场竞争特别同业竞争日趋激烈，对人员的素质要求进一步提高；另一方面，居民收入和全社会普遍生活水平明显提高，三次产业收入差异缩小，导致国内劳动力成本逐步上升。这一方面体现了我国社会和整体国民素质的全面进步；但另一方面，会影响企业利润，也表明我国的劳动力价格优势正在逐步消失，我国经济的国际竞争力会受到一定影响，也不利于农村剩余劳动力的转移。

三、银行业运行面临的主要风险和问题

目前制约和影响山西银行业健康发展的突出问题主要是“三个过多”,金融生态问题过多、银行案件过多、银行不良资产过多,同时受宏观调控、节能减排等影响,银行业风险凸显,流动性和金融脱媒问题进一步加剧。

(一)信用风险

金融改革的深化和公司治理的完善,使银行业的审慎经营和风险管控得到明显强化,但由于信用环境欠佳、司法执行不力等原因,信用风险仍是影响银行业运行质量的关键因素,太原市商业银行和农村信用社两个高危点的信用风险尤为突出。2007年,全省银行业不良贷款反弹29.4亿元,信用风险加大。非法人机构“双升”,主要是农行因改革不良贷款充分暴露和中行因外部审计不良贷款底数轧实所致;法人机构尽管实现了“双降”,但农村信用社账面不良比例仍高达37%,如果剔除新增贷款的“稀释”作用和一些技术性的处理,不良贷款比例将更高;太原市商业银行通过资产置换,账面不良贷款大幅减少,但由于后续措施跟进不力,风险处置工作进展缓慢,致使事实上的不良贷款较账面数要高出许多,风险处置工作不容乐观。

(二)操作风险

由于银行业内控机制不健全、改革不到位及社会矛盾和利益关系等原因,银行案件频繁发生,点多面广的农村信用社和国有商业银行两个高危点的操作风险尤为突出。全年,全省银行业发生案件19起,比上年减少10起,涉案金额14060万元,比上年减少16186万元,风险金额7546万元,比上年减少9414万元,其中百万元以上案件14起,比上年减少1起,涉案金额13898万元,比上年减少15829万元,风险金额7455万元,比上年减少9244万元。各类机构中,农村信用社发案10起,占52.6%,涉案金额7419万元,占52.8%,其中百万元以上案件6起,涉案金额7261万元;国有银行发案4起,占21.1%,全部为百万元以上案件,涉案金额2560万元,占18.2%。

(三)政策风险

淘汰落后产能、强制节能减排等政策措施的实施,使相关贷款面临较大的政策风险,高耗能、高污染行业两个高危点的政策风险尤为突出。目前,全省煤炭、焦炭、钢铁、铁合金、铝、电力、电石、水泥等八个高耗能、高污染、资源性行业贷款总额2063亿元,占全省贷款总量的37.4%,不良贷款125.6亿元,比年初增加31.5亿元,其中限制淘汰类贷款约320亿元,不良贷款约90亿元,而且八行业贷款近50%为中长期贷款,信用和保证贷款分别超过20%和50%,关联交易复杂,随着调控整治的深入,近200亿元贷款存在潜在损失风险。

(四)贷款集中风险

一是行业集中。全省十大行业贷款余额3141.8亿元,份额达57%,其中煤炭、焦炭、冶金、电力、交通、化工六个行业贷款合计2789.7亿元,份额达50.6%,十大行业不良贷款“双升”,余额212.7亿元,反弹50.5亿元,比例6.77%,上升0.99个百分点。二是客户集中。全省13家主要银行5000万元以上授信或贷款大客户仅771户(剔除多头授信或贷款因素),授信额度达4656.4亿元,贷款总额达2914.2亿元,全年大客户不良贷款除三季度有所下降外,一、二、四季度和全年均呈“双升”态势。三是期限集中。全省银行业贷款总额和十大行业贷款合计中,中长期贷款分别占42.3%和58.6%。由于银行信贷行业、客户、期限三集中,加上集团企业股权关系复杂、关联交易频繁、信用和保证借款为主(超过60%)等,贷款集中度风险较为突出。

(五)市场风险

一是股市快速升温,资本市场投资收益成为企业增收的重要来源,在宏观环境日趋复杂的情况下,资本市场波动性可能增大,将影响企业财务收益的稳定性,增加贷款违约风险。二是房地产价格快速上涨,房地产市场出现价格调整的可能性增大,房价下跌,房产抵质押物缩水,必然导致房地产贷款违约风险的上升;房贷利率持续上升,会增加按揭贷款提前还款和违约风险的发生;商品房交易量下降,加上开发商负债率高,自由资金不足,也会增加开发商贷款违约风险。年末全省房地产业不良贷款35亿元,比年初增加13.8亿元,比例15.06%,比年初上升6.22个百分点。三是随着经济金融的全球化,利率、汇率市场化形成机制不断完善,但国内银行业市场风险管理机制不健全,市场风险防范的工具、手段、经验、素质不足,银行业面临的市场风险日益上升。

(六)信息科技风险

近年来,银行业信息系统建设快速发展,有力地促进了银行业务的快速发展,但在银行业信息系统安全管理和风险防范方面存在一些较为突出的问题:信息安全意识普遍淡薄,个别机构组织领导和职能部门不健全,科技投入不足,科技人员流失严重、素质偏低,生产设备运行环境差,空调、消防等环境保障设施严重老化,中心机房功能区域划分不清晰，设备密度过高，特别是灾备和应急系统不完善甚至缺失，农村信用社甚至没有联网的生产系统。这些使得全省银行业存在较大的信息科技风险隐患，值得引起高度重视。

（七）流动性问题

2007年，先后十次上调存款准备金率和六次提高利率，2008年将实施稳健的财政政策和从紧的货币政策，这些政策效应将逐步显现，形成银行业流动性整体过剩与局部紧张的矛盾。一是银行业存差继续扩大。2007年末，全省银行业存差高达4597.7亿元，比年初增加820.4亿元，贷存比仅54.5%，低于全国平均水平（68.8%）14.3个百分点，比年初下降1.9个百分点，2000年以来持续下降达38个百分点。二是中小银行资金管理压力加大。目前股份制银行、城市商业银行、农村信用社流动性比例分别高达68.56%、62.6%、66.13%，太原、阳泉市商业银行更是超过70%，由于流动比例相对较高，以及上调准备金率、加息等紧缩性货币政策的出台和资本市场的分流，营运资金头寸骤减，出现流动性突然性紧张的现象，资金不稳定性和流动性管理压力增大。

（八）金融脱媒问题

上调准备金率和加息等紧缩性货币政策工具的使用和从紧货币政策的实施，将使银行信贷进一步收紧，在影响银行效益的同时，加大了小企业和“三农”等经济发展薄弱环节的融资难度和融资成本，部分利好行业的民间融资将更趋活跃，导致金融脱媒问题进一步加剧，同时影响经济金融秩序的非法集资活动也可能更为猖獗，这些问题都应认真加以研究解决。

四、2008年形势预测与促进经济金融全面协调可持续发展的对策建议

当前山西经济金融发展具备来自国际、国内、区域多个层面的环境、市场、政策等方面的有利机遇。从国际看，世界经济保持稳定增长态势，为促进经济金融持续健康发展创造了良好的国际环境。从国内看，党的十七大对全面推进改革开放和现代化建设做出了战略部署，各地认真贯彻落实科学发展观，发展地方经济的积极性高涨，为促进经济又好又快发展创造了有利条件。具体来讲，主要是拉动经济增长的内在需求，即投资、消费、出口均将继续保持较快增长。目前，我国宏观经济仍处于周期性景气阶段，随着新农村建设的推进以及奥运会、世博会的召开，基础设施建设仍处在高峰时期，投资将保持较快增长势头。同时，国务院决定连续三年提高企业退休人员基本养老金标准等诸多有利因素带动城乡居民收入增长，消费市场活跃态势有望延续，居民消费结构升级进一步加快，消费拉动经济增长有所增强。此外，尽管受出口退税调整等促“进”抑“出”措施的影响，但在国际市场需求拉动下，外贸出口特别是能源原材料出口仍将保持较快增长。就山西而言，受市场需求和美元贬值等因素影响，国际原油价格持续走高，山西资源优势和比较优势进一步显现，基础原材料需求不断高涨，必将拉动山西基础工业的快速增长。国家实施中部崛起战略，在山西率先实行煤炭资源可持续发展试点，批准山西50多个县享受国家西部大开发优惠政策，比照东北老工业基地在太原、大同、阳泉等市县进行增值税试点等，都为山西经济发展带来新的活力，同时近年来制约山西工业经济的运输、电力总体上继续保持快速增长，生产要素的支撑和保障作用趋于增强，为山西经济的快速增长奠定了良好的基础。山西实施扩大开放战略，加大招商引资力度，将吸引更多的国内外资本进驻，有利于山西经济在新的历史起点上加快发展。

根据中央“稳中求进、好字优先、改革开放、以人为本”的经济工作方针，防止经济过热、防止全面通胀、重视改善民生的目标任务和控总量、稳物价、调结构、促平衡的调控基调，以及山西重点实施服务业、节能减排、循环经济、农业和农村经济四大攻坚，强化深化改革、扩大开放、人才强省和科技创新四大支撑的经济工作任务目标，结合当前国际国内宏观形势与山西实际，预计2008年山西同全国经济发展趋势一致，继续朝着又好又快的方向发展。具体来讲，在良好的国际国内大环境、宏观调控和节能减排的大背景、多项优惠政策的支持下，山西经济增幅适度回落，仍保持10%以上的较快和理性增长；经济结构进一步优化，三次产业协调性增强，节能减排收到明显成效；工业生产，投资、消费和外贸进出口均较快增长；物价结构性上涨压力依然较大，但仍可控，经济效益继续提高，民生进一步改善。从银行业运行来看，2008年，全省银行业经营规模稳步增长，由于实施从紧货币政策，贷款增长会适度放缓，同时尽管不对称加息和股市波动，会使定期储蓄增长有所加快，但由于资本市场和民间融资活跃，存款分流和短期化趋势仍将在一定时期内持续，然而由于信贷收紧，存款分流仍不足以缓解银行业流动性过剩压力；在宏观调控和节能减排的大背景下，信贷结构继续优化，抗风险能力进一步提高；尽管信贷收紧和流动性过剩会使盈利水平受到一定影响，但金融创新不断加快，银行效益将继续提高；受金融改革、宏观调控和外部监督等因素影响，不良贷款反弹压力较大，同时银行业案件防范仍需高度重视，要进一步加强和改进内部控制、审慎经营与监督管理。

为促进山西经济金融实现全面协调可持续发展，今后一段时期应重点从以下几方面加以努力：

（一）加强和改善宏观调控，转变经济发展方式

积极贯彻落实科学发展观，科学制定产业发展和产能规划，注重产业、行业和区域间的均衡发展，避免部分行业的低水平建设、过度投资和产能过剩；进一步改造提升传统支柱产业，提高产业集中度，实施多元化经营战略，增创传统产业新优势；积极培育和发展壮大新兴支柱产业；推进高新技术产业向自主研发制造延伸；继续发展生活性服务业，加快发展生产性服务业，促进现代服务业与制造业协调发展；改造提升传统文化产业和大力发展新兴文化产业；积极发展环保产业，加快淘汰落后产能，大力推进节能减排工作，实施循环经济；加强农村基础建设，提高农业的规模化、标准化、产业化水平；深化国企改革，鼓励、支持和引导非公有制经济快速发展，加大招商引资力度；加快推进特色城镇化和乡村城镇化，加强物价监测和稳定工作，大力改善民生，促进经济社会又好又快发展。

（二）保持货币信贷合理增长，促进经济金融协调发展

按照控制信贷总量、把握投放节奏、调整信贷结构的总体要求，积极指导银行业机构结合国家宏观调控政策、区域经济发展及产业政策，加强对市场发展变化趋势的监测、分析和把握，坚持区别对待、有保有压的方针，合理制定适应区域经济发展水平、符合宏观调控政策和区域产业政策的信贷政策和计划，加快业务创新，提升服务水平，积极支持鼓励类和新兴的产业行业发展与技改升级，积极支持重点项目建设、现代服务业和农业产业化，积极支持小企业和下岗再就业，坚决不予支持并有计划地退出限制淘汰类行业产业，及时采取有效措施保全相关信贷资金，实现区域经济金融的协调发展、经济金融结构的同步优化、资产质量和经营效益的同步提升。

（三）加大绿色信贷服务，积极推进节能减排工作

要从战略上，高度关注高耗能、高污染给银行业金融机构带来的各类风险，高度重视银行业机构在节能环保工作中的作用和社会责任，积极联合环保部门建立绿色信贷机制，督促银行业机构认真贯彻银监会《节能减排授信工作指导意见》，结合实际，制定节能减排授信政策、操作细则、程序和规范及应对两高风险的工作方案，加强相关授信的权限管理、队伍建设和信息披露，按照“三个支持”、“三个不支持”、“一个创新”的要求，开展绿色信贷服务，要对列为国家重点节能减排的项目，得到财政税收支持的节能减排项目。在同等条件下节能减排工作成绩显著地区的企业和项目给予支持；反之，对列入国家产业政策限制类和淘汰类的新建项目、存在节能减排违法情况或者不达标的企业项目、列为落后产能项目的不予支持。鼓励商业银行开展节能减排授信创新，积极推进节能减排工作，并对授信行业、企业进行分类，实行“名单制管理”，加强风险监测和控制。

（四）加强和改进金融监管，防范化解银行风险

一是加强监管能力建设。健全监管法律体系，提升监管科技水平，加强监管创新和队伍建设，加强和改进准入管理，实施差别监管和正向激励，整合监管资源，建立健全有效的监管内外协作机制，增强非现场监管和现场检查、银行内控与监管及外部监督的联动性，强化风险提示、监督检查与整改惩处，进一步提升银行业监管能力。二是加强“三降”考核管理。督促银行业机构通过制定不良贷款及案件治理“三降”工作规划，明确目标，建立目标责任制，完善内控机制，加强不良贷款监测和风险排查，实行严格的问责制，加大目标完成情况考核、监督检查和责任追究力度，创新不良贷款处置方式，完善激励约束机制，特别是密切关注和监测产业结构调控、整治两高行业、淘汰落后产能对银行风险的影响，坚持区别对待、有保有压的原则，积极采取应对措施，防范风险和减少损失，确保不良贷款和银行案件“三降”目标的实现。三是加强信息科技风险监管。督促银行机构增强信息安全意识，健全组织机构和职能部门，加大科技投入，建立完善信息科技系统、灾备系统、生产环境安全设施和应急预案，同时加强信息科技安全督查和监管力度，提升银行业信息科技水平和信息系统风险管控能力，确保信息系统安全运行。四是继续推进金融改革。深化国有银行改革，准确农业银行定位，转换政策性银行职能，延伸股份制银行到市县，深化农村信用社、邮政储蓄银行改革，抓好晋商银行组建和村镇银行试点，健全农村金融体系，推动金融创新，进一步提升银行业的风险管控能力、竞争实力和金融服务水平。

（五）健全社会环境机制，促进银行信贷增长

政府部门应充分发挥在经济社会各项事业中的宏观

导向作用，加强协调指导，大力优化社会环境机制，促进银行信贷合理、健康、持续发展，有力支持经济社会又好又快发展。一是继续深入实施“文化强省”战略，协调公检法、工商、税务、银行等部门，加大征信建设、打击逃废银行债务行为和和银行债权保护力度，构建诚信社会环境。二是积极培育和创新金融服务的政策机制。政府部门应在银行业信贷服务特别是小企业、农村等经济社会薄弱环节金融服务的信用担保、风险补偿、奖励激励、财政贴息等方面不断加以改进和完善，为银行业开展面向薄弱环节的金融服务培育和创造良好的政策机制。三是政府部门应加强对发改委、环保、安全、银监、银行等的协调指导，建立宏观调控和节能减排等必要的政策信息交流平台，为银行业开展绿色信贷服务、支持产业结构调整和地方经济发展提供有利的政策指导。四是进一步建立完善民间融资的法律法规，指定专门机构进行监管，建立监测体系，从限额、利率、税收、公证等环节加以规范，引导民间融资逐步走上正常轨道。五是加大非法集资的形式和危害性的宣传力度，使公众在充分认知的基础上自觉抵制和检举揭发非法集资行为，从源头上摧毁非法集资存在的市场；加大非法集资的打击、处置和惩戒力度，使非法集资者丧失从事非法集资活动的胆识，从根本上消除非法集资活动。

2007年大同市经济金融运行及银行业风险状况分析

2007年，大同市经济继续保持快速发展的良好态势，各项经济指标运行情况良好。银行业运行平稳，各项存款、贷款余额继续增长，不良贷款实现“双降”，金融机构资产质量进一步提高，经营效益增长速度较快。

一、经济运行基本情况

2007年全市坚持以科学发展观为统领，紧紧围绕“奋力赶超，重振雄风”的战略目标，以资源型城市转型为主题，积极调整和优化经济结构，努力转变经济发展方式，大力推进“136”工程，煤炭传统产业不断优化升级，煤化工、电力、冶金三大接续产业逐步做强，装备制造、医药化工、建材、旅游、现代服务、农产品加工等替代产业日益做大，社会主义新农村建设扎实推进，县域经济加快发展，农村经济稳步提高。国企改革不断深化，对外开放步伐加快，招商引资实现新的突破，全市经济保持了快速健康协调发展的良好态势。2007年全市累计完成地区生产总值460亿元，同比增长13%；实现财政总收入92.5亿元，一般预算收入35亿元，同比增长分别为23.08%和34.15%；全社会固定资产投资完成203亿元，同比增长27%；社会消费品零售总额180亿元，同比增长20%；城镇居民人均可支配收入达到11300元，同比增长15.7%；农民人均现金纯收入达到3005元，同比增长11%；城镇新增就业岗位5.6万个，失业率低于4%。

二、银行业运行情况

(一)各项存款余额继续增长，全年增速呈递增态势

12月末，全市银行业金融机构本外币各项存款余额为1029.60亿元，较年初增加128.58亿元，增长14.27%，前三季度增速分别为4.94%、6.43%、12.10%。存款增势良好。储蓄存款较前三季度略有增长，分流减缓。12月末储蓄存款余额为611.50亿元，较年初增加57.30亿元，增长10.34%，同比下降5.61个百分点；前三季度增速分别为7.13%、7.71%、9.36%。企事业单位存款继续大幅增加。12月末余额为315.21亿元，较年初增加46.56亿元，增长17.33%，同比下降0.91个百分点。前三季度增速分别为-1.5%、-3.92%、10.66%。从各银行业金融机构市场占有份额看，国有商业银行仍然占据主导地位。12月末大同市银行业金融机构各项存款余额市场占有份额所示如下：

2007年12月大同市银行业金融机构各项存款余额市场占有份额图表

(单位:亿元)

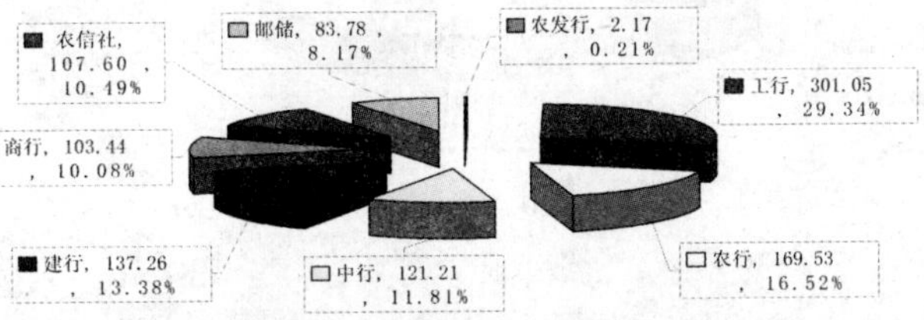

(二)各项贷款投放加快，全年增速逐步加大

12月末，全市银行业金融机构本外币各项贷款余额为325.04亿元，较年初增加68.21亿元，增长26.56%；同比增加62.86亿元，增长23.98%；前三季度增速分别为5.49%、17.31%、25.90%；贷款投放增速继续加大，高于前三季度，比同期存款增速高出12.29个百分点。从期限看，短期贷款余额为152.98亿元，较年初增加19.06亿元，增长14.23%；中长期贷款余额154.05亿元，较年初增加44.45亿元，增长40.56%；票据融资余额为17.96亿元，较年初增加5.08亿元，增长39.44%。从投向看，新增贷款主要投向煤炭、电力行业。

从各银行业金融机构市场占有份额看，贷款的贡献度以工行、农行、商行和农村信用社为主，其中城市商行、农村信用社市场份额仅次于工行，增长较快。12月末大同市银行业金融机构各项贷款余额市场占有份额所示如下：

2007年12月大同市银行业金融机构各项贷款余额市场占有份额图表

(单位:亿元)

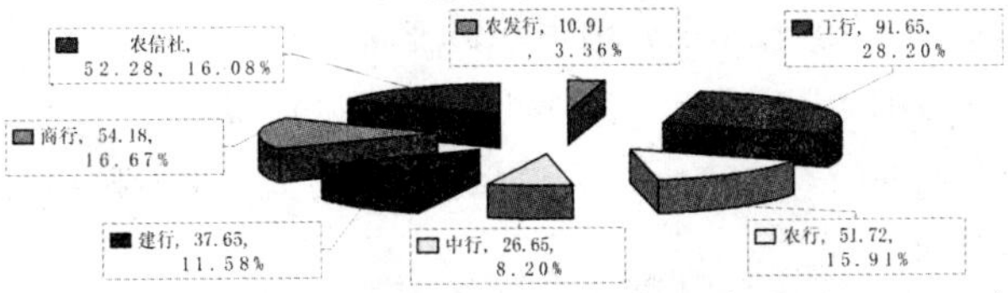

截止12月末，全市银行机构存差资金达704.56亿元，比年初增加55.56亿元；存贷比例31.57%，比年初增加3.21个百分点。资金流动性过剩问题仍是银行业金融机构面临的主要问题。

(三)不良贷款"双降",信贷资产质量进一步改善

据对全市银行业金融机构贷款质量五级分类和农村信用社贷款四级分类月报监测,12月末,全市银行业金融机构不良贷款余额34.41亿元,较年初减少1.71亿元,较上月减少2.42亿元;不良贷款占比为10.59%,较年初(即同比)减少3.48个百分点,实现了不良贷款的"双降"。12月末大同市银行业金融机构不良贷款余额、占比如图示:

2007年12月大同市银行业金融机构不良贷款余额图表

(单位:亿元)

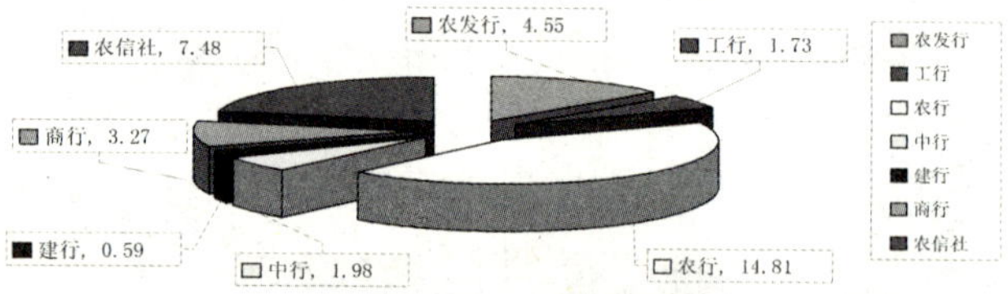

2007年12月大同市银行业金融机构不良贷款占比情况图表

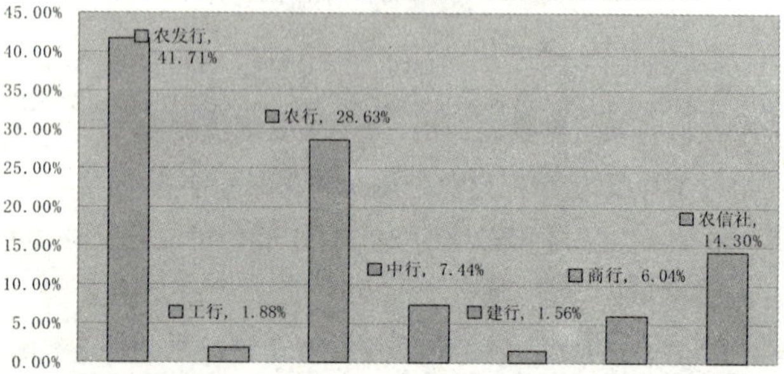

各银行业金融机构不良贷款占比较年初变化情况如下图所示:

2007年12月大同市银行业金融机构不良贷款占比情况图表

(单位:百分点)

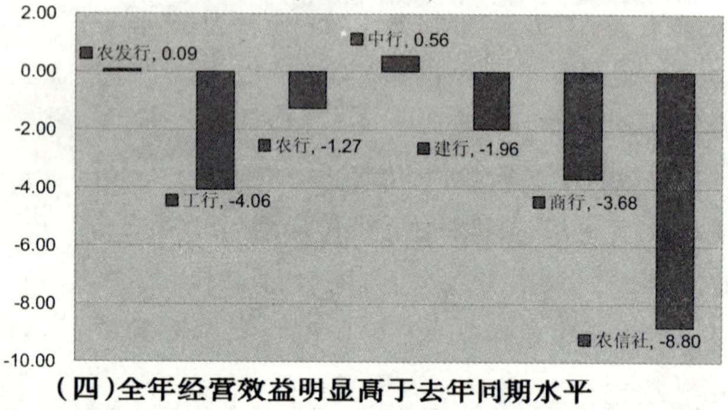

(四)全年经营效益明显高于去年同期水平

据监测,12月末全市银行业金融机构实现利润7.95亿元(本外币),比上月增加0.13亿元,同比多盈2.38亿元。数据表明,工行实现利润最多,占全市银行业金融机构总利润的67.55%。12月份全市各银行业金融机构利润如图示:

2007年12月大同市银行业金融机构利润值图表(单位:万元)

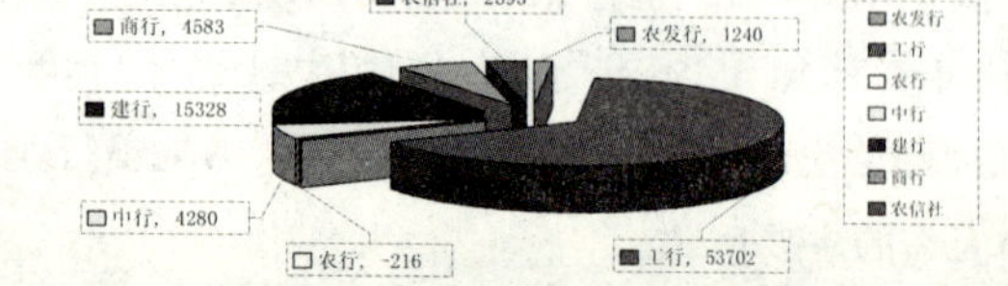

各银行业金融机构盈利同比变化情况如下图所示:

2007年12月大同市银行业金融机构盈利与去年同期相比情况图表

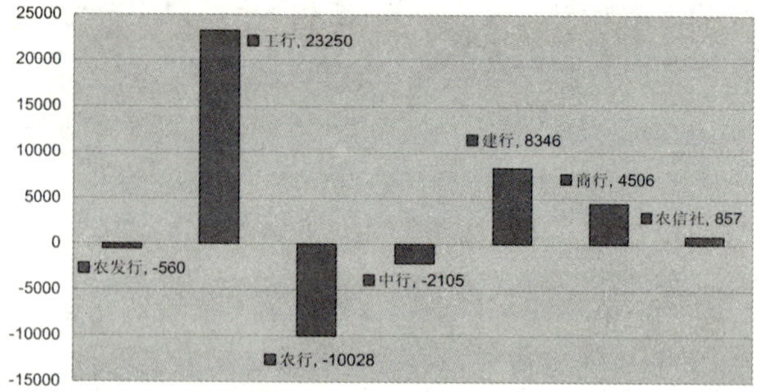

三、经济金融运行中需要关注的问题

(一)宏观调控对辖内银行业信贷资金造成一定影响

一是关注冶金、建材等高耗能、高污染行业贷款风险。2007年国家出台了一系列宏观调控措施,加大了高耗能高污染行业的控制,而大同市的经济发展很大程度依赖一些能耗大、污染大的行业,随着国家宏观政策的逐步落实到位和辖区节能减排淘汰落后产能工作的进一步加强,高耗能高污染行业增长一定会受到影响。据统计,2007年前11月,大同市冶金、化学等行业生产速度呈现下降势头,但银行贷款并没有同步呈下降趋势,仍然增长较快。11月末,全市冶金行业增加值增长7.3%,增速较上年末下降25.6个百分点;建材行业增加值增长9.82%,较上年末下降14.58个百分点;机械行业增加值增长3.99%,较上年末下降14.58个百分点,宏观调控政策抑制了冶金、建材、机械高耗能行业快速增长。医药行业增加值增长18.23%,较上年末下降6.07个百分点。而银行业贷款却没有同比下降,仍然呈增长势头。冶金行业贷款余额6.37亿元,比年初增加1.35亿元,增长27%;建材行业贷款余额5.44亿元,比年初增加1.33亿元,增长32.57%;医药行业贷款余额4.86亿元,比年初增加1.93亿元,增长66.05%。快速增长的银行贷款并没有掩盖潜在的风险,不良贷款继续在高位运行。至年末,冶金行业的不良贷款占比达到12%,建材行业不良贷款占比达51%,医药行业不良贷款占比达到58%,银行贷款的风险度越来越大。

二是关注房地产调控政策对银行信贷风险。截至11月末,全市房地产开发投资同比增长30.69%,其中商品房开发投资同比增长51.04%。房地产投资仍在高位运行。随着房地产调控政策滞后效应,尤其是贷款利率、购房首付款比例的提高,房地产信贷风险正在逐步上升。一方面是土地成本提高,开发风险聚增。据调查,由于地价上涨,土地成本占整个项目开发总投资的比例上升了15

百分点。另一方面是按揭贷款违约可能性增大。房价大幅上涨使购房者的债务负担加大，一部分超前消费的购房者已经成为"房奴"，其信用状况相当脆弱。目前国内主要大城市的住房销售量开始下降，如果蔓延到中小城市，势必会形成系统性风险，影响到银行业贷款安全。

三是关注煤炭行业快速发展中银行贷款潜在风险。2007年以来，全市煤炭行业继续保持高速增长，激发了银行贷款投放力度，但同时也增加了潜在风险。主要表现在：一是向国家限制类煤矿发放贷款的风险。据对大同市涉及煤炭行业贷款的6家银行机构的调查，至2007年末，共向国家限制类煤矿487个项目发放贷款，贷款余额为4.32亿元，较上年末增加1.08亿元，不良贷款占比为49%，欠息率达89.59%。这类贷款已经形成风险。二是煤炭行业贷款集中度的风险。至年末，大同市煤炭行业贷款余额为85.74亿元，占全部银行贷款的26.38%，其中当年新增贷款占全部新增贷款的21.46%，贷款投向的高度集中，从近期看不会产生大的信用风险。但从长远看，随着国家宏观调控政策的进一步深化，经济增长速度放慢，一旦经济运行出现大的波动，极易给煤炭行业带来冲击，直接影响银行的贷款质量。

（二）不良贷款"双降"形势严峻，反弹压力加大

随着银行业金融机构对不良贷款的处置，"双降"难度越来越大，再加上新的宏观调控政策陆续出台，直接影响不良贷款"双降"。一是全国宏观调控会议已经发出明确的紧缩信息，从紧的货币政策直接影响到银行贷款规模，依靠银行贷款支持的企业必然放慢生产速度，甚至可能出现生产下降，银行面临较大的企业履约风险，不良贷款随时会集中暴发。二是辖区产业结构单一，抵御政策风险和市场风险的能力较弱。特别是煤炭、冶金行业不但要面对行业产能规模快速膨胀的考验，而且要经受国家实行差别电价、征收资源税、限制资源型企业出口等政策的冲击，而大同市的贷款主要集中在煤炭行业，潜藏较大风险。

（三）贷款的行业集中度风险依然突出

一是大额贷款余额增长较快。至年末，全市四家国有商业银行5000万元以上的大额贷款为154.54亿元，较年初增加43.88亿元，增长39.65%，快于平均贷款增速13.11个百分点。二是贷款集中于个别大户情况加重。至年末，全市银行业机构最大单户贷款余额55.95亿元，占贷款总余额比例为17.22%，较年初分别增长14.03亿元和0.66个百分点。全辖银行机构最大十户贷款余额129.74亿元，较年初增长34.05%，占贷款总余额比例为39.69%，较年初增加1.44个百分点。三是贷款集中于大行业情况加重。银行贷款依旧集中投向于煤炭和电力行业，煤电两行业贷款余额93.54亿元，占全部贷款的比例高达28.78%。

四、建议

（一）认真贯彻国家宏观调控政策，积极支持产业结构调整

银行业机构要正确贯彻落实国家宏观调控政策，把握国家和区域经济政策取向，密切关注宏观经济形势，研究和分析经济运行中出现的新情况、新问题，加强对影响经济金融运行的全局问题、重大问题、共性问题的调查研究，准确把握经济运行走势和产业发展趋势，要按照国家宏观政策有保有压地支持产业结构调整和经济发展。充分发挥信贷手段在产业结构调整、节能降耗和环境保护中的积极作用，确保经济金融平稳健康运行。

（二）大力加强风险监控，保持不良贷款"双降"

各银行业金融机构应密切关注国家宏观调控政策和主导行业市场变化趋势，深入市场分析，强化贷后管理。要根据市场走向和潜在的风险，主动采取多种措施，力争把宏观调控政策和产业结构调整的风险降低到最低，防止"一刀切"和"急刹车"式的紧缩政策给银行贷款带来的风险。一是密切关注市场变化和政策调整，加强对煤电行业、同煤集团等大客户及关联交易的监测分析，加强同业信息交流和风险预警提示，有效防范信贷风险；二是积极推进金融改革，加强和改进银行业金融机构审慎经营，完善风险管理和内部控制，加大案件专项治理工作力度，防范操作风险。三是继续抓好不良贷款"双降"工作。督促银行业金融机构在准确贷款风险分类的基础上，提足拨备，加大清收核销力度，积极探索新的处置途径，消化存量不良贷款；同时，审慎投放，优化投向，调整结构，加强监测分析，防止新的不良贷款发生。

（三）继续关注房地产信贷风险，分流房地产市场资金

各银行业金融机构要认真学习落实房地产调控的有关精神，加强和改进金融机构房地产信贷管理，积极防范房地产信贷风险，防止开发企业利用拆分项目、滚动开发等手段套取房地产贷款。积极创新金融产品，促进房地产金融的资金来源多元化和社会化，分流房地产信贷资金，保证房地产金融市场的健康发展。

2007年朔州市经济金融运行及银行业风险状况分析

2007年，朔州市依靠良好的宏观经济环境，积极推进经济结构调整，加快资源型城市转型步伐，全市国民经济继续保持高位增长，整体发展势头良好。全市金融运行健康平稳，各项存款继续高位增长，银行体系资金总体宽松，各项贷款小幅回落，基本满足了全市经济增长和产业结构调整的需求，也推动了全市经济快速健康发展。

一、经济运行基本情况

（一）农业和农村经济发展成效显著

一是种植业生产形势基本稳定。全年全市农作物总播种面积达468.65万亩，比上年增长2.61%。全年粮食产量可达14.65亿斤，比去年的历史最高水平增长0.61%。二是畜牧业生产成绩显著。全年依靠政策扶持和市场推动的双重作用，特别是肉类产品价格大幅上涨的牵动，继续呈现出积极的发展势头。

（二）工业生产速度和效益同步高速增长

全年全市工业经济除一季度受地方煤矿大面积停产影响，生产速度有所回落外，进入二季度后生产迅速回升。1–12月全市规模以上工业企业累计完成工业总产值428.42亿元，同比增长36.69%；全市规模以上工业企业累计完成工业增加值182.98亿元，较上年增长26%。

主要工业产品产量增减不一。其中：原煤10822.81万吨，增长16.69%；发电量224.2亿千瓦小时，增长0.8%；乳制品44.41万吨，增长73.7%；日用陶瓷39929万件，增长31.23%。

（三）固定资产投资规模进一步扩大

近年来，朔州市委、市政府一方面坚持推进以项目投资为主线的经济结构调整不动摇，另一方面连续两年来坚持大开放、大招商政策，使得一大批项目落户朔州，带动全市固定资产投资规模连年大幅度扩张。1–12月累计完成固定资产投资152.94亿元，同比增长60.83%。

（四）市场物价积极上扬，消费品市场持续繁荣

1–12月市区商品零售价格总指数和居民消费价格总指数分别为103.5和104.1（以上年为100计算），同比分别上涨3.5和4.1个百分点。

1–12月全市社会消费品零售总额累计完成81.59亿元，同比增长24.5%。整个消费品市场呈现出货源充足、购销两旺的繁荣景象。

（五）财政收入继续保持高速增长

1–12月全市累计完成财政总收入80.02亿元，同比增长55.6%，增收27.28亿元，仅增收额就超过2004年全年财政收入总量水平。一般预算收入累计完成30.2亿元，增长61.26%，增收10.97亿元，增速提升态势更加明显，高于去年增幅10.9个百分点。一般预算收入占财政总收入的比重达到37.75%，比去年提高4.67个百分点。

（六）城乡居民收入水平继续大幅提高

1–12月市区城镇居民人均可支配收入实现11779元，同比增长19.56%，朔州市城镇居民收入首次突破万元大关，标志着朔州市城镇居民收入取得质的飞跃。全年朔州市农民收入一直保持较高的增长态势，农民实现人均纯收入4147元，增幅达21.99%。

二、金融运行基本情况

（一）各项存款高位增长，增速同比有所回落

12月末，全市金融机构本外币各项存款余额383.93亿元，比年初增加74.42亿元，同比多增2.19亿元，增长24%，增速同比回落6个百分点。其中，人民币各项存款余额377.13亿元，比年初增加71.16亿元，同比基本持平，增长23.26%，增速同比回落7.3个百分点；外币各项存款余额9314.7万美元，较年初增加4771.52万美元，同比多增3856.31万美元。

朔州市2001—2007年各项存款（本外币）增减变化图（单位：亿元）

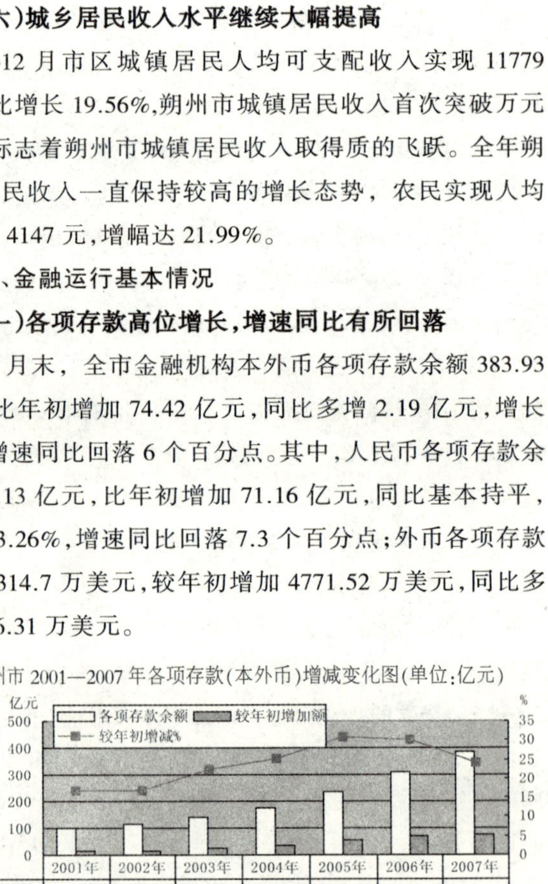

	2001年	2002年	2003年	2004年	2005年	2006年	2007年
各项存款余额	98.77	115.19	141.12	176.67	237.32	308.84	383.93
较年初增加额	14.14	16.43	25.93	35.5	55.64	71.57	74.42
较年初增减%	16.71	16.63	22.51	25.15	30.63	30.16	24.03

1. 企业存款增长平稳。12月末，全市企业人民币存

款余额84.97亿元,比年初增加11.77亿元,增长16%,较去年下降12.45个百分点,同比少增4.44亿元。其中,活期存款余额78.69亿元,比年初增加9.12亿元,占新增企业存款的77.49%,同比少增5.95亿元;定期存款余额6.27亿元,比年初增加2.65亿元,同比多增1.51亿元。总体看,企业存款随季节呈现波浪式增减态势,其中,一季度增加14.64亿元,二季度下降4.52亿元,三季度增加2.73亿元,四季度变化不大。

2. 储蓄存款增长较多。12月末,全市人民币储蓄存款余额241.17亿元,比年初增加42.97亿元,增长21.68%,较去年下降4.78个百分点,同比多增1.5亿元。其中,活期储蓄余额84.45亿元,比年初增加18.74亿元,同比少增1.69亿元;定期储蓄余额156.72亿元,比年初增加24.23亿元,同比多增3.19亿元。

从月度储蓄存款增长情况看:一季度增长较快,各月分别新增5.74亿元、10.55亿元、7.76亿元;二季度各月增减变化较大,其中4月份减少4.99亿元,5月份减少1.5亿元,6月份增加2.79亿元;三季度呈逐月增加态势,其中,7月份增加0.52亿元,8月份增加2.26亿元,9月份增加5.57亿元;而四季度基本呈稳定增长态势,其中10月份增加1.11亿元,11月份增加6.99亿元,12月份增加6.06亿元。

从储蓄存款增长银行看:国有商业银行占比较大,农村信用社次之,邮政储蓄占比较小,三者比例为54.6:34.7:10.7。其中工、农、中、建四家国有商业银行新增储蓄存款占储蓄存款增量的比例分别为19.08%、17.41%、15.36%、2.75%。

从未来储蓄存款增减趋势看:一是目前基金、证券、国债交易活跃,大部分居民涉足其中,股市、债市分流储蓄资金作用将长期显现,但其不会影响银行资金来源,反而更有助于缓减银行流动性过剩压力。二是由于社会保障制度仍有待健全,医疗、教育、住房三大领域的改革如不能使老百姓从中感受到实实在在的实惠,其费用支出仍将会进一步加重居民负担,居民未来支出预期仍然较强,短期内推动储蓄增长的根本仍然存在。三是随着全年连续6次加息和下调利息税,尽管储蓄仍为负利率,但其收益已明显增加,随着持续加息累积效应的逐步显现,储蓄仍然会受到部分稳健投资者的青睐。

3. 财政存款持续增长。2007年全市经济运行效益再次显著提升,财政收入持续大幅增加,受此带动,全市财政存款继续保持稳定增长。12月末,财政存款余额17.35亿元,比年初增加7.04亿元,较去年多增2.15亿元。

(二)各项贷款小幅回落,调控效果开始显现

12月末,全市金融机构本外币各项贷款余额140.22亿元,比年初减少4.64亿元,下降3.2%,同比多降23.58亿元。其中,人民币各项贷款余额115.28亿元,比年初增加2.18亿元,同比少增21.68亿元;外币各项贷款余额34136万美元,较年初减少6526万美元,主要是山西大唐神头发电有限公司还贷款4199万美元,朔州电信公司还贷款40万美元,朔城区中医院和右玉县人民医院分别还贷款8万美元和9万美元,其余属汇率变化所致。

全市2001—2007年各项贷款(本外币)增减变化图(单位:亿元)

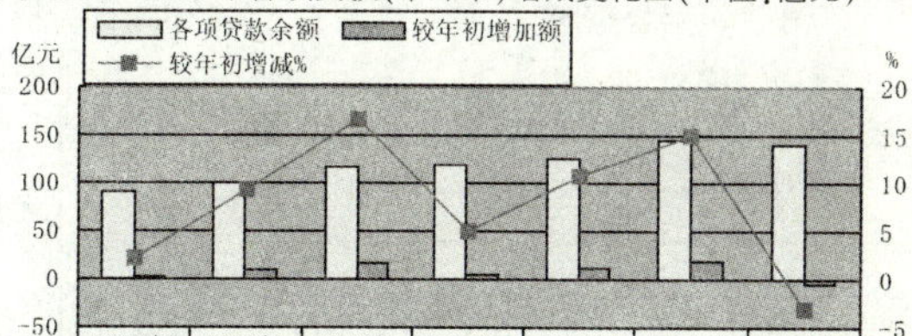

	2001年	2002年	2003年	2004年	2005年	2006年	2007年
各项贷款余额	90.78	99.18	116.33	119.09	125.9	144.86	140.22
较年初增加额	1.98	8.4	16.7	5.78	12.2	18.94	-4.64
较年初增减%	2.23	9.26	16.74	5.1	10.73	15.04	-3..2

从人民币各类贷款增减情况看:工业贷款下降较多。全年全市工业贷款下降3.54亿元,同比多降6.86亿元,主要是2月份平朔煤炭工业公司还贷款2亿元,山西中煤平朔安太堡煤炭有限责任公司还贷款1.27亿元;12月份山西大唐神头发电有限公司还贷款1.5亿元,晋能集团能源有限公司和平朔多开公司各归还贷款0.2亿元。农业贷款继续保持增势。12月末,农业贷款余额45.06亿元,较年初增加11.93亿元,同比多增0.48亿元。流通环节的信贷投入平稳增长。12月末,全市商业贷款余额16.35亿元,较年初增加1.92亿元,同比多增0.31亿元。对中小企业的信贷支持保持稳定。12月末,乡镇企业贷款余额9.79亿元,比年初增加0.81亿元;同时,私营企业及个体贷款较年初增加0.32亿元。消费信贷下降较多。12月末,全市消费贷款余额2.33亿元,全年减少1.8亿元,下降43.58%。票据融资大幅减少。12月末,票据融资余额2.46亿元,比年初减少7.41亿元。随着贷款权限的上收以及宏观调控政策的进一步实施,票据融资以其特有的灵活性在银行应对宏观调控政策,确保贷款"合理适度"增减方面发挥着越来越重要的作用。

从贷款期限变化情况看:短期贷款保持适度增长,中长期贷款小幅下降,票据融资下降幅度较大。12月末,短期贷款余额91.27亿元,较年初增加11.04亿元,同比少增13.9亿元,主要是农村信用社农业贷款增加所致;中长期贷款余额21.28亿元,比年初下降1.53亿元,同比少降

4.95亿元；票据融资比年初减少7.41亿元，同比多减少12.87亿元。

从贷款在各行社分布看：12月末，国有商业银行人民币贷款余额44.04亿元，比年初下降13.37亿元，四大国有商业银行贷款全线下降，工行、农行、中行、建行分别较年初下降了1.75亿元、6.64亿元、3.05亿元、1.93亿元。农发行较年初新增贷款3.18亿元。农村信用社新增贷款12.33亿元，同比少增5.71亿元，截止12月末，农村信用社各项贷款余额55.82亿元。可见农村信用社和农发行正成为支持当地经济发展，特别是“三农”经济的主力军。

朔州市分机构2007年人民币贷款变化表(单位:亿元,%)

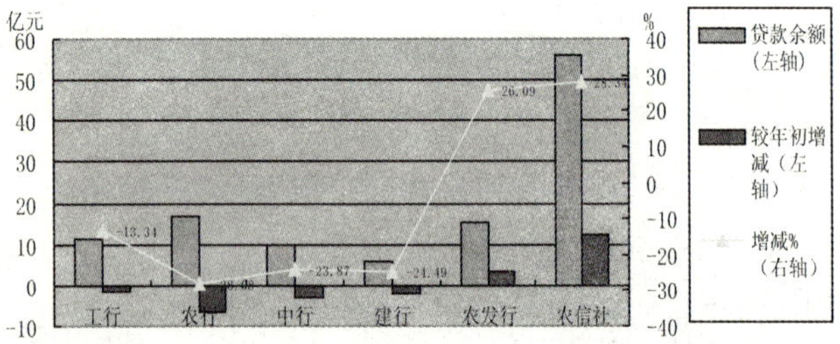

(三)存贷款比例逐年下降，金融机构资金相对宽松

截至12月末，全市金融机构系统内上存资金高达197.23亿元，存贷款比例为36.52%，较去年同期下降10.4个百分点。其中，国有商业银行系统内上存资金197.64亿元，存贷款比例为27.51%，同比下降15.12个百分点，备付金率为1.89%，农村信用社存贷款比例为69.7%(剔除支农再贷款占用为67.8%)，同比下降3.7个百分点，备付金率为9.32%。总体上，尽管存款准备金率数次提高，但由于各行社存款高位增长，加上国有商业银行贷款下降较多，对资金需求增长缓慢，金融机构资金较为充足，且具有较强的流动性。

(四)金融资产质量有所下降，营利水平明显下滑

12月末，全市国有商业银行及农发行不良贷款余额20.91亿元，较年初增加5.70亿元，不良贷款率为24.79%，较年初上升9.78个百分点。其中:国有商业银行不良贷款余额16.02亿元，较年初增加5.58亿元，不良贷款率为23.22%，较年初上升11.52个百分点；农发行不良贷款余额4.89亿元，较年初增加0.11亿元，不良贷款率为31.82%，较年初下降7.37个百分点;农村信用社不良贷款(四级)余额7.29亿元，较年初增加1.32亿元，不良贷款率为13.06%，比年初下降0.66个百分点。金融机构当年结益1.02亿元，同比少营利1.68亿元。其中，国有商业银行亏损0.18亿元，同比少盈利2.02亿元；农村信用社盈利1.07亿元，同比多盈利0.39亿元，农业发展银行盈利0.13亿元，同比少盈利0.05亿元。

三、经济金融运行中应关注的问题

(一)煤炭经济超常发展不利于经济结构转型

从近年来的项目投资完成情况不难看出，投资的集中点和倾向性仍在煤炭工业上。全年煤炭行业完成投资占全部投资的近3成。从全市国民经济增长来看，煤炭工业的支柱性支撑作用表现十分明显，煤炭旺，经济增长快，煤炭落，经济增速同时放慢。从工业经济内部结构来看，煤炭工业的发展趋势基本左右着整个工业经济的发展态势。从支撑财政收入高速增长的依靠力量看，财政收入增长对传统煤炭行业的依赖程度仍然较强。事实上，连续四年来朔州市财政收入取得快速增长的好成绩主要得益于煤炭市场的需求转旺。

(二)投资消费发展比例失衡

统计数据显示，1-12月朔州市累计完成固定资产投资152.94亿元，同比增长60.83%，累计完成社会消费品零售总额81.59亿元，同比增长24.5%，投资完成额是消费的1.9倍，增长率是消费的2.5倍。虽然与去年相比消费比例有所提升，但与全国及全省水平相比投资与消费发展比例仍极不平衡。从金融层面看，2007年基本建设与技术改造贷款仅下降6.6%，而消费贷款却继2006年下降20.6%后又下降40.5%，消费信贷连年大幅下降对启动消费市场的负面影响不容忽视。

(三)金融机构经营质量及效益偏低

一是不良贷款绝对额不降反增。2007年国有商业银行与农村信用社不良贷款全线增加，从绝对额看，国有商业银行增加5.58亿元，增长53%，农村信用社增加1.32亿元，增长22.11%。二是盈利水平明显下降。2007年朔州市金融机构共结益1.02亿元，同比少盈利1.68亿元，下降幅度达62.22%。其中，国有商业银行亏损0.18亿元，同比少盈利2.02亿元。可以预见，随着2008年从紧货币政策的实施，对于主要靠存贷利差盈利的朔州市金融机构，盈利水平将会在低位徘徊，自身发展将面临新的考验。

四、促进经济金融健康发展的建议

(一)发挥政府主导作用，加快经济转型步伐。一是政府应从产业结构调整的大局出发，引导投资在行业间合理分布，通过多种优惠政策鼓励民间资金向新型产业集中。二是发挥民营经济在新兴产业发展中的中流砥柱作用，鼓励民营经济向传统产业改造、新兴产业、高新技术产业方面投资，逐步形成主导产业为支撑，高新技术产业为先导的产业格局。三是进一步加大招商引资工作力度，按照高标准、高起点的要求，引进技术含量高、符合当地产业结构调整和信贷政策的企业。四是引导银行信贷资金向符合环境政策的新型产业转移。

（二）促进消费增长，实现投资消费同步发展。要实现朔州市经济的又好又快发展，必须正视朔州市第三产业发展速度明显不足的现状，推动区域经济增长转向依靠消费增长拉动的良性方式。通过综合发挥政府、财政、税收、金融作用，从增加居民收入，落实惠农政策，扩大社会购买力，发展社会保障事业，健全各类市场功能，推动消费信贷业务发展等方面入手。就金融机构而言，应大力发展个人零售贷款业务，特别是加大对汽车消费、个人购房、房屋装修等消费领域的信贷投入。

（三）政府与各部门联动，破解信贷投入不足问题。首先要加大对金融机构的考核和奖励力度，调动金融机构的放贷积极性。其次是在引进项目、企业改制、兼并、破产等方面吸收金融部门参加，多听取金融部门的意见，特别是在要发挥政府部门在维护银行债权方面的决定性作用。第三是朔州市中小企业信用担保中心要积极与政府、银行、企业沟通，充分发挥担保"四两拨千斤"的作用，通过信用担保，构架银企桥梁，为县域企业融资排忧解难。第四是认真领会宏观调控政策，确保信贷合理适度增长。各金融机构特别是国有商业银行要深刻领会国家宏观调控政策意图，切实采取"有保有压"的信贷政策，避免信贷投放过程中的"一刀切"，确保信贷的合理适度增长。

（四）充分发挥国有商业银行在经济发展中的主渠道作用。认真贯彻落实"六项机制"，加大对小企业的贷款扶持力度，通过支持小企业的发展，有效改善信贷结构，培育新的效益增长点，扭转当前在支持小企业发展中农村信用社一枝独秀的局面。

2007年忻州市经济金融运行及银行业风险状况分析

2007年，忻州经济继续保持稳健的发展势头，各项经济指标总体完成情况良好，经济继续在较高的平台上运行。与地方经济增长相适应，银行业也继续保持良好的发展势头，各项存款稳步增加，各项贷款快速增长，盈利能力进一步增强。实现了经济与金融的良性互动。

一、经济运行基本情况

2007年，忻州市国民经济呈现出速度较快、效益较好、质量较高、后劲较强的良好态势，主要表现为：

(一)经济总量较快增长。2007年全市GDP达到245亿元，增长15.5%。GDP总量首次突破200亿元关口，15.5%的增幅创建市以来的最高水平，增幅在全省排第5位，比上年提高了1位。全市三次产业分别实现增加值25.3亿元、122.7亿元和97.3亿元，分别比上年同期增长4.7%、22.4%和11.6%。

(二)工农业生产增幅较高。忻州市工业经济始终保持快速增长势头。2007年全市工业增加值完成92.3亿元，增长28.5%。工业增加值总量比上年增加30亿元，突破90亿元，增幅在全省排第1位。在粮食产量增加与农产品价格上涨的双重影响下，全市农林牧副渔总产值增幅比上年有较快增长。预计2007年全市农林牧渔业总产值可达到52亿元，增幅比上年有所加快。

(三)经济运行效益全面向好。2007年忻州市财政收入达到55.16亿元，增长38.6%；其中一般预算收入完成23.17亿元。财政总收入增幅位居全省第二。全市规模以上工业增加值完成92.3亿元，增长28.5%。五大重点行业成为拉动工业经济快速增长的主动力。煤炭开采和洗选业、黑色金属矿采选业、石油加工、炼焦及核燃料加工业、有色金属冶炼及压延加工业、电力热力的生产和供应业是忻州市五大重点行业。全年五大行业实现增加值78.89亿元，占规模以上工业的85.5%，拉动规模以上工业增长24.4个百分点。

(四)物价水平上涨较快。从价格总水平看，1-3月、1-6月和1-12月，忻州居民消费价格同比分别上涨3.5%、 3.3%和4.7%，呈现上涨势头；工业品出厂价格指数同比上涨9%，但从目前来看，价格上涨将对全市造成一定影响：一是价格上涨特别是主要粮油价格上涨，将在一定程度上影响居民特别是低收入者的生活水平，将对居民的消费预期有所抑制；二是价格上涨带动的各种要素成本上涨，必然加大企业的生产成本，降低其利润空间。

二、金融运行的基本情况

在良好的宏观经济背景下，2007年忻州银行业经营特征表现为：各项业务保持较快增长，质量效益稳步提高，资产规模稳定增加，所有者权益实现历史性跨越。年末，忻州市银行业金融机构本外币资产总额560.8亿元，同比增长23.7%，负债总额553.6亿元，同比增长21.7%。所有者权益首次成为正数，年末余额为7.2亿元，同比增长5.98倍。

(一)各项存款稳步增长，资金充裕。12月末，忻州市银行业金融机构本外币各项存款余额达到540.4亿元，较年初增加98.7亿元，增长22.3%。与同期相比多增加19.1亿元和0.33个百分点。从总体上看，忻州市银行业资金来源较为充裕，存款在结构上呈现出以下特征：一是居民储蓄存款继续高增长。月末，居民储蓄存款余额达到378.5亿元，较年初增加52.9亿元，增长16.2%，同比多增6.2亿元。储蓄存款仍占各项存款的主导地位，增加额占到各项存款增加额的54%，储蓄存款持续增加的原因：第一，居民收入增加，2007年全市城镇居民可支配收入较同期增长17.9%，农民人均现金收入较同期增长15%；第二，基金、股市投资收益在下半年一直处于低迷，央行全年连续6次的加息，储蓄存款没有出现明显的分流情况；第三，春节临近，各单位在本月集中发放补发的工资、福利，也导致了储蓄存款的增长。二是企事业单位存款活期化趋势明显。前11个月，忻州市规模以上工业企业利润总额达到25.4亿元，同比增长124.86%。企业资金较为充裕，企事业单位存款也随之增加，月末余额为82.8亿元，全年净增18.1亿元，增长28.1%，较同期多增加3.2亿元。其中：活期存款新增17.7亿元，占到企事业单位存款增加额的98%。三是财政存款大幅增长。2007年忻州市GDP增长15.5%,财政收入增长38.6%,与之相适应的财政性存款也大幅增加,12月末，其他存款余额达到79.2亿元,较年初增加27.3亿元,增长52.6%,较同期多增加9亿元。其中:财政存款、机关团体存款净增21.4亿元,占到其他存款净增额的78.3%。

(二)信贷增长迅速,贷款短期化趋势明显。2007年12月末，忻州市银行业金融机构本外币各项贷款余额234.3亿元,较年初增加38.6亿元,增长19.7%,与同期相比多增加17.3亿元和7.5个百分点。

从贷款结构分析:各机构受贷款权限、业务范围限制以及客户结构影响,贷款投放投向不同,占比各异。总体呈现出短快长慢,票据平稳增长的特点。截至12月末,短期贷款余额达到133.52亿元,较年初增加22.63亿元,增长20.4%,较去年同期多增16.9亿元,增速提高14.9个百分点,短期贷款增加额占贷款增加额的59%。短期贷款主要增加在农业、工业、商业贷款三个项目,其中:农村信用社农业贷款净增11.66亿元、占短期贷款净增额的51.5%;农发行商业贷款净增4.59亿元,占短期贷款净增额的20.3%，全部为粮食储备贷款及粮油购销企业贷款;农行工业贷款净增3.63亿元，占短期贷款净增额的16.03%,主要是投向太原钢铁公司、定襄锻造类企业。中长期贷款增速明显减缓。月末余额为85.74亿元,较年初增加10.27亿元,增长13.6%,较同期少增3.1亿元,增速下降了7.4个百分点。中长期贷款主要增加在农发行、工行、建行三家机构。分别是农发行向五台山风景区发放农村基础设施贷款4亿元；工行向深圳立业有限公司发放银团贷款4.99亿元，建行向同煤集团轩岗煤电增加贷款1.5亿元、晋神能源贷款2亿元。票据融资平稳增长。12月末余额为15.02亿元，较年初增加5.75亿元，增长62.05%。

从市场占有率来分析，国有商业银行仍然占有市场主导地位,但这种优势正在逐步下降,而农村信用社、农发行无论从贷款的存量还是增量看，市场份额正在快速上升。年末,国有商业银行、农村信用社、农发行贷款市场份额依次为50.2%、37%、12.9%；与同期相比，国有商业银行占比下降了3.9个百分点,农村信用社、农发行分别上升了了1.1和3个百分点;从贷款净增额看,农村信用社、农发行新增贷款分别占各项贷款净增额的42%、12.9%,较同期分别上升了12.4个百分点和6个百分点。从贷款投向分析,贷款变化行业特征明显,呈现“四增一减”即:冶金、煤炭、电力、机械制造四个行业贷款增加,分别较年初增加3.35亿元、2.55亿元、2.32亿元、1.62亿元;交通行业贷款减少,较年初减少6.55亿元。

(三)经营效益继续提高,盈利能力机构间不均衡。从2005年开始,忻州市各银行业金融机构实现整体盈利,盈利水平逐年提高，到2007年，信贷投放大幅增长以及贷款收益率持续提高带来利息收入的相应增加,年末,全市各银行业金融机构总体实现利润3.8亿元，较同期增加1.4亿元,增长55.3%。从盈利模式上看,各机构基本维持传统的盈利模式,资产业务收入(包括利息收入和金融机构往来收入)构成营业收入的主要来源,两项合计占营业收入的96.9%。利息净收入对利润的拉动作用明显,全年利息净收入较同期多增加1.2亿元,增长18.8%。利润仍然是高度依靠赚取利息差而增长的。

分机构看四家国有商业银行实现利润1.63亿元,较同期增加0.35亿元,增长27%。但机构间盈利能力出现反差,个别机构利润微降并出现亏损。其中:工行、建行利润增长较为明显。与同期相比分别多增1.04亿元、0.4亿元,增长了2倍和2.6倍;农发行实现利润0.55亿元,较同期增加0.29亿元,增长1.2倍;农村信用社实现利润1.63亿元,较同期增加0.72亿元,增长78.1%。中行由于不良贷款增加,提取准备金0.3亿元,利润较同期下降了3.4%。农行由于股改,应付利息较同期多提1.03亿元,年末呈现账面亏损0.73亿元。

(四)不良贷款占比微降,余额上升。从12月末五级分类总的情况来看，全市银行业金融机构不良贷款余额为52.91亿元，较年初增加2.09亿元，不良贷款比例为22.58%,较年初下降3.14个百分点。其中国家银行不良贷款余额为26.82亿元,较年初增加3.69亿元,不良贷款比例为18.14%,较年初微降0.29个百分点。农村信用社不良贷款余额为26.09亿元,较年初减少1.6亿元,不良贷款率为30.2%,较年初下降了8.55个百分点。不良贷款呈现余额上升,比例下降的态势。

(五)表外业务增长较快,风险敞口有所上升。12月末,国家银行表外业务余额25.93亿元,比年初增加23.54亿元。年末,风险敞口24.03亿元,比年初增加23.95亿元,风险敞口率为92.7%,比年初上升89.7个百分点。表外业务全部集中在担保、承诺两项上,二者风险敞口分别为260万元、24亿元,风险敞口率分别为1.4%、100%。

(六)案件专项治理工作取得阶段性成果。2007年,忻州银监分局不断加大对银行业案件防控和治理力度,扎实开展案件专项治理活动，与2006年发生两起50万元银行案件相比，2007年案件发案率为零，案件专项治理工作成效开始显现。

三、需要关注的几个方面

（一）高存款下银行资金使用效率有待提高。2007年，忻州市银行业新增存款98.65亿元，新增贷款38.62亿元，存贷比为43.36%。全年存款增长了22.3个百分点，贷款增长了19.7个百分点，存款增速高于贷款增速2.6个百分点，存款余额达到540亿元。存款在短期内不会有明显的分流，会源源不断的增长，利率的频繁上调，存款成本也在相应增加。而2008年国家从紧的货币政策，将会给银行的信贷结构以及增长带来一定影响，对中间业务收入占比较低，利润高度依靠存贷差的银行业金融机构来讲，其资金营运能力和盈利能力将面临严峻的考验。

（二）贷款集中度加剧，潜在风险不容忽视。近年来，国有商业银行由于信贷管理制度安排强化了对中长期贷款的偏好，制度对贷款集中度风险的上升起了助推作用。截至2007年12月末，全市四家国有商业银行授信或贷款余额超5000万元的客户有18家，较同期增加3家。总的授信额度为159.97亿元，较同期增加19.98亿元，贷款余额82.94亿元，较同期增加14.06亿元。18个客户贷款余额占4家银行全部贷款余额的70.5%，较同期上升了5.48个百分点。4家商业银行中5000万元以上大额客户贷款余额占其各项贷款的比重除农行为46.67%以外，中行、工行、建行分别达到88.96%、87.8%、84.62%。目前由于银行尚缺乏对大客户风险控制的综合手段，一些大客户贷款已成为银行的重要风险源，并且逐步暴露。12月末，在18家客户中有2户企业的2.39亿元贷款形成不良，较同期增加1户，占4家银行全部不良贷款余额的11.8%，较同期上升了10.7个百分点。出现风险预警信号客户1家，7个客户报表显示负债率过高。上述数据表明国有商业银行信贷资金向大客户倾斜的趋势还在加剧，如何防范贷款集中度风险，将是今后一段时期内面对的重要课题。

（三）部分机构不良贷款出现反弹，信用风险防范任务艰巨。2007年，忻州市银行业金融机构不良贷款呈"N"型走势，1季度余额上升，2、3季度不良贷款余额有所下降，4季度不良贷款余额上升，截至12月末，全市银行业金融机构不良贷款增加2.57亿元。不良贷款呈现出一些新的变化：一是部分机构不良贷款强势反弹。农行、中行不良贷款出现双升趋势，截至12月末，农行、中行不良贷款分别增加2.53亿元和1.85亿元，不良贷款率分别上升1.68个百分点和11.98个百分点；二是可疑类和损失类不良贷款大。12月末，银行业金融机构可疑、损失类贷款余额34.58亿元，较年初增加1.64亿元，占全部不良贷款的比重为65%，清收盘活难度进一步加大。三是从贷款迁徙的动态角度出发，国有银行贷款质量总体呈向下迁徙率为9.17%，而且关注类和可疑类贷款下迁明显，分别下迁69.36%和41.44%，贷款质量存在较大的劣变趋势，将对今后的"双降"形成新的压力。

（四）小企业贷款推动困难依旧。从2006年开始，在银监部门的推动下，小企业金融服务现状有所改善，截至2007年12月末，忻州市银行业金融机构授信小企业户数4698户，表内外授信总额为57.58亿元，较年初增加14.2亿元，贷款余额为56.47亿元，较年初增加14.13亿元。从总的情况来看小企业的信贷支持有所增加，但推进小企业金融服务是一项长期、复杂和艰巨的工作，与全市小企业的资金需求相比，金融服务工作仍有很大差距。主要表现在：一是小企业贷款规模小，增速缓慢。小企业贷款余额仅占各项贷款余额的24.1%，较年初增加2.5个百分点，低于各项贷款的增长17.2个百分点。在授信的4698户小企业中，户均贷款120万元，难以满足小企业的资金需求。二是机构间小企业贷款进展不平衡，相差悬殊。统计数据显示，小企业贷款全部增加在农发行、农行、农村信用社三家机构，分别较年初增加9.35亿元、3.19亿元、1.66亿元。其余机构小企业贷款尚未开展；三是小企业信贷资金面临较大风险。截至12月末忻州市小企业不良贷款为24.55亿元，不良率为43.48%，高于忻州市银行业金融机构总的不良率20.9个百分点。小企业不良贷款占全部不良贷款的比例达到46.4%，而且在不良贷款中可疑、损失类贷款的比例达到74.1%。

（五）农村信用社资产扩张迅速，风险管控能力亟需加强。2007年，农村信用社贷款增长较快，在主要银行业金融机构贷款增速下降的情况下，贷款市场份额快速上升。对当年贷款增量的贡献度达42%。在资产业务快速扩张的同时，影响农村信用社业务发展的一些不确定因素依然存在：一是农村信用社不良贷款占比过高的问题十分突出。截止2007年12月末，全市农村信用社不良贷款总额达26.09亿元，不良贷款比例为30.2%，高于国有银行12个百分点。二是贷款增速加快，远高于存款增速。年末，农村信用社贷款增速快于存款增速5.73个百分点，增量存贷比达77%。当前农村信用社风险意识和风险控制能力较弱，相应的风险管理难以及时跟上，应切实防范存贷款增速的不匹配性带来的风险。三是贷款结构多元化，出现追逐大客户倾向。2007年农村信用社涉足一些投资周期长的项目，中长期贷款全年增加1.64亿元，增长1.9倍，30%的中长期贷款集中在忻州师院1家客户。而这些贷款周期长的项目面临着国家政策变化和市场的风险，农村信用社的经营风险可能会进一步加大。

四、几点建议

(一)加强监测和引导，促进信贷合理投放。继续密切关注经济金融形势的变化，引领金融机构优化信贷结构，改进信贷管理，加强风险预警，深入查找影响银行业稳健运行的风险隐患，及时开展窗口指导和风险提示。同时银行应当改变"傍大款、垒大户、过独木桥"的惯性思维，积极调整信贷结构和投向，大力发展多元化金融服务，应针对忻州经济实际状况加大对农业、中小企业、节能环保事业的支持力度，走可持续协调发展的道路，促进经济结构调整和区域协调发展。

(二)坚持做好不良贷款"双降"工作，强化对信用风险的监控。要突出重点加强不良贷款"易发部位"的监测分析，前移不良贷款监控关口。一是督促各行要坚持做好不良贷款的"双降"工作，加强对重点行业、重点客户的监控，积极化解潜在贷款风险，严防不良贷款新增；二是督促各机构加强对集团关联客户的风险监控和防范，对出现风险的贷款客户，要及早、坚决地做好风险处置，努力做好信贷资产保全；三是监管部门要对不良贷款比例过高、上升或不良贷款余额不降反升及贷款集中度过高的重点机构、重点行业的监管，采取有效措施防范风险。

(三)加强对大客户和重点行业的跟踪监测。大客户作为商业银行的优质客户，集中了商业银行70.5%的贷款，一旦出现问题，将对忻州市银行业产生重大的冲击，为了保证银行业的安全运行，应加强对大客户特别是5000万元以上客户及关联企业的风险监测，做好跟踪调查，及时掌握其资金使用情况，并根据期限、还款能力、经营变化情况，及时调整客户的信用评级及授信额度，防范可能出现的风险。

(四)督促银行业金融机构改变观念，力促小企业发展。对银行业机构而言，在小企业贷款工作上如果仍旧按照原来那一套大公司、大客户的思路和方法来做，这项工作肯定是不会有什么大的起色。要进一步引导银行业金融机构提高社会责任意识，要以改革创新的精神推动小企业贷款工作，并把推动小企业贷款工作，作为实现自身良性发展的要求来做，切实缓解中小企业融资难问题，同时也分散贷款集中风险。

(五)大力支持金融创新，不断改进金融服务。目前忻州市银行业金融机构利润结构单一，利润来源主要依靠传统的资产和负债业务，中间业务的贡献较少，且中间业务收入大部分是依靠结算业务、银行卡等传统业务的手续费收入，其他代理类、担保类及代保管类等中间业务发展甚微，制约了其业务领域的拓展、盈利能力的提高。应鼓励银行经营方式上的创新，特别是资产类金融业务的创新，拓展盈利空间，同时，降低非利息支出、节约成本，提高经营效益。

2007年阳泉市经济金融运行及银行业风险状况分析

2007年，阳泉市经济、金融运行平稳，表现为：财政收入稳步增长，工业生产平稳增长，产销衔接依然较好，主营业务收入快速增长，但利税增幅趋小，利润出现下降，资金占用有所上升，费用加大，亏损面有所增大；银行业各项存贷款继续保持增长，信贷资产质量明显提高，经营效益增幅减小，金融对全市经济的支持力度继续加大。

一、经济金融运行情况

（一）经济运行特点

1. 财政收入稳步增长

全年全市财政总收入共完成57.02亿元，比上年增长30.15%。其中一般预算收入完成21.62亿元，比上年增长40.5%；一般预算支出完成33.5亿元，比上年增长30.78%。

2. 工业生产平稳增长，产销衔接依然较好

全年全市规模以上（主营业务收入500万元以上企业）工业企业完成工业增加值129.14亿元，比上年增长14.1%，比全年预期目标14%高出0.1个百分点；全市共完成销售产值317.9亿元，同比增长30.9%，产品销售率为98.3%，比上年提高2.3个百分点。

3. 主营业务收入快速增长，实现利税微增，利润出现下降

据统计，全年规模以上工业企业实现主营业务收入308.5亿元，比上年增长23.5%，增幅比上年提高7.7个百分点；共实现利税40.1亿元，比上年增长1.5%，增幅比上年回落16.5个百分点；其中：实现利润11.5亿元，比上年下降15.2%，增幅比上年回落27.7个百分点；实现税金28.6亿元，比上年增长20.7%，增幅比上年提高4.6个百分点。

4. 资金占用有所上升，费用加大，亏损面有所增大

12月份，全市规模以上工业企业应收账款净额高达36.1亿元，同比增长10%；产成品占用达20.5亿元，同比增长8.9%；资产负债率由上年的69.1%上升到73.1%；营业费用、管理费用和财务费用的增幅分别为37.5%、6.0%、29.2%；企业亏损面由上年的23.4%上升到25.5%。

（二）辖区金融运行情况

阳泉市银行业金融机构运行平稳，各项存款增幅减小，各项贷款增幅加大，信贷资产质量明显提高，经营效益增幅减小。

1. 各项存款增幅减小

年末，阳泉市银行业金融机构本外币各项存款余额422.73亿元(不含人行财政性存款)，比年初增加57.75亿元，同比少增2.33亿元，增长15.82%，较同期少增3.88个百分点，存款增幅低于同期。其中：国有商业银行新增各项存款29.95亿元，同比少增8.85亿元，增长13.22%，较同期少增7.45个百分点；阳泉市商业银行和农村信用社新增各项存款21.68亿元，同比多增12.26亿元，增长22.83%，较同期多增11.82个百分点；邮政储蓄新增存款5.73亿元，同比少增5.4亿元，增长13.76%，较同期少增22.71个百分点。

分项目看：企事业单位存款、城乡居民储蓄存款增幅均较同期有所减小，其他存款增幅较同期增加较多。年末，企事业单位存款余额为95.92亿元，较年初增加6.37亿元，增长7.11%，同比少增20.95个百分点；城乡居民储蓄存款余额为267.52亿元，较年初增加36.42亿元，增长15.76%，同比少增2.42个百分点；其他存款余额为59.28亿元，较年初增加14.94亿元，增长33.71%，同比多增21.32个百分点。

从各项存款分季度情况看：一季度新增各项存款40.37亿元，增长11.06%；二季度新增各项存款4.91亿元，增长1.21%；三季度新增各项存款3.79亿元，增长0.92%；四季度新增各项存款8.67亿元，增长2.09%。一季度新增各项存款是后三个季度新增各项存款的2.32倍，后三个季度各项存款增幅缓慢。

2. 各项贷款增幅加大

年末，银行业金融机构本外币各项贷款余额205.21亿元，比年初增加33.3亿元，同比多增9.65亿元，增长19.37%，较同期多增3.42个百分点，高于存款增长速度

3.55个百分点。其中:国有商业银行新增各项贷款22.97亿元,同比多增5.55亿元,增长23.02%,较同期多增1.87个百分点;阳泉市商业银行和农村信用社新增各项贷款9.85亿元,同比多增4.36亿元,增长14.4%,较同期多增5.66个百分点。

从各项贷款分季度情况看:一季度新增各项贷款27.2亿元,增长15.82%;二季度新增各项贷款4.74亿元,增长2.38%;三季度新增各项贷款4.64亿元,增长2.27%;四季度新增各项贷款3.28亿元,增长1.57%。新增各项贷款呈现逐季减少态势,一季度各项贷款增幅过大,后三个季度各项贷款投放力度控制较好,整体看全年各项贷款增幅比较适中。

从贷款结构看:全年短期贷款、中长期贷款大幅增长,票据融资大幅下降。年末,全市银行业金融机构短期贷款余额120.77亿元,比年初增加19.55亿元,增长19.31%,同比多增7.93个百分点;中长期贷款79.65亿元,比年初增加14.9亿元,增长23.01%,同比少增8.5个百分点;票据融资4.56亿元,比年初减少1.15亿元,下降20.12%,同比少降7.68个百分点。

从贷款投向看:一是投向重点行业,拉动地方经济增长。银行业金融机构继续将煤炭行业作为重点投放对象,全年共新增煤炭业贷款22.77亿元,占全市新增贷款的68.38%。除煤炭行业外,交通、房地产、电力、建材行业贷款余额增加较多,全年新增交通行业贷款3.03亿元,新增房地产行业贷款1.31亿元,新增电力行业贷款5033万元,新增建材行业贷款1530万元。二是投向"三农",促进农村经济发展。农村信用社紧紧围绕和谐社会和社会主义新农村建设,立足三农,扎实推进"信用工程"建设,落实山西省联社"三千三百惠农工程"。全年新增农业贷款2.32亿元,新增农村工商业贷款3.26亿元,有效缓解了农民贷款难的问题。

从运行质量看:全市金融机构资产质量明显提高。国有商业银行、农发行、阳泉商业银行、农村信用社均实现不良贷款余额、占比"双降"。年末,国有商业银行按五级分类不良贷款余额为6.98亿元,较年初减少6335万元(工行核销1446万元),不良贷款占比为5.69%,较年初下降1.94个百分点。其中:不良贷款绝对额减少影响不良贷款占比下降0.63个百分点,贷款余额增加影响不良贷款占比下降1.31个百分点;农发行根据上级部门要求口径,统一将原五级分类不良贷款全部转为关注类贷款,不良贷款余额和占比均为零,不良贷款余额较年初减少1.51亿元,不良贷款占比较年初下降40.36个百分点;阳泉市商业银行按五级分类不良贷款余额为7297万元,比年初减少1858万元,不良贷款占比3.79%,比年初下降2个百分点。其中:不良贷款绝对额减少影响不良贷款占比下降1.17个百分点,贷款余额增加影响不良贷款占比下降0.83个百分点;农村信用社按四级分类不良贷款余额3.56亿元,较年初减少7814万元(农信社核销8234万元),不良贷款占比6.04%,比年初下降2.22个百分点。其中:不良贷款绝对额减少影响不良贷款占比下降1.49个百分点,贷款余额增加影响不良贷款占比下降0.73个百分点。

3. 经营效益继续提高,增幅有所减小

全年全市银行业金融机构累计实现营业利润4.22亿元,比上年增加1692万元,增长4.18%,增幅比上年回落102个百分点;实现利润总额4.52亿元,比上年增加5850万元,增长14.85%,增幅比上年回落100.87个百分点。导致利润增幅回落的因素主要有:一是由于农行计提应付利息缺口和抵贷资产处置致使利润减少5883万元;二是农信社提取准备金和核销贷款同比增加致使利润减少1.92亿元。全市各金融机构除农行亏损外,其他金融机构均实现盈利。具体情况分别是:工行盈利1.68亿元、农行亏损1446万元、中行盈利8823万元、建行盈利7435万元、农发行盈利700万元、城市商行盈利7116万元、农信社盈利5780万元。

4. 国有商业银行中间业务发展迅猛

国有商业银行中间业务发展迅猛。全年国有商业银行累计实现手续费净收入8719万元,比上年增加4486万元,增长105.98%。其中:代理业务收入比上年增加1368万元,增长118.98%;托管业务收入比上年增加2350万元,增长16.37倍。

二、存在的主要问题及风险

(一)信贷投放先松后紧,影响经济均衡发展

一季度全市新增各项贷款27.2亿元,占全年新增贷款的81.69%,后三个季度新增贷款逐季减少,只占全年新增贷款的18.31%,全年信贷投放先松后紧态势明显,信贷投放做为经济走势的先行指标,其走势与全市经济走势息息相关,信贷投放的不均必然会影响全市经济的均衡发展。金融机构应引起高度关注,一方面要严格控制今后的信贷投放力度,防止出现经济过热或过冷;另一方面要在兼顾优质客户合理信贷需求的同时,注意信贷投放时间的均衡性。

(二)贷款投向集中成为银行信贷资金安全重大隐患

银行贷款投向过于集中,煤炭行业贷款占比过高。12月份,煤炭行业在全市银行业金融机构的贷款余额高达88.57亿元,占全市各项贷款总额的43.16%,今年新增煤炭业贷款22.77亿元,占全市新增贷款的68.38%。目前煤炭生产增幅出现回落,受煤炭可持续发展基金征收等因素影响,煤炭企业利润有所下降,部分品种供需情况已经出现了一些微妙变化,如果一旦煤炭市场或相关政策有较大变动,极易影响全市银行信贷资金安全。贷款投向集中已成为银行信贷资金安全重大隐患。

(三)对小企业贷款投放力度明显不足

银行业金融机构认真贯彻落实银监会关于推进小企业贷款工作的有关精神,加大对小企业贷款支持力度,但由于小企业自身载体太差,效果并不明显。统计数据显示,年末,授信在500万元以下(含500万元)、资产在1000万元以下(含1000万元)或销售额在3000万元以下(含3000万元)小企业表内外授信总额17.29亿元,较年初增加7839万元,增长4.75%。其中:小企业贷款余额17.16亿元,较年初增加1.51亿元,增长9.68%。小企业表内外授信和贷款的增长速度分别低于全市贷款增长速度14.62个和9.69个百分点。银行业金融机构对小企业贷款投放力度明显不足。

(四)不良贷款反弹压力仍然较大

尽管2007年信贷资产质量明显提高,不良贷款反弹压力仍然较大。具体表现为:一是剔除核销因素农村信用社不良贷款呈现反弹走势。2007年农村信用社不良贷款虽然实现"双降",但是如果剔除核销不良贷款8234万元的因素,农村信用社实际新增不良贷款420万元;二是个别国有商业银行不良贷款出现反弹,农业银行不良贷款余额比年初增加2429万元,工商银行不良贷款余额比年初增加804万元,如果剔除核销不良贷款1446万元的因素, 工商银行实际上不良贷款余额比年初增加2250万元;三是从不良贷款具体结构看,损失类贷款较年初增加8674万元,不良贷款总体质量下降,回收难度加大;四是农发行调整原1.51亿元不良贷款为关注类贷款系政策性因素,其原贷款具体形态并没有向好变化态势。

(五)后三个季度各项存款增幅缓慢,金融机构筹资难度加大

2007年后三个季度各项存款增幅缓慢,各项存款三个季度增加17.38亿元,只占全年新增存款的30.09%,为一季度存款增量的43.04%。其中:企业存款出现了负增长,后三个季度减少5.64亿元,下降5.55%。企业存款减少的主要原因是购买生产资料支出费用明显加大、部分优质企业归还贷款愿望强烈以及个别企业投资力度加大;储蓄存款增幅减小,后三个季度储蓄存款增加14.43亿元,增长5.7%,低于全年储蓄存款平均增幅10.06个百分点。储蓄存款增幅减小是由于股市、房地产等投资渠道对储蓄存款产生分流,其他投资渠道行情好坏直接影响其对储蓄存款分流的大小。企业存款减少和储蓄存款分流程度的不可预测性加大了金融机构筹资难度。

三、监管建议

(一)合理把握贷款投放节奏,确保贷款合理均衡增长,严禁信贷资金违规进入股市,切实防范金融风险

金融机构要针对本行的实际情况,合理规划,准确定位,进一步完善全年信贷和经营计划,有效控制贷款投放节奏,确保贷款合理均衡增长,防范信贷过快投放潜藏的风险,避免信贷投放出现大幅波动。同时,要加强信贷资金流向的跟踪监测,确保信贷资金投向合理合规,杜绝信贷资金违规进入股市;各监管部门也要加强金融机构窗口指导和流动性管理,抑制信贷投放过快增长,加强金融监管,防范金融风险。

(二)优化信贷投向和信贷结构,防范贷款集中度风险

各银行业金融机构要正确调整发展策略以改善信贷结构。一是要在煤炭行业景气度高的时候适当减少对该行业的贷款支持,同时加强对煤炭企业市场供需变化情况的动态监测,定期对煤炭产业政策、煤炭市场变化情况和煤炭企业实际经营情况进行风险分析,建立和完善对煤炭企业经营情况的分析监测体系,根据分析监测结果制定相应措施,有效防止和化解煤炭市场变化引发的信贷风险。二是继续大力开展小企业贷款业务。各银行业金融机构要在加强对大客户风险管控的前提下,推动小企业信贷"六项机制"真正从政策层面落实到经营层面。针对阳泉市自身的特点,认真研究小企业产品市场前景、发展潜力和隐性风险,寻求新客户,发展新业务,有效促进小企业贷款业务稳健发展,逐渐走出信贷资金过度集中而引起的风险相对集中的尴尬境地。

(三)研究制定防范不良贷款的风险长效机制,做好不良贷款"双降"工作

监管部门要加大监管力度,严格实行不良贷款考核制度,确保不良贷款"双降"。银行业金融机构要严格贷款的审批程序,履行贷前调查职责,切实掌握贷款客户资信，减少贷款风险。此外，还要加强与社会各部门的配合，加大清收力度，有效保全信贷资产，降低不良贷款的损失。

（四）提高服务意识，制定有效措施，确保存款稳定增长

全市银行业金融机构要切实提高服务意识，真诚"服务客户、经营客户、发展客户"，紧紧围绕客户需求，开拓创新，加强合作，大力拓展存款领域，制定有效措施，确保存款稳定增长。

2007年长治市经济金融运行及银行业风险状况分析

2007年，长治市银行业继续落实宏观调控的各项政策措施，坚持科学发展观，主动服务，防化风险，有力地促进了地方经济又好又快发展。

一、全市经济运行情况

（一）工业企业生产经营总体看好，主要经济指标持续增长。在我国经济发展形势整体向好的大背景下，长治市工业经济表现出发展提速、效益提升的良好势头。据相关部门统计，全市1-11月份累计完成工业总产值700亿元，同比增长28.8%；完成工业增加值245.3亿元，同比增长19.3%；累计完成工业销售产值682.9亿元，同比增长28.6%；工业企业实现利润51.8亿元(10月末的数据)，同比增长43.9%。

（二）惠农政策效应显现，粮食生产与去年同期持平。随着国家提高粮农直补标准，稳定粮食价格等惠农政策的有效实施，农民种粮积极性普遍提高，促进了当地农业生产发展。长治市统计局资料表明，全年全市粮食总产达14.5亿公斤，与同期持平。

（三）市场利好因素增多，财政实现大幅增收。截至2007年12月31日，全市财政总收入累计完成125.2亿元，为全年预算的114.07%，比上年增长23.66%，全面超额完成了年度预算任务。调查显示，长治市财政增收的主要原因：一是国民经济的快速发展使得整体税源较为充裕；二是煤、焦、铁等全市重点行业市场价格持续走高，企业经济效益显著提高，财政增收主体有了新的增强。

（四）固定资产投资保持增长态势，重点项目进展顺利。在长治市委、政府实施工业新型化、农业产业化、城镇特色化发展思路的引导下，近年来长治市新上项目，特别是大项目明显增加。1-11月份全年辖区固定资产投资累计完成180.1亿元，增长32%，保持高位运行。

（五）城乡居民收入稳步增长，消费增速进一步加快。近年来，国家采取多种措施提高中低收入阶层收入，促进农民增收，推动辖区居民收入全面增长。据调查，长治市城镇居民人均可支配收入预计12400元，同比增长21%；农民人均现金收入预计4300元，同比增长10%。城乡居民收入的稳步提高支撑了消费的持续增长。据统计，全市社会消费品零售总额达161.88亿元，较同期增长21.2%，再创历史新高。

二、全市金融运行情况

（一）存款平稳增长，但增速低于同期。12月末，全市金融机构本外币各项存款余额为715.56亿元，较年初净增104.87亿元，增长17.17%，同比少增26.75亿元，增幅同比下降10.3个百分点。

企业存款增速大幅回落。截至2007年12月末，全市企事业存款余额为167.7亿元，较年初增加12.19亿元，增长7.84%，同比少增48.14亿元，增幅下降55.56个百分点，主要原因一是各级金融机构落实宏观调控政策，上缴准备存款准备金增加，贷款投放与同期相比下降，导致派生存款减少。2007年全市各项贷款较同期少增加17.4亿元，因此导致派生存款减少约10亿元。二是潞安财务公司的成立，使潞安矿业集团内部资金的运行更便利，陆续向新疆、内蒙等地投资兴建煤矿及煤化工项目，由此造成企业存款下降10余亿元。8月份该集团还向太原兴业银行汇出资金9.9亿元，导致本地企业存款下降。三是长治市中国银行新开办结构性理财业务，集中企业单位的闲散资金，帮助企业理财，帮助7家企业集中5.37亿元的资金上划中总行全球市场金融部用于帮助企业理财，导致企业存款减少。四是企业正常的购进原材料支付货款等，煤炭企业上缴煤炭资源价款等也导致企业存款减少。

储蓄存款增势减缓。截至12月末，全市银行业金融机构储蓄存款余额为421.98亿元，较年初增加51.68亿元，增长13.96%，同比仅多增加1.47亿元，但增幅同比下降1.72个百分点，可以看出2007国家虽6次上调存款利率，降低利息税，但并未根本缓解金融机构存款增幅下滑局势。一方面是居民投资渠道多元化，分流部分储蓄存款。2007年长治市证券公司开户数近7000户，是2006年同期的6倍；截至12月末，四家国有商业银行销售各类基金41.2亿元，同比增加38.3亿元，增长13.9倍。另一方面是居民收入增加，消费意识增强，购买高档消费品支出增加。据相关部门统计，2007年全市新增私家车7000辆，居民仅购车支出就达4.9亿元。

(二)积极贯彻宏观调控政策，贷款投放明显放缓。12月末，全市各项贷款余额仅为360.46亿元，全年净投放28.8亿元，增幅仅为8.68%，同比少投17.44亿元，增幅同比下降7.52个百分点。2007年人民银行连续10次调高存款准备金率，到12月25日，普通存款类金融机构存款准备金率由年初的8.5%上调至14.5%，增加了6个百分点，银行流动性受到较大影响。据测算，2007年长治市银行体系有40亿元资金被冻结，直接导致金融机构信贷投放能力削弱。随着贷款利率的增加，信贷市场还出现三方面变化。首先从贷款结构看，利率上调使企业办理贷款尤其是中长期贷款成本加大，一定程度上促使企业谨慎选择贷款期限，导致中长期贷款增幅回落。截至12月末，全市金融机构中长期贷款余额144.18亿元，较年初增加5.02亿元，增长4.6%，同比少增25.48亿元，同比增幅下降31.53个百分点；短期贷款余额219亿元，较年初增加20.92亿元，增长10.56%，同比增幅上升0.13个百分点，辖区中长期贷款增幅明显低于短期贷款。其次是从贷款对象看，利率上调推动个人归还消费贷款加速，个人住房消费按揭贷款占比逐渐下降，提前还贷现象较为普遍。截至12月末，全市个人消费贷款余额8.8亿元，较年初减少了1.78亿元，其中短期消费贷款减少0.35亿元，而以住房贷款为主的中长期消费贷款减少1.4亿元。再次从贷款投向来看，信贷资金向大中型企业和项目集中。2007年全市新增的28.79亿元贷款中，70%以上投向电力、煤焦、冶金、化工、建筑5个行业，并相对集中于潞安矿业集团、和信电厂、天脊化工等符合产业政策的大中型企业。

(三)银行盈利水平稳步提高，但后两个月下降较多。12月末，全市银行业金融机构本外币账面盈利达到6.76亿元，比同期增加0.77亿元，增长12.9%。后两个月因年底各机构费用支出增大、法人机构提缴税款等，使利润下降2.18亿元。

(四)部分机构夯实不良贷款，导致银行业总体表现为"双升"。12月末，长治市银行业金融机构不良贷款账面余额45.73亿元，比年初增加11.85亿元，平均不良贷款比率13.03%，比年初上升2.82个百分点。其中农行绝对额上升8.65亿元，不良率上升22.36个百分点。

三、当前经济金融运行中需要关注的问题

(一)经济结构单一，对高能耗产业依赖度过大。据调查，2007年前11个月长治市规模以上工业中，煤炭、焦炭、钢铁、电力等传统行业工业销售产值为567亿元，占比达83%，其中煤炭行业增加值占比达30%，高居各行业榜首，而技术含量较高、资源消耗较少的机构、医药等新型行业增长较慢，占比仍然较低。可以看出，长治市经济增长依赖于煤、焦、铁等传统行业的产业结构模式仍未得到根本改善，节能减排压力较大。

(二)贷款投向过于集中，中小企业融资难问题仍然存在。近年来，电力、化工、煤炭、冶金等行业一直是长治市金融支持的重点，信贷资金向这些领集中趋势较为明显。2007年各金融机构向上述四大行业中的大企业新增贷款19.7亿元，占到辖区新增贷款总额的68.6%。而占全市企业数量90%以上的中小企业受信贷政策及管理体制的影响，融资难问题仍未得到有效解决。

(三)社会主义新农村建设中信贷投入不足。调查显示，当前金融部门支农信贷投放量与社会主义新农村建设需求明显不相适应。2007年，全市金融机构涉农贷款余额较年初增加7.76亿元，占辖区新增贷款26.68%，其中农业贷款仅增加1.02亿元，增幅只有2%。究其原因，一是基层金融网点机构职能难以发挥。近年来商业银行信贷政策持续向大中城市、大项目、大企业倾斜，基层信贷投放仅限于个人消费类贷款，致使农村金融机构信贷职能弱化；二是农村融资成本过高。担当农村信贷市场主力军的农村信用社普遍采取"一浮到顶"的利率政策，加大了农民融资成本。三是政策性银行信贷投入政策性太强，服务面狭窄，未能充分发挥支持农业生产的作用。

(四)不良贷款较年初"双升"，部分机构信贷资产质量下降。全市银行业金融机构不良贷款呈持续上升的态势，从3月份开始连续10个月当月表现为"双升"。不良贷款不断上升，使得信贷资产质量持续呈恶化趋势。尤其是农行、中行不良贷款的比率已经分别达到46.43%、30.78%，分别较年初上升了22.36和16.07个百分点，信资产质量明显下降，导致其盈利水平低下，双双亏损。分析原因，从农行来看，一是该行历史遗留的平台不良问题尚未得到解决，如4月份清查出法人客户5.14亿元进账反映，股改期间还将会陆续反映出来；二是有部分贷款已形成事实不良，虽能够正常结息，但潜在风险很大，如8月份"三查"新暴露的不良贷款0.19亿元进账反映。从中行不良贷款产生的原因来看，则主要是前些年所支持企业为宏观调控限制类行业或企业，或部分企业经营出现困难所致。如11月该行新增加1.07亿元不良贷款，其中：新发生不良贷款1.09亿元，涉及6个公司授信客户，分别是山西长信工业有限公司0.18亿元、山西太岳煤炭运销有限公司0.39亿元、长治乡镇煤炭运销公司0.01亿元、维特大厦0.06亿元、山西通洲煤焦有限公司0.37亿元、长治市长兴糖酒副食有限公司0.08亿元(其中0.03亿元为银行承兑汇票垫款)。

(五)金融案件高发,操作风险上升。为了确保银行业金融机构金融案件数量和百万元以上案件数量"双下降"目标的实现,年初,召开了全市银行业金融机构案件专项治理工作会议,与各银行业金融机构主要负责人签订了《案件专项治理目标责任书》。制订了案件专项治理工作规划,组织开展了案件风险防控"五大"活动,实行了风险隐患问责制度、监管提示制度、案件专项治理季报工作制度,对国有商业银行高管人员进行监管政策和法规考试等。通过风险防控排查,全年全市银行业发生案件4起,总涉案金额6191万元,现已追回涉案资金、财物5883万元。

四、几点建议

(一)加快产业结构调整步伐,改变区域主导产品单一格局。一是紧密结合当地资源优势、技术优势、人才优势等特点,加快资源整合步伐,逐步将资源优势转化为经济优势。二是要进一步加大对传统产业的改新改造,按照国家节能减排环保要求,增加技改投入,打造新型化工业。三是进一步加大招商引资工作力度,按照高标准、高起点的要求,引进技术含量高、符合当地产业结构调整和信贷政策的企业。

(二)政银企三方联动,破解小企业融资难问题。一是政府要积极向金融机构推荐优质项目、优质中小企业,并在引进项目、企业改制等方面要倾听金融部门的意见,特别是在维护银行债权、推动信用体系建设、发展贷款担保中介机构等方面要发挥主导作用,协调有关部门共同维护和保障金融债权。二是金融机构应积极创造条件,针对中小企业规模小、短平快项目多、资金需求较少等特点,创新融资品种,拓宽中小企业融资渠道,为中小企业融资提供便捷服务。三是中小企业自身要不断加强自我完善,提高企业信贷,建立起互信互利的新型银企关系,争取信贷资金支持。

(三)进一步完善金融服务体系,为新农村建设提供信贷支持。一是农业银行要兼顾股改上市及支农服务,巩固和稳定基层网点,适度下放信贷权限,增强支农服务功能。二是农业发展银行要加强金融创新,拓宽信贷服务领域,扩大对农业产业化支持的力度及范畴。三是要继续深化农村信用社改革,充分发挥支农主力军作用。四是要在有效防范金融风险的前提下,通过吸引社会资本,积极兴办服务"三农"的金融组织,实现农村金融机构多元化。

(四)切实降低不良资产,提高信贷资产质量。一是要堵住源头,把好新增贷款发放关。各金融机构要不断提高信贷管理水平,通过建立科学的决策机制和执行授权授信、审贷分离、贷款三查等制度,逐步完善信贷管理体制,加强对贷款风险的控制。二是要盘活存量,积极清理不良资产。在堵住源头的同时,各金融机构必须制定长远的规划,加大对存量不良资产的盘活力度,利用经济、行政、法律等多种手段盘活存量资产。三是银行监管部门加强窗口指导,强化对不良贷款的监控。要充分发挥监管和服务职能,积极引导资金投向,加强对金融机构贷款的窗口指导,强化对贷款质量的检查和监督。要严格执法,加大对金融机构违规贷款情况的处罚力度,努力降低不良贷款。四是政府部门必须把信用环境建设作为重中之重,积极创建良好信用环境。各级政府要协调工商、司法、银行等部门联手打击企业恶意逃废和悬空金融机构债务的行为,切实维护辖区良好的投资环境。

(五)建立案件专项治理长效机制,有效防控案件发生。面对案件高发的严峻形势,各银行业金融机构要引起高度重视,切实加强内控制度建设,建立案件防控长效机制。一是要高度重视员工教育,筑牢思想防线。各银行业金融机构要利用多种形式开展职业道德、遵纪守法、革命传统等教育,增强职工爱岗敬业、廉洁奉公意识,从根本上防止案件的发生。二是整章建制杜塞漏洞,完善内控制度。各金融机构对排查发现的问题进行认真梳理,认真分析形成隐患和漏洞的原因,通过整章建制,进一步完善内控制度,不断健全制度防线。三是加强监督检查力度,从重、从快、从严处理违法违规责任人。各金融机构要充分发挥内部稽核监督作用,加大检查频率,加大处罚力度。同时,各级银行监管部门对发生问题较多的金融机构要加大现场检查频率,对发生案件的金融机构,要做到"一案四问",从重、从快、从严处追究案件当事人,上追两级领导人责任,达到杀一儆百、举一反三的效果,以利用教育更多人增强遵纪守法、依法合规经营的自觉性。四是加大科技开发力度,利用科技手段监控防范操作风险。各金融机构要将科技控制手段运用到业务操作的各个环节和整个过程中,用强制执行的技术手段控制操作风险的发生。

五、2008年经济金融运行态势预测

针对2007年全市经济金融运行态势分析，对2008年做出以下四点预测和判断。

（一）投资需求仍将较快增长。一是2008年各级政府换届在即，地方政府投资冲动增加。二是企业家对市场需求继续保持乐观态度，投资意愿上升。三是投资资金充裕。一方面企业盈利继续维持高位运行，另一方面银行经营状况不断向好，金融机构资金供给意愿比较强烈。

（二）消费需求有望加快。十七大明确指出了以消费需求为主扩大内需，推动经济结构性调整的战略方针。随着经济结构调整步伐加快，着力增加收入和提高消费倾向的各项政策将逐步发挥效应。预期未来一段时期消费仍将保持稳中趋旺的态势，但物价上涨有可能对实际消费增长产生一定抑制作用。

（三）价格整体上行压力仍然较大，通胀风险仍需关注。一是粮食价格引发价格上行的可能依然存在。二是能源价格存在上涨压力。三是从劳动力成本看，随着劳动力供求出现结构性趋紧，特别是新的《劳动法》的颁布实施，工资上行压力将增。

（四）储蓄存款增幅仍将保持较低水平。伴随着奥运会举行而带来的奥运经济，以及股票、基金等资本投资市场的日趋成熟，居民投资理财渠道将进一步增多，投向趋于分散，这些因素的长期存在将继续影响到储蓄存款的增加。

2007年晋城市经济金融运行及银行业风险状况分析

2007年，晋城市经济运行整体情况持续向好，呈现出平稳、快速发展的良好势头。银行业运行状况总体良好，质量和效益不断提高。但是，经济及银行业运行中仍存在一些问题，应引起关注。

一、经济运行的总体情况及特点

2007年，全市工业生产增速加快，固定资产投资快速增长，财政收入大幅增加，消费市场持续升温，居民收入显著增加，国民经济运行质量明显提高，继续保持较快发展态势。

（一）工业生产快速增长，企业效益持续向好

2007年，全市地区生产总值完成416.5亿元，同比增长16%。全市规模以上工业累计完成工业增加值210.3亿元，同比增长24.1%。实现利润59亿元，同比增长22.2%；实现利税101亿元，同比增长26.9%。

（二）固定资产投资保持高速增长，重点项目进展顺利

2007年，全市固定资产投资累计完成215.5亿元，同比增长30.8%。其中市及以下单位完成投资198.2亿元，同比增长29.7%。已开工建设的16个国家、省、市重点项目累计完成投资38亿元，占全社会投资的17.7%，自开工累计完成投资94.7亿元，占计划总投资的43.9%。

（三）消费品市场持续升温，价格继续上涨

2007年，全市共实现社会消费品零售总额115.5亿元，同比增长21.77%。分销售地区看，市级零售额实现78.51亿元，同比增长22.78%；市以下的零售额实现36.99亿元，同比增长19.67%。分行业看，批发业实现11.03亿元，同比增长21.32%；零售业实现79.2亿元，同比增长18.98%；住宿和餐饮业实现零售额18.18亿元，同比增长42.76%。2007年，居民消费价格总水平（城市）上涨4.8%。

（四）财政收支快速增长，居民收入明显增加

2007年，全市财政总收入累计完成96.6亿元，同比增长21.8%；其中一般预算收入完成34.1亿元，同比增长20.3%。一般预算支出54亿元，同比增长36%。2007年，全市城市居民人均可支配收入12404元，同比增长22.4%。农民人均现金收入4435元，同比增长12.6%。

二、银行业运行的总体情况及特点

2007年，全市银行业运行态势总体平稳，各项存款稳步增长，贷款投放持续增加，不良贷款继续"双降"，经营效益明显好转。

（一）各项存款稳步增长，增势趋缓

12月末，全市银行业金融机构本外币各项存款余额721.21亿元，较年初增加95.12亿元，增长13.21%，同比少增25.25亿元，增幅低于同期10.57个百分点。其中：人民币各项存款余额达719.62亿元，较年初增加96.57亿元，增长15.5%，同比少增22.47亿元，增幅低于同期8.3个百分点。外汇存款余额2187万美元，较年初减少1718万美元，下降43.99%，同比少增3494万美元，增幅低于同期188.62个百分点。外汇存款余额减少，主要是单位活期存款减少所致。分项目看：

1. 企业存款增长放缓，活期存款增势好于定期

12月末，全市银行业金融机构企业存款余额230.68亿元，较年初增加35.13亿元，增长17.96%，同比少增2.72亿元，增幅低于同期6.04个百分点。从期限结构看，定期存款和活期存款均有所增长，活期存款增势好于定期。12月末，企业活期存款余额182.63亿元，较年初增加30.83亿元，增长20.31%，同比多增7.28亿元，增幅高于同期1.95个百分点；定期存款余额48.05亿元，较年初增加4.3亿元，增长9.83%，同比少增10亿元，增幅低于同期38.73个百分点。分行别看，12月末，企业存款除建设银行较年初减少0.9亿元外，其余各行均较年初有所增加，其中增加最多的是农业银行，较年初增加13.68亿元，之后依次为，交通银行增加5.82亿元，中国银行增加5.7亿元，城市商业银行增加1.79亿元，工商银行增加1.04亿元，农村信用社增加0.16亿元，农业发展银行增加289万元。

影响企业存款变化的因素：一是各行社进一步加强对客户和市场的调查分析，开展针对性、多样化的市场营

销，加强银企合作，使企业存款继续保持平稳增长态势。二是重点行业企业生产经营状况良好，致使企业存款增幅加快，如中海石油晋城煤化工产业有限公司增加1.6亿元，鸿富锦精密工业有限公司新增1亿元，晋城国投能源有限公司增加1900万元等。另外，晋城市开发区土地局土地保证金存款1亿元，土地收购储备中心存款9000万元，财政局社保存款3872万元等。三是煤炭企业生产经营状况良好。1-10月份全市原煤产量达5389万吨，同比增长11.3%，存款增幅较快。如晋煤集团运销处回收货款4.3亿元，晋煤集团回收货款5.9亿元，兰花科创增加存款1.6亿元，晋普山煤矿增加存款3500万元等。四是贷款产生的派生存款大幅增加，特别是8、9月份仅晋煤集团从银行融资20多亿元，形成了巨额派生存款。五是企业存款同比增幅放缓主要是由于"3.18苗匠矿难"，全市煤炭企业停产整顿，4、5月份当月全市工业增速仅为2.5%和3.5%，影响了企业存款的增长。加之煤炭可持续发展基金等3项基金征收对煤炭行业存款的影响较大，3项基金征收使吨煤成本上升了33元，但售价仅上涨了13元，差额达20元/吨，这些因素都导致企业存款增长较同期有所下降。六是重点企业支付货款和工程建设用款等原因，造成企业存款有所下降，如晋煤集团支付货款及开发银行利息等共计16多亿元，晋东能源开发有限公司、大唐阳城发电有限责任公司、沁城煤矿建设指挥部分别支付工程建设款2.38亿元、2.02亿元、2亿元等。

2. 储蓄存款持续增长，活期存款增势好于定期

12月末，全市银行业金融机构本外币储蓄存款余额367.93亿元，较年初增加37.14亿元，增长11.23%，同比少增2.44亿元，增幅低于同期2.36个百分点。从期限结构看，定期储蓄存款和活期储蓄存款均较年初有所增长，活期存款增势好于定期。12月末，活期储蓄存款余额91.02亿元，较年初增加15.65亿元，增长20.76%，同比多增5.08亿元，增幅高于同期4.45个百分点；定期储蓄存款余额276.91亿元，较年初增加21.49亿元，增长8.41%，同比少增7.52亿元，增幅低于同期4.4个百分点。分行别看，12月末，储蓄存款除城市商业银行较年初减少0.7亿元外，其余各行社均较年初有所增加，其中增加最多的是农村信用社，较年初增加15.3亿元，之后依次为，邮政储蓄增加6.05亿元，建设银行增加6.04亿元，农业银行增加5.24亿元，工商银行增加2.77亿元，中国银行增加1.64亿元，交通银行增加0.78亿元。

影响储蓄存款变化的因素：一是各银行业机构把增存吸储作为工作重点，不断加大对储蓄存款的营销力度，推出各类理财产品和中间业务，带动了储蓄存款的稳步增长。二是由于目前社会经济发展势头良好，城镇居民和农民收入不断增加，央行6次上调存款利率，增加了储户存款信心。三是储蓄存款同比增速放缓，主要是受证券市场持续火热的影响，资本市场的巨大收益正吸引着居民把储蓄存款大量"搬家"到股市或购买基金，加大了对储蓄存款的分流。另一个不容忽视的原因是，物价水平持续走高，使扣除通胀因素后银行存款利率实际为负数，居民理财意识不断增强，并不断将储蓄存款转换为其他资产。另外，国债、期货、保险等金融产品营销力度的加大，也拓宽了投资渠道，使得储蓄存款增长幅度缓慢。四是进入11月份以来，受证券市场大幅震荡回落调整的影响，新入市股民、基民大量赎回资金，致使储蓄存款回流，储蓄存款有所增加。

（二）各项贷款总量继续增加，增幅高于同期

12月末，全市银行业金融机构本外币各项贷款余额336.12亿元，较年初增加75.79亿元，增长29.11%，同比多增37.72亿元，增幅高于同期11.98个百分点。其中：人民币各项贷款余额335.8亿元，较年初增加75.47亿元，增长28.99%，同比多增37.34亿元，增幅高于同期11.83个百分点；外汇贷款余额438万美元，较年初增加429万美元，主要是进出口贸易融资增加所致。

从贷款期限结构看，短期贷款、中长期贷款和贴现贷款余额均较年初增加，同比增幅呈现"两增一降"特征。12月末，短期贷款余额186.52亿元，较年初增加35.26亿元，增长23.31%，同比多增15.37亿元，增幅高于同期7.99个百分点；中长期贷款余额131.78亿元，较年初增加33.51亿元，增长34.1%，同比多增19.53亿元，增幅高于同期17.81个百分点；贴现余额17.45亿元，较年初增加6.67亿元，增长61.87%，同比多增2.36亿元，增幅低于同期4.75个百分点。

分行别看，12月末，各行社贷款均较年初有所增加，其中增加最多的是农业银行，较年初增加22.76亿元，之后依次为，交通银行较年初增加14.81亿元，农村信用社增加10.66亿元，建设银行增加9.36亿元，工商银行增加8.69亿元，中国银行增加4.43亿元，农业发展银行增加2.7亿元，城市商业银行增加2.38亿元。

从消费贷款发展情况看，12月末，全市个人消费贷款余额2.49亿元，较年初增加1947.31万元，增长8.26%。分机构看，个人消费贷款较年初增加的有：城市商业银行增加4970万元，交通银行增加304万元，工商银行增加116.07万元，建设银行增加58.74万元；较年初减少的有：农业银行减少2408.5万元，中国银行减少1093万元。

贷款增加的主要原因及投向：一是大型银行积极支持晋城市重点行业、重点项目和大中型企业的发展。其中工商银行累计投向晋煤集团基本建设贷款19.49亿元，投向大唐阳城发电有限责任公司基本建设贷款10.43亿元；农业银行投向晋煤集团短期流动资金贷款10亿元，投向大唐阳城发电有限公司基本建设贷款3.4亿元；中国银行投向长平煤业有限公司3.7亿元，投向晋煤集团3亿元，投向大唐阳城发电有限公司2亿元；建设银行投向晋煤集团3亿元，投向山西省煤炭运销总公司晋城分公司阳城县公司2.5亿元，投向晋普山煤矿2.4亿元等。二是农村信用社积极加大信贷支农力度，支持农业产业化发展和农民生产，农业贷款余额较年初增加2.91亿元，增长5.6%，占全市农业贷款余额的98.53%。三是各机构重点支持了中小企业的发展，其中农业银行投向高平九龙物资贸易公司2411万元，投向晋城市祥程科技电器有限公司1780万元；中国银行投向晋城市博通经贸有限公司1300万元，晋城华洋工贸有限公司570万元；城市商业银行投向晋城市亚日建材装饰有限公司2500万元，晋城市坤达煤化磁材有限公司2000万元；农村信用社投向高平泫氏铸业有限公司1000万元，永兴贸易有限公司900万元；农业发展银行投向山西源源醋业有限公司500万元等。

(三)不良贷款继续“双降”，经营效益持续好转

12月末，全市银行业金融机构不良贷款余额59.54亿元，较年初减少6.09亿元，不良贷款占比17.83%，较年初下降7.59个百分点，不良贷款余额和占比继续双下降。分行别看，不良贷款绝对额除农村信用社、城市商业银行、建设银行和交通银行分别较年初减少7.74亿元、2753万元、260万元和74万元，工商银行为零外，其余各行均较年初有所增加，其中：农业银行不良贷款增加1.49亿元，中国银行不良贷款增加4410万元，农业发展银行不良贷款增加289万元。不良贷款占比除中国银行较年初上升1.32个百分点外，其余各行均较年初下降。其中：农业银行下降22.41个百分点，农村信用社下降15.65个百分点，农业发展银行下降10.54个百分点，交通银行下降1.62个百分点，城市商业银行下降1.13个百分点，建设银行下降0.2个百分点。

影响不良贷款变化的因素：一是不良贷款持续“双降”，主要是各行社采取有效措施大力清收不良贷款，并取得了一定成效。二是新增贷款的大幅增加，对不良贷款占比起到了一定的稀释作用；三是农业银行不良贷款的大幅增加主要是因其筹备股改上市，进行不良贷款夯实摸底，将原在正常类反应的9785万元贷款划入不良类。四是中国银行不良贷款的增加主要是由于山西兰花华明纳米材料有限公司贷款1500万元、高平新庄煤矿900万元和阳城县地方国营义城煤矿贷款650万元由正常类转为次级类，另外，零售贷款发生不良964.83万元。

12月末，全市银行业金融机构实现账面利润7.8亿元，同比多增1.62亿元，增长26.62%。分行别看，各行社均为盈利。其中盈利最多的是工商银行，盈利2.75亿元，之后依次为，建设银行盈利2.4亿元，城市商业银行盈利9910万元，交通银行盈利7963万元，农村信用社盈利5488万元，中国银行盈利1371万元，农业银行盈利888万元，农业发展银行盈利826万元。

三、银行业运行中存在的主要问题与风险

(一)小企业贷款难问题仍未得到根本缓解

为适应小企业的快速发展，全市各银行业金融机构认真贯彻落实银监会《银行开展小企业授信工作指导意见》和《晋城银监分局推进小企业金融服务工作实施方案》，在加强风险防范的前提下，适当加大了对小企业的贷款投入，在推进小企业金融服务方面取得了初步成效。但同时，推进小企业金融服务是一项长期、复杂和艰巨的工作，是一项系统工程，与全市小企业旺盛的资金需求相比，金融服务工作仍有很大差距。主要表现在：一是小企业贷款户数尽管较年初有所增加，但贷款户数绝对数量仍然偏少，贷款户数仅占全市中小企业总户数的23.85%，不足1/4。二是个别机构贷款基本全部投放到大客户上，小企业贷款工作尚未起步。三是小企业贷款行际间分布不均衡，贷款户数及份额主要集中在农村信用社、农业银行和城市商业银行，截至12月末，三家机构的贷款户数及份额分别占全市小企业贷款总数和贷款总额的93.71%和87.12%。四是小企业不良贷款占比仍然偏高，抑制了商业银行投放贷款的热情。截至12月末，小企业不良贷款占比高出全市不良贷款占比平均水平35.86个百分点，其降幅低于全市不良贷款平均水平7.17个百分点。五是受多种主客观因素的影响，各银行业金融机构面向小企业金融服务的“六项机制”尚未健全。六是小企业贷款难，致使民间融资重趋活跃。近年来民间融资资金的97%都投向了小企业，极易诱发金融风险，形成新的不安定因素。

七是微小企业与其他中小企业相比，贷款更加困难。

（二）贷款集中度偏高对银行业稳健运行构成潜在威胁

信贷资金的过度集中，加剧了信贷资金在企业之间、行业之间、地区之间分布的失衡，不利于支持地方产业结构调整和经济金融的协调稳定发展。据统计，工、农、中、建、交5家大型商业银行大客户贷款较年初均呈大幅增长态势，增量和增速均快于贷款总量，集中度偏高。一是银行贷款向大客户集中。12月末，5家大型商业银行5000万元以上大客户贷款余额178.75亿元，较年初增加64.35亿元，增长56.25%，快于贷款总量增速28.14个百分点；贷款集中度（5000万元以上大客户贷款占大型商业银行贷款总量的比例）达88.69%，较年初上升7.85个百分点。二是大客户贷款高度集中于煤炭、化工、建筑、道路运输、电力等5大重点行业。5行业大客户合计34户，占全部大客户数的90%，贷款余额160.71亿元，占全部大客户贷款余额的79.07%。三是多头授信、多头贷款日趋严重。在5家银行大客户中，同时在2家以上银行贷款的客户16户，这些客户的贷款余额达139.94亿元，占全部大客户贷款余额的78.29%，其中晋煤集团一家企业就同时获得5家银行机构贷款，贷款余额达57.52亿元，占全部大客户贷款余额的32.18%。银行机构对大客户的过度授信日趋严重，"垒大户"现象日益突出，隐性风险不容乐观。四是大客户潜在一定关联风险。据统计，12月末大客户关联企业30户，占大客户总数的69.77%，关联企业贷款余额148.71亿元，占大客户贷款余额的83.19%。关联企业主要是参股、控股等股权关联和贷款互为担保关联关系，由于信息不对称导致银行不能全面把握法人治理结构复杂的企业和关联企业的有关信息，关联交易使银行贷款集中度风险系数进一步上升。

（三）农村信用社综合性风险问题还没有彻底解决

近年来，农村信用社在改革和创新中不断发展和完善，经过有效处置、增资扩股和强化管理，抵御风险能力不断提高。截至2007年12月末，农村信用社资本充足率达11.52%，超过8%的规定比例，整体实力显著增强。但由于基础薄弱，矛盾积累较多，潜在的风险依然较大。主要表现在：一是资本约束机制亟待建立。农村信用社虽然资本充足率大大提高，但资本约束意识还较淡薄，资本约束机制尚未真正建立，仍存在规模冲动和速度情结。12月末农村信用社存贷款比例达70.53%，已接近资产负债比例管理规定上限。二是农村信用社不良贷款占比高，信用风险十分突出。12月末农村信用社不良贷款余额43.82亿元，占全市银行业不良贷款余额的73.6%，不良贷款占比47.42%，高于全市平均水平29.59个百分点。三是贷款"垒大户"现象严重，存在潜在风险。截至12月末，农村信用社最大单户贷款占资本总额的比例高达53.45%，超过规定比例38.45个百分点，最大10户贷款占资本总额的比例高达92.33%，超过规定比例2倍多，风险集中度明显偏高。四是拨备缺口仍然较大，风险抵御能力不强。拨备覆盖率仅为29.33%，且未提取非信贷资产损失准备金。五是股票和基金市场"火爆"，对农村信用社的流动性和支付能力带来一定影响。受股市和基金市场高额利润回报的诱惑，全市储蓄存款出现"搬家"现象。同时，为抑制资产价格过快上涨，央行2007年10次上调了存款准备金率，对大型商业银行流动性影响不太明显，但对于存贷比例较高的农村信用社，储蓄存款的减少和存款准备金率的提高，对其流动性管理带来一定难度，支付能力受到一定影响。六是收入渠道单一，盈利水平较低。农村信用社收入来源主要依靠存贷款利差，中间业务收入所占比重极低。七是公司治理不完善。农村信用社法人治理尚停留在架构搭建阶段，还没有真正体现"权力制衡、协调发展"的治理原则，离改革的目标还有很大差距。

（四）银行业机构窗口服务质量亟待提高

一是银行营业网点客户排队现象比较突出。由于目前各银行业机构为防范柜面操作风险，增加了证件识别、主管授权等程序，导致在业务高峰期和一些特殊交易日，柜台出现客户排长队现象，且多数银行业机构均未采取临时加开窗口等服务措施。二是服务标准差别明显。调查反映，目前银行业机构一般都把客户分为两类：一类是VIP客户群体。这类客户群体各银行均设置了VIP客户室或VIP客户专用窗口，并提供专人一对一服务以及其他优质服务项目；第二类是中小客户群体。这类客户是银行的主流客户，客户人数多，存取金额相对较小，由于没有享受特殊服务的权利，因此在办理业务排队时容易引发不满情绪。三是"一米线"制度执行不力。虽然大部分网点设置有"一米线"，但在具体执行过程中却难以落实到位，不仅影响了客户办理业务的安全性，而且也影响了银行的办公秩序，对银行服务形象有一定的负面影响。四是大堂服务不够到位。主要是大堂经理职位设置不到位，县区以下网点及市区部分业务较小的网点大都没有设置大堂经理，且有的大堂经理仅仅充当一个导服的作用。五是员工办理业务的效能效率还不够高。近年来，由于银行员工新老交替十分频繁，一大批业务熟练的老员工退出了业务柜台，而新员工上岗时间短，业务熟练程度不高，办理业务时间相对较长。据对 15 个营业网点暗访，办理每笔存取款业务平均需要 6 分钟，有的长达 20 余分钟；有些代理发行基金的机构办理一笔基金业务平均需要 15 分钟，有的甚至长达 1 个多小时。

四、监管建议

（一）实施“小企业成长工程”，破解小企业融资难题

目前，晋城市一些银行机构仍存在着“20%的大客户创造 80%的利润”的肤浅、陈旧认识，只从财务数据上看到银行利差收入主要来源于大客户，而未认识到不良贷款损失同样也主要来源于大客户。以前各银行剥离、核销的不良贷款的大部分也主要是由大客户造成的，其中政策性破产损失几乎全部来源于大客户。因此，各银行在继续抓紧做好大企业客户营销的同时，也要注重拓展小企业贷款业务，做到抓大不放小。尤其是在当前煤炭、钢铁、电力、房地产等行业产能过剩、风险积聚和银行业全面对外开放的严峻形势下，各银行业机构要早作准备，进行战略调整，将发展小企业信贷业务和其他发展战略一并考虑。同时，监管部门将尽快实施“小企业成长工程”，联合晋城市中小企业局，共同开展成长型小企业评价和优质项目推介工作，建立完善全市成长型小企业和产业集群基本信息库，定期推出成长型小企业名单和优质项目，作为银行业金融机构信贷支持的目录。并加强对各银行业机构小企业授信工作的考核，鼓励银行转变经营理念，调整经营发展战略，改善信贷资产结构，积极面向小企业市场，将小企业授信工作纳入对银行的监管评价之中。

（二）加强内部控制，防范集团客户授信风险

各银行业金融机构要进一步强化内部控制，完善授信机制，建立全面的风险预警系统，提高对集团和关联客户的风险识别与控制能力。要严格大额授信审批程序，杜绝为争夺优质客户和项目，向客户提供利率优惠、降低准入条件、不按要求办理抵押及担保手续等现象。要切实做好对大额贷款的跟踪监控，着重掌握企业资产负债变化、资金流向和经营效益情况，适时调整授信额度，防止过度授信。要高度重视企业关联交易给银行带来的风险隐患，充分识别、监测关联交易行为，控制关联交易风险。此外，监管部门也要加强对有关信息情况的收集汇总，及时跟踪分析，适时进行风险窗口提示，并采取有效措施防范银行机构间的恶性竞争现象，从而规避集团客户信贷风险。

（三）加大监管力度，着力提高地方法人金融机构的风险抵御能力

目前，地方法人金融机构的改革已取得阶段性成果，但仍存在着较多的潜在风险，因此，要加大对地方法人金融机构的监管力度，着力提高其风险抵御能力。一是推动法人金融机构完善公司治理结构。积极督促其按照当前各项监管规章制度的要求，结合国际先进银行公司治理的发展趋势，完善公司治理组织架构，科学修订公司章程，明确“三会一层”职责，全面规范公司治理机制。二是强化资本约束，加强对地方法人金融机构的监管。按照“三管一提高”和“准确分类 - 提足拨备 - 做实利润 - 资本充足率达标”的要求，以资本约束为核心，督促其审慎实施贷款分类，落实资本补充计划，提高贷款拨备覆盖率，严格执行资产负债比例管理有关指标，控制大额客户风险集中，加大不良资产清收处置力度，不断提高风险管理水平。三是扎实推进案件专项治理工作，有效防范操作风险。加强对地方法人金融机构的督导工作力度，督促其建立健全内部控制制度和监督制约机制，认真落实案件防范各项工作制度和银监会防范操作风险十三条意见，强化问责制，严肃责任追究，构筑案件专项治理的长效机制。

（四）采取有效措施，进一步强化窗口服务意识

各银行业机构要增强文明服务意识，采取有效措施，全面提高银行自身综合服务能力。要畅通银行服务监督渠道，通过新闻媒体向社会公众公开承诺文明服务事项，主动接受监督，对服务中存在的问题，及时加以解决。要切实改进服务态度，提高办事效率，实行弹性服务工作制度，加强对客户的业务指导与服务。要加强安全防范，强化“一米线”作用，严防被抢被盗和客户密码泄漏以及柜台差错等事故案件，确保客户资金安全，维护金融消费者的权益。

2007年吕梁市经济金融运行及银行业风险状况分析

2007年，吕梁经济金融运行总体保持良好态势。工业结构持续改善，主导产品价格稳中有升，企业产销两旺，经济效益持续攀升。银行业金融机构各项存贷款稳定增长，不良贷款“双降”，经营效益提高。

一、吕梁经济金融运行情况

全市经济持续快速稳定增长，各项经济指标完成良好。原煤、焦炭、饮料酒等主要产品产量大幅增加，产销率提高，出口增势强劲。2007年，全市累计完成工业增加值251亿元，同比增长25%，是年计划的114.1%；完成工业总产值706.1亿元,同比增长37.3%,是年计划的127%。工业产品销售率为98.1%，比去年同期提高了2.5个百分比。全市财政总收入累计完成105.1亿元，同比增长36.3%，财政收入总量全省排名第四。地区生产总值达501亿元，同比增长14%。外贸进出口总额累计完成6.75亿美元，同比增长40.8%，进出口总量全省排名第三。

经济运行中的几个主要特点：一是工业经济高开低走，全年仍保持了较快增长态势。2007年前四个月累计增速逐月回落，由1月份的84.9%降到4月份的14.3%，但从5、6月份以后，趋稳回升，累计增速由6月份的13.4%提高到12月份的25%，高于全省平均水平4个百分点。二是企业经济效益大幅增长，实现利润翻了一番。2007年1-11月份，全市规模以上企业实现销售收入557.3亿元，同比增长45.9%；实现利税89.6亿元，同比增长64.6%；实现利润35.8亿元，同比增长99.5%；利润和利税两项增幅在全省排名第二。三是主要产品产量快速增长，钢材产品增长幅度最大。2007年，全市累计完成原煤产量6336万吨，同比增长35.8%，焦炭累计完成2259万吨，同比增长16.8%，生铁累计完成319万吨，同比增长2.5%，钢材累计完成226.5万吨，同比增长66.5%。钢铁、煤炭两大行业对吕梁市工业经济的增长起到了明显的拉动作用。四是工业品出口较快增长、产销衔接良好。2007年，全市外贸进出口总额累计完成6.75亿美元，同比增长40.8%，其中出口累计完成6.2亿美元，同比增长37%；进口累计完成0.55亿美元，同比增长105.5%。累计完成销售产值692.7亿元，同比增长37.5%。五是县域经济迅猛发展。孝义市经济总量突破200亿元大关，柳林、交城、中阳、汾阳、文水五县市也都超过50亿元。经过几年的结构调整，调产效应明显显现，县域经济迅猛发展，超过50亿元的县市由2006年的两县市增加到2007年的六个县市。除石楼县外，其余12县财政收入均超过1亿元，其中孝义、柳林、交城、中阳四县市财政收入均突破70亿元。

银行业改革发展势头良好，各项业务进一步发展。至2007年末，全市银行业资产总额达573.07亿元，较年初增长31.18%，其中各项贷款余额195.09亿元，较年初增加23.26亿元，增长13.54%。负债总额559.79亿元，较年初增长29.63%，其中各项存款553.89亿元，较年初增加128.8亿元，增长30.3%，同比多增58.21亿元。主要是储蓄存款、财政存款和农业存款增加较大。全年银行业实现账面利润4.73亿元，同比增长22.62%，盈利能力进一步增强。

经营管理水平进一步提高。全市银行业机构内部控制不断强化，审慎经营和风险管控水平得到有效提升。贷款的行业结构、客户结构、期限结构得到优化，不良贷款余额58.51亿元，占各项贷款余额的29.99%，较年初下降2.05亿元，占比较年初下降4.55个百分点。其中国有商业银行不良贷款占比较年初增加4.73个百分点，农村信用社不良贷款占比较年初下降18.38个百分点。

金融服务水平进一步提升。全市银行业机构社会责任意识明显增强，金融服务水平得到有效提升，银行业在宏观调控、产业结构调整、节能减排、和谐社会构建与新农村建设中的重要作用得到充分发挥。全年中长期贷款净增12.43亿元，增长44.05%，农业贷款净增5.73亿元，小企业贷款净增1.9亿元，有力地支持了经济社会发展。抗风险能力进一步增强。2007年，全市主要银行（政策性银行、国有商业银行）累计计提各项资产减值准备金0.59亿元，年末各项资产减值准备金达1.06亿元，其中贷款损失准备金0.99亿元。

二、经济金融运行中的主要问题

(一)宏观调控政策使吕梁经济金融面临较大挑战。一是产业结构调整力度加大将使"两高一资"行业的信贷风险逐步显现。为促进节能减排和经济可持续发展,国家抑制"两高一资"行业投资过快的各项调控政策将进一步加强,随着资源环境价格体系不断完善,企业对资源的消耗和环境的污染也将更多地体现在生产成本中,会加大"两高一资"企业的经营压力,银行对这类企业的贷款存在较大风险。吕梁作为以资源消耗型产业为主导产业的发展新区,银行信贷资金在这些行业内的大企业大量集中,形成部分银行业金融机构与"两高一资"行业大企业之间的深度相互依赖。随着宏观调控力度的加大,这类企业的信贷风险形势严峻。二是调整出口退税政策和汇率加速升值将挤压部分外向型企业的利润。受内外资企业"两税合一"和调减"两高一资"商品出口退税等一系列政策调整及人民币加速升值、外贸壁垒、全球经济增长趋缓等因素影响,吕梁市产品的出口需求将趋于下降。

(二)资本市场发展引致的金融"脱媒"效应日益明显,对银行业形成严峻挑战。随着资本市场快速发展,我国企业和个人的投融资,除了传统的银行渠道,还拥有股票市场、债券市场、期货市场、民间借贷等多元化的渠道选择。这是我国金融体系不断发展成熟的重要标志。这一过程也正是金融"脱媒"显性化的过程。西方发达国家的银行业也同样经历过发展困境。在吕梁,股票市场、基金市场也日益繁荣,开户数和资金量急剧增加。当前存款增长虽然还比较稳定,但银行职工明显感觉到存款任务完成难,各机构都在全力打拼"首季开门红",竞争异常激烈。与此同时,在银行信贷趋紧的情势下,民间融资有增无减,借贷活跃。面对金融"脱媒"的大趋势,全市银行业金融机构必须及早应对,积极稳妥地开展金融创新,改善传统盈利模式。

(三)信贷资产面临较大的不良化压力。大额关联客户贷款风险加大,集中度偏高。2007年末,吕梁4家国有商业银行大客户贷款较年初大幅增长,增量和增速均大大超过贷款总量的增长,集中度过高。年末,大客户贷款集中度(年末4家国有商业银行5000万元以上大客户贷款余额占全部贷款余额的比例)为66.82%。大客户贷款较年初净增16.98亿元,而4家国有商业银行贷款总额较年初净增仅3.91亿元,低于大客户贷款净增额13.07亿元。且大客户贷款集中于局部地区部分行业,煤、焦、冶金、电力、化工等五行业大客户合计28户,占同期全部大客户的84.85%,五行业贷款余额56.19亿元,占同期全部大客户贷款余额的86.9%。特别是进入2007年4季度以来,国有商业银行陆续出现3户大额不良贷款,资产不良率大幅提高。此外,年末汽车、房地产、其他个人零售贷款违约客户达597户,比上年末增加423户,违约笔数611笔,同比增加435笔。

(四)案件防控形势严峻。吕梁市去年发生百万元以上案件2起,涉案金额1763万元,打破了2004-2006年连续3年无案件的纪录,暴露出管理中的诸多薄弱环节。案件特点与全省其他地方的一样,呈现"两大三多"之势,两大即国有商业银行和农村信用社两个发案大头,三多即指大案多、低级同类案件多、内部人作案和内外勾结作案多。当前,各机构内控机制不健全、管理措施不到位、安全设施不合规的问题不同程度地存在,农村信用社问题尤其突出,职工思想麻木,隐患很大,需要引起高度重视。

(五)银行业服务水平有待提高。服务经济发展是银行业应尽的社会责任,当前金融服务不足的问题比较突出。农村地区主要是网点覆盖率低,竞争不充分,汇路不畅通,大额取现难,老百姓不方便。在城市,银行业机构网点不少,但公共服务设施不平衡,窗口开设少或有窗口无人办理业务、客户排队等候的问题很突出。在资金支持方面,对小企业和新农村建设的支持力度仍需加大。尽管从报表数据看,贷款余额有所增加,但增幅不大,而且实际用于小企业和新农村建设的资金更少。

三、对策建议

(一)各银行业金融机构要积极落实宏观调控政策。密切关注国家政策变化,正确处理"好"与"快"、"保"与"压"、"调控"与"发展"之间的关系,改变盲目扩张的粗放经营方式,调整信贷投向,优化信贷结构,不断提高抵御政策风险的能力。要密切关注新一轮换届引发的周期性投资冲动,控制好"两高一资"企业和淘汰产能调控过程中的信贷风险,加大对节能减排、循环经济、新兴产业特别是现代服务业的信贷支持力度,以绿色信贷促进吕梁市产业结构调整和优化升级,推动经济发展由资源依赖型向创新驱动型转变,实现全市经济社会又好又快发展。

(二)积极应对金融脱媒挑战,大力推动金融创新。各银行业机构要主动适应新形势,积极调整发展战略和信贷结构,努力创新,充分利用自身网点及客户资源,增强代客理财的功能,大力开拓以增加手续费收入为基础的中间业务。要着力建立一支高素质、专业化、结构合理的产品研发队伍,提高创新产品的技术含量,增强产品和服务量身定做能力,以产品要市场,以服务引客户,提高经营附加值。

（三）坚决防止不良贷款反弹。信用风险仍然是当前银行业风险的主要矛盾和问题。要加强贷款精细化管理，积极探索多种化解和盘活不良贷款的有效途径，积极采取资产证券化、重组整合等方式方法，加大不良贷款清收力度。同时，要积极向上级部门要政策，争取更为有利的核销环境。要建立大额不良贷款监测台账，并及时向监管部门报告大额不良贷款变动趋势和原因、客户构成变动、清收处置方案和进度、存在的问题等情况，针对性地采取措施，确保实现不良贷款“双降”。在产业结构调整步伐加快，货币政策从紧的情况下，要高度警惕和应对贷款“垒大户”带来的集团客户风险。

（四）扎实做好案件防控工作。要层层落实目标责任，完成案件防控任务，把案件防控的责任分解落实到各个单位、各个部门和各个岗位。年内要重点组织好山西银监局提出的“五大”系列活动，落实好“八项”防控制度。为了从更广和更深的层面来拓展案件治理工作，要改变以往自上而下的工作路径和方法，广泛发动群众，自下而上，切实研究解决工作中遇到的新情况、新问题。要改变以往全国全省同用一个“药方”的做法，提高案件治理的针对性。通过对以往案例的深入剖析，针对当前银行业机构业务运营的缺陷和内部管理的漏洞，针对性地制定“八项”防控制度。要落实整改“三挂钩”原则，强化案件责任追究。发现瞒报案件的，一经查实，银行的主要负责人一律先免职再问责。对农村信用社大量冒名贷款，要采取“空间换时间”的策略，重拳出击，警示全系统，最大限度减少损失，减少震荡，维护稳定。

（五）强化社会责任意识，努力提高金融服务水平。要不断强化社会公共服务，切实提升社会责任意识，提高对履行社会责任重要性的认识。要重视研究加强存取款等基础性金融服务，持续改善和提高银行业柜面服务质量，将银行业的社会责任体现在服务的每一个环节和细节。要加强金融消费者教育和市场沟通，培育群众的金融意识，增加社会公众对金融知识的了解，提升金融消费者对创新产品的认知能力，提高全社会的金融素质，为构建和谐社会提供强有力的金融支持。要大胆创新机制和产品，确保小企业和农村信贷支持力度不减弱。

2007 年晋中市经济金融运行及银行业风险状况分析

2007 年，晋中银监分局坚持以科学发展观为统领，引导银行业金融机构认真贯彻落实国家宏观调控措施，继续强化银行信用风险、市场风险和操作风险监管，加快推进银行业改革与发展，紧紧围绕“质量、效益、安全”六字方针，以经济增加值为核心，以服务创新为主线，以内控外防为基石，狠抓各项工作落实，经营发展再上新台阶。各银行业金融机构经营效益得到提高，各项经营指标趋于好转，全市银行业总体运行形势良好。

一、经济继续保持较快增长

（一）工业经济持续快速增长

1-11 月，全市规模以上工业增加值完成 163.9 亿元，同比增长 23.3%。增速持续 11 个月在 20%以上。八大主导行业中煤炭、炼焦、化学、冶金、电力、建材增速均超过了 20%。

（二）固定资产投资结构不断优化

1-11 月全社会固定资产投资完成 211.6 亿元，增长 43.8%。第一产业投资得到加强，完成 5.0 亿元，增长 67.0%；第二产业完成工业投资 126.0 亿元，增长 61.4%，占全部投资的 59.6%，继续占据主导地位；第三产业投资完成 80.6 亿元，增长 20.0%。

（三）财政收入较快增长

1-11 月全市财政总收入完成 70.8 亿元，同比增长 29.3%，其中，一般预算收入完成 28.0 亿元，同比增长 35.6%。

（四）居民生活水平稳步提升

1-11 月，全市城镇居民人均可支配收入为 9791 元，同比增长 19%，增幅高于上年同期 5.5 个百分点；农民人均现金收入为 3831.6 元，同比增长 13.3%。

二、银行业运行整体趋势平稳，保持良性发展态势

（一）资产负债稳步增长，综合实力不断增强

年末，全市银行业金融机构资产总额 724.35 亿元，较年初增加 127.66 亿元，增长了 21.39%，同比增加 128.65 亿元，增长了 21.60%；负债总额 709.05 亿元，较年初增加 118.63 亿元，增长了 20.09%，同比增加 119.89 亿元，增长了 20.35%；所有者权益 15.30 亿元，较年初增加 9.03 亿元，增长了 144.02%，同比增加 8.76 亿元，增长了 133.94%。

（二）各项存款余额增势趋缓，增速仍高于同期水平

截至年末，全市银行业金融机构各项存款余额 667.24 亿元，比年初增加 107.86 亿元，增长 19.28%，同比增加 22.88 亿元，增长了 3.55%。各项存款月度增速依次为 0.70%、3.74%、2.40%、0.95%、1.60%、1.84%、1.85%、1.56%、-0.1%、0.79%、0.08%，各项存款月度增减情况如下图所示。

晋中市 2007 年度各项存款月度增量图

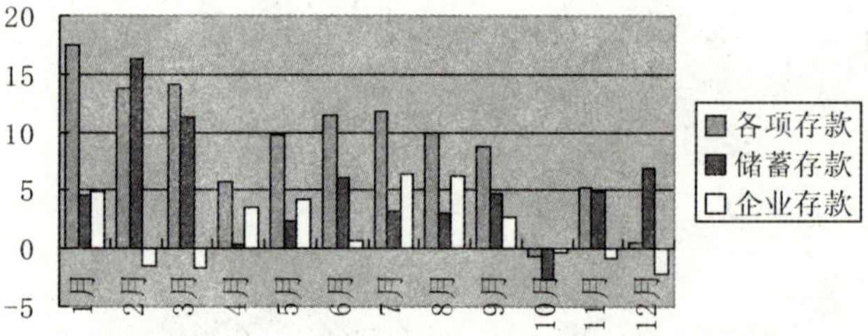

从存款结构上看，企事业单位存款、储蓄存款同比增加。年末，全市企事业单位存款余额 117.19 亿元，占各项存款的 17.56%，比年初增加 21.99 亿元，增长 23.10%，同比增加 3.22 亿元，增长了 2.83%。主要原因：一是辖区内企业经济效益有所提高，产品销售、实现利税都有不同程度的提高；二是各金融机构加大了对客户的营销力度，增加了一些优质客户，致使企事业单位存款同比有所上升。储蓄存款余额为 461.84 亿元，占各项存款的 69.75%，比年初增加 52.42 亿元，增长了 12.80%，同比增加 17.28 亿元，增长了 49.17%。其原因：一是随央行年内上调储蓄存款利率，居民储蓄意愿有所增强，股市资金回流明显。二是国家宏观调控措施的进一步加大，农民粮食直补政策的实施有力地缩小了当前物价水平居高不下与农民收入水平、储蓄水平差距，使储蓄存款增加。三是入秋后农民将一部分农作物等销售变现，带动了储蓄存款的增加。四是物价上涨情况，由于粮油类消费品物价的大幅上仰，相当一部分养殖业农户收入出现负增长，为核算成本收益，造成农村养殖业户的被迫停(转)产现象，停养农户大多选择储蓄,使储蓄存款增加。五是各机构加大了宣传和考核力度。

从余额看,国有商业银行各项存款居全市之首,各项存款余额为345.96亿元,占全市银行业金融机构的51.85%;其次是农村信用社各项存款余额178.59亿元,占全市银行业金融机构的26.77%;邮政储蓄存款余额为96.32亿元,占全市银行业金融机构的14.44%;商业银行各项存款余额34.67亿元,占全市银行业金融机构的5.20%;农发行各项存款余额5.57亿元,占全市银行业金融机构的0.83%。

从增加额看,国有商业银行居全市金融机构之首,较年初增加47.38亿元,占全市金融机构新增额的43.93%,同比增加2.55亿元,增长了19.30%;其次农村信用社各项存款较年初增加32.88亿元,占全市金融机构新增额的22.57%,同比增加15.25亿元,增长了86.50%;第三是邮政储蓄较年初增加9.24亿元,增长了10.61%,同比减少0.97亿元,减少了6.83%;第四是城市商业银行较年初增加8.82亿元,增长了34.12%,同比增加2.15亿元,增长了32.23%;农发行较年初增加3.23亿元,增长了138.03%,同比增加2.44亿元,增长了308.86%。

从增长速度看,农发行各项存款增幅居全市之首,增长了138.03%;其次城市是商业银行增长了34.12%;农村信用社,增长了22.57%;国有商业银行增长了15.87%,其中, 农行、建行、工行、中行分别为24.25%、17.84%、16.87%、3.73%;邮政储蓄增长10.61%。

(三)受宏观调控政策的影响,各项贷款呈下降态势

年末,全市银行业金融机构各项贷款余额257.33亿元,比年初增加29.94亿元,增长13.17%,同比少增1.23亿元,减少了3.95%。

1. 从时序上看,贷款月度增速依次为1.91%、3.05%、0.07%、2.54%、2.71%、3.18%、1.94%、0.38%、-1.31%、-1.19%、-2.34%。各月度各项贷款增减情况如图所示。

晋中市2007年度贷款月度增量表

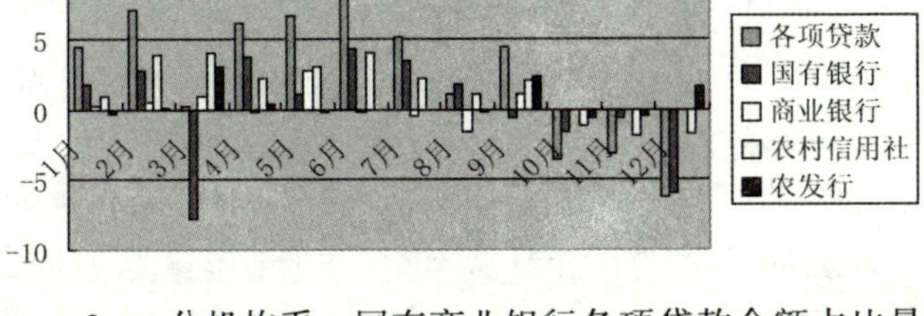

2. 分机构看,国有商业银行各项贷款余额占比最大,余额111.51亿元,占全市各项贷款的43.33%,其中,建行占比最高,占国有商业银行的比为30.65%,中行、农行、工行分别为26.50%、26.50%、20.25%;其次是农村信用社108.26亿元,占全市各项贷款的42.07%;第三是农发行20.55亿元,占全市各项贷款的7.99%;第四是商业银行17.01亿元,占全市各项贷款的6.61%。

(1)从增长速度上看,增幅最大是农发行增长了35.46%;其次是农村信用社增长了20.38%;第三是商业银行增长了18.04%;最后是国有商业银行增长了3.36%,其中,建行、工行、农行、中行增幅分别为23.13%、-0.66%、-2.07%和-6.16%。

(2)从绝对增加额看,新增额最多是农村信用社,较年初增加18.33亿元,占全市新增额的61.22%,同比多增4.78亿元。其次是农发行,增加了5.38亿元,占全市新增额的17.97%,同比多增4.54亿元。第三是国有商业银行,较年初增加3.63亿元,占全市新增额的12.12%,同比减少10.45亿元,其中,建行增加8.83亿元,工行、农行、中行较年初分别减少-0.15亿元、-0.70亿元和-1.94亿元。第四是商业银行,比年初增加2.6亿元,占全市新增额的8.68%,同比多增0.10亿元。

3. 从贷款结构看,短期贷款、中长期贷款同比多增、票据融资同比减少。年末,短期贷款181.97亿元,较年初增加24.07亿元,增长15.24%,同比多增8.79亿元,增长了57.53%;中长期贷款55.13亿元,较年初增加5.70亿元,增长了11.53%,同比减少3.47亿元,减少了34.84%;票据融资20.23亿元,较年初增加0.17亿元,增长0.85%,同比减少6.55亿元,减少了97.47%。

4. 从贷款投放看,全市银行业各金融机构余额存贷比为35.54%,新增存贷比27.76%;从余额存贷比看,最高的是农村信用社存贷比为58.95%,其次是商业银行存贷比为49.06%,国有商业银行为27.25%,建行、中行、农行、工行分别为34.64%、33.00%、21.60%、21.18%。从新增存贷比看,最高的是农村信用社55.75%,其次是商业银行为29.48%,国有商业银行最低为7.66%。

5. 从贷款投向看,呈现三个主要特点:

一是投放行业较为集中。增量贷款主要投向于煤、电力、焦、房地产、冶金行业。煤炭行业新增3.70亿元,增长18.69%;电力行业新增2.75亿元,增长18.28%;焦炭行业新增2.08亿元,增长8.89%;房地产行业新增1.86亿元,增长21.98%;冶金行业新增1.19亿元,增长53.25%。

二是投放客户集中。全市新增贷款继续集中在优势行业和优质企业,如,在工行、建行和中行有信贷关系的山西汾西矿业(集团)有限责任贷款余额为10亿元;在建行有信贷关系的国投昔阳能源有限责任公司贷款余额6.1亿元;在中行和建行有贷款的华能榆社发电有限责任公司余额为10.78亿元,工行、农行、建行为介休茂胜煤化有限公司贷款余额4.78亿元,为山西榆社化工股份有限公司发放贷款2亿元;在农行和工行有信贷关系的安泰集团股份有限公司贷款余额为3.56亿元。这六大客户贷款余额37.22亿元,占到贷款总额的33.38%。

三是投放地区相对集中。贷款主要投向了介休、昔阳、榆社、榆次城区。

(四)不良贷款实现"双下降",减少额度较小

年末,全市银行业金融机构不良贷款余额为29.07亿元,占比为11.30%,较年初减少0.03亿元,下降1.50个百分点。

分机构看,下降幅度最大的是农发行不良贷款余额5.27亿元,占比25.64%,较年初减少0.36亿元,下降了11.47个百分点;其次是城市商业银行不良贷款余额1.18亿元,占比6.94%,较年初减少0.22亿元,下降2.78个百分点;农村信用社不良贷款余额10.59亿元,占比9.78%,较年初增加0.29亿元,下降1.67个百分点;国有商业银行不良贷款余额12.03亿元,占比10.79%,较年初增加0.26亿元,下降了0.12个百分点,其中,建行下降的幅度最大,较年初下降了4.24个百分点。

从不良贷款清收情况看,截至年末,全市金融机构共清收处置不良贷款5.03亿元,其中,国有商业银行清收处置不良贷款1.96亿元,其中,工行清收处置不良贷款0.36亿元,农行清收不良贷款0.44亿元,建行共压缩不良贷款1.12亿元,中行清收处置不良0.04万元;农信社清收处置不良贷款2.32亿元;商业银行共清收不良贷款0.37亿元。

从新发生不良贷款情况看,截至年末,全市金融机构新发生不良贷款4.77亿元,其中国有商业银行新发生2.01亿元,工行新发生不良12万元,农行新发生不良1.49亿元,中行新发生不良0.41亿元,建行新发生不良0.11亿元;商业银行新发生不良0.14亿元;农村信用社新发生不良2.61亿元。

(五)经营效益持续好转, 农村信用社居榜首

年末,全市银行业金融机构盈利4.76亿元,同比增加1.48亿元,增长了45.12%;全市金融机构除农行亏损外,其他行社均为盈利,盈利额居全市银行业机构首位是农村信用社,实现利润2.24亿元,同比增加0.9亿元,增长了67.16%,占银行业机构利润总额的47.06%;其次是国有商业银行,实现利润1.99亿元,同比增加了0.39亿元,增长了24.38%,占银行业机构利润总额的41.81%,其中,增幅最大的是工行,增长了118.75%;第三是农发行实现利润0.27亿元,同比增加0.17亿元,增长了170%;第四是商业银行实现利润0.26亿元,同比增加0.02亿元,增长8.83%。

(六)国有商业银行非信贷资产增加,表外业务风险下降

年末,国有商业银行非信贷资产总额269.59亿元,较年初增加54.34亿元,占资产总额37.22%,较年初上升了1.15个百分点。其中非信贷不良资产1.62亿元,较年初减少5.63亿元。预计损失0.96亿元,较年初减少5.49亿元。非信贷资产增加的原因主要是各国有商业银行系统内上存资金增加。国有商业银行表外业务期末余额共计13.05亿元,较年初减少5.76亿元。表外业务风险敞口减少,本期余额6.20亿元,较年初减少2.46亿元,其中,担保类业务风险敞口较年初减少1.26亿元,承诺类业务风险敞口较年初减少1.2亿元。期末垫款无余额,本期垫款无发生额。在国有商业银行表外业务中,担保类业务期末余额11.05亿元,其中开出银行承兑汇票9.93亿元,保函1.11亿元;承诺类业务余额2.00亿元,其中贷款承诺2.00亿元。

(七)小企业授信额度增加,违约客户、额度有所增加

截至年末,晋中市银行业金融机构小企业授信总户数为6314户,较年初增加590户,增长了10.31%;小企业表内外授信总额77.81亿元,较年初增加24.90万元,增长了47.06%。小企业贷款违约客户为3070户,较年初增加341户,违约金额22.40亿元,较年初增加7.51亿元。

(八)防范操作风险和案件专项治理工作,取得好成绩

全年全市银行业金融机构未发生案件。

三、值得关注的问题

(一)资产流动性过剩、资金运用压力仍在加剧

2007年,全辖各项存款保持平稳增长,贷款增速明显加快,但总体存贷比仍维持低位。截至年末,存贷比为35.54%,比年初下降1.52个百分点,存贷差达409.91亿元,比年初增加77.89亿元。可用资金一直维持在300亿元左右,存贷比例低,资金营运压力大,无论是余额存贷比例,还是增量存贷比例都远远低于商业银行要求的水平。随着全国货币信贷政策从紧,信贷调控力度越大,由于资金有效运用不足,大量闲置资金上存,银行业效益增长空间受制，不利于银行业的发展，同时也削弱对地方经济发展的支持力度。

（二）资产质量的控制、不良贷款“双降”难度增大

尽管年末，晋中市银行业金融机构整体实现了不良贷款“双降”，但不良贷款盘活处置进度缓慢，难度加大，有的行不良贷款余款不降反升。不良贷款余额和占比较高的主要集中在农行和农村信用社，呈现出损失率高、清收困难的特点。随着金融开放的推进，银行业的竞争将更加激烈，中小银行的发展前景不容乐观。这些不利因素，都可能造成银行不良贷款的增加。

（三）“两高”行业风险逐步暴露、产业结构调整形势严峻

随着国家宏观调控力度的进一步深化，国家产业政策的导向与晋中市金融机构客户结构间的矛盾愈加突出。行业贷款风险逐渐增加。截至年末，晋中市涉及煤炭、焦炭、水泥、钢铁和化工等部分“两高”行业的贷款总额59.10亿元，其中，不良贷款7.99亿元，占比13.52%。随着政府对煤、焦行业的整合、取缔，晋中市“两高”行业的贷款风险已开始出现，尤其是农村信用社在晋中市政府的大力整顿下，煤、焦和化工行业不良贷款增幅明显，三行业不良贷款较年初增加1.48亿元。

（四）信贷同质化竞争加剧、新增贷款集中态势不减

至年末，主要银行业金融机构新增贷款主要投向了大客户，贷款户数由年初的33户增加到43户，贷款余额由55.97亿元增加到67.77亿元，占贷款余额的比重由51.88%上升到60.77%，上升了8.89个百分点；银行业金融机构在传统信贷领域的同质化竞争进一步加剧，银行单一的信贷经营模式、趋同性的金融产品、集权的信贷管理体制、严厉的信贷风险处罚机制，最终导致晋中市银行业金融机构，特别是国有银行的贷款对大额客户依赖程度高，信贷集中度加剧，趋势更加明显。值得注意的是，大客户企业间的关联风险非常突出，关联企业内部资金流转关系复杂，银行对信贷资金的流向、用途跟踪困难，风险管控难度大。

（五）案件防控形势依然严峻、巩固案件成果任重道远

2007年，案件防范工作虽然取得了一定成效，但银行业金融机构案件发生的深层次问题尚未根本解决，案件防控工作依然面临严峻形势。

四、监管建议

（一）准确把握宏观调控政策，做到信贷投放有保有压

结合国家宏观调控政策及地方产业政策的调整节奏，金融机构应从政策方面入手，区别对待不同的贷款需求，搞好信贷管理，合理规避信贷风险。一是对低水平、高能耗、高污染的企业和项目严格控制贷款投放，加大对企业提高自主创新能力的支持力度；二是应对钢铁、化工及金属制造等行业可能出现低利润率时期的到来，把握好这些行业信贷支持的力度和节奏，避免可能出现的贷款风险；三是关注煤矿及其他资源性开采行业可能出现的信贷风险。

（二）加大产品创新步伐，培育新的利润增长点

随着经济总量的扩大和居民收入的提高，简单的存、贷款等传统业务已不能满足客户金融服务需求，投资理财、资产保值增值等综合性金融服务已成为银行业竞争的业务焦点，所以，各金融机构必须加大产品创新力度，拓宽服务领域，研究开展新业务、新产品。

（三）改进营销策略、提高资金使用效率

当前，造成银行体系“流动性过剩”的原因，总体上具有复杂性、长期性和不可控性，短期内不会有明显改善。银行机构应在加强资产负债组合管理，提高资金使用效率的同时，加快金融创新，改进营销策略，进一步提高盈利能力，使闲置资金得到有效利用。

（四）规范授信管理工作、持之以恒抓不良

各银行业机构要进一步完善授信工作机制，规范授信管理工作，切实做好贷款的“三查”工作，进一步增强风险识别、预警和化解能力，严防贷款集中、关联交易和交叉违约风险；要按照坚持“双降”工作导向不偏离、决心不动摇、力度不减弱的要求，继续加强不良贷款“双降”工作，突出工作重点，完善不良贷款压降机制，加大不良资产处置力度，确保辖区银行业机构“双降”目标实现。

（五）注重风险预警、全面提升信贷风险管理水平

各银行机构一是要高度关注集团客户大额授信风险，加强对集团客户的信息追踪，控制授信额度，严格授信管理，注重风险预警。二是要进一步强化审慎经营、风险为本的经营管理理念，提高贷款质量分类准确性，提足拨备，加大不良资产处置和核销力度，全面提升信贷风险管理水平。三是要加强贷款三查制度的落实，加强贷款管理，严防信贷资金被挪用甚至违规进入股市等高风险领域。

（六）建立案件防范长效机制、继续推进案件专项治理工作

各银行业金融机构，尤其是属地监管的金融机构，要按照银监会的统一部署和要求，把案件专项治理工作提上更加突出的位置，完善公司治理结构，建立健全内控机制，严肃案件查处制度，落实责任追究，将专项治理与综合整治结合起来，加快建立防范案件风险的长效机制，实现案件风险管理方面的良性循环。

2007年临汾市经济金融运行及银行业风险状况分析

2007年，临汾银监分局认真落实科学发展观，加大“窗口指导”力度，引导辖区银行业金融机构全面贯彻国家宏观调控措施，不断改进金融服务，各项业务得到持续发展，内部管理逐步增强，贷款结构进一步优化，经营效益明显提高，较好地支持了地方经济的发展。但经济金融运行中出现的一些新情况新问题仍应引起高度关注。

一、经济运行概况和特点

（一）经济平稳快速增长。全年全市实现生产总值658.54亿元，同比增长10.3%，分别低于全省、全国增速3.7和1.1个百分点。规模以上工业增加值完成335.09亿元，同比增长15.83%。固定资产投资完成234.24亿元，同比增长22.7%。完成社会消费品零售总额185.64亿元，增长20.5%。海关进出口总额3.45亿美元，增长35.22%。

（二）经济运行的质量和效益稳步提高。全年全市财政总收入123.48亿元，同比增长20.83%。其中一般性预算收入47.13亿元，增长18.02%。工业企业效益大幅度提高，规模以上工业实现利润61.96亿元，同比增长33.03%；实现利税145.03亿元，增长24.26%。工业经济效益综合指数达到229.48%，创历史新高。

（三）结构协调性增强。全市第一、二、三产业投资分别增长62.9%、19.9%和23.2%，形成“一、三、二”增长格局。内涵效益型投资加快的特征更趋明显，全市改建和技术改造项目完成投资63.5亿元，增速达到73.1%。居民消费价格结构性上涨，核心CPI保持平稳，全市居民消费价格上涨3.9%。

（四）转变发展方式成效显现。新产品产值、出口交货值大幅增长，全年全市规模以上工业新产品实现产值1.4亿元，比上年同期增长39.21%，出口交货值1亿元，比上年同期增长40.5%。新临钢、三维和山焦等八户骨干支柱企业通过技术改造和产能升级，增势强劲，增速高于全市平均水平9.5个百分点，拉动全市增加值增速10个百分点。

（五）民生继续得到改善。全年全市城镇居民可支配收入和农民人均纯收入分别达到9997元和4065元，同比分别增长12.9%和12.98%；全市新增就业岗位46057个，完成全年目标任务的120%；下岗失业人员再就业6363人，完成全年目标任务127%。

二、银行运行概况和特点

（一）各项存款保持较快增长，储蓄存款同比少增。截至12月末，辖内银行业金融机构各项存款余额778.31亿元，占全省的7.7%，同比增长10.67%，低于全省增速6.13个百分点。全年新增各项存款75.01亿元，同比少增13.8亿元。影响存款变化的主要因素：一是企业经营利润大幅增长，可支配资金明显增加。以全市规模以上工业企业为例，实现利润同比增长33.03%。二是受证券基金市场赚钱效应和存款负利率的影响，居民储蓄存款大量流失。三是受国家房地产调控政策影响，部分居民持币待购。

分存款项目看，企业存款增长较快，储蓄存款同比少增。截至12月末，企业存款余额94.16亿元，同比增长22.18%，余额比年初增加15.75亿元，同比多增6.34亿元。储蓄存款余额563.18亿元，同比增长10.74%，增速比上年末下降7.48个百分点，余额比年初增加54.62亿元，同比少增23.77亿元。新增储蓄存款主要是定期存款（占57.84%），增加了银行业金融机构的付息成本。

分机构类别看，国有商业银行增加额最高，农村信用社增速最快。截至12月末，农业发展银行存款余额2亿元，同比下降20.68%，余额比年初减少0.52亿元，同比少增2.14亿元。国有商业银行存款余额376.86亿元，同比增长11.76%，余额比年初增加39.64亿元，同比多增2.57亿元。其中，工商银行存款余额103.83亿元，同比增长9.77%；农业银行存款余额134.85亿元，同比增长14.41%；中国银行存款余额45.18亿元，同比下降0.05%；建设银行存款余额93亿元，同比增长16.9%。农村信用社存款余额292.72亿元，同比增长12.15%，余额比年初增加30.11亿元，同比多增1.18亿元。

（二）各项贷款保持稳定增长，票据融资同比明显减少。截至12月末，辖内银行业金融机构各项贷款余额361.03亿元，占全省的6.55%，同比增长6.98%，低于全省增速 6.05 个百分点。全年累计新增各项贷款 23.56 亿元，同比少增 12.81 亿元,增速同比下降 5.1 个百分点。各项贷款低速增长的主要原因：一是受国家宏观调控政策和政府治理“两高一剩”企业的影响，辖区以煤焦铁为主的行业风险显现，银行信贷投放意愿下降。二是部分优质企业随着经营效益提高，可用资金较为充沛，对贷款的需求降低。三是个人消费贷款不断萎缩。受房地产市场发展前景不明朗和零售贷款违约率上升的影响，消费贷款自 4 月份以来，环比持续 8 个月减少。

分贷款项目看，短期贷款增速减缓，中长期贷款增速加快，票据融资同比明显减少。截至 12 月末，短期贷款余额 235.43 亿元，同比增长 7.31%，余额比年初增加 13.53 亿元，同比少增 3.18 亿元。短期贷款占比 65.21%，同比提高 0.2 个百分点。中长期贷款余额 101.06 亿元，同比增长 26.43%，余额比年初增加 23.64 亿元，同比多增 6.03 亿元。中长期贷款占比 27.99%，同比提高 4.31 个百分点。票据融资余额 24.27 亿元，同比下降 36.29%，余额比年初减少 13.82 亿元，同比少增 15.87 亿元，规模明显减少。

分机构类别看，农村信用社增加额和增速均为最高。截至 12 月末，农业发展银行贷款余额 30.39 亿元，同比增长 6.98%，余额比年初增加 1.98 亿元，同比少增 2.75 亿元。国有商业银行贷款余额 117.51 亿元，同比下降 0.85%，余额比年初减少 1 亿元，同比少增 0.85 亿元。其中，工商银行贷款余额 28.07 亿元，同比增长 1.59%；农业银行贷款余额 47.46 亿元，同比下降 0.49%；中国银行贷款余额 18.96 亿元，同比下降 0.77%；建设银行贷款余额 23.01 亿元，同比下降 4.42%。农村信用社贷款余额 213.13 亿元，同比增长 11.85%，余额比年初增加 22.58 亿元，同比少增 3.1 亿元。

（三）资产规模增速稳步上升，实现利润大幅增加。截至 12 月末，辖内银行机构资产总额 905.92 亿元，占全省的 8.45%，比年初增加 82.52 亿元，同比增长 10.01%，低于全省增速 6.89 个百分点。其中，农业发展银行、国有商业银行和农村信用社同比分别增长 6.66%、9.99% 和 11.56%。负债总额 882.71 亿元，占全省的 8.37%，比年初增加 76.65 亿元，同比增长 9.35%，低于全省增速 7.35 个百分点。其中，农业发展银行、国有商业银行和农村信用社同比分别增长 6.59%、9.79% 和 10.67%。2007 年，辖内银行机构实现利润 7.22 亿元，占全省的 8.53%，同比增长 59.34%，高于全省增速 49.24 个百分点。农业发展银行、国有商业银行和农村信用社同比分别增长 16.24%、26.25% 和 74.02%。

从盈利能力来看，资产利用率最高的是农村信用社，资产利润率为 1.48%，分别高出国有商业银行和农业发展银行 1.15 和 0.28 个百分点。人员效率最高的是农业发展银行，人均利润分别高出国有商业银行和农村信用社 16.62 万元、5.7 万元。两项指标增长最快的是农村信用社，同比分别上升 0.53 个百分点和 6.42 万元。

从资产和收入结构看，辖内国有商业银行资产使用能力还有待进一步提高，存放联行款项占比达 66.97%；营业收入中，金融机构往来收入占比达 68.47%。

（四）不良贷款余额出现反弹，“双降”形势依然严峻。截至 12 月末，按五级分类口径，辖内银行业金融机构不良贷款余额 93.44 亿元，比年初增加 283 万元；不良贷款比例 25.88%，比年初下降 1.8 个百分点，不良贷款余额出现上升。

分机构类别看，农业发展银行和农村信用社实现“双降”，国有商业银行出现“双升”。农业发展银行不良贷款余额 11.51 亿元，比年初减少 0.21 亿元；不良贷款比例 37.88%，比年初下降 3.37 个百分点。农村信用社不良贷款余额 54.62 亿元，比年初减少 5.24 亿元；不良贷款比例 25.63%，比年初下降 5.79 个百分点。国有商业银行不良贷款余额 27.31 亿元，比年初增加 5.47 亿元；不良贷款比例 22.94%，比年初上升 4.51 个百分点。其中，工商银行已无不良贷款。农业银行不良贷款余额 22.32 亿元，比年初增加 5.11 亿元；不良贷款比例 47.03%，比年初上升 10.96 个百分点。主要原因是为适应股改上市的要求，该行对贷款形态进行了重新划分，新增不良贷款 5.12 亿元。中国银行不良贷款余额 4.85 亿元，比年初增加 4168 万元；不良贷款比例 25.55%，比年初上升 2.37 个百分点。主要是有三户企业受经营效益下滑的影响，5000 万元贷款转为不良。建设银行不良贷款余额 1422 万元，比年初减少 533 万元；不良贷款比例 0.62%，比年初下降 0.19 个百分点。

从不良贷款结构看，呈现“两增一减”、“两升一降”的态势。截至 12 月末，可疑类贷款和损失类贷款分别比年初增加 10.07 亿元和 5.18 亿元，次级类贷款比年初减少 15.22 亿元；可疑类贷款、损失类贷款和次级类贷款占不良贷款的比例分别为 47.2%、22.47% 和 30.33%，比年初分别上升 10.77、5.54 和下降 16.31 个百分点。

（五）辖内法人机构贷款损失计提力度加大，风险抵御能力不断提高。根据银监会“贷款准确分类－提足风险拨备－做实利润－资本充足率达标”的要求，农村信用社进一步加大了对贷款损失准备金提取的力度，风险抵御能力不断增强。截至12月末，全市农村信用社贷款损失准备金余额13.07亿元，比年初增加5.12亿元，贷款损失准备金风险敞口13.02亿元，比年初减少3.6亿元，贷款拨备覆盖率23.83%，比年初提高10.55个百分点。资本充足率8%以上的法人机构133个，占总数70%，同比提高6.1个百分点。

（六）非信贷资产稳步增长，资产质量进一步改善。截至12月末，辖内主要银行业金融机构非信贷资产余额为281.6亿元，比年初增长10.92%。其中，不良资产余额4亿元，比年初减少0.93亿元，不良比例1.42%，比年初下降0.53个百分点。不良资产预计损失为3.53亿元，比年初减少0.75亿元，不良资产预计损失率为88.15%，比年初上升1.89个百分点。但从非信贷不良资产结构来看，风险集中度还比较高，长期投资、应收及预付款项、拆放同业和待清理接收资产四项资产的不良资产和预计损失合计分别占非信贷不良资产总额和预计损失总额的62.56%和60.4%。

分机构看，主要集中在农业银行。截至12月末，非信贷资产余额、非信贷不良资产余额和预计损失额占对应总额的比例分别为33.41%、52.13%和56.25%。

（七）表外业务大幅萎缩，承兑汇票垫款快速上升。截至12月末，辖内银行业金融机构表外业务余额30.21亿元，比年初下降35.83%，风险敞口14.42亿元，比年初下降41.41%，风险敞口比例47.41%，比年初下降4.51个百分点，垫款期末余额2127万元，较年初增长63.99%，均为签发的银行承兑汇票所形成。

从机构类别看，农村信用社降幅高于国有商业银行。截至12月末，国有商业银行表外业务余额13.13亿元，比年初下降33.77%，风险敞口6.71亿元，比年初下降48.32%，风险敞口比例51.1%，比年初下降14.39个百分点；农村信用社表外业务余额17.07亿元，比年初下降37.33%，风险敞口7.61亿元，比年初下降33.56%，风险敞口比例44.58%，比年初上升2.53个百分点。

从表外业务结构看，担保类业务降幅高于承诺类业务。担保类业务余额28.74亿元，比年初下降36.19%，风险敞口12.85亿元，比年初下降42.63%，风险敞口比例44.72%，比年初下降5.02个百分点；承诺类业务余额1.47亿元，比年初下降27.94%，风险敞口1.47亿元，比年初下降27.94%，风险敞口比例100%，与年初持平。

（八）银行业改革向纵深推进，各项措施顺利实施。一是国有商业银行改革加快推进。建行、中行改制已经完成，全面实现股份制运作，工行改革继续深化，整合资源，改进管理，农行改革全面启动，有序推进，不良资产核查完毕。

二是农村信用社改革全面展开。在完成清产核资、增资扩股基础上，农村信用社法人体制改革趋于多样化。尧都区农村信用社筹建农村合作银行的准备工作正积极进行；洪洞农村信用社一级法人已开业，曲沃、翼城、霍州、乡宁和安泽农村信用社一级法人筹备工作已展开；汾西农村信用社市场退出已进入个人债权申报收购资金阶段。

三是农业发展银行商业化业务得到发展。农业发展银行统一认识，增强营销观念，创新工作方法，全年支持粮棉油加工企业、农业产业化龙头企业和其他粮棉企业41户，累计发放贷款6.72亿元。

三、经济金融运行中需关注的问题和风险

（一）警惕银行信贷资金长期化风险。辖区银行业金融机构加快了中长期贷款的投放速度，中长期贷款速度远高于短期贷款速度，且长期化趋势越来越明显。截至12月末，中长期贷款较年初增长30.53%，高出短期贷款增速24.43个百分点，新增额占全部贷款新增额的100.3%，同比提高51.9个百分点。从月度变化情况看，除4月份和12月份略有下降外，其余各月持续增长。信贷资金长期化的趋势，对辖区的经济金融发展已造成一定的负面影响，其具体体现：

一是信贷资金长期化使贷款的行业化风险加剧。2007年末，全市中长期贷款主要集中在煤炭、焦化、冶金、电力和房地产五大行业，现有贷款余额47.07亿元，占总额的46.58%；新增10.53亿元，占其全部新增额的44.55%。随着国家货币政策和产业政策调控力度的不断增强，如严格控制产能过剩行业的贷款投入、加快"两高"的贷款退出速度，都将使银行由于中长期贷款占比过高难以及时调整信贷结构，而出现信贷资金的大量沉淀。

二是信贷资金长期化使中小企业流动资金供需矛盾加剧。数据表明，银行业金融机构在信贷总量的控制过程中，存在着"压短期，保长期"的倾向，信贷运行中新的结构性矛盾和和业务拓展困境逐步显现。2007年末，银行业金融机构中长期贷款较短期贷款多增10.11亿元，增速高出19.12个百分点。贷款或授信额度国有商业银行在3000万元以上、农村信用社在1000万元以上的312户大客户的短期贷款为9.5亿元，占全部短期贷款新增额的

70.21%，而诸多中小企业只获得4.03亿元，仅占29.79%。

三是信贷资金长期化弱化了国家宏观调控效果。2007年末，全市新增固定资产162.05亿元，同比增长32.7%，比上年同期提高43.69个百分点。以房地产业为例，当年商品房施工面积170.64万平方米，同比增加48.51万平方米，增长34.19%，增速提高17.79个百分点；商品房销售价格3200元/平方米，同比上升14.8%。而同期房地产业中长期贷款增长23.42%，一定程度上带动了房地产开发的升温和价格攀升，弱化了国家宏观调控效果。

（二）关注"央行"组合拳对基层银行业机构的影响。2007年央行连续10次上调存款准备金率，6次加息，14.5%的存款准备金率也创下了20多年的历史新高，同时货币政策在实施近10年的稳健政策之后，从2007年改为"从紧"。随着政策效应的逐步显现，无疑会对基层银行业机构带来较大影响。

一是存贷款利差减少影响银行业金融机构经营利润。由于存贷款利率累计上调幅度不同，导致银行业存贷款利差的变化。以一年期存贷款利率为例，累计缩小利差0.27个百分点，即吸收等额的1年期存款发放1年期贷款，银行将会减少收入0.27%。如某市分行2007年12月31日的定期存款余额为12.87亿元、同档期贷款余额为11.43亿元，按照新调整的不同档次利率计算，新增利息收支相抵，净增利息支出542万元。

二是增加了银行业金融机构进行信贷结构调整的难度。目前，辖区银行业金融机构信贷资金的配置呈现"行业集中、客户集中"的特点，随着信贷投放抑制作用的逐步显现，优化布局，增加对小企业和新农村建设投入的难度加大。以临汾市农村信用社2007年12月31日的存款余额292.72亿元为例，如按照最新的农村信用社12%的准备金率测算，全市农村信用社可用资金将减少 约16亿元。虽然农村信用社涉农贷款因金额小，对加息的灵敏度不高，但支农贷款受资金头寸减少的影响，规模的发展必然受到制约。

三是发展中间业务，实现业务创新的压力增大。央行调控手段的不断实施，使存贷差这一传统盈利模式受到冲击，大力发展中间业务无疑成为银行业金融机构保持盈利能力的关键。但从辖区情况看，2007年银行业金融机构中间业务收入虽然取得了快速发展，也仅占总收入的3.63%。目前，中间业务不仅范围比较窄，技术含量比较低，而且某些收费业务的创新还有基于银行垄断性服务而自我提价之嫌，在业务或服务产品的创新上存在着诸多同质化、模仿化倾向，独异性、领先性和持续性不足。

（三）大额授信风险不容忽视。12月末，贷款或授信额度国有商业银行在3000万元以上、农村信用社在1000万元以上大客户的贷款余额为138.33亿元，占其总贷款余额的41.84%，比去年同期提高2.5个百分点，户数较同期增加47户，增长17.74%。分析大客户信贷风险，一是多头贷款问题突出，过度授信风险不容忽视。大额授信客户中有18户企业存在多头贷款，贷款余额52.74亿元，占全部大客户贷款的38.13%。其中一户企业最多获得三家银行机构的贷款，金额高达17.68亿元。在目前银行间对大客户授信的信息沟通渠道不畅的情况下，很容易造成过度授信，一旦出现风险，银行就可能蒙受较大损失。二是关联企业授信风险不容忽视。国有商业银行贷款或授信额度5000万元以上大客户中有关联关系的企业共有27户，占总户数的8.65%；贷款余额60.08亿元，占全部大客户贷款的88.94%。其中，发出预警信号企业有5家，涉及贷款22.36亿元。关联企业的贷款风险具有一定的隐蔽性，主要是关联企业多采用交叉担保、连环担保的手段取得贷款，且关联企业内部通常是分头融资，统一调度，企业间资金调度较为复杂，银行很难全面掌握其资金使用情况，因此其中的一家企业出现不良贷款，往往会波及相关企业，对银行资产安全形成很大冲击。三是不良贷款集中。大额授信中有不良贷款9.83亿元，不良率7.11%，尽管大客户不良贷款率较低，但大额授信不良贷款全部集中在30家客户中，其中4家客户的不良率高达100%。

（四）信用风险管控难度加大。一是主要银行业金融机构新增不良贷款额超过清收额。1-12月份，全市主要银行业金融机构累计新发生不良贷款7.56亿元，同比多增9453万元，累计清收不良贷款2.3亿元，同比多收5558万元，新增绝对额高出清收额2.28倍。其中：农业银行新增绝对额高出清收额4倍；中国银行新增绝对额高出清收额1.55倍。

二是贷款质量总体呈向下迁徙趋势。2007年贷款质量迁徙表数据显示，全市主要银行业金融机构贷款质量总体向上迁徙0.77亿元，向上迁徙率2.05%；贷款质量总体向下迁徙16.77亿元，高于向上迁徙16亿元，向下迁徙率21.07%，高于向上迁徙率19.02个百分点。其中，农业银行临汾分行贷款质量向下迁徙金额和迁徙率分别高于向上迁徙金额和迁徙率8.23亿元、39.25个百分点。

三是部分机构资产质量还未完全真实反映。从全市主要银行业金融机构贷款逾期时间与五级分类结果对比表反映的情况看，银行机构资产质量并未得到真实反映。12月末，逾期90-180天贷款与次级类贷款之比为3.68%；逾期180-360天贷款与可疑类贷款之比为3.48%，而逾期360天以上贷款与损失类贷款之比为137%，余额之差达到了6.27亿元，其中，国有商业银行6.24亿元，农业发展银行220万元。数据表明，相当数量应划定为损失类的贷款实际划定过高，贷款质量潜在风险较大。

四是零售业务违约和不良贷款出现明显上升。零售贷款由于受市场竞争不规范，操作人员把握风险能力不强，社会信用制度不完善等主客观因素制约，开办初期形成的潜在风险逐步显现。12月末，国有商业银行房地产和汽车个人零售贷款违约情况统计显示，违约客户1028户，比年初增长127.4%，违约金额2745万元，比年初增长82.5%。其中，不良贷款3128万元，比年初增长81.3%。

五是信贷资产政策性风险增大。随着政府产业结构调整步伐的加快和治理“两高”企业力度的加大，企业环保投入大幅增加，还款能力减弱。以临汾市限期治理的62户重点耗能企业为例，要达到预期节能减排目标，须在现有生产设备基础上，进行技术改造，所需资金缺口约65亿元。据调查，这些企业目前大都尚未达到国家产业政策标准，未能进入银行新增授信支持范围，而靠企业自身投入很难完成治理目标，面临停业整顿，对原有贷款的偿付能力下降。据统计目前62户企业涉及银行资金44.38亿元，其中不良贷款5.33亿元。

（五）操作风险仍然比较突出

2007年，临汾银监分局按照银监会的统一部署进一步强化了案件专项治理工作，案件治理也取得了一定成效，但存在的问题仍然较为突出。2007年辖区银行业金融机构共发生各类银行案件5起，比上年减少1起；涉案金额3443.4万元，比上年减少1874.6万元；各类案件风险金额2036.9万元，比上年减少2994.1万元。发生百万元以上案件4件，比上年减少1起。分析银行业金融机构案件频发的根源，一是思想认识不到位，防范风险意识淡薄。为应对不断增大的同业竞争和经营考核压力，机构高管人员将主要精力都放到了业务发展上，案件治理工作未能做深做透。二是内控机制不健全，制度落实不到位。部分银行操作风险管理制度覆盖范围不全，存在一定盲区。且有章不循，违规操作现象时有发生。三是缺乏有效的风险评估与识别机制。目前，辖区多数银行业机构没有建立与经营管理系统直接对接的操作风险监测系统，风险管理技术落后于银行总体的电子化水平，加上风险管理人员经验缺乏，业务水平参差不齐，无法实现对操作风险的全过程监控。

（六）小企业授信工作尚存在不足。一是在贷款权限上，普遍实行集中审批，而且手续繁琐、考察评估时间长，在客观上造成了贷款效率低下，影响了贷款申请的积极性。二是缺乏适应小企业特点的信贷管理体系。辖区银行业金融机构普遍没有根据小企业的发展现状和特点，建立健全有效的信贷管理办法，部分银行没有建立起针对小企业的资信评价体系，小企业贷款定价机制尚未形成，贷款收益不足以覆盖银行为此承担的风险与成本，影响了银行信贷投入的积极性。三是部分银行在贷款责任的管理考核上，实行贷款责任追究终身制，造成银行对小企业“惧贷”。另外，由于银行对小企业的管理成本与对大企业的基本相当，而小企业贷款一般又具有贷款次数多、额度小、风险大的特征，造成银行对小企业信贷积极性难以提高。

四、建议和对策

（一）银行业金融机构要有效遏止信贷资金长期化的趋势。一是应正确处理眼前效益与长远发展的关系，防止盲目扩大中长期贷款的倾向。在资金运作上，要贴近地方经济发展的需要，有针对性地增加中小企业短期贷款的投入。二是应加强对国家产业政策和宏观调控政策的跟踪研究，保证中长期贷款投放的行业结构与国家产业政策和宏观调控政策相一致，切实防范政策性风险。三是应不断深化改革，建立科学的信贷管理机制，实施中长期贷款责任人跟踪风险评价机制，防止贷款营销和管理中的短期行为。

（二）银行业金融机构要在从紧货币政策下继续稳定发展。一是应当加强自我约束和风险控制，积极采取措施促进贷款的均衡增长，防止利润目标短期化，减少具有时点性质的考核指标，全面反映持续的经营成果。二是应加快业务转型，减少对存贷款利差的影响。因存贷款利差缩水而带来的银行盈利性风险必须依靠加快业务转型进程来化解，进一步优化存量资产经营方式，提高增量资产配置效率。加快发展中间业务，全面提高竞争能力和持续盈利能力，使利率调整对银行整体经营的冲击减少到最低限度。

（三）银行业金融机构要有效防范化解大额授信风险。一是应建立健全内控体系，完善授信工作机制，加强执行情况监控与检查，对集团关联客户授信实施重点监控，将贷款集中度和关联贷款风险防范工作单独纳入内控评价体系之中，做好大贷款客户的信贷风险识别、评估和防范。二是应切实依托大额授信风险监测系统，加强贷后管理和监测。严格限制有明显缺陷关联客户的融资，严密关注信贷资金流向和企业生产经营及财务状况的异常动态；严密监控关联企业的关联行为，防止资产、利润的非正常转移。

（四）银行业金融机构要坚决控制和杜绝案件隐患。 一是应从根本上改变“重业务轻管理，重外延扩张轻内控建设”的局面，建立健全内控体系和内控机制，加强员工职业道德教育，筑牢制度和思想防线。二是应针对案件中暴露出来的问题，加大对重要岗位、重要业务和重要环节的检查力度，将案件消灭在萌芽状态。

2007 年运城市经济金融运行及银行业风险状况分析

2007 年，运城市经济金融运行的总体特点是经济产业结构日趋合理，银行业存贷款总量稳步增加，宏观调控效应得到显现，经济金融呈现又好又快的发展态势。

一、经济增长速度较快，运行质量稳步提升

2007 年，运城市委市政府自觉把运城发展放在全国全省发展大局中去把握，全面贯彻落实科学发展观，坚持不懈地调整经济结构和转变发展方式，狠抓节能减排和生态环境保护，加强和改进经济发展中的薄弱环节，使全市经济保持了增长较快、结构优化、效益提高的良好态势。预计全年生产总值可突破 600 亿元大关，达到 625 亿元，比上年增长 14%左右，增幅同全省基本持平，高于全国的 11.5%。在认真贯彻落实宏观调控政策措施的情况下，主要经济指标均保持两位数增长，经济总体上仍处于高位运行。全年实现社会消费品零售总额 214.2 亿元，同比增长 18.9%；固定资产投资完成 270 亿元，同比增长 21.4%；进出口总额完成 10 亿美元，增长 22.7%，支撑经济增长的动力趋于协调。全年财政总收入完成 86.4 亿元，同比增长 23.8%，财政总收入占生产总值的比重由 2005 年的 11.8%提高到 13.8%。1–11 月份，规模以上工业企业经济效益综合指数达 192.5%，比上年同期提高 7.7 个百分点；亏损企业亏损额下降 31.8%。全年城镇居民人均可支配收入达到 9430 元，同比增长 12.1%；农民人均收入达到 3325 元，同比增长 9%。

二、银行业运行平稳，经营管理水平不断提高

（一）各项存款稳步增长，同比增速有所下降

2007 年，全市银行业机构各项存款本外币余额 595.2 亿元，比年初增加 68.6 亿元，增长 13.0%，同比少增 21.6 亿元，增幅下降 7.6 个百分点。其中人民币各项存款余额为 594.0 亿元，比年初增加 67.3 亿元，增长 12.8%，同比少增 23.1 亿元，增幅下降 7.9 个百分点。各项存款逐月变化情况如表所示：

各项存款逐月变化情况表　　单位：万元　%

月份	各项存款			企业存款			储蓄存款		
	余额	较年初		余额	较年初		余额	较年初	
		增减额	比例		增减额	比例		增减额	比例
1 月	5483874	218288	4.15	783327	47246	6.42	3978786	124922	3.24
2 月	5569754	304168	5.78	721284	–14797	–2.01	4156321	302456	7.85
3 月	5797152	531566	10.10	737123	1042	0.14	4294079	440214	11.42
4 月	5813243	547657	10.40	752623	16542	2.25	4231165	377300	9.79
5 月	5861621	596035	11.32	780174	44092	5.99	4205120	351255	9.11
6 月	5939065	673478	12.79	777297	41216	5.60	4246403	392538	10.19
7 月	5960208	694622	13.19	765938	29856	4.06	4242479	388614	10.08
8 月	6024258	758672	14.41	839435	103353	14.04	4214406	360541	9.36
9 月	6061147	795561	15.11	896348	160267	21.77	4183730	329865	8.56
10 月	5925072	659485	12.52	836512	100431	13.64	4101720	247855	6.43
11 月	5991907	726321	13.79	876802	140721	19.12	4152746	298881	7.76
12 月	5951730	686144	13.03	754143	18062	2.45	4248258	394393	10.23

各项存款逐月变化趋势图

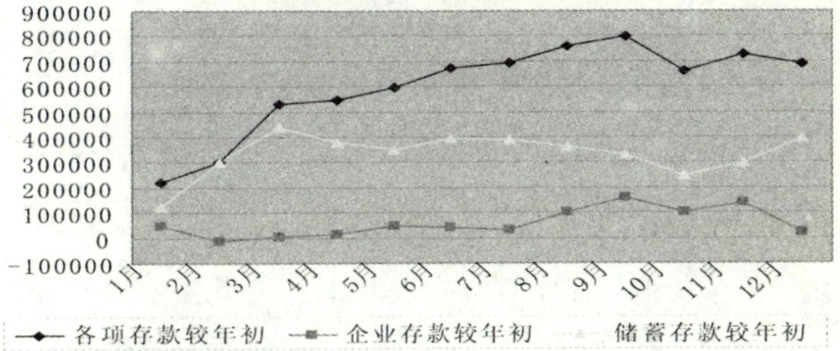

从存款结构上分析：企业存款增速大幅下降。2007 年末企业存款比年初增加了 1.8 亿元，增长 2.5%，同比少增 17.7 亿元，增幅下降 33.5 个百分点。企业存款大幅下滑主要是 12 月份由于企事业单位支付货款、上划电费等因素、导致全市银行业企业存款较上月减少 12.4 亿元，其中工行减少 6.1 亿元，中行减少 5.7 亿元。储蓄存款虽平稳增长，但增速也有所下降。2007 年储蓄存款比年初增加 39.4 亿元，增长 10.3%，同比少增 13.6 亿元，增幅下降 5.6 个百分点。其中活期存款比年初增加 17.8 亿元，增长 15.5%；定期存款比年初增加 21.6 亿元，增长 7.9%。储蓄存款增速下滑的主要原因为股市、基金行情持续火爆，资金大量向股市、基金转移，加之全市房地产市场高温不退，居民购房相对较热，使全市银行业储蓄存款增速大幅下降。

从各机构存款情况分析：2007 年，全市四家国有商业银行人民币各项存款余额为 305.5 亿元，比年初增加 13.8

亿元，增长 4.7%，同比少增 33.1 亿元，增幅下降 14.3 个百分点。其中：工行比年初增加 5.4 亿元，同比少增 4.5 亿元；农行比年初增加 6.1 亿元，同比少增 6 亿元；中行比年初增加减少 5.7 亿元，同比少增 13.4 亿元；建行比年初增加 8.0 亿元，同比少增 9.2 亿元。农村信用社人民币各项存款余额为 187.2 亿元，比年初增加 33.9 亿元，增长 22.1%，同比多增 12.8 亿元，增幅提高 6.1 个百分点。

从全年各项存款增减变化情况分析：各项存款前 9 个月稳定增长，止 9 月末各项存款较年初增加 79.6 亿元。10 月份出现回落，比 9 月末下降 13.7 亿元，11 月份小幅回升，比 10 月末增加 6.7 亿元，12 月份又出现回落，比 11 月末又下降 4 亿元。其中储蓄存款前 3 个月大幅增长，止 3 月末较年初增加 44 亿元。4 月份开始出现回落，虽然 6 月份略有回升，但仍比 3 月末减少 4.7 亿元，7 月份开始又持续回落，到 11 月份才出现回升，但仍比 3 月末减少 15.1 亿元，12 月份比 11 月末 9.5 增加亿元，但仍比 3 月末减少 4.6 亿元。

（二）各项贷款快速增长，同比增速大幅增加

2007 年，全市银行业各项贷款本外币余额为 464.7 亿元，比年初增加 53.8 亿元，增长 13.1%，同比多增 15.0 亿元，增幅提高 2.8 个百分点。其中人民币各项贷款余额 463.1 亿元，比年初增加 52.2 亿元，增长 12.7%，同比多增 14.0 亿元，增幅提高 2.4 个百分点。各项贷款逐月变化情况如表所示：

各项贷款逐月变化情况表　　单位：万元　%

月份	各项贷款			短期贷款			中长期贷款			票据融资		
	余额	较年初		余额	较年初		余额	较年初		余额	较年初	
		增减额	比例		增减额	比例		增减额	比例		增减额	比例
1 月	4383810	223911	5.4	2770816	63943	2.4	1167220	–7943	–0.7	426935	152531	55.6
2 月	4413444	304131	7.4	2785900	126071	4.7	1191443	19821	1.7	416770	142366	51.9
3 月	4322403	213090	5.2	2814773	154944	5.8	1208541	36919	3.2	262349	–12056	–4.4
4 月	4348043	238730	5.8	2847266	187437	7.0	1196985	25363	2.2	276141	1737	0.6
5 月	4351480	242167	5.9	2848899	189070	7.1	1214743	43121	3.7	266214	–8190	–3.0
6 月	4355472	246158	6.0	2882038	222209	8.4	1212293	40671	3.5	247734	–26670	–9.7
7 月	4377719	268406	6.5	2868135	208306	7.8	1202623	31002	2.6	286706	12302	4.5
8 月	4448747	339434	8.3	2931402	271573	10.2	1213555	41933	3.6	284613	10208	3.7
9 月	4603883	494570	12.0	2946676	286847	10.8	1272155	100533	8.6	360650	86245	31.4
10 月	4733216	623903	15.2	2949961	290132	10.9	1299967	128345	11.0	449919	175515	64.0
11 月	4692377	583064	14.2	2968220	308391	11.6	1291107	119485	10.2	401395	126991	46.3
12 月	4647486	538173	13.1	2902640	242811	9.1	1325951	154329	13.2	388787	114383	41.7

各项贷款逐月变化趋势图

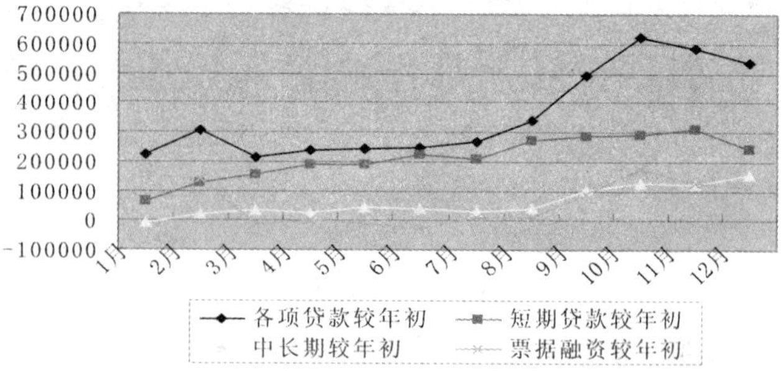

2007 年，全市银行业金融机构信贷投放主要呈现以下七大特点：

1. 短期贷款虽然增幅下降，但增量仍居各项贷款增量之首。2007 年，全市银行业金融机构短期贷款余额为 290.3 亿元，占各项贷款余额的 62.5%，比年初增加 24.3 亿元，增长 9.1%，同比少增 8.5 亿元，增幅下降 4.9 个百分点。短期贷款中，农业贷款比年初增加了 17.5 亿元，增长 22.1%（其中农村信用社比年初增加 16.8 亿元，占农业贷款增加额的 96%），增幅同比提高 11.4 个百分点；工业贷款比年初增加 5.6 亿元，增长 6.6%；其他短期贷款比年初增加 7.0 亿元，增长 26.5%。短期贷款的快速增长，有效缓解了企业流动资金短缺的矛盾，特别是农业贷款的大幅增加，说明全市银行业金融机构进一步加大了对“三农”的信贷支持力度。

2. 中长期贷款增速大幅提高。2007 年，全市银行业金融机构中长期贷款余额为 132.6 亿元，占各项贷款余额的 28.5%，比年初增加 15.4 亿元，增长 13.2%，同比多增 9.4 亿元，增幅同比提高 7.9 个百分点。其中：基本建设贷款比年初增加 7.7 亿元，增长 12.3%；技术改造贷款比年初增加 1.2 亿元，增长 12.5%；其他中长期贷款比年初增加 6.6 亿元，增长 14.5%。2002 年以来，除去年中长期贷款增速有所减缓外，全市中长期贷款都是高速增长，已累计投放中长期贷款 83.5 亿元，有效保证了重点项目的建设。

3. 票据贴现大幅增长。2007 年，全市票据贴现余额为 38.9 亿元，占各项贷款余额的 8.4%，比年初增加 11.4 亿元，增长 41.7%，同比多增 11.4 亿元，增幅同比提高 43.2 个百分点。票据贴现大幅增长，有效解决了企业流动资金不足的问题。

4. 除工行和农发行外，各机构贷款均有所增加。2007 年，全市四家国有商业银行人民币各项贷款余额为 283.5 亿元，比年初增加 34.0 亿元，增长 13.6%，同比多增 13.0 亿元，增幅同比提高 7.4 个百分点。其中：工行比年初减少0.7亿元，农行比年初增加16.1亿元，中行比年初增加17.4亿元，建行比年初增加1.2亿元。农业发展银行各项贷款余额为51.2亿元，比年初减少2.4亿元，减少4.6%。农村信用社各项贷款余额为135.5亿元，比年初增加20.2亿元，增长17.3%，同比多增3.5亿元。

5. 前10个月各项贷款稳步增加，后两个月出现回落。今年前10个月，各项贷款稳步增长，各项贷款共增加62.4亿元。其中仅8月、9月、10月3个月就增加贷款35.5亿元。从11月份开始，随着国家宏观调控的进一步深化，对"两高"行业整治和节能减排工作力度的不断加大，以及央行不断提高金融机构存款准备金率等政策因素的影响，各项贷款开始下降，其中11月份减少3.9亿元，12月份减少4.5亿元。

6. 信贷投放倾向龙头企业和优势产业。各银行机构把全市"旗舰企业"作为信贷投放重点，如对丰喜集团公司增加贷款4.1亿元，对忠民集团公司增加贷款2.24亿元，对南风化工集团公司增加贷款1.3亿元等，有效支持了全市龙头企业的发展。同时加大对基础产业和优势行业的信贷支持力度，如对大唐国际发电有公司增加贷款27.5亿元，山西蒲光发电公司增加贷款15.3亿元，对冶金行业增加贷款2.9亿元等。

7. 为"三农"经济和新农村建设提供强大的信贷支持。2007年，全市农村信用社积极围绕支持社会主义新农村建设这个中心，把信贷投放面向农村、立足农业、贴近农民，加大支持和服务力度，各项贷款余额达135.5亿元，当年累计发放各项贷款136.1亿元，同比多投放22.3亿元，有效支持了"三农"经济的发展和促进了新农村的建设步伐。

(三)大部分机构不良贷款"双升"，不良贷款"双降"形势更加严峻

1. 主要银行业机构不良贷款"双升"。按五级分类口径统计，12月末，全市主要银行业机构(农业发展银行和商业银行)不良贷款余额合计为61.3亿元，不良贷款占比18.36%，不良贷款较年初增加16.1亿元，占比较年初上升3.38个百分点。

一是商业银行不良贷款整体"双升"。12月末，全市四大商业银行本外币不良贷款余额40.4亿元，较年初增加17.8元，不良贷款率为14.16%，较年初上升5.13个百分点。其中：工行不良贷款较年初减少8189万元，占比下降1.23个百分点；农行不良贷款比年初增加119705万元，占比上升9.53个百分点；中行不良贷款比年初增加61824万元，占比上升10个百分点；建行不良贷款比年初增加4222万元，占比上升0.46个百分点。

二是农发行不良贷款实现"双降"。12月末，农发行不良贷款余额为20.9亿元，不良率42.88%，较年初减少16411万元，不良贷款占比下降1.19个百分点。

2. 农村信用合作社不良贷款余额上升，占比下降。按四级分类口径统计，12月末，全市农村信用社不良贷款余额为25.7亿元，较年初增加3057万元，不良贷款占比为19.7%，较年初下降了3.4个百分点。农村信用社不良贷款余额增加的主要原因各县联社为了确保央行票据顺利兑付，在年末对贷款形态进行调整夯实，从而导致不良贷款余额稍有增加。按照贷款风险五级分类划分，全市农村信用社不良贷款余额470681万元、占比36.0%，余额较年初减少80772万元，较四级分类多213250万元、占比较年初下降了14.0个百分点，高出四级分类16.3个百分点。

(四)银行业整体经营效益有所下滑

2007年，全市银行业金融机构实现利润6.6亿元，比去年同期少盈3.4亿元。四家国有商业银行实现利润4.1亿元，比去年同期少盈4.0亿元。其中工商银行盈利23782万元，比去年同期多盈1776万元；农业银行亏损8237万元；中国银行亏损4170万元；建设银行盈利30548万元，比去年同期少盈11525万元；农业发展银行盈利3922万元，比去年同期少盈91万元；农村信用社盈利水平不断增强，实现利润19921万元，同比增盈5528万元。其中：有188个盈余社，盈余金额20949万元，11个亏损社，亏损金额1028万元。

三、当前经济金融运行中应关注的主要问题

2007年，在良好的经济环境牵动下，全市银行业呈现出良好的发展态势。但仍然还存在着一些影响经济金融和谐发展的问题和矛盾，需要引起足够的重视。主要表现在以下几个方面：

(一)工业增速持续回落，对银行业信贷资产质量形成不利影响。工业始终是支撑全市经济发展的主动力，工业发展的快慢，直接影响全市经济的发展。由于受市场价格和淘汰落后产能压力的影响，全市工业经济出现了少有的持续回落现象。年初，工业增速起步较高，1月份达44%，一季度24.7%，上半年20.7%，1-7月份为19.4%，1-8月份18.4%，1-9月份虽略有回升达19%，1-10月份又回落到17.3%，1-11月份持续回落，降至17.0%。支撑工业的四大方阵企业增速(14.1%)也在下滑，已低于全市工业增速2.9个百分点。1-11月份,四大方阵企业实现增加值169.2亿元,增长14.1%,比一季度回落9.3个百分点,比上半年回落2.5个百分点,比三季度回落2.5个百分点,特别是占到全市工业增加值1/3以上的第一方阵,由于中铝山西集团氧化铝市场价格持续低迷,使第一方阵增速仅增加0.9%,加之国家对高耗能高污染行业的限制,使得全市工业生产增速回落,这必将影响到企业的还款能力和还款意愿,对银行业金融机构信贷资产质量构成一定的威胁。

(二)固定资产投资增幅较大,成为拉动经济增长的主要因素。2007年固定资产投资呈现的是快速增长的态势,1-7月全市投资增速均在30%以上,10月末跌落到17.9%,但11月份又达到28.8%,成为2007年拉动经济增长的主要力量。2008年,随着国家宏观调控措施的进一步深入,以及央行货币政策由"稳健"转为"从紧",银行业贷款增速必将回落,进而也会影响到全市固定资产投资的增长,使固定资产投资对全市经济增长的拉动作用削弱,对2008年的经济增长将会产生一定的不利影响。

(三)CPI继续上扬,物价走势不容乐观。1-11月份,全市居民消费价格指数同比上涨3.4%,比一季度高1.0个百分点,比上半年高0.9个百分点,比1-9月份又高出0.2个百分点。本轮价格的上涨,肉禽、蛋、油等是推动食品类价格上涨的重要因素,食品价格上涨又是CPI 上涨的主要因素。1-11月份,食品类价格上涨14.8%, 11月份猪肉、鲜菜上涨达60.2%和57.0%。消费价格指数的不断上扬,给居民生活带来不利影响,进而也会影响到银行业金融机构储蓄存款的稳定性。今年4月份以来,全市银行业储蓄存款的持续回落,就对银行业金融机构的经营产生了较大影响。另外,受国际原油价格上涨的影响,国内市场煤炭、汽油、柴油等主要生产原料价格均大幅上扬,如11月份汽油价格比上月上涨7.7%,柴油价格上涨28.3%;液化石油气比上月高出14.9个百分点。这必将加大企业的生产成本,影响企业正常的生产经营活动,使企业的盈利水平大幅下降,进而也直接影响到银行业的稳健经营,特别是对银行信贷资产质量构成较大威胁。

(四)不良贷款"双降"形势更加严峻。12月末,全市主要银行机构不良贷款较年初增加了16.1亿元,农村信用社不良贷款较年初增加了0.3亿元,除工行和农发行不良贷款实现双降外,其他机构不良贷款余额均不同程度地出现反弹,特别是农行和中行不良贷款大幅度上升。同时,部分机构存在年末集中调整贷款形态的问题,如中行年末不良贷款比11月末增加5.0亿元,给全市银行业不良贷款双降工作带来很大压力。2008年,随着国家宏观调控措施的进一步深入和央行从紧货币政策的实施,随着节能减排工作力度的进一步加大,将会使不少企业的项目建设缺乏后续资金,部分企业由于资金紧张而无法正常生产经营,企业资金链条可能出现断裂。另外,随着原油、煤炭等原材料价格上涨,造成企业生产成本增加,盈利空间缩小,企业之间相互拖欠货款的情况加剧等,这些都将造成银行贷款隐性风险剧增,不良贷款双降形势将更加严峻,这一问题应引起各机构的高度重视。

(五)贷款投向继续集中,银行潜在风险值得关注。截至12月末,全市贷款5000万元以上贷款客户55家,贷款余额为206.9亿元;其中亿元以上贷款34家,贷款余额为191.7亿元,最大1家贷款余额为38.7亿元,同时,存在多头授信和多家贷款。辖区内贷款亿元以上客户中,获得两家或以上银行贷款的有18家,占总户数的52.9%,贷款额166.6亿元,占总贷款额的86.9%。贷款客户集中,单家贷款额度较高,使银行贷款集中度风险和信贷资金的潜在风险加大。

(六)票据融资的违规行为应高度重视。个别银行机构对票据融资风险认识不足,办理签发承兑汇票时,审查不严,管理不到位,部分机构甚至出现无贸易背景的虚假购销合同、增值税发票复印件重复使用和多笔零散承兑汇票背书转让凑在一起办理承兑贴现业务等问题,给银行票据融资业务带来了一定的安全隐患,如2007年农业银行办理承兑汇票形成垫款1.3亿元的问题,不但给银行造成了一定的损失,而且在社会上对银行声誉带来一定的不利影响。

(七)防范操作风险和案件专项治理工作不容忽视。全市各银行业机构普遍提高了风险防范意识,完善了内控制度建设,加大了案件专项治理和监督检查工作力度。但也有个别机构、部门特别是部分基层分支机构存在一定的麻痹和松懈思想,工作缺少主动性和持续性,开展针对性检查少,满足于应付上级检查多。个别机构在问题出现后,不是深刻分析有无制度缺陷,管理是否存在漏洞,而是强调客观困难的多,讲主观原因的少。有些机构查出的问题避而不谈,有的遮遮掩掩,甚至有个别机构对重大违规违纪问题查而不报,或迟报、漏报。有的机构侧重一事一查,缺少对案件和违规问题的规律性研究。个别机构绩效考核不科学,存在过度追求市场规模扩张和不科学的考核体系,扭曲了经营行为,加剧了风险和案件的形成。部分机构安全保卫设施达标率不高，金库、营业室等重点经营场所和重点岗位的红外探头损坏率太高，更换不及时，这些都给犯罪分子留下可乘之机。因此，各机构高度重视案件专项治理工作，认真贯彻山西银监局案件专项治理工作会议精神，积极研究和改进案件专项治理措施，杜绝案件的发生。

（八）储蓄存款分流对银行经营管理的影响日渐显现。受股市持续升温和房地产价格持续上行的影响，居民投资热情高涨，使全市银行业储蓄存款的分流现象愈来愈严重，12月末储蓄存款同比少增13.6亿元，增幅下降5.6个百分点。存款分流加剧了银行机构信贷资金供需矛盾，对中小金融机构可能诱发支付风险，对全市银行业金融机构造成较大的影响。

（九）农村信用社抵御风险能力仍显不足。从整体情况来看，全市农村信用社改革虽然取得了阶段性成果，农村信用社资本充足率达到15.58%，抵御风险能力逐步增强。但还存在着一定的经营风险，主要表现在：一是不良贷款占比偏高。从2007年情况来看，全市农村信用社不良贷款占比仍高达19.7%。其中万荣县、闻喜县、新绛县不良贷款率分别高达43.3%、26.6%和24.9%。二是部分信用社仍然存在不良贷款前清后增的问题，导致全市农村信用社不良贷款比年初增加3057万元。三是一部分农村信用社资本充足率仍达不到规定标准，最低的农村信用社如闻喜县农村信用社资本充足率只有4.63%，有的基层信用社还更低。

四、积极采取措施，促进银行业稳健可持续发展

（一）大力发展循环经济，促进产业结构升级。全市以电解铝、钢铁、焦炭、金属镁为代表的高投入、高耗能、高污染、低效率的“三高一低”企业，其工业增加值约占总量的50%，其能源消耗约占全市能源消耗总量的75%以上。因此要在冶金、焦化等重点行业开展节能降耗、资源节约，积极采用先进技术改造传统产业，推动发展循环经济，促进资源循环式利用，鼓励企业循环式生产，推动产业循环式组合，大力推行清洁生产。同时要加大节能减排工作力度，加大关闭“五小”企业力度，实行能源资源效率和最低技术水平准入标准，实施高消耗落后技术、工艺和产品的强制性淘汰制度，为有条件实施循环经济的大企业、大集团腾出资源、环境和市场空间，使传统支柱产业向低消耗、轻污染、高技术、高效率的产业结构升级。

（二）认真贯彻执行从紧的货币政策，加大对经济结构调整的信贷支持力度。各银行业金融机构要认真贯彻执行国家的宏观调控政策和从紧的货币政策，坚持“有进有退”、“有保有压”的原则，积极支持全市经济结构调整。支持有市场、有效益、有利于增加就业的企业的流动资金贷款需求，支持符合国家产业政策和市场准入条件的项目建设，支持国家重点扶持领域和企业产品自主创新的信贷需求，不断促进全市产业结构升级。要着力改进中小企业和县域经济发展的金融服务，按照审慎经营规则的要求，积极支持满足贷款条件的项目和企业的资金需求。农村信用社要继续加大对“三农”支持力度，切实提高农业综合生产能力，帮助农民增收。总之，各银行业机构既要认真贯彻执行国家的宏观调控政策和从紧的货币政策，又要大力支持全市经济发展，促进运城和谐社会的构建。

（三）强化风险意识，加强信贷管理，严格贷款五级分类的准确性，严格贷款“三查”制度的落实。各银行业金融机构在信贷管理中要严格执行贷款“三查”制度，做到贷前调查有报告，贷中审查有意见，贷后检查有记载，特别是加大贷后检查力度。要着力完善贷款手续，保证贷款合同真实有效，抵押担保手续齐全，确保贷款的安全性、合法性。银监部门应及时指导和督促银行机构进一步加强信贷风险管理，实现不良贷款余额的真实下降。要进一步加强对银行机构的风险提示，拓宽银行机构对企业的信息渠道；要督促银行机构进一步加强对存量不良贷款的管理，多渠道清收盘活不良贷款。银行机构在贯彻国家宏观调控政策，采取各项措施实现宏观调控总体目标的同时，还要进一步加强对信贷风险的管理，防止对部分企业集团集中放款导致事实上的“垒大户”现象，进而防止新增不良贷款的发生。

（四）关注宏观经济运行态势，全面提高银行业经营管理水平。各金融机构要认真执行国家宏观调控政策，将宏观经济运行分析、产业政策研究和市场走向预测制度化、常规化，并纳入到贷款的审批管理程序中去，从源头控制信贷风险；要建立行业风险预警系统，密切关注贷款企业和贷款项目的变动情况。特别在治理“两高一低”和节能减排工作中，要加强信贷管理，审慎发放有关贷款，对限制性的产业坚决实行信贷退出，加大资产保全力度，最大限度减少资产损失。要提高思想认识，高度重视储蓄存款分流对银行业的影响，积极研究制定应对措施，提早做好应对的各种准备工作，增强应对的主动性。同时，根据经济形势的变化，不断创新适合社会需求的金融产品，大力发展中间业务，多渠道增加金融业务收入，提高金融

机构的竞争能力，促进金融业的稳健发展。

(五)加强案件专项治理，杜绝案件发生。各银行业机构一定要牢固树立风险防范意识，必须充分认识案件专项治理工作的重要性和必要性，增强主动性和紧迫感，将防范操作风险和案件专项治理作为一项长期、艰巨的任务来抓。要把防范道德风险放在首位，进一步加强队伍建设，提高员工整体素质，对一些有不良行为的员工绝不姑息迁就，坚决清出金融队伍，防止因内部人引发的金融案件；要努力构建防范操作风险长效机制，努力提高防范操作风险的技术手段和科技水平；要加强制度的执行力度，把制度切实落实到基层，落实在每个环节，使制度约束真正长期发挥作用。农村信用社要以深化改革为契机，全面、系统地加强各项规章制度的建设，切实增强识别和控制风险的能力，有效防范各种操作风险。

3

全省汇总数据

Summary data of the province

3-1 山西省银行业金融机构资产负债表

单位：万元

项目 \ 时间	1月	2月	3月	4月	5月
	余额	余额	余额	余额	余额
流动资产	69655924	70688342	73584972	73388650	73902134
一、现金及银行存款	1204257	1625156	1384586	1020727	1055018
二、存放中央银行	5876641	5796236	5912742	5847598	6044562
三、存放同业	2483952	2575923	2818824	2830539	2970166
四、存放联行款项	24357185	23796619	25644548	25453876	24899074
五、拆放同业	71808	30779	55598	51185	30691
六、短期贷款	28777077	29432706	29761895	30056335	30463527
七、应收账款	1096785	1526417	1444230	1567383	1849752
其中：应收利息	245105	316279	190161	270939	345515
八、减：坏账准备	220334	222206	205946	202188	204387
九、短期投资	424445	394945	617360	514362	579716
十、减：短期投资跌价准备					
十一、委托贷款及投资					
十二、买入返售资产	690552	627704	664675	824112	738826
十三、待处理流动资产损失	8061	8061	8060	8060	8060
十四、其他流动资产	4885495	5096002	5478400	5416663	5467130
长期资产	24346442	24770797	25009496	25201525	25495431
十五、中长期贷款	21118877	21520152	21860872	21901932	22163721
十六、减：贷款损失准备	610682	616716	656015	666020	683429
十七、长期投资	2952167	2984795	2987839	3144751	3215725
十八、减：长期投资减值准备	88024	88024	88023	89269	89267
十九、固定资产净值	929683	925953	858826	861478	838110
固定资产	1354285	1356070	1287793	1300655	1278222
减：累计折旧	424601	430117	428967	439178	440112
二十、固定资产减值准备	13530	13378	13287	13288	13248
二十一、固定资产清理	2546	2546	2484	2411	2630
二十二、在建工程	58333	58373	59720	62450	64120
二十三、减：在建工程减值准备	5422	5422	5422	5422	5422
二十四、待处理固定资产损失	2493	2518	2503	2501	2489
无形递延及其他资产	-98221	-92573	-54174	-88090	-76174
二十五、无形递延及其他资产	-90408	-82605	-45374	-80522	-67315
二十六、减：抵债资产减值准备	6885	9040	7872	6640	7892
二十七、减：无形资产减值准备	88	88	88	88	127
二十八、减：其他资产减值准备	840	840	840	840	839
资产总计	93904145	95366566	98540294	98502086	99321391

注：本表机构包括政策性银行、国有商业银行、股份制商业银行、城市商业银行、城市信用社、农村信用社、财务公司、信托公司、金融租赁公司、邮政储汇局。

3-1 山西省银行业金融机构资产负债表

单位：万元

项目 \ 时间	6月	7月	8月	9月	10月
	余额	余额	余额	余额	余额
流动资产	75432307	75400733	77007453	78051128	77948934
一、现金及银行存款	1186969	946630	946109	1103593	921866
二、存放中央银行	6075487	6125621	6038866	5878624	6149640
三、存放同业	2879357	2850078	2803943	2787885	2606450
四、存放联行款项	25430924	25408602	27181868	27139916	27191592
五、拆放同业	82603	112838	88725	78183	83604
六、短期贷款	30811051	30849317	31075945	31908723	31736284
七、应收账款	2139086	1845273	1781872	1609509	1631022
其中：应收利息	194599	279926	376226	223538	297896
八、减：坏账准备	167007	166806	166519	164219	164759
九、短期投资	361587	468982	331059	419755	369367
十、减：短期投资跌价准备					
十一、委托贷款及投资					
十二、买入返售资产	1012352	1255849	1184492	1425913	1542665
十三、待处理流动资产损失	8061	8059	8565	8564	8563
十四、其他流动资产	5611837	5696289	5732528	5854683	5872641
长期资产	25780641	25978930	26066780	26550591	26695625
十五、中长期贷款	22491087	22616143	22767320	23178898	23260545
十六、减：贷款损失准备	771310	775694	821384	864203	873952
十七、长期投资	3275391	3361874	3343679	3455194	3497680
十八、减：长期投资减值准备	90359	91384	91320	93136	91101
十九、固定资产净值	820048	814031	810977	807600	835241
固定资产	1257216	1254977	1256903	1260000	1297020
减：累计折旧	437167	440946	445926	452400	461779
二十、固定资产减值准备	13248	13248	13247	13343	13383
二十一、固定资产清理	5421	3570	3833	4704	6094
二十二、在建工程	66482	66597	69883	77834	77459
二十三、减:在建工程减值准备	5422	5430	5430	5430	5430
二十四、待处理固定资产损失	2549	2471	2469	2472	2471
无形递延及其他资产	-85707	-100634	-116172	-115112	-151903
二十五、无形递延及其他资产	-76675	-91403	-106938	-107634	-144464
二十六、减:抵债资产减值准备	7909	7929	7929	6213	6213
二十七、减:无形资产减值准备	127	127	127	177	138
二十八、减:其他资产减值准备	995	1174	1178	1088	1088
资产总计	101127242	101279030	102958061	104486607	104492655

3-1 山西省银行业金融机构资产负债表

单位:万元

项目 \ 时间	11月	12月		
	余额	余额	比同期增减额	比同期增长%
流动资产	79587631	80449068	12675879	18.70
一、现金及银行存款	963774	933008	7497	0.81
二、存放中央银行	6697700	8665190	1107397	14.65
三、存放同业	2671716	2186441	486963	28.65
四、存放联行款项	28634463	29212379	6222215	27.06
五、拆放同业	78716	96156	40314	72.19
六、短期贷款	31754734	31346283	3798210	13.79
七、应收账款	1408473	956173	-24558	-2.50
其中:应收利息	365886	219688	52979	31.78
八、减:坏账准备	170182	244642	151412	162.41
九、短期投资	338854	304545	-306357	-50.15
十、减:短期投资跌价准备				
十一、委托贷款及投资				
十二、买入返售资产	1304400	733165	23297	3.28
十三、待处理流动资产损失	8061	6548	-1510	-18.74
十四、其他流动资产	5896924	6253822	1473822	30.83
长期资产	26976079	26949381	2834430	11.75
十五、中长期贷款	23588786	23669762	2618615	12.44
十六、减:贷款损失准备	931537	1017533	282159	38.37
十七、长期投资	3522305	3392179	495625	17.11
十八、减:长期投资减值准备	91122	86286	225	0.26
十九、固定资产净值	818743	917060	-28186	-2.98
固定资产	1282491	1380304	12425	0.91
减:累计折旧	463749	463244	40612	9.61
二十、固定资产减值准备	13408	13382	-449	-3.24
二十一、固定资产清理	5315	3750	1230	48.83
二十二、在建工程	80442	70103	12372	21.43
二十三、减:在建工程减值准备	5915	5907	485	8.95
二十四、待处理固定资产损失	2470	19635	17194	704.38
无形递延及其他资产	-99342	-152440	-48751	47.02
二十五、无形递延及其他资产	-91583	-145303	-49456	51.60
二十六、减:抵债资产减值准备	6213	5758	-1126	-16.36
二十七、减:无形资产减值准备	459	177	89	101.18
二十八、减:其他资产减值准备	1088	1202	332	38.16
资产总计	106464368	107246009	15461558	16.85

3-1 山西省银行业金融机构资产负债表

单位：万元

项目 \ 时间	1月	2月	3月	4月	5月
	余额	余额	余额	余额	余额
流动负债	50476385	50699672	52922083	52933983	53713907
一、短期存款	25482488	24435328	25874310	25915651	26439143
二、活期储蓄存款	14875973	15662994	16174542	15915640	15764937
三、财政性存款	239960	213274	200886	245882	308421
四、向中央银行借款	267983	282941	271736	254360	256209
五、同业存放	3156681	3358048	3352176	3589043	3861959
六、联行存放					
七、同业拆入	44293	45769	91619	129429	150209
八、应解汇款及临时存款	59301	115092	79344	60844	50797
九、汇出汇款	88752	79385	65434	99587	82531
十、委托存款	191791	216241	241750	273386	292510
十一、卖出回购资产	409782	391000	784224	527488	537619
十二、应付及预提账项	1389376	1583789	1640210	1717652	1791436
十三、存放短期保证金	3410124	3415055	3292117	3410320	3347608
十四、发行短期债券					
十五、其他流动负债	859880	900755	853736	794701	830528
长期负债	41804351	43157816	43942462	43809783	43963857
十六、长期存款	5414944	5522007	5440177	5609875	5721354
十七、定期储蓄存款	34373411	35628335	36307251	36262805	36272061
十八、存放长期保证金	7	7	7	7	7
十九、发行长期债券	32	32	32	32	32
二十、其他长期负债	2015957	2007435	2194995	1937064	1970403
所有者权益	1623410	1509077	1675749	1758320	1643627
二十一、实收资本	990969	994607	1010951	1014424	1025648
二十二、资本公积	55930	55984	54199	54400	54410
二十三、公积金	109490	109837	110925	110930	110850
二十四、公益金	12951	13130	13130	13130	13076
二十五、未分配利润	214565	94522	245135	324025	198157
其中：本年利润	104727	193372	360816	447041	539627
二十六、一般准备金	239504	240998	241409	241411	241486
负债总计	93904145	95366566	98540294	98502086	99321391

3-1 山西省银行业金融机构资产负债表

单位:万元

时间 项目	6月	7月	8月	9月	10月
	余额	余额	余额	余额	余额
流动负债	55534672	54730092	56134269	57598391	57586923
一、短期存款	27609712	26745904	27896476	28914334	29479422
二、活期储蓄存款	16230961	16456591	16578795	16658243	16235614
三、财政性存款	297295	284288	293859	339918	365178
四、向中央银行借款	271319	250964	249781	268681	262920
五、同业存放	3647933	3392056	3804991	3896053	4093099
六、联行存放					
七、同业拆入	158801	173085	162085	143685	95585
八、应解汇款及临时存款	88569	76539	46211	68889	74509
九、汇出汇款	88054	106772	77198	81694	92671
十、委托存款	280411	325261	352421	352373	383193
十一、卖出回购资产	538835	700541	470199	707452	592155
十二、应付及预提账项	2047895	2013006	2014331	2064725	2036343
十三、存放短期保证金	3404035	3471530	3450282	3412131	3197846
十四、发行短期债券					
十五、其他流动负债	870851	733556	737640	690213	678388
长期负债	43833948	44703530	44898947	44801660	44768533
十六、长期存款	5513211	6354102	6460052	6445961	6534764
十七、定期储蓄存款	36416680	36531046	36486762	36542503	36369183
十八、存放长期保证金	7	7	7	7	7
十九、发行长期债券	32	32	32	32	32
二十、其他长期负债	1904018	1818344	1952094	1813157	1864547
所有者权益	1758621	1845408	1924845	2086556	2137200
二十一、实收资本	1031497	1025578	1027098	1052597	1084836
二十二、资本公积	54156	54192	54687	55812	55949
二十三、公积金	110850	110817	110896	111537	111440
二十四、公益金	13076	13076	13076	13076	13076
二十五、未分配利润	307515	400211	475914	607515	624882
其中:本年利润	687029	788794	864136	1005695	1105505
二十六、一般准备金	241527	241534	243174	246019	247017
负债总计	101127242	101279030	102958061	104486607	104492655

3-1 山西省银行业金融机构资产负债表

单位:万元

项目 \ 时间	11月	12月		
	余额	余额	比同期增减额	比同期增长%
流动负债	59477117	59924783	11810286	24.55
一、短期存款	30380705	30775070	5342678	21.01
二、活期储蓄存款	16823823	17220687	2734310	18.88
三、财政性存款	369512	442306	126680	40.14
四、向中央银行借款	253826	246726	-29571	-10.70
五、同业存放	4365412	3766287	2448878	185.89
六、联行存放				
七、同业拆入	144355	116745	50452	76.10
八、应解汇款及临时存款	84074	75249	29297	63.76
九、汇出汇款	86611	445418	142302	46.95
十、委托存款	416476	545126	362756	198.91
十一、卖出回购资产	778978	751531	88018	13.27
十二、应付及预提账项	1919595	1860441	560890	43.16
十三、存放短期保证金	3160760	2919222	-415511	-12.46
十四、发行短期债券				
十五、其他流动负债	692991	759974	369107	94.43
长期负债	44946600	45597897	3291006	7.78
十六、长期存款	6374687	6466389	198813	3.17
十七、定期储蓄存款	36722453	37401431	3426342	10.08
十八、存放长期保证金	7		-7	-100.00
十九、发行长期债券	32	31		1.42
二十、其他长期负债	1849421	1730046	-334143	-16.19
所有者权益	2040650	1723329	360266	26.43
二十一、实收资本	1086848	1097110	107790	10.90
二十二、资本公积	56772	31697	-23570	-42.65
二十三、公积金	111383	115172	18693	19.38
二十四、公益金	13076	12539	-412	-3.18
二十五、未分配利润	524502	181083	177174	4532.77
其中:本年利润	1045848	845903	77691	10.11
二十六、一般准备金	248069	285728	80591	39.29
负债总计	106464368	107246009	15461558	16.85

3-2 山西省金融机构存、贷款指标

单位：万元

项目 \ 时间	1月	2月	3月	4月	5月
	余额	余额	余额	余额	余额
一、各项存款	88268775	89405012	92069578	92506532	93373473
1.企事业单位存款	22673463	22209279	23007206	22959133	23308951
(1)活期存款	17877382	17349875	18238992	18021684	18428802
(2)定期存款	4796081	4859403	4768214	4937449	4880149
2.储蓄存款	49249384	51291329	52481792	52178445	52036998
(1)活期储蓄	14875973	15662994	16174542	15915640	15764937
(2)定期储蓄	34373411	35628335	36307251	36262805	36272061
3.信托存款					
4.委托存款	339287	362111	387507	419546	418496
5.其他存款	16006641	15542293	16193072	16949408	17609027
二、各项贷款	50084623	51140548	51810217	52145564	52794618
1.短期贷款	23805642	24394764	24780432	25192139	25639748
2.中长期贷款	20660068	21067545	21408672	21458278	21726745
3.信托贷款	675	672	670	668	666
4.委托贷款	148368	147418	147312	147311	127512
5.其他贷款	583428	598250	684587	714500	698439
6.票据融资	4786950	4831235	4689232	4530695	4498362
7.各项垫款	99492	100664	99312	101973	103146

注：本表机构包括人民银行、政策性银行、国有商业银行、股份制商业银行、城市商业银行、农村合作银行、城市信用社、农村信用社、财务公司、信托公司、金融租赁公司、邮政储汇局。

3-2 山西省金融机构存、贷款指标

单位:万元

项目 \ 时间	6月	7月	8月	9月	10月
	余额	余额	余额	余额	余额
一、各项存款	94813007	95785442	97579274	98832081	99183203
1.企事业单位存款	23803605	24103074	25147700	25753042	26285922
(1)活期存款	19137979	18611513	19550201	20206808	20652300
(2)定期存款	4665626	5491561	5597499	5546234	5633622
2.储蓄存款	52647641	52987637	53080042	53200745	52604797
(1)活期储蓄	16230961	16456591	16593013	16658243	16235614
(2)定期储蓄	36416680	36531046	36487029	36542503	36369183
3.信托存款					
4.委托存款	346486	391616	409676	418695	461326
5.其他存款	18015275	18303115	18941856	19459598	19831158
二、各项贷款	53409106	53572204	54083348	55194363	55115264
1.短期贷款	26200555	26052525	26454553	26848522	26923960
2.中长期贷款	22070452	22195305	22381435	22765421	22858437
3.信托贷款	664	664	664	658	656
4.委托贷款	67330	67330	57922	67364	79264
5.其他贷款	698884	847540	873466	900777	929990
6.票据融资	4272859	4304297	4213923	4509010	4211513
7.各项垫款	98363	104543	101385	102611	111444

3-2 山西省金融机构存、贷款指标

单位:万元

项目 \ 时间	11 月	12 月		
	余额	余额	比年初增减额	比年初增长%
一、各项存款	100715104	101118753	14569379	16.83
1.企事业单位存款	26584094	26859311	4216801	18.62
(1)活期存款	21133277	21334087	3183822	17.54
(2)定期存款	5450817	5525224	1032979	22.99
2.储蓄存款	53546276	54622118	6177807	12.75
(1)活期储蓄	16823823	17220687	2734319	18.88
(2)定期储蓄	36722453	37401431	3443488	10.14
3.信托存款				
4.委托存款	503383	630250	307360	95.19
5.其他存款	20081351	19007074	3867410	25.54
二、各项贷款	55471180	55141771	6355150	13.03
1.短期贷款	27077806	26837310	3551261	15.25
2.中长期贷款	23196084	23298601	2887816	14.15
3.信托贷款	656	652	–25	–3.69
4.委托贷款	88078	86478	–60590	–41.20
5.其他贷款	916760	871913	297732	51.85
6.票据融资	4076571	3933378	–344035	–8.04
7.各项垫款	115225	113439	22992	25.42

3-3　山西省金融机构存、贷款时序表

单位：亿元

指标 项目 / 时间	各项存款			各项贷款		
	余额	比年初增减额	比同期增长%	余额	比年初增减额	比同期增长%
1月	8826.88	171.94	22.28	5008.46	129.80	13.95
2月	8940.50	285.56	21.06	5114.05	235.39	14.96
3月	9206.96	552.02	20.56	5181.02	302.36	13.48
4月	9250.65	595.72	18.68	5214.56	335.89	12.19
5月	9337.35	682.41	18.57	5279.46	400.80	12.52
6月	9481.30	826.36	18.18	5340.91	462.25	12.33
7月	9578.54	923.61	17.59	5357.22	478.56	12.63
8月	9757.93	1102.99	18.35	5408.33	529.67	11.76
9月	9883.21	1228.27	17.79	5519.44	640.77	13.41
10月	9918.32	1263.38	16.73	5511.53	632.86	13.91
11月	10071.51	1416.57	16.25	5547.12	668.46	14.14
12月	10111.88	1456.94	16.82	5514.18	635.51	13.03

3-4 山西省银行业金融机构贷款质量统计表

单位：万元

时间 项目	1月	2月	3月	4月	5月	6月
	余额	余额	余额	余额	余额	余额
正常贷款	41698972	42833585	43524412	43879186	44561238	45207191
正常类贷款	36554846	37624556	38013023	38397201	39032032	39512462
关注类贷款	5144126	5209029	5511388	5481985	5529207	5694729
不良贷款	8205411	8179818	8080883	8086039	8070345	8096731
次级类贷款	3148028	3117124	2948835	2852609	2867003	2824759
可疑类贷款	3560159	3570025	3640544	3712521	3680576	3519464
损失类贷款	1497224	1492670	1491504	1520908	1522765	1752508
贷款合计	49904383	51013403	51605295	51965225	52631583	53303922

3-4 山西省银行业金融机构贷款质量统计表

单位：万元

时间 项目	7月	8月	9月	10月	11月	12月
	余额	余额	余额	余额	余额	余额
正常贷款	45375398	45715720	46943655	46502151	46783240	46472826
正常类贷款	39577511	39867850	40930754	40496731	40702098	40217134
关注类贷款	5797887	5847870	6012901	6005420	6081142	6255692
不良贷款	8090614	8126550	8104373	8495750	8558877	8542828
次级类贷款	2833336	2810737	2740619	2821864	2756376	2746636
可疑类贷款	3488382	3546487	3581769	3800381	3879159	3857757
损失类贷款	1768896	1769326	1781985	1873505	1923341	1938435
贷款合计	53466011	53842269	55048028	54997901	55342117	55015654

注：本表机构包括政策性银行、国有商业银行、股份制商业银行、城市商业银行、农村合作银行、城市信用社、农村信用社、财务公司、信托公司、金融租赁公司。

3-4 山西省银行业金融机构贷款质量统计表

单位：%

项目 \ 时间	1月	2月	3月	4月	5月	6月
	比例	比例	比例	比例	比例	比例
正常贷款	83.56	83.97	84.34	84.44	84.67	84.81
正常类贷款	73.25	73.75	73.66	73.89	74.16	74.13
关注类贷款	10.31	10.21	10.68	10.55	10.51	10.68
不良贷款	16.44	16.03	15.66	15.56	15.33	15.19
次级类贷款	6.31	6.11	5.71	5.49	5.45	5.30
可疑类贷款	7.13	7.00	7.05	7.14	6.99	6.60
损失类贷款	3.00	2.93	2.89	2.93	2.89	3.29

3-4 山西省银行业金融机构贷款质量统计表

单位：%

项目 \ 时间	7月	8月	9月	10月	11月	12月
	比例	比例	比例	比例	比例	比例
正常贷款	84.87	84.91	85.28	84.55	84.53	84.47
正常类贷款	74.02	74.05	74.35	73.63	73.55	73.10
关注类贷款	10.84	10.86	10.92	10.92	10.99	11.37
不良贷款	15.13	15.09	14.72	15.45	15.47	15.53
次级类贷款	5.30	5.22	4.98	5.13	4.98	4.99
可疑类贷款	6.52	6.59	6.51	6.91	7.01	7.01
损失类贷款	3.31	3.29	3.24	3.41	3.48	3.52

3-5 山西省主要银行业机构资产减值情况表

单位：万元

项目	年初余额	当年提取准备金	运用准备金冲销资产	准备金转回	准备金的其他变化	期末余额
贷款损失准备金	449940	296055	2863	2230	-57079	691561
贷款损失一般准备金	152854	33170	8735	1	-10207	182105
贷款损失专项准备金	297086	262885	-5872	2229	-46872	509456
贷款损失特殊准备金						
其他资产减值准备金	119454	4838	-4532		656	117460
准备金合计	569393	300893	-1669	2230	-56422	809021

注：本表机构包括政策性银行、国有商业银行、股份制商业银行。

3-6 山西省主要银行业机构贷款按逾期时间分类表

单位：万元

时间 项目	上年末	一季度	二季度	三季度	四季度
	余额	余额	余额	余额	余额
各项贷款	36879865	38805641	39662494	40876004	41146556
未到期贷款	33844267	35540550	36574273	37812664	37845106
逾期类贷款	3035598	3265091	3088222	3063339	3301451
其中：逾期0到3个月贷款	464750	292075	409697	325012	326924
逾期3个月到6个月贷款	208689	208304	126252	170833	336549
逾期6个月到9个月贷款	87194	145704	175381	103859	138666
逾期9个月到1年贷款	64601	137391	110311	158914	83206
逾期1年以上贷款	2210365	2481617	2266581	2304722	2416106

注：本表机构包括政策性银行、国有商业银行、股份制商业银行。

3-7 山西省主要银行业机构非信贷资产情况表

单位：万元

项目	1季度 余额	1季度 其中：不良资产	1季度 预计损失	2季度 余额	2季度 其中：不良资产	2季度 预计损失
一、现金	525182			424857		
二、银行存款	34826			34075		
三、贵金属	224			77		
四、存放中央银行款项	838864	39	39	824888	19	19
五、存放同业款项	66801	1896	1403	71297	2296	2296
六、拆放同业	14203	14198	10533	14379	14378	13521
七、存放联行款项(轧差)	31034599	2808	2332	30910882	825	817
八、应收及预付款项	425677	113870	106853	824389	142983	129579
其中:应收利息	102295	13483	11620	107408	7954	7632
待处理案件纠纷垫款	83489	73164	71544	89104	86952	79728
九、短期投资	91290	60	14	35807	46	46
十、委托贷款及委托投资	348454	1012	849	378982	10849	10718
十一、买入返售证券	212585			441068		
十二、待处理流动资产损失	1497	1505	1300	1497	1505	1505
十三、长期投资	1042314	147407	90113	1102204	148934	89028
十四、固定资产净值	641058	23631	18714	594813	22923	20892
十五、固定资产清理	2109	64	55	5100	2507	2497
十六、在建工程	24538	3373	2310	26447	3373	2310
十七、待处理固定资产损失	2	2	2	58	58	58
十八、无形资产	81094	443	226	98672	550	329
十九、递延资产	77724	30547	21839	78642	48071	45811
二十、其他非信贷资产	1561530	41744	29697	966752	40980	28848
1.待处理抵债资产	44733	38227	26183	41686	37185	25052
2.应付福利费垫款	242	242	242	242	242	242
3.未弥补亏损						
4.待处理房改资产						
5.待清理自办实体资产						
6.待清理接收资产	3455	3111	3107	3452	3392	3392
(1)待清理城信社资产						
(2)待清理城信社资产与负债差额						
(3)待清理信托资产	30	13	13	30	30	30
(4)人行转来企业贷款本金						
(5)其他金融机构转来资产						
(6)其他待清理接收资产	3425	3097	3093	3422	3362	3362
7.其他非信贷资产	1513100	165	165	921372	161	162
非信贷资产合计	37024571	382599	286278	36834885	440298	348272

注：本表机构包括政策性银行、国有商业银行、股份制商业银行。

3-7 山西省主要银行业机构非信贷资产情况表

单位：万元

项目 \ 指标 \ 时间	3季度			4季度		
	余额	其中：不良资产	预计损失	余额	其中：不良资产	预计损失
一、现金	460420			372601		
二、银行存款	37212			10366		
三、贵金属	48			9817		
四、存放中央银行款项	829805			1587494		
五、存放同业款项	60320	2280	1970	36914	1937	1937
六、拆放同业	6308	6308	5961	6400	6409	5772
七、存放联行款项(轧差)	32343425	476	467	34154797	14	14
八、应收及预付款项	466351	132041	126725	284721	14200	12234
其中：应收利息	125028	706	493	132847	383	238
待处理案件纠纷垫款	89799	87176	83892	7238	5593	4255
九、短期投资	85248	46		71012	46	46
十、委托贷款及委托投资	439149	4855	4683	198575	2564	2431
十一、买入返售证券	846020			474240		
十二、待处理流动资产损失	1497	1505	1505	1	18	18
十三、长期投资	1205877	148924	89018	1222724	148541	88234
十四、固定资产净值	575906	5296	3594	634801	2988	1755
十五、固定资产清理	4362	269	260	3396	154	154
十六、在建工程	29761	3373	2310	28633	3373	2795
十七、待处理固定资产损失	58	58	58			
十八、无形资产	97523	450	275	96523	195	138
十九、递延资产	76784	47306	45093	32479	429	429
二十、其他非信贷资产	1366755	52261	39057	1133702	195259	181165
1.待处理抵债资产	39945	35299	25446	31634	25007	14800
2.应付福利费垫款		1518	1518			
3.未弥补亏损				153365	153365	153365
4.待处理房改资产	1518			1517	1517	1517
5.待清理自办实体资产						
6.待清理接收资产	15285	15276	11924	15359	15347	11459
(1)待清理城信社资产						
(2)待清理城信社资产与负债差额						
(3)待清理信托资产	30	30	30	39	39	39
(4)人行转来企业贷款本金						
(5)其他金融机构转来资产						
(6)其他待清理接收资产	15255	15246	11895	15321	15309	11421
7.其他非信贷资产	1172989	168	169	931826	23	24
非信贷资产合计	38932829	405449	320975	40359196	377420	297914

3-8 山西省主要银行业机构表外业务情况表

单位：万元

项目 \ 指标 \ 时间	1季度			2季度		
	余额	风险敞口	垫款期末余额	余额	风险敞口	垫款期末余额
一、担保类业务	5574187	2666338	74820	5541154	2697112	72923
1.开出银行承兑汇票	3998325	1275223	74820	4171368	1540816	72923
2.开出信用证	443270	331195		570443	424304	
3.保函	536281	478972		497827	445922	
4.债券发行担保						
其中:可转换债券担保						
5.其他担保类业务	596311	580948		301516	286069	
二、承诺类业务	10021122	10021072		7305417	7305417	
1.贷款承诺	5739014	5738964		3389255	3389255	
2.循环授信额度	2023044	2023044		1657098	1657098	
3.其他承诺类业务	2259064	2259064		2259064	2259064	
三、金融衍生类业务	24363	23349		359394	359225	
1.期权						
2.互换	18887	17873		38945	38776	
3.远期外汇	5476	5476		254009	254009	

3-8 山西省主要银行业机构表外业务情况表

单位：万元

项目 \ 指标 \ 时间	3季度			4季度		
	余额	风险敞口	垫款期末余额	余额	风险敞口	垫款期末余额
一、担保类业务	5333279	2393803	66504	5175183	2761227	82384
1.开出银行承兑汇票	3912070	1241878	66196	3463466	1325164	80857
2.开出信用证	643016	441700		577871	371378	
3.保函	466078	412263	308	488470	432904	1527
4.债券发行担保						
其中:可转换债券担保						
5.其他担保类业务	312115	297962		645376	631781	
二、承诺类业务	8274468	8274468		9057566	9057566	
1.贷款承诺	2975368	2975368		3317029	3317029	
2.循环授信额度	3000036	3000036		3262737	3262737	
3.其他承诺类业务	2299064	2299064		2477800	2477800	
三、金融衍生类业务	856038	855619		716352	716352	
1.期权		-207				
2.互换	8449	8237		3317	3317	
3.远期外汇	372009	372009		323645	323645	

注：本表机构包括政策性银行、国有商业银行、股份制商业银行。

3-9 山西省主要银行业机构贷款质量迁徙情况表

迁徙矩阵：

单位：%

项　目	正常类贷款	关注类贷款	次级类贷款	可疑类贷款	损失类贷款
正常类贷款	92.43	2.58	2.08	2.41	0.50
关注类贷款	2.48	80.28	7.92	6.98	2.34
次级类贷款	0.09	9.76	62.23	25.77	2.15
可疑类贷款	0.25	2.41	0.45	62.05	34.82
损失类贷款	0.03	0.01		0.08	99.88

3-9 山西省主要银行业机构贷款质量迁徙情况表

单位：万元

项　目	分 子	分 母	比例%
1.年初不良贷款率	3411432.5	36879851	9.25
2.期末不良贷款率	4363490.2	41146553	10.60
3.不良贷款率变动情况(1.-2.)	952057.69	4266701.4	1.35
4.贷款质量总体向上迁徙率	200944.83	23764187	0.85
5.贷款质量总体向下迁徙率	2423352.2	23764187	10.20
6.正常类贷款向下迁徙率	1373902.5	18159348	7.57
7.关注类贷款向下迁徙率	433449.21	2513837	17.24
8.次级类贷款向下迁徙率	311908.44	1117110.5	27.92
9.可疑类贷款向下迁徙率	304092.07	873336.05	34.82
10.当年新增贷款不良率	67071.5	17382485	0.39
11.当年新形成不良贷款率	1429173.7	39013202	3.66
12.贷款重组贡献度	93923.47	133789.62	70.20
13.不良贷款周转率	476996.03	3887461.4	12.27
14.不良贷款处置收现率	203620.51	291761.11	69.79
15.不良贷款处置以物抵债率	10069.29	291761.11	3.45
16.不良贷款处置核销率	47638.58	291761.11	16.33

注：本表机构包括政策性银行、国有商业银行、股份制商业银行。

3-10 山西省银行业金融机构部分行业贷款情况表

单位：万元

项目 \ 时间	1季度	2季度	3季度	4季度	
	余额	余额	余额	余额	比年初增减额
一、煤炭行业	6287934.95	6614682.35	7112444.32	7083500.13	1262717.91
二、焦炭行业	2682263.14	2549002.68	2593924.96	2489109.74	-60222.93
1.年产60万吨以上	2015526.11	1862254.51	1991929.59	1897737.02	43738.23
2.年产40-60万吨	331140.78	314686.65	252555.75	258090.33	-45221.80
3.年产20-40万吨	131572.50	163569.00	152540.00	145602.16	-42340.29
4.年产20万吨以下	204023.75	208492.52	196899.62	187680.23	-16399.07
三、冶金行业	5432994.44	5368047.07	4795894.97	5400379.62	593102.96
(1)普通钢	776727.31	848189.50	740061.90	921928.24	210588.62
(2)特种钢	2345471.40	2324759.38	1870752.78	2182636.57	99335.11
(3)生铁	594915.11	595354.56	557675.69	517273.01	-2515.34
(4)铁合金	99976.63	97132.40	113232.42	129741.99	46214.16
(5)电解铝	809172.00	809785.17	807733.00	771375.00	-30903.00
四、建材行业	454154.54	397487.03	421632.43	414433.06	-57418.20
(1)水泥	192905.07	175567.13	182889.97	167649.06	-20189.77
五、交通行业	4583041.18	4580144.42	4716543.70	4715500.62	183248.47
(1)公路	4413793.93	4389201.82	4296879.60	4387394.05	96209.51
(2)铁路	155544.40	176169.40	396072.90	283543.32	121714.92
六、化工行业	1736867.01	1832535.60	1938411.71	1897157.15	280359.01
(1)电石	175091.21	107690.55	40224.45	54969.86	19115.84
七、电力行业	5322989.77	5700737.88	5987585.66	6311774.79	1134592.57
八、房地产业	2406984.42	2236949.88	2298673.48	2326524.57	-74658.34
(1)房地产开发商贷款	518897.99	458745.96	454547.09	425820.12	-84531.87
(2)住房开发贷款	285288.78	329531.30	329713.60	318261.06	21754.98
(3)政府土地储备机构贷款	94027.80	127010.00	131100.00	120020.00	11589.20
(4)单位购置商业用房贷款	6639.00	3690.00	4292.00	2882.19	-1379.81
(5)个人购房贷款	1475919.27	1296496.62	1354598.79	1412082.18	-52285.36
九、医药制造业	245864.05	253757.14	258650.46	242088.46	1531.09
十、机械制造业	474328.12	537088.08	533822.46	537806.10	117578.62
合　计	29627421.62	30070432.13	30657584.15	31418274.24	3380831.15

注：本表机构包括政策性银行、国有商业银行、股份制商业银行、城市商业银行、农村合作银行、城市信用社、农村信用社、信托公司、金融租赁公司。

3-11 山西省银行业金融机构部分行业不良贷款情况表

单位:万元

项目 \ 指标 \ 时间	1季度		2季度	
	余额	比例%	余额	比例%
一、煤炭行业	361701.60	5.75	416824.86	6.30
二、焦炭行业	194148.76	7.24	241435.12	9.47
1.年产60万吨以上	29919.60	1.48	43878.00	2.36
2.年产40-60万吨	36151.95	10.92	29537.00	9.39
3.年产20-40万吨	26303.42	19.99	51779.50	31.66
4.年产20万吨以下	101773.79	49.88	116240.62	55.75
三、冶金行业	281085.95	5.17	314617.62	5.86
(1)普通钢	36857.02	4.75	37553.30	4.43
(2)特种钢	883.40	0.04	879.90	0.04
(3)生铁	177441.22	29.83	211300.46	35.49
(4)铁合金	17404.81	17.29	20972.90	21.59
(5)电解铝	24868.00	3.08	24868.00	3.07
四、建材行业	178664.29	39.34	179754.58	45.22
(1)水泥	81917.30	42.47	84555.13	48.16
五、交通行业	125565.07	2.74	119187.21	2.60
(1)公路	47783.72	1.08	42819.11	0.98
(2)铁路	76861.00	49.41	74106.40	42.07
六、化工行业	109337.86	6.30	115355.35	6.29
(1)电石	14649.23	8.37	15516.55	14.41
七、电力行业	55532.46	1.04	58420.23	1.02
八、房地产业	210198.33	8.73	180802.86	8.08
(1)房地产开发商贷款	96120.90	18.52	87678.46	19.11
(2)住房开发贷款	9681.86	3.39	7833.30	2.38
(3)政府土地储备机构贷款	2977.00	3.17		
(4)单位购置商业用房贷款	2766.00	41.66	276.00	7.48
(5)个人购房贷款	98077.57	6.65	84789.10	6.54
九、医药制造业	89614.42	36.45	91644.19	36.11
十、机械制造业	32247.95	6.80	54336.77	10.12
合计	1638096.69	5.53	1772378.79	5.89

注:本表机构包括政策性银行、国有商业银行、股份制商业银行、城市商业银行、农村合作银行、城市信用社、农村信用社、信托公司、金融租赁公司。

3-11 山西省银行业金融机构部分行业不良贷款情况表

单位：万元

指标 \ 时间 项目	3 季度		4 季度			
	余额	比例%	余额	比例%	余额比年初增减	比例比年初增减
一、煤炭行业	369248.87	5.19	386466.89	5.46	42580.80	-0.45
二、焦炭行业	231520.57	8.93	263018.04	10.57	69507.73	2.98
1.年产 60 万吨以上	47202.60	2.37	49726.60	2.62	22637.00	1.16
2.年产 40-60 万吨	19395.95	7.68	38232.95	14.81	16056.20	7.50
3.年产 20-40 万吨	43230.50	28.34	42784.16	29.38	1273.84	7.30
4.年产 20 万吨以下	121691.52	61.80	132274.33	70.48	29540.69	20.14
三、冶金行业	305929.54	6.38	360296.16	6.67	83197.85	0.91
(1)普通钢	34345.90	4.64	38493.64	4.18	4662.69	-0.58
(2)特种钢	930.90	0.05	455.48	0.02	-427.92	-0.02
(3)生铁	216725.83	38.86	227932.25	44.06	50450.50	9.92
(4)铁合金	17765.93	15.69	19787.99	15.25	2749.88	-4.95
(5)电解铝	14708.00	1.82	48533.00	6.29	24641.00	3.31
四、建材行业	184228.71	43.69	186443.24	44.99	3250.98	6.16
(1)水泥	83219.72	45.50	86758.51	51.75	4839.02	8.14
五、交通行业	117942.60	2.50	77398.01	1.64	-46122.79	-1.08
(1)公路	41682.00	0.97	69038.69	1.57	22977.68	0.50
(2)铁路	73943.90	18.67	6903.32	2.43	-69555.08	-44.81
六、化工行业	132665.61	6.84	160981.22	8.49	55329.07	1.95
(1)电石	14651.45	36.42	14447.60	26.28	764.90	-11.88
七、电力行业	63465.23	1.06	170429.89	2.70	115450.69	1.64
八、房地产业	281805.71	12.26	350436.98	15.06	138103.13	6.22
(1)房地产开发商贷款	109326.05	24.05	119534.34	28.07	11724.53	6.95
(2)住房开发贷款	12705.00	3.85	23004.06	7.23	14890.06	4.49
(3)政府土地储备机构贷款					-3688.50	-3.40
(4)单位购置商业用房贷款	166.00	3.87	150.00	5.20	-126.00	-1.27
(5)个人购房贷款	156707.66	11.57	195313.91	13.83	103149.37	7.54
九、医药制造业	101473.93	39.23	107523.41	44.41	25325.81	10.25
十、机械制造业	49312.59	9.24	64089.12	11.92	18843.91	1.15
合 计	1837593.36	5.99	2127082.95	6.77	505467.17	0.99

3-12 山西省银行业金融机构小企业贷款情况统计表

单位：万元

项目 \ 时间	1季度	2季度	3季度	4季度	
	余 额	余 额	余 额	余 额	比年初增减额
1.小企业授信户数	100614	153110	82017	88041	9511
2.小企业贷款额	9634473.37	10321010.72	8602718.20	4607978.92	-45549.77
2.1.1 其中：正常类贷款	4745635.27	5118320.68	4618136.94	1786086.45	104194.69
2.1.2 关注类贷款	1287631.36	1411218.48	886303.29	710846.17	70217.56
2.1.3 次级类贷款	1344875.51	1329255.38	861698.07	368104.73	-230213.02
2.1.4 可疑类贷款	1286015.29	1322893.30	1077901.84	834837.87	-140362.4
2.1.5 损失类贷款	970315.93	1139322.88	1158678.06	908103.70	150613.4
2.2 其中：本金逾期贷款	2293062.85	2462796.94	2174479.99	1500303.32	-77529.61
2.3 其中：重组贷款	102689.68	233583.99	204030.93	31952.70	-31104.22
3.小企业表外授信额	634169.75	687714.99	283258.94	91004.44	-59215.06
4.小企业表内外授信总额	10268643.12	11008725.71	8885977.14	4698983.36	-104764.83

注：本表机构包括政策性银行、国有商业银行、股份制商业银行、城市商业银行、农村合作银行、城市信用社、农村信用社、信托公司、金融租赁公司。

3-13 山西省主要银行业机构客户大额授信和零售贷款违约客户情况统计时序表

单位:个,亿元,%

项目 时间	客户大额授信统计				
	客户数	授信额度	贷款余额	不良贷款	不良占比
1月	837	3543.58	2542.71	33.33	1.31
2月	844	3753.32	2626.63	32.08	1.22
3月	832	3762.99	2640.15	35.44	1.34
4月	817	4082.47	2622.34	34.36	1.31
5月	775	4113.84	2692.93	36.23	1.34
6月	773	4132.24	2743.38	41.01	1.49
7月	771	4170.31	2706.94	40.17	1.48
8月	782	4460.91	2744.02	43.05	1.56
9月	792	4588.16	2824.67	47.06	1.66
10月	800	4644.99	2866.12	50.38	1.75
11月	790	4649.11	2906.42	50.24	1.72
12月	771	4656.42	2914.18	47.13	1.61

3-13 山西省主要银行业机构客户大额授信和零售贷款违约客户情况统计时序表

单位:个,亿元,%

项目 时间	客户大额授信统计			零售贷款违约统计	
	预警信息				
	客户数	贷款余额	不良贷款	法人违约数	个人违约数
1月	33	301.72	9.49	3632	24982
2月	31	394.76	5.47	3462	23714
3月	33	316.45	16.2	3477	21358
4月	33	310.25	16.2	3530	21174
5月	35	326.61	18.2	3811	22765
6月	35	279.58	17.83	3942	19385
7月	34	309.31	17.52	3978	19780
8月	31	250.25	17.51	3968	19578
9月	40	368.6	18.35	4376	19391
10月	41	366.7	18.21	4891	22256
11月	41	393.71	17.81	5024	22255
12月	40	414.89	8.88	4611	19567

注:1.由于统计制度的调整,从2007年1月起,大额授信情况统计起点由1亿元以上的大额客户降低至5000万元以上的大额客户,故2007年的大客户统计数据与以前年度数据不可比。

2.本表机构包括国家开发银行、国有商业银行、股份制商业银行。

3-14 山西省银行业金融机构案件信息统计表

单位:万元,件

项　　目	案　件	其中:百万元以上案件
	本年累计发生	本年累计发生
经济案件数量	8	7
其中:挪用	8	7
贪污	0	0
侵占	0	0
贿赂	0	0
经济案件涉案金额	7421.51	7411.51
其中:挪用	7421.51	7411.51
贪污	0	0
侵占	0	0
贿赂	0	0
经济案件风险金额	4652.51	4652.51
其中:挪用	4652.51	4652.51
贪污	0	0
侵占	0	0
贿赂	0	0
违规经营数量	5	3
其中:违反金融法规	5	3
违反财经纪律	0	0
破坏金融秩序	0	0
违规经营涉案金额	3565.5	3453
其中:违反金融法规	3565.5	3453
违反财经纪律	0	0
破坏金融秩序	0	0
违规经营风险金额	2045.5	1955
其中:违反金融法规	2045.5	1955
违反财经纪律	0	0
破坏金融秩序	0	0
诈骗案件数量	5	4
诈骗案件涉案金额	7668.27	7633
诈骗案件风险金额	4659	4659
抢劫案件数量	1	0
抢劫案件涉案金额	4.6	0
抢劫案件风险金额	0	0
盗窃案件数量	0	0
盗窃案件涉案金额	0	0
盗窃案件风险金额	0	
各类案件数量总计	19	14
各类案件涉案金额总计	18659.88	18497.51
各类案件风险金额总计	11357.01	11266.51

注:本表机构包括政策性银行、国有商业银行、股份制商业银行、城市商业银行、农村合作银行、城市信用社、农村信用社、信托公司、金融租赁公司、邮政储汇局。

3-15 山西省城市商业银行资本充足率汇总表

单位:亿元

指标名称 \ 时间	1季度 余额	2季度 余额	3季度 余额	4季度 余额	4季度 比年初增减
1.核心资本	21.46	22.60	22.71	28.22	10.70
1.1 实收资本	15.32	15.84	15.84	20.47	8.22
1.2 资本公积可计入部分	0.20	0.20	0.19	0.20	0.01
1.3 盈余公积及一般风险准备	4.12	4.12	4.12	4.24	0.70
1.4 未分配利润可计入部分	1.82	2.45	2.56	3.31	1.77
1.5 少数股权					
2.核心资本扣减项	2.10	1.88	1.78	1.64	-0.92
2.1 商誉					
2.2 对未并表银行机构资本投资的 50%					
2.3 对未并表非银行金融机构资本投资的 50%					
2.4 对非自用不动产投资的 50%					
2.5 对工商企业资本投资的 50%					
2.6 贷款损失准备尚未提足部分	2.10	1.88	1.91	1.64	-0.92
2.7 其他扣减项					
3.核心资本净额(1.-2.)	19.36	20.72	20.93	26.59	11.62
4.附属资本	1.73	2.60	2.87	2.96	1.45
4.1 重估储备可计入部分					
4.2 贷款(含拆放同业)损失一般准备	1.73	2.60	2.70	2.96	1.45
4.3 优先股					
4.4 可转换债券					
4.5 长期次级债务					
4.5.1 报告日距债务到期日在 4 年以上的部分债券面值 *100%					
4.5.2 报告日距债务到期日在 3-4 年的部分债券面值 *80%					
4.5.3 报告日距债务到期日在 2-3 年的部分债券面值 *60%					
4.5.4 报告日距债务到期日在 1-2 年的部分债券面值 *40%					
4.5.5 报告日距债务到期日在 0-1 年的部分债券面值 *20%					
4.6 长期次级债务的可计算价值(以核心资本净额的 50%为限)					
4.7 其他附属资本					
5.附属资本的可计算价值(以核心资本净额的 100%为限)	1.73	2.60	2.87	2.96	1.45
6.扣减项	2.13	1.92	1.81	1.64	-0.92
6.1 商誉					
6.2 对未并表银行机构的资本投资					
6.3 对未并表非银行金融机构的资本投资					
6.4 对非自用不动产的投资					
6.5 对工商企业的资本投资					
6.6 贷款损失准备尚未提足部分	2.10	1.88	1.78	1.64	-0.92
6.7 其他扣减项	0.03	0.03	0.03		
7.资本净额(1.+5.-6.)	21.06	23.29	21.79	29.55	13.07
8.加权风险资产	260.57	276.68	280.12	277.16	61.82
8.1 表内加权风险资产	232.69	248.72	253.69	254.92	64.39
8.2 表外加权风险资产	27.88	27.96	26.42	22.24	-2.57
9.市场风险资本(交易账户总头寸高于表内外总资产的 10%或超过 85 亿人民币的商业银行填报本项)					
10.核心资本充足率%(3./(8.+9.*12.5))	7.43	7.49	7.47	9.59	2.64
11.资本充足率%(7./(8.+9.*12.5))	9.05	8.40	7.78	10.66	3.01

注:本表机构包括太原市商业银行、大同市商业银行、长治市商业银行、晋城市商业银行、晋中市商业银行、阳泉市商业银行。

3-16 资产管理公司资产处置情况表

单位:万元

项目＼机构名称	汇总	华融	长城	东方	信达
收购不良资产原值(1)	4375405	962608	796663	358923	2257211
政策性债转股余额(2)	1567577	87449	4811	21910	1453408
累计处置(3)=(6)+(8)+(9)	2485921	890979	788396	195459	611087
累计回收(4)=(5)+(8)	598162	146760	54355	30419	366629
现金回收(5)=(6)+(7)	552602	107802	54355	28846	361599
收购资产回收现金(6)	494297	107255	54355	28384	304303
表外息等回收现金(7)	58304	547		462	57296
非现金回收(8)	45561	38958		1574	5030
累计损失(9)	1946063	744766	734041	165502	301755
阶段处置进度%(10)=(3)/(1-2)	88.54	1.02	99.56	58.00	76.02
终极处置进度%(11)=(6+9)/(1-2)	86.91	97.36	99.56	57.53	75.40
资产收回率%(12)=(4)/(3)	24.06	16.47	6.89	15.56	60.00
现金回收率%(13)=(5)/(3)	22.23	12.10	6.89	14.76	59.17

4

分机构数据

Data of the agencies

4-1 山西省银行业分机构资产总计表

单位:亿元

机构 \ 时间	1月	2月	3月	4月	5月	6月
	余额	余额	余额	余额	余额	余额
金融机构	9390.41	9536.66	9854.03	9850.21	9932.14	10112.72
国家开发银行	557.39	566.31	569.50	571.06	577.74	588.37
农业发展银行	203.22	204.58	211.91	219.47	221.49	218.36
工商银行	1958.25	1958.85	1994.28	1993.80	2025.26	2020.96
农业银行	1368.57	1387.53	1448.99	1420.75	1451.54	1495.07
中国银行	921.99	947.32	982.77	960.43	955.54	958.53
建设银行	1045.96	1067.16	1081.05	1079.77	1076.77	1083.21
交通银行	183.32	182.13	184.89	186.08	180.69	199.36
中信银行	—	—	—	—	—	—
光大银行	199.33	207.94	207.72	207.93	203.39	220.71
华夏银行	199.71	201.88	208.20	208.24	199.74	211.73
招商银行	23.40	20.80	25.81	26.95	27.27	25.82
上海浦东发展银行	119.34	125.63	131.17	144.52	140.75	138.53
兴业银行	79.86	70.29	73.59	85.85	88.39	88.63
民生银行	302.54	303.95	318.76	321.16	310.13	313.44
太原市商业银行	171.59	164.89	201.13	188.94	206.70	200.16
大同市商业银行	93.55	93.88	93.71	93.79	96.13	99.38
长治市商业银行	83.17	83.40	86.52	84.48	85.66	85.00
晋城市商业银行	48.13	49.37	50.83	52.82	51.86	54.13
晋中市商业银行	—	—	—	—	—	—
阳泉市商业银行	—	—	—	—	—	—
城市信用社	52.60	55.87	58.67	59.23	65.37	66.62
农村信用社	1653.30	1702.21	1778.67	1806.57	1841.80	1889.58
潞安财务公司	—	—	—	—	—	—
信托公司	46.95	46.31	40.22	32.11	32.56	34.27
金融租赁公司	21.13	21.26	20.98	20.95	19.75	13.77

注:本表"金融机构"不含金融资产管理公司和人民银行的数据。

4-1 山西省银行业分机构资产总计表

单位：亿元

机构 \ 时间	7月	8月	9月	10月	11月	12月	
	余额	余额	余额	余额	余额	余额	同比增长%
金融机构	10127.90	10295.81	10448.66	10449.27	10646.44	10724.60	16.85
国家开发银行	593.31	594.80	614.20	623.69	636.48	635.35	13.96
农业发展银行	216.38	216.41	233.57	231.63	229.03	231.45	13.55
工商银行	2045.39	2125.02	2109.33	2167.54	2189.52	2129.78	19.60
农业银行	1490.54	1485.69	1504.54	1489.68	1482.82	1514.45	12.46
中国银行	961.00	970.53	961.14	967.67	967.79	913.77	-0.21
建设银行	1093.99	1140.42	1130.71	1137.43	1174.75	1154.47	12.51
交通银行	196.71	199.39	218.41	216.41	234.10	217.37	15.36
中信银行	—	—	31.41	26.40	31.16	31.27	
光大银行	208.16	224.72	219.97	214.90	227.89	242.75	15.48
华夏银行	203.95	208.87	206.86	191.18	194.95	245.65	21.61
招商银行	23.28	23.54	23.51	23.06	25.10	31.23	25.42
上海浦东发展银行	143.55	151.05	158.07	159.00	167.09	190.46	49.23
兴业银行	90.89	95.61	92.02	99.37	104.08	133.33	59.59
民生银行	295.53	325.09	352.44	342.35	370.99	382.70	21.16
太原市商业银行	203.65	186.69	201.63	194.01	197.11	200.80	9.24
大同市商业银行	103.08	98.37	99.37	104.59	111.20	115.09	3.98
长治市商业银行	84.27	83.04	80.96	81.11	85.43	88.67	-21.98
晋城市商业银行	56.96	53.53	59.85	57.55	59.42	66.03	25.45
晋中市商业银行	—	35.89	36.12	36.05	35.45	38.94	—
阳泉市商业银行	—	—	28.93	29.18	28.24	31.66	—
城市信用社	67.25	29.09	—	—	—	—	—
农村信用社	1908.11	1914.05	1944.86	1937.43	1964.98	1986.48	27.66
潞安财务公司	—	—	16.20	21.26	30.72	33.75	—
信托公司	19.15	19.47	19.60	19.31	19.28	14.20	-64.66
金融租赁公司	13.23	13.23	13.86	15.70	15.81	14.82	-39.31

4-2 山西省银行业分机构负债总计表

单位：亿元

时间 机构	1月	2月	3月	4月	5月	6月
	余额	余额	余额	余额	余额	余额
金融机构	9228.07	9385.75	9686.45	9674.38	9767.78	9936.86
国家开发银行	546.04	553.54	555.94	556.46	572.36	582.17
农业发展银行	198.51	199.53	207.86	215.10	216.37	213.26
工商银行	1941.32	1958.56	1990.02	1989.05	2019.10	2009.32
农业银行	1369.75	1390.00	1446.75	1419.30	1451.21	1490.31
中国银行	920.69	945.70	980.48	957.95	953.89	958.44
建设银行	1043.85	1064.17	1076.63	1073.67	1074.51	1082.68
交通银行	181.02	181.50	184.37	185.31	179.50	198.13
中信银行	—	—	—	—	—	—
光大银行	198.89	207.12	206.83	206.71	201.79	219.05
华夏银行	197.69	199.40	205.77	205.77	198.55	210.83
招商银行	23.36	20.75	25.78	26.92	27.22	25.85
上海浦东发展银行	119.28	125.47	130.21	143.51	139.62	136.51
兴业银行	79.70	69.92	73.34	85.47	87.81	87.87
民生银行	298.03	298.99	313.44	315.32	307.86	310.93
太原市商业银行	162.47	155.36	191.48	179.25	196.75	191.16
大同市商业银行	91.49	91.69	91.76	91.76	93.92	97.38
长治市商业银行	78.53	78.44	81.98	80.02	80.93	80.17
晋城市商业银行	45.66	47.01	48.48	50.39	49.28	51.67
晋中市商业银行	—	—	—	—	—	—
阳泉市商业银行	—	—	—	—	—	—
城市信用社	49.20	52.27	54.90	55.32	60.78	62.05
农村信用社	1577.30	1623.79	1694.79	1719.29	1751.14	1794.73
潞安财务公司	—	—	—	—	—	—
信托公司	32.53	31.64	25.51	17.09	17.36	18.98
金融租赁公司	15.67	15.80	15.48	15.45	14.25	8.26

注：本表"金融机构"不含金融资产管理公司和人民银行的数据。

4-2 山西省银行业分机构负债总计表

单位：亿元

机构 \ 时间	7月	8月	9月	10月	11月	12月	
	余额	余额	余额	余额	余额	余额	同比增长%
金融机构	9943.36	10103.32	10240.01	10235.55	10442.37	10552.27	16.70
国家开发银行	585.95	586.35	605.00	613.30	624.95	623.03	13.84
农业发展银行	211.16	210.66	228.05	225.16	224.07	226.14	13.39
工商银行	2033.22	2112.85	2094.39	2152.26	2173.10	2106.66	19.40
农业银行	1487.35	1483.49	1496.98	1482.39	1485.00	1529.79	12.54
中国银行	960.62	973.71	965.38	971.79	978.33	927.90	0.45
建设银行	1090.85	1133.45	1122.06	1135.63	1171.56	1157.21	12.68
交通银行	195.18	197.46	612.25	214.12	231.40	216.18	15.99
中信银行	—	—	31.44	26.39	31.19	31.30	—
光大银行	206.04	222.34	217.23	211.80	224.08	240.20	15.45
华夏银行	202.61	207.02	205.33	189.09	192.31	243.30	21.47
招商银行	23.28	23.49	23.47	22.98	25.02	31.20	24.22
上海浦东发展银行	141.50	148.95	154.85	155.72	163.65	186.06	48.99
兴业银行	89.93	93.51	90.74	97.87	102.47	130.28	57.02
民生银行	292.33	321.39	348.57	337.87	365.90	377.22	20.93
太原市商业银行	194.39	177.17	192.21	184.10	186.36	191.59	9.52
大同市商业银行	100.92	96.11	97.36	98.25	104.72	108.69	-0.04
长治市商业银行	79.30	77.76	76.29	76.14	79.80	83.84	-23.30
晋城市商业银行	54.37	50.80	57.15	54.67	56.33	63.12	25.67
晋中市商业银行	—	33.81	34.00	33.94	33.32	36.61	—
阳泉市商业银行	—	—	26.36	26.46	25.35	28.70	—
城市信用社	62.56	26.40	—	—	—	—	—
农村信用社	1810.95	1812.96	1840.34	1831.07	1859.12	1889.97	27.47
潞安财务公司	—	—	13.04	18.06	27.50	30.52	—
信托公司	81.61	3.64	3.87	3.56	3.54	3.42	-86.80
金融租赁公司	7.72	7.72	8.30	10.14	10.24	9.23	-51.29

4-3 山西省银行业分机构利润表

单位：亿元

机构 \ 时间	1月	2月	3月	4月	5月	6月
	余额	余额	余额	余额	余额	余额
金融机构	10.47	19.35	36.08	44.70	53.96	68.70
国家开发银行	1.10	2.52	3.31	4.35	5.38	6.19
农业发展银行	0.32	0.65	–0.35	–0.03	0.72	0.69
工商银行	0.56	1.45	5.45	5.92	7.34	14.44
农业银行	–1.30	–2.47	2.23	1.46	0.34	4.77
中国银行	1.31	2.07	2.93	3.79	3.49	2.31
建设银行	1.78	2.99	4.42	6.08	7.63	5.94
交通银行	0.25	0.63	0.80	1.05	1.47	1.83
中信银行	—	—	—	—	—	—
光大银行	0.44	0.82	0.89	1.36	1.75	1.79
华夏银行	0.45	0.91	1.08	1.17	1.61	1.68
招商银行	0.04	0.05	0.04	0.05	0.08	–0.01
上海浦东发展银行	0.06	0.16	0.95	1.02	1.14	2.03
兴业银行	0.16	0.37	0.25	0.39	0.58	0.75
民生银行	0.57	1.03	1.39	1.90	2.26	2.51
太原市商业银行	0.24	0.65	0.77	0.26	0.52	0.33
大同市商业银行	0.11	0.24	0.00	0.08	0.27	0.06
长治市商业银行	0.33	0.66	0.66	0.92	1.19	1.29
晋城市商业银行	0.06	0.15	0.20	0.28	0.43	0.36
晋中市商业银行	—	—	—	—	—	—
阳泉市商业银行	—	—	—	—	—	—
城市信用社	0.13	0.33	0.27	0.45	0.65	0.69
农村信用社	3.77	5.78	10.14	13.23	15.96	19.62
潞安财务公司	—	—	—	—	—	—
信托公司	0.10	0.37	0.61	0.92	1.12	1.38
金融租赁公司	—	–0.01	0.05	0.05	0.04	0.05

4-3 山西省银行业分机构利润表

单位:亿元

机构 \ 时间	7月	8月	9月	10月	11月	12月	
	余额	余额	余额	余额	余额	余额	同比增减额
金融机构	78.88	86.41	100.57	110.54	104.58	84.59	7.77
国家开发银行	7.36	8.45	9.20	10.39	11.52	12.32	2.07
农业发展银行	0.82	1.35	1.12	2.07	2.76	3.16	0.91
工商银行	14.97	14.97	17.78	18.12	19.26	23.20	5.67
农业银行	3.21	2.21	7.57	6.81	-2.66	-7.26	-12.97
中国银行	3.23	0.13	-0.66	0.24	-5.79	-8.54	-4.32
建设银行	9.11	12.93	14.61	16.40	17.80	11.87	0.93
交通银行	2.12	2.53	2.90	3.24	3.64	1.68	-1.31
中信银行	—	—	-0.02	0.04	-0.01	0.02	0.02
光大银行	2.25	2.52	2.88	3.24	3.97	4.27	1.03
华夏银行	2.18	2.69	2.71	3.28	3.82	3.77	1.24
招商银行	0.03	0.07	0.06	0.12	0.13	0.06	0.27
上海浦东发展银行	2.04	2.10	3.22	3.28	3.45	4.40	1.65
兴业银行	0.96	1.14	1.28	1.50	1.61	1.52	0.95
民生银行	3.20	3.70	3.87	4.47	5.09	5.48	1.55
太原市商业银行	0.26	0.52	0.75	0.49	1.33	1.10	0.77
大同市商业银行	0.22	0.32	0.07	0.40	0.54	0.46	0.45
长治市商业银行	1.56	1.87	1.28	1.58	2.24	1.59	0.29
晋城市商业银行	0.48	0.26	0.51	0.18	0.39	0.99	0.45
晋中市商业银行	—	0.46	0.41	0.55	0.57	0.48	0.48
阳泉市商业银行	—	—	—	0.56	0.70	0.71	0.71
城市信用社	0.90	0.51	—	—	—	—	—
农村信用社	22.27	25.70	28.89	31.34	31.95	20.90	6.73
潞安财务公司	—	—	—	0.04	0.06	0.11	0.11
信托公司	1.65	1.92	2.05	2.08	2.08	2.14	0.94
金融租赁公司	0.06	0.05	0.12	0.12	0.13	0.18	0.01

4-4 山西省银行业分机构各项存款情况表

单位：亿元

时间 机构	1月	2月	3月	4月	5月	6月	7月
	余额	余额	余额	余额	余额	余额	余额
金融机构	8826.88	8940.50	9206.96	9250.65	9337.35	9481.30	9578.54
政策性银行	88.11	84.63	80.15	78.46	80.12	97.56	96.25
国家开发银行	66.94	64.66	58.72	55.18	57.73	75.11	73.78
农业发展银行	21.17	19.97	21.43	23.27	22.39	22.45	22.47
国有商业银行	4879.44	4922.88	5054.58	5011.92	5046.21	5070.86	5131.46
工商银行	1773.75	1791.34	1813.10	1814.66	1833.48	1825.10	1865.90
农业银行	1246.23	1229.53	1289.20	1276.57	1296.66	1332.51	1334.85
中国银行	883.50	905.50	942.34	915.26	906.68	914.55	916.58
建设银行	975.95	996.51	1009.94	1005.43	1009.39	998.70	1014.13
股份制商业银行	981.84	988.00	1004.66	1023.94	1001.13	1060.52	1016.58
交通银行	173.80	174.12	177.19	177.05	172.08	189.76	186.04
中信银行	—	—	—	—	—	—	—
光大银行	176.71	182.77	178.04	172.44	167.10	185.20	167.82
华夏银行	183.78	185.19	187.21	192.10	191.94	200.59	194.40
招商银行	12.49	10.21	12.95	13.20	9.21	9.00	10.13
上海浦东发展银行	109.94	115.46	119.52	131.60	128.12	128.50	128.59
兴业银行	61.87	57.21	58.24	67.66	67.81	71.94	70.50
民生银行	263.26	263.04	271.51	269.90	264.87	275.54	259.10
城市商业银行	340.35	338.81	341.91	345.06	343.81	350.40	355.61
太原市商业银行	139.89	139.13	138.61	143.05	140.37	145.24	149.29
大同市商业银行	86.03	86.36	86.34	86.50	88.17	91.49	94.96
长治市商业银行	70.97	70.70	73.23	71.25	71.53	70.19	69.51
晋城市商业银行	43.46	42.62	43.73	44.26	43.74	43.48	41.85
晋中市商业银行	—	—	—	—	—	—	—
阳泉市商业银行	—	—	—	—	—	—	—
城市信用社	45.96	49.25	51.78	51.66	52.77	53.83	54.60
农村信用社	1426.56	1467.04	1535.55	1553.75	1575.09	1611.95	1617.55
潞安财务公司	—	—	—	—	—	—	—
信托公司							
金融租赁公司	15.53	15.66	15.24	15.31	14.09	7.41	7.58
邮政储汇局	715.55	743.79	765.07	763.06	766.31	772.49	778.65

4-4 山西省银行业分机构各项存款情况表

单位：亿元

机构＼时间	8月	9月	10月	11月	12月		
	余额	余额	余额	余额	余额	比年初增减额	比年初增长%
金融机构	9757.93	9883.21	9918.32	10071.51	10111.88	1456.94	16.83
政策性银行	85.72	115.36	105.36	102.74	107.73	8.40	8.46
国家开发银行	59.45	68.29	67.50	71.93	72.25	-3.76	-4.94
农业发展银行	26.27	47.08	37.86	30.81	35.49	12.16	52.13
国有商业银行	5217.84	5223.69	5265.78	5342.08	5329.43	568.29	11.94
工商银行	1907.88	1900.42	1940.80	1962.91	1938.99	259.74	15.47
农业银行	1345.95	1378.41	1371.10	1397.32	1443.52	211.77	17.19
中国银行	925.97	920.18	926.16	928.08	887.76	-3.69	-0.41
建设银行	1038.04	1024.69	1027.72	1053.77	1059.16	100.48	10.48
股份制商业银行	1094.31	1124.56	1076.45	1126.18	1210.89	185.49	18.09
交通银行	187.55	208.42	204.03	220.02	208.36	30.59	17.21
中信银行	19.57	21.83	22.98	26.77	28.10	28.10	—
光大银行	181.66	175.37	165.37	175.12	183.57	-5.45	-2.88
华夏银行	198.63	195.67	178.80	177.61	206.85	21.69	11.71
招商银行	8.94	10.51	9.79	12.70	26.78	14.23	113.39
上海浦东发展银行	135.88	143.84	144.81	145.44	165.89	50.02	43.17
兴业银行	75.48	74.12	77.67	75.90	87.96	21.43	32.21
民生银行	286.60	294.81	273.00	292.63	303.37	24.88	8.94
城市商业银行	383.54	406.26	401.98	415.98	441.20	97.45	28.35
太原市商业银行	151.35	149.08	143.71	149.24	149.06	12.71	9.32
大同市商业银行	90.08	90.32	91.62	97.94	103.44	15.16	17.18
长治市商业银行	68.08	66.76	66.60	68.92	71.62	-0.43	-0.60
晋城市商业银行	42.49	43.68	43.61	44.63	56.06	8.97	19.06
晋中市商业银行	31.54	32.02	32.02	31.38	34.67	34.67	—
阳泉市商业银行	—	24.40	24.41	23.86	26.37	26.37	—
城市信用社	24.55	—	—	—	—	—	—
农村信用社	1622.31	1644.00	1643.61	1658.76	1661.83	294.10	21.50
潞安财务公司	—	13.05	18.05	27.47	30.45	30.45	—
信托公司							
金融租赁公司	7.58	8.06	9.99	10.12	9.08	-9.59	-51.37
邮政储汇局	781.11	775.12	770.62	776.99	798.21	87.63	12.33

4-5 山西省银行业分机构各项贷款情况表

单位：亿元

机构 \ 时间	1月	2月	3月	4月	5月	6月	7月
	余额	余额	余额	余额	余额	余额	余额
金融机构	5008.46	5114.05	5181.02	5214.57	5279.46	5340.91	5357.22
政策性银行	743.13	749.85	762.05	770.34	771.42	786.12	790.55
国家开发银行	544.61	549.99	555.70	555.46	555.98	573.08	579.85
农业发展银行	198.52	199.86	206.35	214.88	215.44	213.04	210.70
国有商业银行	2341.67	2386.51	2373.07	2377.52	2404.04	2396.47	2402.87
工商银行	749.53	756.04	748.45	751.07	754.28	755.11	764.20
农业银行	608.58	615.12	603.05	608.79	626.06	626.63	622.03
中国银行	473.65	495.80	491.53	483.78	483.32	472.42	472.44
建设银行	509.91	519.55	530.04	533.87	540.38	542.32	544.20
股份制商业银行	693.17	722.09	745.46	749.75	752.15	783.64	778.39
交通银行	104.09	103.15	111.02	108.08	113.52	116.22	116.33
中信银行	—	—	—	—	—	—	—
光大银行	118.92	119.78	120.59	117.87	120.96	131.85	134.30
华夏银行	124.04	129.61	117.33	115.40	119.58	117.60	112.94
招商银行	23.45	21.11	26.00	27.38	24.60	24.48	23.75
上海浦东发展银行	93.29	94.55	104.13	107.58	106.68	106.69	107.67
兴业银行	41.44	57.47	58.68	60.36	59.73	59.95	59.09
民生银行	187.94	196.42	207.71	213.07	207.07	226.85	224.31
城市商业银行	211.45	210.45	229.34	224.53	231.21	236.61	232.75
太原市商业银行	86.10	85.31	98.22	98.34	102.64	104.89	102.33
大同市商业银行	42.25	40.35	45.58	45.15	49.49	52.03	51.81
长治市商业银行	54.02	55.83	54.60	50.46	47.94	47.84	47.82
晋城市商业银行	29.08	28.96	30.94	30.58	31.14	31.85	30.79
晋中市商业银行	—	—	—	—	—	—	—
阳泉市商业银行	—	—	—	—	—	—	—
城市信用社	31.89	32.84	34.24	33.99	36.68	36.99	36.73
农村信用社	962.76	988.00	1012.73	1035.58	1063.22	1086.86	1101.57
潞安财务公司	—	—	—	—	—	—	—
信托公司	5.47	5.47	5.32	4.05	3.70	2.97	2.96
金融租赁公司	18.93	18.84	18.81	18.80	16.80	10.76	10.74
邮政储汇局	—	—	—	—	0.23	0.49	0.66

4-5 山西省银行业分机构各项贷款情况表

单位：亿元

机构 \ 时间	8月	9月	10月	11月	12月		
	余额	余额	余额	余额	余额	比年初增减额	比年初增长%
金融机构	5408.34	5519.44	5511.53	5547.12	5514.18	635.51	13.03
政策性银行	789.18	826.32	825.24	827.49	830.72	91.51	12.38
国家开发银行	578.24	598.27	598.93	604.22	604.36	63.27	11.69
农业发展银行	210.94	228.05	226.32	223.26	226.36	28.24	14.26
国有商业银行	2432.99	2453.63	2456.95	2464.57	2453.70	179.84	7.91
工商银行	769.42	777.19	780.13	786.60	784.79	70.61	9.89
农业银行	638.38	633.37	628.34	628.98	636.66	54.66	9.39
中国银行	472.82	487.84	496.37	496.36	480.26	19.17	4.16
建设银行	552.37	555.22	552.11	552.63	551.99	35.41	6.85
股份制商业银行	795.51	807.80	797.59	819.60	830.24	155.30	23.01
交通银行	118.01	118.09	117.91	117.62	118.32	16.58	16.30
中信银行	14.29	18.20	19.67	30.79	19.98	19.98	—
光大银行	126.24	124.80	124.37	126.51	126.97	16.98	15.44
华夏银行	124.74	131.79	126.48	127.13	132.79	6.28	4.97
招商银行	23.94	23.75	23.38	25.58	30.98	9.54	44.48
上海浦东发展银行	105.11	106.22	106.40	109.73	113.05	18.26	19.27
兴业银行	59.58	61.23	62.25	63.75	63.66	19.70	44.82
民生银行	223.60	223.72	217.13	218.48	224.51	47.97	27.17
城市商业银行	250.23	280.84	274.94	275.05	276.20	71.33	34.82
太原市商业银行	101.73	109.74	105.44	103.62	104.77	21.89	26.42
大同市商业银行	52.12	53.62	53.26	55.03	54.18	11.14	25.90
长治市商业银行	49.43	50.55	50.55	49.67	49.47	-0.37	-0.75
晋城市商业银行	30.77	31.10	29.83	31.15	31.49	2.38	8.16
晋中市商业银行	16.18	17.16	17.03	17.00	17.01	17.01	—
阳泉市商业银行	—	18.67	18.82	18.56	19.28	19.28	—
城市信用社	18.54	—	—	—	—	—	—
农村信用社	1108.33	1132.67	1132.55	1134.31	1098.97	167.52	17.99
潞安财务公司	—	3.76	8.61	9.56	9.56	9.56	—
信托公司	2.96	2.84	2.83	2.81	1.30	-3.99	-75.40
金融租赁公司	9.80	10.74	11.91	12.83	12.64	-6.17	-32.80
邮政储汇局	0.80	0.84	0.91	0.91	0.85	0.85	—

4-6 山西省银行业分机构不良贷款情况表

单位：万元

机构 \ 时间	1月	2月	3月	4月	5月	6月	7月
	余额	余额	余额	余额	余额	余额	余额
国有商业银行	2376314	2367045	2375541	2502666	2591003	2729901	2769460
工商银行	188387	185575	181544	179926	179496	176140	180822
农业银行	1526363	1518795	1521048	1648887	1652457	1720407	1733490
中国银行	407840	411432	414763	415549	486484	557948	581681
建设银行	253724	251243	258186	258304	272566	275406	273467
政策性银行	843531	843537	844577	844756	820860	817971	821524
国家开发银行	92875	92875	93375	93375	92875	90875	90875
农业发展银行	750656	750662	751202	751381	727985	727096	730649
股份制商业银行	173321	174095	180377	183285	186664	201228	202435
交通银行	49090	49135	48349	48303	48182	54627	54588
中信银行	—	—	—	—	—	—	—
光大银行	85822	86561	89441	88998	92606	97157	98820
华夏银行	13102	13092	17282	20722	20637	20569	20559
招商银行	0	0	0	0	0	0	0
上海浦东发展银行	0	0	0	0	0	0	0
兴业银行	2650	2650	2650	2650	2650	2650	2650
民生银行	22657	22657	22655	22612	22590	26226	25818
主要银行合计	3393165	3384676	3400494	3530706	3598527	3749100	3793419
城市商业银行	113420	113863	108349	106788	105402	105755	108799
太原市商业银行	47210	47182	41206	39760	38498	38844	38331
大同市商业银行	45710	46199	46110	46206	45933	45704	45482
长治市商业银行	10618	10606	11607	11406	11557	11408	15188
晋城市商业银行	9882	9877	9426	9415	9413	9798	9798
晋中市商业银行	—	—	—	—	—	—	—
阳泉市商业银行	—	—	—	—	—	—	—
城市信用社	23322	23321	23220	22136	23555	21886	21788
农村信用社	4479244	4647688	4536831	4414564	4331016	4208159	4154869
农村合作银行	—	—	—	—	—	—	—
信托公司	5385	5385	5385	5385	5385	5385	5293
金融租赁公司	4896	4886	6460	6460	6460	6446	6446
法人机构合计	4626267	4795143	4680245	4555332	4471818	4347631	4297195

注：本表不良贷款均为贷款质量五级分类。

4-6 山西省银行业分机构不良贷款情况表

单位:万元

机构 \ 时间	8月	9月	10月	11月	12月	
	余额	余额	余额	余额	余额	比年初增减额
国有商业银行	2911128	2921177	3324322	3389866	3454806	1061431
工商银行	179407	171153	171074	153399	141677	-56108
农业银行	1798571	1814676	2201433	2221239	2251767	721822
中国银行	667893	680151	696291	769137	827836	417925
建设银行	265257	255198	255524	246092	233525	-22209
政策性银行	820719	819274	827808	828160	745210	-101031
国家开发银行	92265	92265	91905	91305	19205	-73670
农业发展银行	728454	727009	735903	736855	726005	-27361
股份制商业银行	203318	178360	178615	175741	163472	-8337
交通银行	54528	54406	54295	53491	43967	-5194
中信银行	0	0	0	0	0	0
光大银行	99959	96253	96621	94632	93863	6999
华夏银行	20548	19620	19620	19556	17670	4558
招商银行	0	0	0	0	0	0
上海浦东发展银行	124	124	124	124	0	0
兴业银行	2650	2650	2650	2650	2650	2650
民生银行	25509	5306	5304	5287	5322	-17350
主要银行合计	3935165	3918810	4330744	4393767	4363487	952063
城市商业银行	109801	132090	138305	136336	115495	-2052
太原市商业银行	37310	37991	44273	45080	37226	-17959
大同市商业银行	46946	45408	45366	45310	32730	-9121
长治市商业银行	15927	19977	19977	17258	19273	8647
晋城市商业银行	9618	6959	6959	6958	7132	-2753
晋中市商业银行	—	13957	13932	13932	11838	—
阳泉市商业银行	—	7798	7798	7798	7297	—
城市信用社	21762	—	4010474	—	—	—
农村信用社	4045397	4037245	3994216	3996327	4036456	-649945
农村合作银行	—	—	16258	16240	16218	—
信托公司	5293	9782	9782	9782	4747	-638
金融租赁公司	6446	6446	6446	6425	6425	1527
法人机构合计	4188699	4185563	4165007	4165110	4179342	-651108

4–6 山西省银行业分机构不良贷款情况表

单位：%

机构 \ 时间	1月	2月	3月	4月	5月	6月	7月
	比例	比例	比例	比例	比例	比例	比例
国有商业银行	10.15	9.92	10.01	10.53	10.78	11.39	11.53
工商银行	2.51	2.45	2.43	2.40	2.38	2.33	2.37
农业银行	25.08	24.69	25.22	27.08	26.39	27.45	27.87
中国银行	8.61	8.30	8.44	8.59	10.07	11.81	12.31
建设银行	4.98	4.84	4.87	4.84	5.04	5.08	5.02
政策性银行	11.35	11.25	11.08	10.97	10.64	10.41	10.39
国家开发银行	1.71	1.69	1.68	1.68	1.67	1.59	1.57
农业发展银行	37.81	37.56	36.40	34.97	33.79	34.13	34.68
股份制商业银行	2.50	2.41	2.42	2.44	2.48	2.57	2.60
交通银行	4.72	4.76	4.35	4.47	4.24	4.70	4.69
中信银行	—	—	—	—	—	—	—
光大银行	7.22	7.23	7.42	7.55	7.66	7.37	7.36
华夏银行	1.06	1.01	1.47	1.80	1.73	1.75	1.82
招商银行	0.00	0.00	0.00	0.00	0.00	0.00	0.00
上海浦东发展银行	0.00	0.00	0.00	0.00	0.00	0.00	0.00
兴业银行	0.64	0.46	0.45	0.44	0.44	0.44	0.45
民生银行	1.21	1.15	1.09	1.06	1.09	1.16	1.15
主要银行合计	8.98	8.77	8.76	9.06	9.16	9.45	9.55
城市商业银行	5.45	5.49	4.79	4.82	4.62	4.53	4.79
太原市商业银行	5.69	5.74	4.33	4.18	3.87	3.82	3.86
大同市商业银行	10.82	11.45	10.12	10.23	9.28	8.78	8.78
长治市商业银行	1.97	1.90	2.13	2.26	2.41	2.38	3.18
晋城市商业银行	3.40	3.41	3.05	3.08	3.02	3.08	3.18
晋中市商业银行	—	—	—	—	—	—	—
阳泉市商业银行	—	—	—	—	—	—	—
城市信用社	7.31	7.10	6.78	6.51	6.42	5.92	6.78
农村信用社	48.50	46.80	44.91	42.64	40.74	38.72	44.91
农村合作银行	—	—	—	—	—	—	—
信托公司	9.85	9.85	10.13	13.28	14.54	18.13	10.13
金融租赁公司	11.95	11.93	15.83	15.89	15.94	15.99	15.83

4-6 山西省银行业分机构不良贷款情况表

单位：%

机构 \ 时间	8月	9月	10月	11月	12月	
	比例	比例	比例	比例	比例	比年初增减百分点
国有商业银行	11.97	11.91	13.53	13.75	14.08	3.55
工商银行	2.33	2.20	2.19	1.95	1.81	-0.96
农业银行	28.17	28.65	35.04	35.31	35.37	9.08
中国银行	14.13	13.94	14.02	15.50	17.24	8.35
建设银行	4.80	4.60	4.63	4.45	4.23	-0.72
政策性银行	10.40	9.91	10.03	10.01	8.97	-2.48
国家开发银行	1.60	1.54	1.53	1.51	0.32	-1.40
农业发展银行	34.53	31.88	32.52	33.00	32.07	-5.95
股份制商业银行	2.60	2.21	2.24	2.14	1.97	-0.58
交通银行	4.62	4.61	4.60	4.55	3.72	-1.12
中信银行	—	0.00	0.00	0.00	0.00	—
光大银行	7.92	7.71	7.77	7.48	7.39	-0.50
华夏银行	1.65	1.49	1.55	1.54	1.33	0.29
招商银行	0.00	0.00	0.00	0.00	0.00	0.00
上海浦东发展银行	0.01	0.01	0.01	0.01	0.00	0.00
兴业银行	0.44	0.43	0.43	0.42	0.42	0.42
民生银行	1.14	0.24	0.24	0.24	0.24	-1.05
主要银行合计	9.83	9.59	10.61	10.69	10.60	1.35
城市商业银行	4.76	4.70	5.09	5.01	4.23	-1.60
太原市商业银行	3.78	3.56	4.33	4.49	3.66	-3.26
大同市商业银行	9.01	8.47	8.52	8.23	6.04	-3.69
长治市商业银行	3.22	3.95	3.95	3.47	3.90	1.77
晋城市商业银行	3.13	2.24	2.33	2.23	2.27	-1.13
晋中市商业银行	—	8.13	8.18	8.20	6.96	—
阳泉市商业银行	—	4.18	4.14	4.20	3.79	—
城市信用社	6.27	—	—	—	—	—
农村信用社	36.50	35.64	35.76	35.71	37.21	-13.10
农村合作银行	—	—	10.33	10.66	11.31	—
信托公司	17.87	34.47	34.61	34.86	36.44	26.27
金融租赁公司	16.08	16.10	16.18	15.97	16.10	4.16

4-7　山西省主要银行业分机构非信贷资产情况表

单位：万元

机构 \ 指标 \ 时间	1季度			2季度		
	余额	其中：不良资产	预计损失	余额	其中：不良资产	预计损失
国有商业银行	32277778	358557	262884	32336594	416204	324846
工商银行	13157036	10572	6964	13372725	9667	5900
农业银行	8270533	178003	147026	8385545	235724	211708
中国银行	5193278	13369	13369	5186668	13369	13369
建设银行	5656930	156614	95526	5391655	157445	93869
政策性银行	639059	1070	1070	576267	1070	1070
国家开发银行	583460			523125		
农业发展银行	55599	1070	1070	53142	1070	1070
股份制商业银行	4107734	22972	22324	3922024	23023	22356
交通银行	761083	22543	22324	849742	22601	22356
中信银行	—	—	—	—	—	—
光大银行	871433			888249		
华夏银行	949970	429		969246	422	
招商银行	9692			26034		
上海浦东发展银行	271192			317047		
兴业银行	199820			23723		
民生银行	1044544			847983		
合计	37024571	382599	286278	36834885	440298	348272

4-7 山西省主要银行业分机构非信贷资产情况表

单位：万元

机构 \ 指标 \ 时间	3季度			4季度		
	余额	其中：不良资产	预计损失	余额	其中：不良资产	预计损失
国有商业银行	33473965	381469	297653	33765153	375189	296499
工商银行	14036561	7978	4911	13945351	6216	4297
农业银行	8540437	214355	197205	8983116	209845	196674
中国银行	5180848	1676	1676	4855137	1668	1668
建设银行	5716119	157460	93861	5981549	157460	93861
政策性银行	498257	1070	1070	772094	1070	1070
国家开发银行	443086			721135		
农业发展银行	55131	1070	1070	50959	1070	1070
股份制商业银行	4960648	22911	22252	5821949	1162	345
交通银行	1023628	22492	22252	1004359	732	345
中信银行	183237			121611		
光大银行	951442			1155387		
华夏银行	777247	419		1146622	430	
招商银行	11008			16663		
上海浦东发展银行	516977			786028		
兴业银行	204808			16615		
民生银行	1292301			1574664		
合计	38932829	405449	320975	40359196	377420	297914

4-7 山西省主要银行业分机构非信贷资产情况表

单位：%

指标 时间 机构	1季度		2季度		3季度		4季度	
	不良资产比例	预计损失比例	不良资产比例	预计损失比例	不良资产比例	预计损失比例	不良资产比例	预计损失比例
国有商业银行	1.11	0.81	1.29	1.00	1.14	0.89	1.11	0.88
工商银行	0.08	0.05	0.07	0.04	0.06	0.03	0.04	0.03
农业银行	2.15	1.78	2.81	2.52	2.51	2.31	2.34	2.19
中国银行	0.26	0.26	0.26	0.26	0.03	0.03	0.03	0.03
建设银行	2.77	1.69	2.92	1.74	2.75	1.64	2.63	1.57
政策性银行	0.17	0.17	0.19	0.19	0.21	0.21	0.14	0.14
国家开发银行	—	—	—	—	—	—	—	—
农业发展银行	1.92	1.92	2.01	2.01	1.94	1.94	2.10	2.10
股份制商业银行	0.56	0.54	0.59	0.57	0.46	0.45	0.02	0.01
交通银行	2.96	2.93	2.66	2.63	2.20	2.17	0.07	0.03
中信银行	—	—	—	—	0.00	0.00	0.00	0.00
光大银行								
华夏银行			0.04		0.05		0.04	
招商银行								
上海浦东发展银行								
兴业银行								
民生银行								
合计	1.03	0.77	1.20	0.95	1.04	0.82	0.94	0.74

4-8 山西省主要银行业分机构表外业务情况表

单位：万元

机构 \ 指标 \ 时间	担保类业务			承诺类业务		
	年末余额	风险敞口	垫款期末余额	年末余额	风险敞口	垫款期末余额
国有商业银行	1695682	1053083	72363	2654675	2654675	
工商银行	488684	277714				
农业银行	367744	196774	28424	2477800	2477800	
中国银行	419459	264946	35258			
建设银行	419795	313648	8681	176875	176875	
政策性银行	626730	626730		3190089	3190089	
国家开发银行	626730	626730		3190089	3190089	
农业发展银行						
股份制商业银行	2852770	1081414	10020	3212802	3212802	
交通银行	481625	320424	3498	95090	95090	
中信银行	94719	49570				
光大银行	583253	248092	4792	883455	883455	
华夏银行	283792	76061	1730	2231043	2231043	
招商银行	43012	18673				
上海浦东发展银行	349080	125171		3214	3214	
兴业银行	454984	197698				
民生银行	562305	45725				
合计	5175183	2761227	82384	9057566	9057566	

4-8 山西省主要银行业分机构表外业务情况表

单位：万元

机构 \ 指标 \ 时间	金融衍生类业务			表外业务合计
	年末余额	风险敞口	重估市值	本年累计新发生垫款
国有商业银行	716352	716352		44349
工商银行	390407	390407		
农业银行				38552
中国银行	325945	325945		5797
建设银行				
政策性银行				
国家开发银行				
农业发展银行				
股份制商业银行				31782
交通银行				7221
中信银行				
光大银行				23838
华夏银行				
招商银行				
上海浦东发展银行				
兴业银行				
民生银行				723
合计	716352	716352		76131

4-9 山西省主要银行业分机构贷款质量迁徙情况表

单位：%

项目 机构	贷款质量向下迁徙率				
	总体	正常类	关注类	次级类	可疑类
国有商业银行	15.26	10.89	38.04	72.44	44.96
工商银行	1.91	1.01	7.83	38.19	1.09
农业银行	26.84	24.81	94.86	81.86	60.87
中国银行	27.67	19.06	67.40	75.19	64.50
建设银行	5.44	3.52	8.85	73.57	18.92
政策性银行	0.55	0.68	0.23	0.44	0.00
国家开发银行	0.05	0.00	0.17	0.00	0.00
农业发展银行	1.94	3.00	50.00	0.50	0.00
股份制商业银行	3.64	2.60	19.77	15.32	1.25
交通银行	4.47	3.96	8.20	8.21	1.91
中信银行	—	—	—	—	—
光大银行	3.62	1.22	79.55	37.36	0.83
华夏银行	9.67	8.60	18.18	0.00	2.44
招商银行	0.00	0.00	0.00	0.00	0.00
上海浦东发展银行	0.35	0.36	0.00	0.00	0.00
兴业银行	4.70	4.70	0.00	0.00	0.00
民生银行	0.90	0.51	100.00	0.00	0.00
合计	10.20	7.57	17.24	27.92	34.82

4-9 山西省主要银行业分机构贷款质量迁徙情况表

单位：%

项目 机构	当年新增贷款不良率	当年新形成不良贷款率	不良贷款处置		
			收现率	以物抵债率	核销率
国有商业银行	0.58	5.74	73.94	4.39	14.83
工商银行	0.03	0.49	85.88	4.71	9.42
农业银行	0.26	13.09	71.55	9.05	1.81
中国银行	2.61	10.07	65.26	0.00	9.47
建设银行	0.11	0.93	65.44	0.00	34.56
政策性银行	0.27	0.35	79.8	0.00	17.25
国家开发银行	0.00	0.04	100	0.00	0.00
农业发展银行	0.88	1.17	78.13	0.00	18.68
股份制商业银行	0.11	0.59	43.32	3.44	21.26
交通银行	0.00	0.85	19.84	7.14	73.02
中信银行	0.00	0.00	0.00	0.00	0.00
光大银行	0.92	1.84	0.69	0.00	3.47
华夏银行	0.00	0.62	30.43	34.78	34.78
招商银行	0.00	0.00	0.00	0.00	0.00
上海浦东发展银行	0.00	0.00	0.00	0.00	0.00
兴业银行	0.00	0.50	0.00	0.00	0.00
民生银行	0.00	0.14	90.1	0.00	0.00
合计	0.39	3.66	69.8	3.46	16.32

4-10 山西省主要银行业分机构不良贷款变动情况表

单位：万元

机构 \ 时间	不良贷款	不良贷款变动情况				
		比年初增减	本年累计新增	本年累计减少	其中：重组上调	其中：非重组上调
国有商业银行	3454808.22	1061425.85	1357297.01	295751.14	20350.00	37050.90
工商银行	141677.44	-56108.25	36301.65	92409.90	20350.00	1385.07
农业银行	2251767.39	721817.39	797414.61	75597.22	0.00	250.34
中国银行	827837.96	417926.17	473983.46	55937.29	0.00	23192.13
建设银行	233525.43	-22209.46	49597.29	71806.73	0.00	12223.36
政策性银行	745209.64	-101031.00	27151.00	128182.00	72100.00	1356.00
国家开发银行	19204.64	-73670.00	2330.00	76000.00	72100.00	0.00
农业发展银行	726005.00	-27361.00	24821.00	52182.00	0.00	1356.00
股份制商业银行	163472.35	-8337.16	44725.71	53062.87	1473.47	1459.25
交通银行	43967.05	-5194.82	9523.41	14718.23	1473.47	192.25
中信银行	0	0	0	0	0	0
光大银行	93863.00	6999.00	21713.00	14714.00	0.00	67.00
华夏银行	17670.57	4558.56	8004.00	3445.44	0.00	1200.00
招商银行	0.00	0.00	0.00	0.00	0.00	0.00
上海浦东发展银行	0.00	0.00	0.00	0.00	0.00	0.00
兴业银行	2650.00	2650.00	2650.00	0.00	0.00	0.00
民生银行	5321.73	-17349.90	2835.30	20185.20	0.00	0.00
合计	4363490.21	952057.69	1429173.72	476996.01	93923.47	39866.15

4-10 山西省主要银行业分机构不良贷款变动情况表

单位：万元

机构 \ 时间	不良贷款变动情况				
	其中：转正常后收回现金	其中：不良贷款处置			
		收回现金	以物抵债	贷款核销	其他处置
国有商业银行	24880.30	141573.42	8413.67	28395.05	35087.82
工商银行	1717.35	52852.71	2878.00	5842.31	7384.47
农业银行	1941.10	43512.41	5535.67	1080.00	23277.70
中国银行	21221.85	6247.66	0.00	850.00	4425.65
建设银行	0.00	38960.64	0.00	20622.74	0.00
政策性银行	3449.00	40684.00	0.00	8764.00	1829.00
国家开发银行	0.00	3900.00	0.00	0.00	0.00
农业发展银行	3449.00	36784.00	0.00	8764.00	1829.00
股份制商业银行	339.91	21363.09	1655.62	10479.53	16292.00
交通银行	177.91	2451.10	861.00	9222.50	340.00
中信银行	0	0	0	0	0
光大银行	162.00	69.00	0.00	464.00	13952.00
华夏银行	0.00	657.79	794.62	793.03	0.00
招商银行	0.00	0.00	0.00	0.00	0.00
上海浦东发展银行	0.00	0.00	0.00	0.00	0.00
兴业银行	0.00	0.00	0.00	0.00	0.00
民生银行	0.00	18185.20	0.00	0.00	2000.00
合计	28669.21	203620.51	10069.29	47638.58	53208.82

4-11 山西省银行业分机构部分行业贷款情况表

单位：万元

时间 机构	1季度	2季度	3季度	4季度		
	余额	余额	余额	余额	比年初增减额	比年初增长%
金融机构	29627421.62	30070432.13	30657584.15	31418274.24	3370915.15	12.02
国家开发银行	4661518.44	4816532.64	4978031.14	4661518.44	438080.90	9.61
工商银行	5618038.79	5661669.55	5698043.81	5826485.75	437089.31	8.11
农业银行	3263940.19	3335136.64	3402328.89	3454784.74	320439.44	10.22
中国银行	3162010.99	3034907.68	2986820.68	3084783.26	14543.24	0.47
建设银行	3924219.69	4092147.84	4160077.74	4176491.38	315164.13	8.16
交通银行	736319.00	864412.00	836578.00	882274.00	233886.00	36.07
中信银行	—	—	168910.00	168910.00	168910.00	
光大银行	899685.00	1085287.00	1009647.00	1021554.00	161452.00	18.77
华夏银行	824737.68	873190.50	958192.93	974620.12	92652.58	10.51
招商银行	222959.00	207675.00	192184.00	216285.14	35608.19	19.71
上海浦东发展银行	847643.00	810059.00	726010.00	856668.00	62064.61	7.81
兴业银行	459711.00	425271.00	300116.00	454073.04	196181.70	76.07
民生银行	1794829.00	1951164.81	1918577.00	1905375.33	326734.57	20.70
太原市商业银行	97085.53	110994.34	96290.49	91763.47	-4479.41	-4.65
大同市商业银行	145026.24	183103.31	190562.00	228501.56	72698.41	46.66
长治市商业银行	381234.56	340776.84	354157.14	366188.21	36336.95	11.02
阳泉市商业银行	—	—	64140.00	60480.00		
晋中市商业银行	—	—	38617.00	40349.00		
晋城市商业银行	178439.00	200448.00	178244.00	198168.00	48110.00	32.06
城市信用社	110151.00	87312.00	—	—	—	—
农村信用社	2254839.01	2393386.72	2375302.83	2406393.90	448813.53	22.93
信托公司	43937.00	24257.00	23857.00	9037.00	-32570.00	-78.28
金融租赁公司	1097.50	897.50	896.50	396.50	-801.00	-66.89

4-12 太原市商业银行资本充足率情况表

单位：亿元

指标名称 \ 时间	1季度	2季度	3季度	4季度
	余额	余额	余额	余额
1.核心资本	8.88	8.88	8.88	8.88
1.1 实收资本	5.94	5.94	5.94	5.94
1.2 资本公积可计入部分				
1.3 盈余公积及一般风险准备	2.79	2.79	2.79	2.79
1.4 未分配利润可计入部分	0.15	0.15	0.15	0.15
1.5 少数股权				
2.核心资本扣减项	2.14	2.00	1.91	1.79
2.1 商誉				
2.2 对未并表银行机构资本投资的 50%				
2.3 对未并表非银行金融机构资本投资的 50%				
2.4 对非自用不动产投资的 50%				
2.5 对工商企业资本投资的 50%				
2.6 贷款损失准备尚未提足部分	2.14	2.00	1.91	1.79
2.7 其他扣减项				
3.核心资本净额(1.-2.)	6.74	6.88	6.98	7.10
4.附属资本	1.23	1.88	2.14	2.22
4.1 重估储备可计入部分				
4.2 贷款(含拆放同业)损失一般准备	1.23	1.88	2.14	2.22
4.3 优先股				
4.4 可转换债券				
4.5 长期次级债务				
4.5.1 报告日距债务到期日在 4 年以上的部分债券面值 *100%				
4.5.2 报告日距债务到期日在 3-4 年的部分债券面值 *80%				
4.5.3 报告日距债务到期日在 2-3 年的部分债券面值 *60%				
4.5.4 报告日距债务到期日在 1-2 年的部分债券面值 *40%				
4.5.5 报告日距债务到期日在 0-1 年的部分债券面值 *20%				
4.6 长期次级债务的可计算价值(以核心资本净额的 50%为限)				
4.7 其他附属资本				
5.附属资本的可计算价值(以核心资本净额的 100%为限)	1.23	1.88	2.14	2.22
6.扣减项	2.14	2.00	1.91	1.79
6.1 商誉				
6.2 对未并表银行机构的资本投资				
6.3 对未并表非银行金融机构的资本投资				
6.4 对非自用不动产的投资				
6.5 对工商企业的资本投资				
6.6 贷款损失准备尚未提足部分	2.14	2.00	1.91	1.79
6.7 其他扣减项				
7.资本净额(1.+5.-6.)	7.97	8.76	9.12	9.32
8.加权风险资产	106.22	115.06	115.19	112.87
8.1 表内加权风险资产	88.48	96.74	97.58	97.99
8.2 表外加权风险资产	17.74	18.32	17.62	14.89
9.市场风险资本(交易账户总头寸高于表内外总资产的 10%或超过 85 亿人民币的商业银行填报本项)				
10.核心资本充足率%(3./(8.+9.*12.5))	6.35	5.98	6.06	6.29
11.资本充足率%(7./(8.+9.*12.5))	7.50	7.62	7.91	8.26

4-13 大同市商业银行资本充足率情况表

单位：亿元

指标名称 \ 时间	1 季度 余额	2 季度 余额	3 季度 余额	4 季度 余额
1.核心资本	1.95	2.00	2.01	6.40
1.1 实收资本	1.64	1.64	1.64	5.64
1.2 资本公积可计入部分	0.01	0.01	0.01	0.01
1.3 盈余公积及一般风险准备	0.32	0.32	0.32	0.32
1.4 未分配利润可计入部分	-0.03	0.02	0.03	0.42
1.5 少数股权				
2.核心资本扣减项				
2.1 商誉				
2.2 对未并表银行机构资本投资的 50%				
2.3 对未并表非银行金融机构资本投资的 50%				
2.4 对非自用不动产投资的 50%				
2.5 对工商企业资本投资的 50%				
2.6 贷款损失准备尚未提足部分				
2.7 其他扣减项				
3.核心资本净额(1.-2.)	1.95	2.00	2.01	6.40
4.附属资本				
4.1 重估储备可计入部分				
4.2 贷款（含拆放同业）损失一般准备				
4.3 优先股				
4.4 可转换债券				
4.5 长期次级债务				
4.5.1 报告日距债务到期日在 4 年以上的部分债券面值 *100%				
4.5.2 报告日距债务到期日在 3-4 年的部分债券面值 *80%				
4.5.3 报告日距债务到期日在 2-3 年的部分债券面值 *60%				
4.5.4 报告日距债务到期日在 1-2 年的部分债券面值 *40%				
4.5.5 报告日距债务到期日在 0-1 年的部分债券面值 *20%				
4.6 长期次级债务的可计算价值（以核心资本净额的 50%为限）				
4.7 其他附属资本				
5.附属资本的可计算价值（以核心资本净额的 100%为限）				
6.扣减项				
6.1 商誉				
6.2 对未并表银行机构的资本投资				
6.3 对未并表非银行金融机构的资本投资				
6.4 对非自用不动产的投资				
6.5 对工商企业的资本投资				
6.6 贷款损失准备尚未提足部分				
6.7 其他扣减项				
7.资本净额(1.+5.-6.)	1.95	2.00	2.01	6.40
8.加权风险资产	42.27	46.51	49.15	53.21
8.1 表内加权风险资产	39.60	43.65	46.13	50.33
8.2 表外加权风险资产	2.67	2.86	3.03	2.88
9.市场风险资本（交易账户总头寸高于表内外总资产的 10%或超过 85 亿人民币的商业银行填报本项）				
10.核心资本充足率%(3./(8.+9.*12.5))	4.61	4.30	4.08	12.02
11.资本充足率%(7./(8.+9.*12.5))	4.61	4.30	4.08	12.02

4-14 长治市商业银行资本充足率情况表

单位：亿元

时间 指标名称	1季度	2季度	3季度	4季度
	余额	余额	余额	余额
1.核心资本	4.61	4.90	4.73	4.90
1.1 实收资本	2.83	2.83	2.83	2.83
1.2 资本公积可计入部分	0.16	0.16	0.16	0.16
1.3 盈余公积及一般风险准备	0.40	0.40	0.39	0.40
1.4 未分配利润可计入部分	1.22	1.51	1.35	1.52
1.5 少数股权				
2.核心资本扣减项				
2.1 商誉				
2.2 对未并表银行机构资本投资的 50%				
2.3 对未并表非银行金融机构资本投资的 50%				
2.4 对非自用不动产投资的 50%				
2.5 对工商企业资本投资的 50%				
2.6 贷款损失准备尚未提足部分				
2.7 其他扣减项				
3.核心资本净额(1.-2.)	4.61	4.90	4.73	4.90
4.附属资本	0.21	0.21	0.21	0.21
4.1 重估储备可计入部分				
4.2 贷款(含拆放同业)损失一般准备	0.21	0.21	0.21	0.21
4.3 优先股				
4.4 可转换债券				
4.5 长期次级债务				
4.5.1 报告日距债务到期日在 4 年以上的部分债券面值 *100%				
4.5.2 报告日距债务到期日在 3-4 年的部分债券面值 *80%				
4.5.3 报告日距债务到期日在 2-3 年的部分债券面值 *60%				
4.5.4 报告日距债务到期日在 1-2 年的部分债券面值 *40%				
4.5.5 报告日距债务到期日在 0-1 年的部分债券面值 *20%				
4.6 长期次级债务的可计算价值(以核心资本净额的 50%为限)				
4.7 其他附属资本				
5.附属资本的可计算价值(以核心资本净额的 100%为限)	0.21	0.21	0.21	0.21
6.扣减项				
6.1 商誉				
6.2 对未并表银行机构的资本投资				
6.3 对未并表非银行金融机构的资本投资				
6.4 对非自用不动产的投资				
6.5 对工商企业的资本投资				
6.6 贷款损失准备尚未提足部分				
6.7 其他扣减项				
7.资本净额(1.+5.-6.)	4.83	5.11	4.95	5.12
8.加权风险资产	42.84	41.62	41.86	41.50
8.1 表内加权风险资产	40.48	40.21	40.97	41.04
8.2 表外加权风险资产	2.36	1.42	0.89	0.46
9.市场风险资本(交易账户总头寸高于表内外总资产的 10%或超过 85 亿人民币的商业银行填报本项)				
10.核心资本充足率%(3./(8.+9.*12.5))	10.76	11.77	11.3	11.82
11.资本充足率%(7./(8.+9.*12.5))	11.27	12.28	11.82	12.33

4-15 晋城市商业银行资本充足率情况表

单位:亿元

指标名称 \ 时间	1季度	2季度	3季度	4季度
	余额	余额	余额	余额
1.核心资本	2.35	2.47	2.70	2.91
1.1 实收资本	1.84	1.84	1.84	1.84
1.2 资本公积可计入部分	0.02	0.02	0.02	0.02
1.3 盈余公积及一般风险准备	0.33	0.33	0.33	0.33
1.4 未分配利润可计入部分	0.17	0.28	0.52	0.73
1.5 少数股权				
2.核心资本扣减项				
2.1 商誉				
2.2 对未并表银行机构资本投资的 50%				
2.3 对未并表非银行金融机构资本投资的 50%				
2.4 对非自用不动产投资的 50%				
2.5 对工商企业资本投资的 50%				
2.6 贷款损失准备尚未提足部分				
2.7 其他扣减项				
3.核心资本净额(1.-2.)	2.35	2.47	2.70	2.91
4.附属资本				
4.1 重估储备可计入部分				
4.2 贷款(含拆放同业)损失一般准备				
4.3 优先股				
4.4 可转换债券				
4.5 长期次级债务				
4.5.1 报告日距债务到期日在 4 年以上的部分债券面值 *100%				
4.5.2 报告日距债务到期日在 3-4 年的部分债券面值 *80%				
4.5.3 报告日距债务到期日在 2-3 年的部分债券面值 *60%				
4.5.4 报告日距债务到期日在 1-2 年的部分债券面值 *40%				
4.5.5 报告日距债务到期日在 0-1 年的部分债券面值 *20%				
4.6 长期次级债务的可计算价值(以核心资本净额的 50%为限)				
4.7 其他附属资本				
5.附属资本的可计算价值(以核心资本净额的 100%为限)				
6.扣减项				
6.1 商誉				
6.2 对未并表银行机构的资本投资				
6.3 对未并表非银行金融机构的资本投资				
6.4 对非自用不动产的投资				
6.5 对工商企业的资本投资				
6.6 贷款损失准备尚未提足部分				
6.7 其他扣减项				
7.资本净额(1.+5.-6.)	2.35	2.47	2.70	2.91
8.加权风险资产	27.69	28.52	30.81	28.15
8.1 表内加权风险资产	27.46	28.23	30.33	27.38
8.2 表外加权风险资产	0.23	0.30	0.48	0.77
9.市场风险资本(交易账户总头寸高于表内外总资产的 10%或超过 85 亿人民币的商业银行填报本项)				
10.核心资本充足率%(3./(8.+9.*12.5))	8.48	8.65	8.76	10.35
11.资本充足率%(7./(8.+9.*12.5))	8.48	8.65	8.76	10.35

4-16 晋中市商业银行资本充足率情况表

单位:亿元

时间 指标名称	1季度	2季度	3季度	4季度
	余额	余额	余额	余额
1.核心资本	1.40	2.08	2.12	2.16
1.1 实收资本	1.04	1.56	1.56	1.68
1.2 资本公积可计入部分	0.01	0.01		0.01
1.3 盈余公积及一般风险准备	0.05	0.05	0.05	0.05
1.4 未分配利润可计入部分	0.30	0.47	0.51	0.43
1.5 少数股权				
2.核心资本扣减项	-0.09	-0.12	-0.13	-0.15
2.1 商誉				
2.2 对未并表银行机构资本投资的50%				
2.3 对未并表非银行金融机构资本投资的50%				
2.4 对非自用不动产投资的50%				
2.5 对工商企业资本投资的50%				
2.6 贷款损失准备尚未提足部分	-0.09	-0.12		-0.15
2.7 其他扣减项				
3.核心资本净额(1.-2.)	1.49	2.20	2.25	2.31
4.附属资本	0.16	0.18	0.17	0.17
4.1 重估储备可计入部分				
4.2 贷款(含拆放同业)损失一般准备	0.16	0.18		0.17
4.3 优先股				
4.4 可转换债券				
4.5 长期次级债务				
4.5.1 报告日距债务到期日在4年以上的部分债券面值*100%				
4.5.2 报告日距债务到期日在3-4年的部分债券面值*80%				
4.5.3 报告日距债务到期日在2-3年的部分债券面值*60%				
4.5.4 报告日距债务到期日在1-2年的部分债券面值*40%				
4.5.5 报告日距债务到期日在0-1年的部分债券面值*20%				
4.6 长期次级债务的可计算价值(以核心资本净额的50%为限)				
4.7 其他附属资本				
5.附属资本的可计算价值(以核心资本净额的100%为限)	0.16	0.18	0.17	0.17
6.扣减项	-0.06	-0.08	-0.1	-0.15
6.1 商誉				
6.2 对未并表银行机构的资本投资				
6.3 对未并表非银行金融机构的资本投资				
6.4 对非自用不动产的投资				
6.5 对工商企业的资本投资				
6.6 贷款损失准备尚未提足部分	-0.09	-0.12	-0.13	-0.15
6.7 其他扣减项	0.03	0.03	0.03	0.00
7.资本净额(1.+5.-6.)	1.62	2.35	2.39	2.48
8.加权风险资产	16.11	18.70	17.53	17.41
8.1 表内加权风险资产	16.11	18.70	17.53	17.41
8.2 表外加权风险资产				
9.市场风险资本(交易账户总头寸高于表内外总资产的10%或超过85亿人民币的商业银行填报本项)				
10.核心资本充足率%(3./(8.+9.*12.5))	9.26	11.76	12.84	13.28
11.资本充足率%(7./(8.+9.*12.5))	10.04	12.56	13.63	14.26

4-17 阳泉市商业银行资本充足率情况表

单位：亿元

指标名称 \ 时间	1季度	2季度	3季度	4季度
	余额	余额	余额	余额
1.核心资本	2.27	2.27	2.27	2.96
1.1 实收资本	2.03	2.03	2.03	2.54
1.2 资本公积可计入部分				
1.3 盈余公积及一般风险准备	0.24	0.24	0.24	0.35
1.4 未分配利润可计入部分	0.01	0.01	0.01	0.07
1.5 少数股权				
2.核心资本扣减项	0.05			
2.1 商誉				
2.2 对未并表银行机构资本投资的 50%				
2.3 对未并表非银行金融机构资本投资的 50%				
2.4 对非自用不动产投资的 50%				
2.5 对工商企业资本投资的 50%				
2.6 贷款损失准备尚未提足部分	0.05			
2.7 其他扣减项				
3.核心资本净额(1.-2.)	2.22	2.27	2.27	2.96
4.附属资本	0.13	0.32	0.35	0.35
4.1 重估储备可计入部分				
4.2 贷款(含拆放同业)损失一般准备	0.13	0.32	0.35	0.35
4.3 优先股				
4.4 可转换债券				
4.5 长期次级债务				
4.5.1 报告日距债务到期日在 4 年以上的部分债券面值 *100%				
4.5.2 报告日距债务到期日在 3-4 年的部分债券面值 *80%				
4.5.3 报告日距债务到期日在 2-3 年的部分债券面值 *60%				
4.5.4 报告日距债务到期日在 1-2 年的部分债券面值 *40%				
4.5.5 报告日距债务到期日在 0-1 年的部分债券面值 *20%				
4.6 长期次级债务的可计算价值(以核心资本净额的 50%为限)				
4.7 其他附属资本				
5.附属资本的可计算价值(以核心资本净额的 100%为限)	0.13	0.32	0.35	0.35
6.扣减项	0.05			
6.1 商誉				
6.2 对未并表银行机构的资本投资				
6.3 对未并表非银行金融机构的资本投资				
6.4 对非自用不动产的投资				
6.5 对工商企业的资本投资				
6.6 贷款损失准备尚未提足部分	0.05			
6.7 其他扣减项				
7.资本净额(1.+5.-6.)	2.35	2.60	0.63	3.32
8.加权风险资产	25.44	26.25	25.57	24.03
8.1 表内加权风险资产	20.57	21.19	21.16	20.78
8.2 表外加权风险资产	4.87	5.06	4.41	3.25
9.市场风险资本(交易账户总头寸高于表内外总资产的 10%或超过 85 亿人民币的商业银行填报本项)				
10.核心资本充足率%(3./(8.+9.*12.5))	8.73	8.66	8.91	12.33
11.资本充足率%(7./(8.+9.*12.5))	9.25	9.90	10.29	13.80

5

分地市数据

Data of the regions at Prefectural-level

5-1 太原市银行业金融机构资产负债表

单位:万元

项目＼时间	1月	2月	3月	4月	5月
	余额	余额	余额	余额	余额
流动资产	19351149.07	19543945.47	20626334.08	20565683.22	20681919.82
一、现金及银行存款	487337.26	508219.60	453317.41	335435.91	356623.12
二、存放中央银行	957380.23	1001285.24	1042140.96	1066401.93	1127220.55
三、存放同业	230836.51	237985.99	276695.60	307403.82	306951.06
四、存放联行款项	4939825.23	4536489.68	5007254.67	5226651.28	4758072.85
五、拆放同业	53055.51	12050.11	12049.13	11994.91	11986.84
六、短期贷款	10658360.83	10907860.06	11264323.11	11285517.32	11422635.31
七、应收账款	531488.79	885037.49	807531.82	878313.12	1094555.52
其中:应收利息	141979.13	183579.63	102957.56	158501.27	207903.98
八、减:坏账准备	32509.13	32516.75	32639.08	32729.85	32855.48
九、短期投资	213461.21	148631.53	405408.25	259087.58	342359.13
十、减:短期投资跌价准备					
十一、委托贷款及投资					
十二、买入返售资产	215159.00	229156.00	212585.00	74400.00	157696.00
十三、待处理流动资产损失	7842.01	7842.11	7840.70	7840.70	7840.70
十四、其他流动资产	1088911.62	1101904.41	1169826.51	1145366.50	1128834.22
长期资产	14312358.60	14575800.33	14663791.82	14719133.31	14834768.48
十五、中长期贷款	13184080.58	13457843.80	13587292.16	13599752.54	13679426.42
十六、减:贷款损失准备	308151.86	315023.97	328822.68	332484.00	347732.05
十七、长期投资	1198949.53	1199962.78	1191367.13	1231471.60	1285527.43
十八、减:长期投资减值准备	21635.38	21635.38	21635.38	21635.38	21635.38
十九、固定资产净值	249008.23	246276.60	226359.04	227159.91	224123.09
固定资产	368874.38	368284.38	343748.55	350901.34	349430.03
减:累计折旧	119866.15	122007.78	117389.51	123741.43	125306.94
二十、固定资产减值准备	11178.00	11178.00	11178.00	11178.00	11178.00
二十一、固定资产清理	486.50	486.50	191.55	153.64	168.97
二十二、在建工程	23930.00	22199.00	23349.00	29024.00	29199.00
二十三、减:在建工程减值准备	3112.00	3112.00	3112.00	3112.00	3112.00
二十四、待处理固定资产损失	-19.00	-19.00	-19.00	-19.00	-19.00
无形递延及其他资产	-109807.23	-105912.88	-110754.52	-143277.53	-142918.27
二十五、无形递延及其他资产	-104659.23	-100764.88	-104619.52	-137142.53	-136784.27
二十六、减:抵债资产减值准备	4661.00	4661.00	5648.00	5648.00	5648.00
二十七、减:无形资产减值准备					
二十八、减:其他资产减值准备	487.00	487.00	487.00	487.00	486.00
资产总计	33553700.44	34013832.92	35179371.38	35141539.00	35373770.03

注:本表机构包括辖内所有银行业金融机构。

5-1 太原市银行业金融机构资产负债表

单位：万元

项目 \ 时间	6月	7月	8月	9月	10月
	余额	余额	余额	余额	余额
流动资产	21755725.07	21127398.92	22413998.96	22846027.62	23057102.07
一、现金及银行存款	401170.05	208146.45	233939.78	259201.11	215513.45
二、存放中央银行	1103669.09	1155410.29	1061768.52	1176360.82	1162785.19
三、存放同业	370419.20	335612.64	352571.54	291300.87	263696.59
四、存放联行款项	5613402.23	4866402.59	6455013.53	6186358.42	6445693.29
五、拆放同业	31981.68	76945.53	29600.42	8498.09	8491.97
六、短期贷款	11505386.19	11445925.19	11568080.90	12017530.63	11814479.56
七、应收账款	1026130.76	1075530.87	1001729.51	952632.19	972643.41
其中：应收利息	113196.25	171211.81	230867.35	139026.91	183899.23
八、减：坏账准备	35055.68	35163.94	35077.01	35166.04	35238.28
九、短期投资	204313.27	260920.85	111018.07	147307.07	94775.55
十、减：短期投资跌价准备					
十一、委托贷款及投资					
十二、买入返售资产	355232.00	538136.10	410701.18	556312.85	795487.18
十三、待处理流动资产损失	7841.75	7839.75	7839.62	7838.40	7837.57
十四、其他流动资产	1171234.53	1191692.60	1216812.90	1277853.21	1310936.59
长期资产	15034171.58	15043652.15	14980030.15	15034686.49	15038603.87
十五、中长期贷款	13879543.43	13887969.67	13848704.32	13844546.83	13828368.28
十六、减：贷款损失准备	378136.27	379285.09	422872.97	434780.09	440366.14
十七、长期投资	1318103.58	1322374.06	1342960.43	1408732.70	1426084.09
十八、减：长期投资减值准备	21635.38	21635.38	21635.38	21635.38	21635.38
十九、固定资产净值	221163.49	219032.66	217637.51	216897.16	223016.02
固定资产	343581.59	343199.00	343483.54	345182.62	355067.72
减：累计折旧	122418.10	124166.34	125846.03	128285.46	132051.70
二十、固定资产减值准备	11178.00	11178.00	11177.00	11178.00	11178.00
二十一、固定资产清理	171.73	176.23	169.24	169.27	1508.98
二十二、在建工程	29270.00	29329.00	29375.00	35065.00	35937.02
二十三、减:在建工程减值准备	3112.00	3112.00	3112.00	3112.00	3112.00
二十四、待处理固定资产损失	-19.00	-19.00	-19.00	-19.00	-19.00
无形递延及其他资产	-152093.41	-163312.40	-183653.67	-184069.43	-201231.48
二十五、无形递延及其他资产	-145958.41	-157177.40	-177518.67	-178374.43	-195536.48
二十六、减:抵债资产减值准备	5648.00	5648.00	5648.00	5208.00	5208.00
二十七、减:无形资产减值准备					
二十八、减:其他资产减值准备	487.00	487.00	487.00	487.00	487.00
资产总计	36637803.24	36007738.67	37210375.44	37696644.68	37894474.46

5-1 太原市银行业金融机构资产负债表

单位：万元

项目＼时间	11月	12月		
	余额	余额	比同期增减额	比同期增长%
流动资产	23524191.85	23714633.71	4026084.36	20.45
一、现金及银行存款	229809.98	296461.01	-93126.60	-23.90
二、存放中央银行	1322916.11	2008414.28	658149.41	48.74
三、存放同业	252526.36	226517.86	-16436.65	-6.77
四、存放联行款项	6830403.17	6655443.22	1649970.21	32.96
五、拆放同业	8792.20	7632.44	-24427.44	-76.19
六、短期贷款	12008677.93	11962260.60	1513311.45	14.48
七、应收账款	783085.18	558586.63	9358.76	1.70
其中：应收利息	242703.10	140383.58	50867.70	56.83
八、减：坏账准备	35117.34	51269.56	29921.90	140.16
九、短期投资	94325.41	76829.00	-244533.00	-76.09
十、减：短期投资跌价准备				
十一、委托贷款及投资				
十二、买入返售资产	713616.59	536991.00	279732.00	108.74
十三、待处理流动资产损失	6559.89	6549.96	-1288.19	-16.43
十四、其他流动资产	1308596.37	1430217.27	325296.31	29.44
长期资产	15195387.41	15401956.73	1236975.27	8.73
十五、中长期贷款	14032515.88	14259752.97	1185492.33	9.07
十六、减：贷款损失准备	473415.11	473585.10	155973.00	49.11
十七、长期投资	1447933.06	1413263.03	211003.90	17.55
十八、减：长期投资减值准备	21607.00	19630.73	-4.27	-0.02
十九、固定资产净值	188860.83	202952.72	-17436.58	-7.91
固定资产	305283.27	317591.45	-7786.41	-2.39
减：累计折旧	116422.44	114638.73	9650.17	9.19
二十、固定资产减值准备	11233.42	11233.42	31.42	0.28
二十一、固定资产清理	1784.15	1776.26	1313.77	284.06
二十二、在建工程	33680.02	31792.00	12602.00	65.67
二十三、减:在建工程减值准备	3112.00	3112.00		
二十四、待处理固定资产损失	-19.00	-19.00		
无形递延及其他资产	-165054.48	-180461.01	-25897.69	16.76
二十五、无形递延及其他资产	-159077.92	-174488.01	-25072.69	16.78
二十六、减:抵债资产减值准备	5208.00	5486.00	825.00	17.70
二十七、减:无形资产减值准备	281.56			
二十八、减:其他资产减值准备	487.00	487.00		
资产总计	38554524.78	38936129.43	5237161.94	15.54

5-1　太原市银行业金融机构资产负债表

单位：万元

项目　　　　时间	1月	2月	3月	4月	5月
	余额	余额	余额	余额	余额
流动负债	20117391.82	20278000.64	21193333.90	20926847.42	21485939.79
一、短期存款	10405722.74	10084054.78	10709039.90	10579000.68	10883879.88
二、活期储蓄存款	4024380.01	4205409.77	4269722.04	4207795.31	4182100.10
三、财政性存款	86476.53	69985.84	71736.90	92057.50	128889.86
四、向中央银行借款	63571.00	66071.00	65521.00	65521.00	66021.00
五、同业存放	1344540.91	1429686.33	1404503.40	1460805.73	1646612.93
六、联行存放					
七、同业拆入	221.00	221.00	221.00	221.00	2241.00
八、应解汇款及临时存款	34535.77	85787.29	44491.63	29445.25	22404.49
九、汇出汇款	34315.86	36664.65	20405.59	39375.68	31097.70
十、委托存款	293546.42	318589.40	344386.85	368983.34	386969.22
十一、卖出回购资产	290960.00	231510.00	627904.00	412348.00	429799.00
十二、应付及预提账项	473538.81	737830.39	792467.52	851737.28	932554.32
十三、存放短期保证金	2626093.56	2581673.00	2453694.05	2546929.91	2471599.68
十四、发行短期债券					
十五、其他流动负债	439489.21	430517.19	389240.02	272626.74	301770.61
长期负债	12974101.63	13340365.31	13536373.23	13531593.56	13384599.14
十六、长期存款	3062138.37	3165305.26	3176401.21	3270811.09	3202676.81
十七、定期储蓄存款	8169090.35	8422196.98	8553767.10	8525599.26	8482838.56
十八、存放长期保证金	7.00	7.00	7.00	7.00	7.00
十九、发行长期债券	30.00	30.00	30.00	30.00	30.00
二十、其他长期负债	1742835.91	1752826.07	1806167.92	1735146.21	1699046.77
所有者权益	462206.99	395466.97	449664.25	683098.02	503231.10
二十一、实收资本	260019.55	259897.40	260194.40	260118.56	260045.22
二十二、资本公积	35355.82	35468.82	35410.45	35437.98	35438.98
二十三、公积金	25911.00	25910.00	25910.00	25910.00	25910.00
二十四、公益金	12593.00	12593.00	12593.00	12593.00	12539.00
二十五、未分配利润	100928.62	34198.75	88158.40	321639.48	141894.90
其中：本年利润	52313.98	101185.57	162655.50	202344.89	238919.44
二十六、一般准备金	27399.00	27399.00	27398.00	27399.00	27403.00
负债总计	33553700.44	34013832.92	35179371.38	35141539.00	35373770.03

5-1 太原市银行业金融机构资产负债表

单位:万元

项目 \ 时间	6月	7月	8月	9月	10月
	余额	余额	余额	余额	余额
流动负债	22801601.91	21415879.85	22458869.54	23042509.67	23246968.20
一、短期存款	11895551.00	10822366.73	11598799.88	11755434.88	12081772.00
二、活期储蓄存款	4354403.46	4382175.71	4427144.53	4474651.06	4313563.25
三、财政性存款	38191.51	47058.96	79439.11	136482.84	158598.65
四、向中央银行借款	66721.00	63121.00	64121.00	66921.00	63271.00
五、同业存放	1700747.65	1453819.40	1960059.38	2067865.41	2379577.13
六、联行存放					
七、同业拆入	2246.00	32246.00	22246.00	2246.00	2246.00
八、应解汇款及临时存款	53437.07	44577.05	16581.15	39739.66	43080.53
九、汇出汇款	48016.05	61031.77	34560.85	19263.43	26488.36
十、委托存款	358662.95	392530.84	396876.83	395752.58	426254.18
十一、卖出回购资产	387725.00	433461.00	246599.00	416507.00	379675.00
十二、应付及预提账项	1067699.69	968014.90	853765.88	909022.47	816823.17
十三、存放短期保证金	2500811.21	2529892.75	2548285.47	2552259.59	2364501.93
十四、发行短期债券					
十五、其他流动负债	327389.32	185583.74	210390.46	206363.75	191117.00
长期负债	13304771.65	13995906.23	14137884.10	13976294.90	14000899.08
十六、长期存款	3198876.70	3944620.28	3967370.63	3874949.60	4000934.22
十七、定期储蓄存款	8517280.08	8529644.95	8534978.23	8543987.44	8409356.10
十八、存放长期保证金	7.00	7.00	7.00	7.00	7.00
十九、发行长期债券	30.00	30.00	30.00	30.00	30.00
二十、其他长期负债	1588577.87	1521604.00	1635498.24	1557320.86	1590571.76
所有者权益	531429.68	595952.59	613621.80	677840.11	646607.18
二十一、实收资本	260982.64	260999.35	260961.36	260625.61	258462.63
二十二、资本公积	35338.90	35339.90	35339.90	35321.80	35321.80
二十三、公积金	25910.00	25910.00	25910.00	25910.00	25910.00
二十四、公益金	12539.00	12539.00	12539.00	12539.00	12539.00
二十五、未分配利润	169256.14	233761.34	249847.54	314419.70	285349.75
其中:本年利润	300649.12	369135.25	386410.42	462462.29	511102.73
二十六、一般准备金	27403.00	27403.00	29024.00	29024.00	29024.00
负债总计	36637803.24	36007738.67	37210375.44	37696644.68	37894474.46

5-1 太原市银行业金融机构资产负债表

单位：万元

项目 \ 时间	11月	12月		
	余额	余额	比同期增减额	比同期增长%
流动负债	24009221.92	24272015.34	5099250.65	26.60
一、短期存款	12542233.63	13003266.13	2194193.41	20.30
二、活期储蓄存款	4494503.92	4649287.33	595204.74	14.68
三、财政性存款	95039.37	39281.61	-5231.24	-11.75
四、向中央银行借款	62171.00	53621.00	-9950.00	-15.65
五、同业存放	2598937.02	2235891.19	2206287.25	7452.68
六、联行存放				
七、同业拆入	22246.00	2246.00	-5975.00	-72.68
八、应解汇款及临时存款	51479.07	43749.85	27601.99	170.93
九、汇出汇款	35624.55	146889.69	72608.36	97.75
十、委托存款	459684.59	537359.99	258391.17	92.62
十一、卖出回购资产	500218.00	562871.00	77788.00	16.04
十二、应付及预提账项	571502.85	536508.38	115271.55	27.37
十三、存放短期保证金	2359020.33	2210428.70	-352845.15	-13.77
十四、发行短期债券				
十五、其他流动负债	216561.59	250614.47	-74094.43	-22.82
长期负债	13901026.43	14189435.10	306990.84	2.21
十六、长期存款	3855583.27	3903115.96	-181315.39	-4.44
十七、定期储蓄存款	8501850.89	8719694.96	562078.53	6.89
十八、存放长期保证金	7.00	0.00	-7.00	-100.00
十九、发行长期债券	30.00	30.00		
二十、其他长期负债	1543555.27	1566594.18	-73765.30	-4.50
所有者权益	644276.43	474678.99	-169079.55	-26.26
二十一、实收资本	258354.74	259217.72	-1223.76	-0.47
二十二、资本公积	35977.80	3469.04	-32452.78	-90.34
二十三、公积金	25910.00	27100.00	2293.00	9.24
二十四、公益金	12539.00	12539.00	-54.00	-0.43
二十五、未分配利润	282048.89	142573.23	-142127.01	-49.92
其中：本年利润	520711.66	423080.58	78410.21	22.75
二十六、一般准备金	29446.00	29780.00	4485.00	17.73
负债总计	38554524.78	38936129.43	5237161.94	15.54

5-2 太原市金融机构存、贷款指标

单位：万元

项目 \ 时间	1月	2月	3月	4月	5月
	余额	余额	余额	余额	余额
一、各项存款	31443551	31723273	32271439	32293915	32586051
1.企事业单位存款	10725233	10662487	10994524	10892261	11019346
(1)活期存款	7814545	7648632	7969572	7772899	8128119
(2)定期存款	2910688	3013855	3024951	3119361	2891227
2.储蓄存款	12193470	12627607	12823489	12733395	12664939
(1)活期储蓄	4024380	4205410	4269722	4207795	4182100
(2)定期储蓄	8169090	8422197	8553767	8525599	8482839
3.信托存款					
4.委托存款	442485	466578	492290	516885	515027
5.其他存款	8082362	7966601	7961136	8151375	8386739
二、各项贷款	24031110	24553394	25039065	25072568	25269432
1.短期贷款	7937754	8197199	8281283	8425139	8673332
2.中长期贷款	12845579	13124968	13254720	13275283	13357825
3.信托贷款	675	672	670	668	666
4.委托贷款	148368	147418	147312	147311	127512
5.其他贷款	444804	461239	538052	581106	572000
6.票据融资	2569766	2535514	2739196	2565320	2458940
7.各项垫款	84166	86384	77832	77741	79156

注：本表机构包括人民银行、政策性银行、国有商业银行、股份制商业银行、城市商业银行、农村信用社、信托公司、金融租赁公司、邮政储汇局。

5-2 太原市金融机构存、贷款指标

单位：万元

项目 \ 时间	6月	7月	8月	9月	10月
	余额	余额	余额	余额	余额
一、各项存款	33375573	33540348	34619936	35107305	35430229
1.企事业单位存款	11819119	11855941	12490359	12458429	12885891
(1)活期存款	8931692	8205771	8809439	8896930	9198407
(2)定期存款	2887427	3650170	3680921	3561500	3687484
2.储蓄存款	12871684	12911821	12962123	13018639	12722919
(1)活期储蓄	4354403	4382176	4427145	4474651	4313563
(2)定期储蓄	8517280	8529645	8534978	8543987	8409356
3.信托存款					
4.委托存款	426538	460407	455345	463663	506064
5.其他存款	8258233	8312180	8712109	9166574	9315355
二、各项贷款	25491897	25440639	25514118	25968819	25761283
1.短期贷款	8956446	8822925	9018315	9170324	9185390
2.中长期贷款	13557700	13565381	13530900	13528503	13523154
3.信托贷款	664	664	664	658	656
4.委托贷款	67330	67330	57922	67364	79264
5.其他贷款	593742	734583	758012	781277	798268
6.票据融资	2237645	2168347	2067447	2339701	2087091
7.各项垫款	78370	81410	80858	80992	87460

5-2 太原市金融机构存、贷款指标

单位：万元

时间 / 项目	11月	12月		
	余额	余额	比年初增减额	比年初增长%
一、各项存款	36050859	36308371	4808944	15.27
1.企事业单位存款	12911446	13295430	2229128	20.14
(1)活期存款	9369313	9711279	1465827	17.78
(2)定期存款	3542133	3584151	763301	27.06
2.储蓄存款	12996355	13368982	1168745	9.58
(1)活期储蓄	4494504	4649287	595204	14.68
(2)定期储蓄	8501851	8719695	573541	7.04
3.信托存款				
4.委托存款	548309	624384	199690	47.02
5.其他存款	9594749	9019575	1211382	15.51
二、各项贷款	26168854	26347741	2637125	11.12
1.短期贷款	9348510	9371616	1499027	19.04
2.中长期贷款	13735503	13967654	1275359	10.05
3.信托贷款	656	652	-25	-3.69
4.委托贷款	88078	86478	-60590	-41.20
5.其他贷款	789699	752137	320963	74.44
6.票据融资	2115930	2080382	-406047	-16.33
7.各项垫款	90478	88821	8438	10.50

5-3 太原市金融机构存、贷款时序表

单位：亿元

时间	各项存款			各项贷款		
	余额	比年初增减额	比同期增长%	余额	比年初增减额	比同期增长%
1月	3144.36	-5.59	19.85	2403.11	32.05	12.94
2月	3172.33	22.38	18.99	2455.34	84.28	14.13
3月	3227.14	77.20	17.07	2503.91	132.85	13.63
4月	3229.39	79.45	15.33	2507.26	136.20	13.36
5月	3258.60	108.66	16.10	2526.94	155.88	15.21
6月	3337.56	187.61	16.66	2549.19	178.13	11.35
7月	3354.03	204.09	14.99	2544.06	173.00	12.51
8月	3461.99	312.05	17.67	2551.41	180.35	10.66
9月	3510.73	360.79	16.93	2596.88	225.82	11.95
10月	3543.02	393.08	16.50	2576.13	205.07	13.26
11月	3605.09	455.14	16.28	2616.89	245.82	12.79
12月	3630.84	480.89	15.17	2634.77	263.71	11.12

5-4　太原市主要银行业机构贷款质量统计表

单位：万元

项目＼时间	1月	2月	3月	4月	5月	6月
	余额	余额	余额	余额	余额	余额
正常贷款	15602689	16064346	16349699	16346890	16406589	16356396
正常类贷款	14807120	15287020	15554186	15585069	15705277	15715133
关注类贷款	795569	777327	795513	761820	701312	641263
不良贷款	1106839	1111968	1124903	1159792	1243835	1374748
次级类贷款	380895	386433	370581	362116	444576	520208
可疑类贷款	471087	468718	496141	535289	536983	507583
损失类贷款	254857	256816	258181	262387	262277	346958
贷款合计	16709528	17176314	17474602	17506681	17650424	17731144

5-4　太原市主要银行业机构贷款质量统计表

单位：万元

项目＼时间	7月	8月	9月	10月	11月	12月	
	余额	余额	余额	余额	余额	余额	比年初增减额
正常贷款	16219186	16044846	16341799	16027747	16364299	16556468	1161438
正常类贷款	15569290	15419640	15722733	15410586	15684956	15808239	1244039
关注类贷款	649896	625206	619066	617161	679343	748228	-82601
不良贷款	1400817	1519997	1499675	1618923	1650993	1659950	592111
次级类贷款	539207	557821	504604	542247	503263	506812	144373
可疑类贷款	498784	598126	626583	695914	744696	753803	302148
损失类贷款	262827	364051	368488	380762	403033	399335	145590
贷款合计	17620003	17564844	17841474	17646670	18015292	18216418	1753549

注：本表机构包括农业发展银行、国有商业银行、股份制商业银行。

5-4 太原市主要银行业机构贷款质量统计表

单位：%

项目 \ 时间	1月	2月	3月	4月	5月	6月
	比例	比例	比例	比例	比例	比例
正常贷款	93.38	93.53	93.56	93.38	92.95	92.25
正常类贷款	88.61	89.00	89.01	89.02	88.98	88.63
关注类贷款	4.76	4.53	4.55	4.35	3.97	3.62
不良贷款	6.62	6.47	6.44	6.62	7.05	7.75
次级类贷款	2.28	2.25	2.12	2.07	2.52	2.93
可疑类贷款	2.82	2.73	2.84	3.06	3.04	2.86
损失类贷款	1.53	1.50	1.48	1.50	1.49	1.96

5-4 太原市主要银行业机构贷款质量统计表

单位：%

项目 \ 时间	7月	8月	9月	10月	11月	12月	
	比例	比例	比例	比例	比例	比例	比年初增减
正常贷款	92.05	91.35	91.59	90.83	90.84	90.89	-2.63
正常类贷款	88.36	87.79	88.12	87.33	87.06	86.78	-1.69
关注类贷款	3.69	3.56	3.47	3.50	3.77	4.11	-0.94
不良贷款	7.95	8.65	8.41	9.17	9.16	9.11	2.63
次级类贷款	3.06	3.18	2.83	3.07	2.79	2.78	0.58
可疑类贷款	2.83	3.41	3.51	3.94	4.13	4.14	1.39
损失类贷款	2.06	2.07	2.07	2.16	2.24	2.19	0.65

5-5 大同市银行业金融机构资产负债表

单位：万元

项目 \ 时间	1月	2月	3月	4月	5月
	余额	余额	余额	余额	余额
流动资产	8253737	8301864	8528202	8603698	8605501
一.现金及银行存款	76966	98925	94846	72381	89965
二.存放中央银行	610625	581097	578608	565044	551925
三.存放同业	352272	399101	417311	369456	385977
四.存放联行款项	5132922	5096153	5232284	5355862	5302736
五.拆放同业	4210	4210	4210	4210	4210
六.短期贷款	1515307	1526781	1580813	1617824	1653825
七.应收账款	23645	27281	40578	22668	24461
其中:应收利息	22474	27378	18916	26512	29284
八.减:坏账准备	10794	582	2188	1976	906
九.短期投资	30390	30390	30390	24390	43390
十.减:短期投资跌价准备					
十一.委托贷款及投资					
十二.买入返售资产				40000	
十三.待处理流动资产损失	14	14	14	14	14
十四.其他流动资产	518179	538495	551337	533825	549903
长期资产	1485136	1492641	1511118	1541625	1606276
十五.中长期贷款	1099977	1117394	1144947	1161060	1230826
十六.减:贷款损失准备	52501	62457	65074	66753	67863
十七.长期投资	409386	409700	409698	425784	424023
十八.减:长期投资减值准备	48701	48701	48701	48701	48701
十九.固定资产净值	76490	76150	69553	69454	67189
固定资产	112317	112235	105653	105800	103419
减:累计折旧	35828	36086	36100	36346	36230
二十.固定资产减值准备	161	161	28	28	28
二十一.固定资产清理	118	118	194	198	199
二十二.在建工程	527	597	527	611	631
二十三.减:在建工程减值准备					
二十四.待处理固定资产损失	1	1	1	1	1
无形递延及其他资产	3994	3993	9936	9503	11385
二十五.无形递延及其他资产	5428	5428	11371	9706	12841
二十六.减:抵债资产减值准备	1435	1435	1435	203	1455
二十七.减:无形资产减值准备					
二十八.减:其他资产减值准备					
资产总计	9742867	9798498	10049256	10154827	10223162

注:本表机构包括辖内所有银行业金融机构。

5-5 大同市银行业金融机构资产负债表

单位：万元

项目 \ 时间	6月	7月	8月	9月	10月
	余额	余额	余额	余额	余额
流动资产	8360017	8405215	8637515	8656618	8665656
一.现金及银行存款	86472	90838	83084	95554	80527
二.存放中央银行	572356	578153	579957	548811	579060
三.存放同业	395452	376218	348920	246122	280879
四.存放联行款项	4972362	4972476	5178705	5295820	5272001
五.拆放同业	4210	4210	4298	4210	4210
六.短期贷款	1723706	1756452	1771608	1813021	1808120
七.应收账款	16530	32038	60010	20969	28687
其中:应收利息	17832	24378	27445	19478	25524
八.减:坏账准备	936	940	600	599	944
九.短期投资	24390	24390	24390	23618	28618
十.减:短期投资跌价准备					
十一.委托贷款及投资					
十二.买入返售资产					
十三.待处理流动资产损失	14	14	14	14	14
十四.其他流动资产	565461	571365	587128	609078	584484
长期资产	1692252	1728216	1756153	1840962	1857431
十五.中长期贷款	1302614	1334337	1356478	1437026	1448357
十六.减:贷款损失准备	68705	68557	68614	73795	72809
十七.长期投资	439712	444064	449972	459971	462245
十八.减:长期投资减值准备	48701	48701	48701	48701	48701
十九.固定资产净值	66093	65454	65197	64017	65831
固定资产	102762	102511	102540	102033	104523
减:累计折旧	36669	37056	37343	38016	38691
二十.固定资产减值准备	28	28	28	28	28
二十一.固定资产清理	549	959	1075	1648	1648
二十二.在建工程	718	688	774	824	888
二十三.减:在建工程减值准备	1				
二十四.待处理固定资产损失		1	1		
无形递延及其他资产	11334	11265	11101	12390	8895
二十五.无形递延及其他资产	12789	12720	12557	12568	9074
二十六.减:抵债资产减值准备	1455	1455	1455	179	179
二十七.减:无形资产减值准备					
二十八.减:其他资产减值准备					
资产总计	10063604	10144696	10404769	10509970	10531982

5-5　大同市银行业金融机构资产负债表

单位:万元

项目＼时间	11月	12月		
	余额	余额	比同期增减额	比同期增长%
流动资产	8758876	8741137	683872	8.49
一.现金及银行存款	84442	70432	3502	5.23
二.存放中央银行	676937	880537	68343	8.41
三.存放同业	254263	113984	-43149	-27.46
四.存放联行款项	5284415	5325551	497549	10.31
五.拆放同业	4210	4210	-5000	-54.29
六.短期贷款	1814183	1709904	240290	16.35
七.应收账款	27235	13809	11209	431.12
其中:应收利息	31250	23748	7025	42.01
八.减:坏账准备	949	1154	583	102.10
九.短期投资	30658	12600	-177203	-93.36
十.减:短期投资跌价准备				
十一.委托贷款及投资				
十二.买入返售资产				
十三.待处理流动资产损失	14		-14	-100.00
十四.其他流动资产	583468	611265	88929	17.03
长期资产	1917341	1913042	441729	30.02
十五.中长期贷款	1538519	1540408	443234	40.40
十六.减:贷款损失准备	75822	80556	17119	26.99
十七.长期投资	436823	430920	24156	5.94
十八.减:长期投资减值准备	48701	48701		
十九.固定资产净值	64463	70673	-8355	-10.57
固定资产	103318	109824	-4859	-4.24
减:累计折旧	38854	39150	3495	9.80
二十.固定资产减值准备	28	31	-130	-80.75
二十一.固定资产清理	1344	315	196	164.71
二十二.在建工程	742	15	-512	-97.15
二十三.减:在建工程减值准备				
二十四.待处理固定资产损失			-1	-100.00
无形递延及其他资产	6648	9550	7510	368.14
二十五.无形递延及其他资产	6826	9572	6097	175.45
二十六.减:抵债资产减值准备	179	22	-1413	-98.47
二十七.减:无形资产减值准备				
二十八.减:其他资产减值准备				
资产总计	10682865	10663729	1133111	11.89

5-5 大同市银行业金融机构资产负债表

单位:万元

项目 \ 时间	1月	2月	3月	4月	5月
	余额	余额	余额	余额	余额
流动负债	5002302	4978470	5343522	5513993	5317483
一.短期存款	2943594	2798414	3096166	3297673	3175515
二.活期储蓄存款	1663436	1745642	1767061	1766313	1749958
三.财政性存款	32775	33457	33479	38776	51938
四.向中央银行借款	12970	15496	15196	10790	11290
五.同业存放	205083	256269	299503	230246	183171
六.联行存放					
七.同业拆入					
八.应解汇款及临时存款	4340	6285	6638	4315	5496
九.汇出汇款	5242	4381	1932	2781	2444
十.委托存款	-622	-201	-436	657	-431
十一.卖出回购资产					
十二.应付及预提账项	101562	84839	92128	120465	90687
十三.存放短期保证金	25717	27753	27297	27398	39894
十四.发行短期债券					
十五.其他流动负债	8205	6136	4558	14580	7521
长期负债	4632691	4738216	4614651	4562470	4821734
十六.长期存款	523139	510067	330838	305780	510299
十七.定期储蓄存款	3983650	4098458	4169949	4162909	4160945
十八.存放长期保证金					
十九.发行长期债券					
二十.其他长期负债	125902	129691	113864	93782	150491
所有者权益	107873	81812	91082	78364	83945
二十一.实收资本	49119	49102	49213	49244	48276
二十二.资本公积	1541	1454	1432	1433	1433
二十三.公积金	5538	5538	5538	5538	5538
二十四.公益金					
二十五.未分配利润	30300	4343	13524	774	7329
其中:本年利润	8448	14157	23581	29455	36473
二十六、一般准备金	21375	21375	21375	21375	21369
负债总计	9742867	9798498	10049256	10154827	10223162

5-5 大同市银行业金融机构资产负债表

单位:万元

项目 \ 时间	6月	7月	8月	9月	10月
	余额	余额	余额	余额	余额
流动负债	5366997	5438523	5738070	5848930	5801473
一.短期存款	3187515	3170471	3431193	3583551	3555108
二.活期储蓄存款	1803026	1853599	1876925	1898825	1817376
三.财政性存款	44421	48417	46949	56307	53935
四.向中央银行借款	10790	10790	10790	13790	14290
五.同业存放	150129	178237	157076	121250	152403
六.联行存放					
七.同业拆入					
八.应解汇款及临时存款	6543	8569	10488	8762	6540
九.汇出汇款	3163	1649	2245	1891	4524
十.委托存款	514	352	-7	-100	-197
十一.卖出回购资产					
十二.应付及预提账项	112093	112892	120911	129106	123595
十三.存放短期保证金	38575	44331	63103	27108	52999
十四.发行短期债券					
十五.其他流动负债	10229	9217	18397	8440	20899
长期负债	4596636	4599650	4554713	4532145	4550314
十六.长期存款	307009	329439	326191	325747	325803
十七.定期储蓄存款	4166555	4184555	4180072	4161845	4174390
十八.存放长期保证金					
十九.发行长期债券					
二十.其他长期负债	123072	85656	48451	44553	50122
所有者权益	99970	106522	111985	128895	180195
二十一.实收资本	48214	48006	48799	49562	89714
二十二.资本公积	1290	1291	1299	1263	1263
二十三.公积金	5535	5535	5661	5535	5492
二十四.公益金			-126		
二十五.未分配利润	23561	30320	34982	50240	61339
其中:本年利润	52960	60173	66122	79637	90984
二十六、一般准备金	21370	21370	21370	22295	22386
负债总计	10063604	10144696	10404769	10509970	10531982

5-5 大同市银行业金融机构资产负债表

单位:万元

项目 \ 时间	11月	12月		
	余额	余额	比同期增减额	比同期增长%
流动负债	5914670	5907673	756734	14.69
一.短期存款	3652809	3749405	678532	22.10
二.活期储蓄存款	1867845	1865973	234769	14.39
三.财政性存款	59857	52627	4942	10.36
四.向中央银行借款	14290	14290	-2180	-13.24
五.同业存放	104482	40734	-48836	-54.52
六.联行存放				
七.同业拆入				
八.应解汇款及临时存款	9426	7917	1597	25.27
九.汇出汇款	2960	29242	1783	6.49
十.委托存款	-53	186	289	-280.58
十一.卖出回购资产			-147620	
十二.应付及预提账项	142735	114905	27894	32.06
十三.存放短期保证金	49679	22585	823	3.78
十四.发行短期债券				
十五.其他流动负债	10639	9809	4741	93.55
长期负债	4602283	4588374	293744	6.84
十六.长期存款	326232	320012	16622	5.48
十七.定期储蓄存款	4195866	4249062	296015	7.49
十八.存放长期保证金				
十九.发行长期债券				
二十.其他长期负债	80184	19300	-18893	-49.47
所有者权益	165912	167682	82633	97.16
二十一.实收资本	90354	92584	43515	88.68
二十二.资本公积	1263	2237	653	41.22
二十三.公积金	5491	5591	50	0.90
二十四.公益金		44342		
二十五.未分配利润	46419		36855	492.25
其中:本年利润	78228	79549	22306	38.97
二十六、一般准备金	22385	22928	1560	
负债总计	10682865	10663729	1133111	11.89

5-6　大同市金融机构存、贷款指标

单位:万元

时间 / 项目	1月	2月	3月	4月	5月
	余额	余额	余额	余额	余额
一、各项存款	9198899	9238674	9455678	9625894	9721001
1.企事业单位存款	2722194	2588815	2646195	2776678	2874484
(1)活期存款	2323054	2217048	2443157	2598698	2495086
(2)定期存款	399139	371767	203038	177980	379399
2.储蓄存款	5647086	5844100	5937010	5929221	5910903
(1)活期储蓄	1663436	1745642	1767061	1766313	1749958
(2)定期储蓄	3983650	4098458	4169949	4162909	4160945
3.信托存款					
4.委托存款	-622	-201	-436	657	-431
5.其他存款	830241	805961	872909	919338	936045
二、各项贷款	2615282	2644168	2725760	2778880	2884649
1.短期贷款	1383878	1413272	1480214	1522481	1516327
2.中长期贷款	1097285	1114710	1142277	1158392	1230824
3.信托贷款					
4.委托贷款					
5.其他贷款	4541	2677	2670	2664	69
6.票据融资	129578	113509	100599	95343	137429
7.各项垫款					

注:本表机构包括人民银行、政策性银行、国有商业银行、城市商业银行、农村信用社、信托投资公司、租赁公司、邮政储汇局。

5-6 大同市金融机构存、贷款指标

单位：万元

项　目 ＼ 时　间	6月	7月	8月	9月	10月
	余额	余额	余额	余额	余额
一、各项存款	9589556	9674180	9973513	10100164	10024290
1.企事业单位存款	2583365	2629791	2821465	2972804	2930847
(1)活期存款	2407256	2448052	2642974	2796657	2754644
(2)定期存款	176109	181739	178491	176147	176203
2.储蓄存款	5969581	6038154	6056997	6060670	5991766
(1)活期储蓄	1803026	1853599	1876925	1898825	1817376
(2)定期储蓄	4166555	4184555	4180072	4161845	4174390
3.信托存款					
4.委托存款	514	352	-7	-100	-197
5.其他存款	1036097	1005883	1095058	1066790	1101873
二、各项贷款	3026320	3090795	3132201	3251380	3256478
1.短期贷款	1561868	1560843	1579961	1587037	1577633
2.中长期贷款	1302614	1334343	1360593	1438359	1448358
3.信托贷款					
4.委托贷款					
5.其他贷款	168	174	212		2331
6.票据融资	161671	195435	191435	225983	228120
7.各项垫款					36

5-6 大同市金融机构存、贷款指标

单位：万元

时间 项目	11月	12月		
	余额	余额	比年初增减额	比年初增长%
一、各项存款	10199626	10296024	1285826	14.27
1.企事业单位存款	3052484	3152056	465645	17.33
(1)活期存款	2876552	2979965	492927	19.82
(2)定期存款	175932	172092	-27282	-13.68
2.储蓄存款	6063712	6115035	572978	10.34
(1)活期储蓄	1867845	1865973	239857	14.75
(2)定期储蓄	4195866	4249062	333120	8.51
3.信托存款				
4.委托存款	-53	186	554	-150.54
5.其他存款	1083483	1028747	246649	31.54
二、各项贷款	3352701	3250389	683628	26.63
1.短期贷款	1577976	1529812	192751	14.42
2.中长期贷款	1538518	1540485	444497	40.56
3.信托贷款				
4.委托贷款				
5.其他贷款	2146		-6427	-1
6.票据融资	233571	179602	52318	41.1
7.各项垫款	490	490	490	

5-7 大同市金融机构存、贷款时序表

单位:亿元

时间	各项存款			各项贷款		
	余额	比年初增减额	余额比同期%	余额	比年初增减额	余额比同期%
1月	919.89	18.87	22.10	226.4	-30.28	4.87
2月	923.87	22.85	19.63	228.2	-28.48	2.72
3月	945.57	44.55	19.19	272.58	15.9	23.23
4月	962.59	61.57	17.78	277.89	21.21	18.69
5月	972.1	71.08	16.22	288.46	31.78	22.01
6月	958.96	57.94	14.66	302.63	45.95	28.78
7月	967.42	66.4	11.23	309.08	52.4	29.66
8月	997.35	96.33	15.21	313.22	56.54	24.9
9月	1010.02	109	15.73	325.14	68.46	23.52
10月	1002.43	101.41	13.68	325.65	68.97	24.28
11月	1019.96	118.94	13.44	335.27	78.59	29.49
12月	1029.6	128.58	13.70	325.04	68.36	26.63

5-8　大同市银行业金融机构贷款质量统计表

单位：万元

项目 \ 时间	1月	2月	3月	4月	5月	6月
	余额	余额	余额	余额	余额	余额
正常贷款	2108379.4	2139397.11	2225602.01	2277001.7	2384753.88	2538418.56
正常类贷款	1916502.6	1943192.02	2015444.25	2060161.93	2159728.2	2316032.05
关注类贷款	191876.78	196205.09	210157.76	216839.77	225025.68	222386.51
不良贷款	506902.73	504770.82	500157.55	501878.3	499894.84	487901.19
次级类贷款	182303.21	174787.37	173351.93	167162.1	167675.11	160309.93
可疑类贷款	203703.44	208489.13	206029.39	209634.46	204078.42	156539.3
损失类贷款	120896.08	121494.32	120776.23	125081.74	128141.31	141351.96
贷款合计	2615282.2	2644167.93	2725759.56	2778880	2884648.72	3026319.75

5-8　大同市银行业金融机构贷款质量统计表

单位：万元

项目 \ 时间	7月	8月	9月	10月	11月	12月	
	余额	余额	余额	余额	余额	余额	比年初增减额
正常贷款	2604658.28	2645539.39	2776593.94	2762868.56	2862551.41	2774864.35	722813.25
正常类贷款	2381058.7	2425556.95	2532215.57	2520921.19	2623030.31	2547586.4	691694.57
关注类贷款	223599.58	219982.44	244378.37	241947.37	239521.1	227277.95	31118.68
不良贷款	486136.71	486661.66	474785.99	493609.08	490149.53	475524.69	-39186.89
次级类贷款	158518.8	157369.44	149431.95	154499.44	140083.93	155294.01	-31627.38
可疑类贷款	185272.21	187304.49	183554.78	190089.25	191896.95	166331.96	-41044.32
损失类贷款	142345.7	141987.73	141799.26	149020.39	158168.65	153898.72	32484.94
贷款合计	3090794.99	3132201.05	3251379.93	3256477.64	3352700.94	3250389.04	683626.49

注：本表机构包括农业发展银行、工商银行、农业银行、中国银行、建设银行、城市商业银行、农村信用社。

5-8 大同市银行业金融机构贷款质量统计表

单位：%

项目 \ 时间	1月	2月	3月	4月	5月	6月
	比例	比例	比例	比例	比例	比例
正常贷款	80.62	80.91	81.65	81.94	82.67	83.88
正常类贷款	73.28	73.49	73.94	74.14	74.87	76.53
关注类贷款	7.34	7.42	7.71	7.8	7.8	7.35
不良贷款	19.38	19.09	6.05	18.06	17.33	16.12
次级类贷款	6.97	6.62	6.36	6.02	5.81	5.3
可疑类贷款	7.79	7.88	7.56	7.54	7.07	5.17
损失类贷款	4.62	4.59	4.43	4.5	4.44	4.67

5-8 大同市银行业金融机构贷款质量统计表

单位：%

项目 \ 时间	7月	8月	9月	10月	11月	12月	
	比例	比例	比例	比例	比例	比例	比年初增减
正常贷款	84.27	84.46	85.4	84.84	85.38	85.37	5.43
正常类贷款	77.04	77.44	77.88	77.41	78.24	78.38	6.28
关注类贷款	7.23	7.02	7.52	7.43	7.14	6.99	−0.65
不良贷款	15.73	15.54	14.6	15.16	14.62	14.63	−5.42
次级类贷款	5.13	5.02	4.6	4.74	4.18	4.78	−2.46
可疑类贷款	5.99	5.98	5.65	5.84	5.72	5.12	−2.96
损失类贷款	4.61	4.53	4.36	4.58	4.72	4.73	0

5-9　大同市主要银行业机构非信贷资产情况表

单位：万元

指标 \ 时间 项目	1季度			2季度		
	余额	其中：不良资产	预计损失	余额	其中：不良资产	预计损失
一、现金	61400.19			51689.36		
二、银行存款	1157.23			1127.15		
三、贵金属						
四、存放中央银行款项	173714.02			168653.33	19	19
五、存放同业款项	106412			68384		
六、拆放同业	4210	4210	4210	4210	4210	4210
七、存放联行款项（轧差）	5253573.15			4893944.77		
八、应收及预付款项	39094.07	6861.44	5180.41	21385.35	6373.61	4653.66
其中：应收利息	14617.35	1222.18	878.49	13913.04	299.23	98.07
待处理案件纠纷垫款	519.27	328.91	311.56	504.81	385.02	364.49
九、短期投资	19665.59			20744.5		
十、委托贷款及委托投资	1451.8	2.92	4.5	1932.1	14.1	12.69
十一、买入返售证券						
十二、待处理流动资产损失	122	122	122	122	122	122
十三、长期投资	309912.04	70834	51839.72	323387.01	70834	51889.99
十四、固定资产净值	59791.09	295	152	55923.17	175.28	65.28
十五、固定资产清理	194.25	18.38	18.38	548.99	18.32	18.32
十六、在建工程	494.9			580		
十七、待处理固定资产损失						
十八、无形资产	8635.42			10651.71		
十九、递延资产	3160.74	695	589	3086.7	2154	2154
二十、其他非信贷资产	19943.75	4869.75	3629.45	18057.36	4400.64	3024.55
1.待处理抵债资产	18344.21	3555.21	2314.91	17875.11	3086.11	1710.02
2.应付福利费垫款						
3.未弥补亏损	1265.93	1265.93	1265.93	1265.93	1265.93	1265.93
4.待处理房改资产						
5.待清理自办实体资产						
6.待清理接收资产						
（1）待清理城信社资产						
（2）待清理城信社资产与负债差额						
（3）待清理信托资产						
（4）人行转来企业贷款本金						
（5）其他金融机构转来资产						
（6）其他待清理接收资产						
7.其他非信贷资产	333.61	48.61	48.61	-1083.68	48.6	48.6
非信贷资产合计	6062932.24	87908.49	65745.46	5644427.5	88320.95	66169.49

注：本表机构包括农业发展银行、工商银行、农业银行、中国银行、建设银行、城市商业银行。

5-9 大同市主要银行业机构非信贷资产情况表

单位：万元

项目	3季度 余额	3季度 其中：不良资产	3季度 预计损失	4季度 余额	4季度 其中：不良资产	4季度 预计损失
一、现金	58773.89			42151.37		
二、银行存款	1019.52			200		
三、贵金属						
四、存放中央银行款项	184614.66			404202.92		
五、存放同业款项	25249			25849		
六、拆放同业	4210	4210	4210	4210	4210	4210
七、存放联行款项(轧差)	5331881.61			5320956.24		
八、应收及预付款项	23419.94	6087.28	4605.92	16973.56	5817.83	3832.91
其中：应收利息	13113.28	123.85	28.9	16764.52	538.31	3.02
待处理案件纠纷垫款	610.11	389.07	367.66	257.91	125.1	63.47
九、短期投资	22832.99			10459.76		
十、委托贷款及委托投资	2379.43	13.86	13.47	2063.47	13.39	11.62
十一、买入返售证券						
十二、待处理流动资产损失	122	122	122			
十三、长期投资	333702.35	70563	51889.99	305052.89	68544	56069
十四、固定资产净值	53686.04	175.28	65.28	59542.14	20.22	19.22
十五、固定资产清理	1649.04	18.38	18.38	315.04	18.38	18.38
十六、在建工程	580					
十七、待处理固定资产损失						
十八、无形资产	10505.48			10403.22		
十九、递延资产	3014.38	2154	2154	961.18		
二十、其他非信贷资产	17915.92	2986.24	2329.21	20060.91	5420.98	4844.66
1.待处理抵债资产	16459.71	1670.71	1013.68	15843.05	1054.05	477.73
2.应付福利费垫款						
3.未弥补亏损	1265.93	1265.93	1265.93	4365.93	4365.93	4365.93
4.待处理房改资产						
5.待清理自办实体资产						
6.待清理接收资产	1	1	1	1	1	1
(1)待清理城信社资产						
(2)待清理城信社资产与负债差额						
(3)待清理信托资产						
(4)人行转来企业贷款本金						
(5)其他金融机构转来资产						
(6)其他待清理接收资产	1	1	1	1	1	1
7.其他非信贷资产	189.28	48.6	48.6	-149.07		
非信贷资产合计	6075556.25	86330.04	65408.25	6223401.8	84044.8	67638.43

5-10　大同市主要银行业机构表外业务情况表

单位:万元

项目	1季度 余额	1季度 风险敞口	1季度 垫款期末余额	2季度 余额	2季度 风险敞口	2季度 垫款期末余额
一、担保类业务	55783.32	17143.07		101978.2	58358.92	
1.开出银行承兑汇票	42800	12961.5		46430.3	22041	
2.开出信用证	6163.75	1523		40328.99	24122.56	
3.保函	6819.57	2658.57		15218.95	12195.36	
4.债券发行担保						
其中:可转换债券担保						
5.其他担保类业务						
二、承诺类业务						
1.贷款承诺						
2.循环授信额度						
3.其他承诺类业务						
三、金融衍生类业务						
1.期权						
2.互换						
3.远期外汇						

5-10　大同市主要银行业机构表外业务情况表

单位:万元

项目	3季度 余额	3季度 风险敞口	3季度 垫款期末余额	4季度 余额	4季度 风险敞口	4季度 垫款期末余额
一、担保类业务	103969.7	40972.95		79436.2	46780.85	
1.开出银行承兑汇票	46485	21858		43304	24829	
2.开出信用证	42236.58	7558.29		13029.12	4297.69	
3.保函	15248.15	11556.66		23103.08	17654.16	
4.债券发行担保						
其中:可转换债券担保						
5.其他担保类业务						
二、承诺类业务						
1.贷款承诺						
2.循环授信额度						
3.其他承诺类业务						
三、金融衍生类业务						
1.期权						
2.互换						
3.远期外汇						

注:本表机构包括农业发展银行、工商银行、农业银行、中国银行、建设银行、城市商业银行。

5-11 大同市主要银行业机构贷款按逾期时间分类表

单位：万元

项目 \ 时间	上年末	一季度	二季度	三季度	四季度
	余额	余额	余额	余额	余额
各项贷款	1792660	1900720	2066742	2122950	2185801
未到期贷款	1578374	1688396	1854565	1925734	1999985
逾期类贷款	214286	212324	212176.73	197216	185816.12
其中：逾期0到3个月贷款	14354	10458	15197.8	10464	9274.8
逾期3个月到6个月贷款	6758	3891	3492	3430	2168.07
逾期6个月到9个月贷款	1968	6650	2392	755	3307.28
逾期9个月到1年贷款	690	2202	5442	1987	737
逾期1年以上贷款	190516	189123	185652.93	180580	170328.97

注：本表机构包括农业发展银行、工商银行、农业银行、中国银行、建设银行。

5-12 大同市主要银行业机构贷款质量迁徙情况表

迁徙矩阵：　　单位：%

项　　目	正常类贷款	关注类贷款	次级类贷款	可疑类贷款	损失类贷款
正常类贷款	95.84	0.78	0.04	2.62	0.72
关注类贷款	12.12	35.03	9.17	20.45	23.22
次级类贷款		0.02	16.32	79.61	4.05
可疑类贷款		0.04		40.7	59.26
损失类贷款					100

5-12 大同市主要银行业机构贷款质量迁徙情况表

单位：万元

项　　目	分子	分母	比例%
1.年初不良贷款率	185715	1439733	12.9
2.期末不良贷款率	185180	1700191	10.89
3.不良贷款率变动情况(1.-2.)	-535	260458	-2.01
4.贷款质量总体向上迁徙率	1900	167013	1.14
5.贷款质量总体向下迁徙率	75423	707462	10.66
6.正常类贷款向下迁徙率	26188	629490	4.16
7.关注类贷款向下迁徙率	8199	15514	52.85
8.次级类贷款向下迁徙率	13789	16482	83.66
9.可疑类贷款向下迁徙率	27247	45976	59.26
10.当年新增贷款不良率	4229	903688	0.47
11.当年新形成不良贷款率	37026	1569962	2.36
12.贷款重组贡献度		20	
13.不良贷款周转率	609017	1254018	48.57
14.不良贷款处置收现率	31417	36701	85.6
15.不良贷款处置以物抵债率	1845	36701	5.03
16.不良贷款处置核销率		36701	

注：本表机构包括农业发展银行、工商银行、农业银行、中国银行、建设银行。

5-13 大同市银行业金融机构部分行业贷款情况表

单位：万元

项目 \ 时间	1季度	2季度	3季度	4季度	
	余额	余额	余额	余额	比年初增减额
一、煤炭行业	721765.29	842151.84	860708	857441.41	146374.31
二、焦炭行业	3313	3475	3441	3612	-161
(1)年产60万吨以上					
(2)年产40-60万吨					
(3)年产20-40万吨	125				-125
(4)年产20万吨以下	3188	3475	3441	3612	-36
三、冶金行业	56538	55691	63681	77371	19556
(1)普通钢	21078	21463	31918	21642	668
(2)特种钢	632	632	632	264	-368
(3)生铁	30	30	30	30	
(4)铁合金	27588	27046	26951	26265	2469
(5)电解铝					
四、建材行业	42238.8	42961.96	54380	43837	2816.2
(1)水泥	28067.81	27856.46	28426	24866	-1983.81
五、交通行业	131997	134859.31	176311.25	168737	37395
(1)公路	118996	113419.31	154519.75	155045	36754
(2)铁路	13001	21048	21449.5	13568	517
六、化工行业	23587.6	29165	28975	37165	13429.4
(1)电石	1367	964	610	589	125
七、电力行业	406358	412578	457068	594548	258537
八、房地产业	98260.75	95058	103409	95439.89	1162.66
(1)房地产开发商贷款	21006	18125	18180	16841	-1771
(2)住房开发贷款	17666	19069	24770	22670	3701
(3)政府土地储备机构贷款	19100	19100	19100	16520	-650
(4)单位购置商业用房贷款					
(5)个人购房贷款	40488.75	38764	41359	38999.89	-526.34
九、医药制造业	28009.5	46951.93	48573	35780	6527.5
十、机械制造业	45136.05	68869.71	66599	66735.15	23765
合计	1557204	1731761.8	1863145.3	1980666.5	509402.07

注：本表机构包括工商银行、农业银行、中国银行、建设银行、城市商业银行、农村信用社。

5-14　大同市银行业金融机构部分行业不良贷款情况表

单位:万元

项目 \ 指标 \ 时间	1季度		2季度		3季度	
	余额	比例%	余额	比例%	余额	比例%
一、煤炭行业	31077.29	4.31	35926.24	4.27	34906.00	4.06
二、焦炭行业	606.00	18.29	839.00	24.14	839.00	24.38
(1)年产60万吨以上						
(2)年产40-60万吨						
(3)年产20-40万吨	125.00	100.00				
(4)年产20万吨以下	481.00	15.09	839.00	24.14	839.00	24.38
三、冶金行业	21119.00	37.35	19405.00	34.84	19610.00	30.79
(1)普通钢	15701.00	74.49	13807.00	64.33	13802.00	43.24
(2)特种钢	632.00	100.00	632.00	100.00	632.00	100.00
(3)生铁	30.00	100.00	30.00	100.00	30.00	100.00
(4)铁合金	2516.00	9.12	2716.00	10.04	2716.00	10.08
(5)电解铝						
四、建材行业	18713.80	44.30	20247.96	47.13	22977.00	42.25
(1)水泥	12572.81	44.79	12896.46	46.30	13742.00	48.34
五、交通行业	5736.00	4.35	10385.31	7.70	8809.65	5.00
(1)公路	5711.00	4.80	9244.31	8.15	7974.15	5.16
(2)铁路	25.00	0.19	769.00	3.65	613.50	2.86
六、化工行业	3971.60	16.84	4275.85	14.66	4352.00	15.02
(1)电石	610.00	44.62	764.00	79.25	610.00	100.00
七、电力行业	2131.00	0.52	3243.00	0.79	3557.00	0.78
八、房地产业	6841.00	6.96	7766.00	8.17	5647.00	5.46
(1)房地产开发商贷款	2694.00	12.82	4687.00	25.86	4442.00	24.43
(2)住房开发贷款	1914.00	10.83	1914.00	10.04	170.00	0.69
(3)政府土地储备机构贷款						
(4)单位购置商业用房贷款						
(5)个人购房贷款	2233.00	5.52	1165.00	3.01	1035.00	2.50
九、医药制造业	1034.50	3.69	16871.60	35.93	20826.00	42.88
十、机械制造业	2122.05	4.70	7156.28	10.39	2829.00	4.25
合　计	93352.24	5.99	126116.24	7.28	124352.65	6.67

注:本表机构包括工商银行、农业银行、中国银行、建设银行、城市商业银行、农村信用社。

5-14 大同市银行业金融机构部分行业不良贷款情况表

单位：万元

项目 \ 指标 \ 时间	4季度			
	余额	比例%	余额比年初增减	比例比年初增减
一、煤炭行业	33767.41	3.94	-578.69	-0.40
二、焦炭行业	2491.00	68.96	1526.00	43.39
(1)年产60万吨以上				
(2)年产40-60万吨				
(3)年产20-40万吨			-125.00	
(4)年产20万吨以下	2491.00	68.96	1651.00	45.94
三、冶金行业	8992.00	11.62	-12542.00	-25.62
(1)普通钢	3532.00	16.32	-9457.00	-45.61
(2)特种钢	264.00	100.00	-368.00	
(3)生铁	30.00	100.00		
(4)铁合金	2716.00	10.34	2646.00	10.05
(5)电解铝				
四、建材行业	22232.00	50.72	2784.20	3.31
(1)水泥	14586.00	58.66	1267.19	9.05
五、交通行业	12964.00	7.68	6574.00	2.82
(1)公路	7116.00	4.59	751.00	-0.79
(2)铁路	5844.00	43.07	5819.00	42.88
六、化工行业	4257.00	11.45	-165.60	-7.18
(1)电石	589.00	100.00	125.00	
七、电力行业	4847.00	0.82	2716.00	0.18
八、房地产业	4549.61	4.77	-1900.89	-2.08
(1)房地产开发商贷款	3548.00	21.07	655.00	5.52
(2)住房开发贷款	170.00	0.75	-1744.00	-9.34
(3)政府土地储备机构贷款				
(4)单位购置商业用房贷款				
(5)个人购房贷款	831.61	2.13	-811.89	-2.03
九、医药制造业	20815.00	58.17	19780.50	54.64
十、机械制造业	2951.15	4.42	-2741.00	-8.82
合　计	117866.17	5.95	15452.52	-1.01

5-15　大同市主要银行业机构客户大额授信和零售贷款违约客户情况统计时序表

单位：个，亿元，%

指标 项目 时间	客户大额授信统计								关联企业授信	关联企业贷款	零售贷款违约统计	
	客户数	授信额度	贷款余额	不良贷款	不良占比	预警信息					法人违约数	个人违约数
						客户数	贷款	不良贷款				
1月	33	387.4	117.2	4.5	3.87	2	2.4	1.8			331	909
2月	33	387.1	120.5	4.5	3.76	2	2.4	1.8			331	932
3月	33	344.4	122.6	4.5	3.69	2	2.4	1.8			332	926
4月	33	353.7	124.3	4.5	3.64	2	2.4	1.8			331	912
5月	33	348.5	129.5	4.5	3.5	2	2.4	1.8			285	835
6月	35	360.6	135.6	4.2	3.09	2	2.3	1.7			329	816
7月	36	277	136.3	4.2	3.08	2	2.3	1.7			330	893
8月	37	380	139.7	4.2	3	2	2.1	1.7			285	896
9月	38	381	143.1	3.6	2.54	2	1.5	1.2			291	878
10月	41	382	147.1	3.6	2.47	5	4.7	1.2			335	875
11月	42	379.5	154.5	3.6	2.35	5	4.6	1.2			334	846
12月	40	415.3	154.5	2.6	1.71	5	4.5	1.2			325	876

注：本表机构包括工商银行、农业银行、中国银行、建设银行。

5-16　大同市银行业金融机构小企业贷款情况统计表

单位：个、万元

指标 时间 项目	1季度	2季度	3季度	4季度	
	余额	余额	余额	余额	比年初
1.小企业授信户数	4701	4149	4087	3537	-1017
2.小企业贷款额	640272.81	685486.05	717693.21	637399.01	43103.78
2.1.1 其中：正常类贷款	271747.26	324839.52	347609.04	355397.44	124383.48
2.1.2 关注类贷款	112876.9	113105.64	130616.57	101053.06	-939.61
2.1.3 次级类贷款	80377.05	71892.13	64693.41	44723.58	-41978.26
2.1.4 可疑类贷款	80966.43	67351.17	64164.06	49727.84	-27893.01
2.1.5 损失类贷款	94305.17	108297.59	110610.13	86497.09	-10468.82
2.2 其中：本金逾期贷款	170952.13	164151.12	142428.79	138007.07	-29917.93
2.3 其中：重组贷款	23499.81	23885.8	1133	3020	-49771.21
3.小企业表外授信额	13433	9548	5994.9	4272.85	-12971.15
4.小企业表内外授信总额	653705.81	695034.05	723688.11	641671.86	30132.63

注：本表机构包括农业发展银行、工商银行、农业银行、中国银行、建设银行、城市商业银行、农村信用社。

5-17 大同市银行业金融机构案件信息统计表

单位:万元,件

项 目	案 件		其中:百万元以上案件	
	本年累计发生	比上年同期增减	本年累计发生	比上年同期增减
经济案件数量	0	-1	0	0
其中:挪用	0	0	0	0
贪污	0	0	0	0
侵占	0	-1	0	0
贿赂	0	0	0	0
经济案件涉案金额	0	-73	0	0
其中:挪用	0	0	0	0
贪污	0	0	0	0
侵占	0	-73	0	0
贿赂	0	0	0	0
经济案件风险金额	0	-73	0	0
其中:挪用	0	0	0	0
贪污	0	0	0	0
侵占	0	-73	0	0
贿赂	0	0	0	0
违规经营数量	0	-1	0	0
其中:违反金融法规	0	-1	0	0
违反财经纪律	0	0	0	0
破坏金融秩序	0	0	0	0
违规经营涉案金额	0	0	0	0
其中:违反金融法规	0	0	0	0
违反财经纪律	0	0	0	0
破坏金融秩序	0	0	0	0
违规经营风险金额	0	-75	0	0
其中:违反金融法规	0	-75	0	0
违反财经纪律	0	0	0	0
破坏金融秩序	0	0	0	0
诈骗案件数量	0	0	0	0
诈骗案件涉案金额	0	0	0	0
诈骗案件风险金额	0	0	0	0
抢劫案件数量	0	0	0	0
抢劫案件涉案金额	0	0	0	0
抢劫案件风险金额	0	0	0	0
盗窃案件数量	0	0	0	0
盗窃案件涉案金额	0	0	0	0
盗窃案件风险金额	0	0	0	0
各类案件数量总计	0	-2	0	0
各类案件涉案金额总计	0	-73	0	0
各类案件风险金额总计	0	-148	0	0

注:本表机构包括辖内所有银行业金融机构。

5-18　朔州市银行业金融机构资产负债表

单位：万元

项目＼时间	1月	2月	3月	4月	5月
	余额	余额	余额	余额	余额
流动资产	2500999.72	2559782.81	2731212.57	2600963.10	2622944.72
一、现金及银行存款	34843.65	62640.67	52602.33	31308.44	36794.95
二、存放中央银行	144912.71	148387.72	181456.97	123523.22	149056.34
三、存放同业	34250.05	33635.97	55011.35	36551.67	35049.46
四、存放联行款项	1386647.75	1407126.93	1500091.48	1312265.56	1289485.54
五、拆放同业	190.00	190.00	190.00	190.00	365.00
六、短期贷款	882368.28	885816.97	915371.38	922789.97	930351.48
七、应收账款	10278.63	14855.68	20956.84	20134.23	24186.34
其中：应收利息	12550.67	15120.16	15313.24	18448.76	21153.95
八、减：坏账准备	700.25	713.44	748.49	402.63	412.36
九、短期投资					
十、减：短期投资跌价准备					
十一、委托贷款及投资					
十二、买入返售资产	8032.68	7532.68	6306.30	154981.57	157443.77
十三、待处理流动资产损失					
十四、其他流动资产	176.22	309.63	-25.59	-378.93	624.20
长期资产	601412.37	601362.57	598813.47	594950.37	589426.74
十五、中长期贷款	541034.21	541298.59	540843.32	536859.78	533915.65
十六、减：贷款损失准备	22687.52	22682.11	22980.92	23712.36	23670.41
十七、长期投资	40637.13	40481.93	40512.26	41503.19	40487.15
十八、减：长期投资减值准备	0.30	0.30	0.30	0.30	0.30
十九、固定资产净值	42984.85	42820.46	40943.58	40804.80	39199.12
固定资产	62114.42	62166.42	60351.19	60330.62	58966.82
减：累计折旧	19129.57	19345.96	19407.61	19525.82	19767.70
二十、固定资产减值准备	556.00	556.00	556.00	556.00	556.00
二十一、固定资产清理			51.53	51.26	51.53
二十二、在建工程					
二十三、减：在建工程减值准备					
二十四、待处理固定资产损失					
无形递延及其他资产	3418.70	1899.85	3451.81	3432.11	4667.06
二十五、无形递延及其他资产	3569.02	2050.17	3602.13	3582.43	4817.38
二十六、减：抵债资产减值准备					
二十七、减：无形资产减值准备	0.32	0.32	0.32	0.32	0.32
二十八、减：其他资产减值准备	150.00	150.00	150.00	150.00	150.00
资产总计	3105830.79	3163045.23	3333477.85	3199345.58	3217038.52

注：本表机构包括辖内所有银行业金融机构。

5-18 朔州市银行业金融机构资产负债表

单位：万元

项目 \ 时间	6月	7月	8月	9月	10月
	余额	余额	余额	余额	余额
流动资产	2739203.90	2755859.51	2858795.50	2905817.01	2950157.83
一、现金及银行存款	41849.47	36422.90	35881.13	47429.50	41704.16
二、存放中央银行	136883.24	150596.12	154631.71	124652.55	122005.99
三、存放同业	22660.45	24497.85	26956.48	23753.99	64943.17
四、存放联行款项	1403700.91	1448983.79	1549734.19	1677248.74	1735808.17
五、拆放同业	365.00	365.00	365.00	365.00	365.00
六、短期贷款	949289.05	956082.78	947513.63	948986.75	945344.94
七、应收账款	16509.14	13472.20	16635.21	14697.61	17238.41
其中：应收利息	15440.91	14115.70	17522.62	14576.49	17731.83
八、减：坏账准备	414.05	418.56	419.72	431.42	463.17
九、短期投资					
十、减：短期投资跌价准备					
十一、委托贷款及投资					
十二、买入返售资产	167641.58	125468.77	125381.75	68376.59	22451.99
十三、待处理流动资产损失					
十四、其他流动资产	719.11	388.66	2116.12	737.70	759.17
长期资产	562986.66	568148.44	572153.08	579781.98	582292.46
十五、中长期贷款	508731.64	514377.28	517329.53	526297.70	526478.68
十六、减：贷款损失准备	25091.17	25134.38	25307.50	27076.26	27107.98
十七、长期投资	41179.00	40907.73	42063.82	42289.57	43527.56
十八、减：长期投资减值准备	0.30	0.17	0.17	0.17	0.17
十九、固定资产净值	38416.15	38246.64	38250.06	38453.80	39576.03
固定资产	57947.95	58114.73	58383.68	58822.52	60283.76
减：累计折旧	19531.80	19868.09	20133.62	20368.72	20707.73
二十、固定资产减值准备	556.00	556.00	556.00	556.00	556.00
二十一、固定资产清理	135.55	135.55	135.55	135.55	120.55
二十二、在建工程	114.00	114.00	180.00	180.00	196.00
二十三、减：在建工程减值准备					
二十四、待处理固定资产损失	57.79	57.79	57.79	57.79	57.79
无形递延及其他资产	4757.23	4541.29	4690.47	4637.16	3368.18
二十五、无形递延及其他资产	4907.55	4691.61	4840.79	4787.48	3518.50
二十六、减：抵债资产减值准备					
二十七、减：无形资产减值准备	0.32	0.32	0.32	0.32	0.32
二十八、减：其他资产减值准备	150.00	150.00	150.00	150.00	150.00
资产总计	3306947.79	3328549.24	3435639.05	3490236.15	3535818.47

5-18 朔州市银行业金融机构资产负债表

单位：万元

项目 \ 时间	11月	12月		
	余额	余额	比同期增减额	比同期增长%
流动资产	2999177.84	3127351.28	706165.46	29.17
一、现金及银行存款	36833.84	39537.05	15212.72	62.54
二、存放中央银行	149436.62	180076.53	9788.88	5.75
三、存放同业	35004.22	37447.80	11603.95	44.90
四、存放联行款项	1804280.37	1924808.83	737615.76	62.13
五、拆放同业	356.00	356.00	166.00	87.37
六、短期贷款	946874.24	939928.83	24603.34	2.69
七、应收账款	12179.63	-862.49	1557.24	-64.36
其中：应收利息	12127.75	7865.44	-2757.94	-25.96
八、减：坏账准备	424.38	317.63	-51.21	-13.88
九、短期投资				
十、减：短期投资跌价准备				
十一、委托贷款及投资				
十二、买入返售资产	14089.40	1869.40	-98576.60	-98.14
十三、待处理流动资产损失				
十四、其他流动资产	547.90	4506.96	4142.96	1138.18
长期资产	574739.84	508684.24	-89176.11	-14.92
十五、中长期贷款	524203.26	461909.54	-71333.61	-13.38
十六、减：贷款损失准备	31336.32	39268.25	16246.55	70.57
十七、长期投资	44002.41	44502.18	4084.84	10.11
十八、减：长期投资减值准备	141.06	0.81	0.81	
十九、固定资产净值	38181.74	42097.58	-5679.98	-11.89
固定资产	59021.80	62920.68	-4183.10	-6.23
减：累计折旧	20840.06	20823.10	1496.88	7.75
二十、固定资产减值准备	556.00	556.00		
二十一、固定资产清理	84.02			
二十二、在建工程	244.00			
二十三、减：在建工程减值准备				
二十四、待处理固定资产损失	57.79			
无形递延及其他资产	4312.84	126.06	1699.87	-108.01
二十五、无形递延及其他资产	4463.16	276.38	1699.87	-119.42
二十六、减：抵债资产减值准备				
二十七、减：无形资产减值准备	0.32	0.32		
二十八、减：其他资产减值准备	150.00	150.00		
资产总计	3578230.52	3636161.58	618689.22	20.50

5-18 朔州市银行业金融机构资产负债表

单位：万元

项目 \ 时间	1月	2月	3月	4月	5月
	余额	余额	余额	余额	余额
流动负债	1861978.14	1858113.53	1981171.96	1858119.09	1873294.88
一、短期存款	1037386.70	986911.44	1053684.24	961160.80	978305.35
二、活期储蓄存款	616164.66	658011.32	706099.94	664648.95	644905.75
三、财政性存款	10361.56	7810.13	6086.77	9930.04	15120.71
四、向中央银行借款	13500.00	13500.00	12500.00	13900.00	13900.00
五、同业存放	18627.02	19315.66	23599.77	16039.98	21152.54
六、联行存放	108011.00	112587.00	116047.00	123190.00	129562.00
七、同业拆入					
八、应解汇款及临时存款	937.37	955.84	1541.26	5371.64	7619.72
九、汇出汇款	3081.02	1729.10	1614.21	1746.70	2205.03
十、委托存款	-4368.04	-4389.04	-4389.04	-4382.04	-4382.04
十一、卖出回购资产					
十二、应付及预提账项	41809.68	45870.17	48919.03	53166.39	52588.13
十三、存放短期保证金	14272.17	12477.91	14398.78	11445.63	10052.69
十四、发行短期债券					
十五、其他流动负债	2195.00	3334.00	1070.00	1901.00	2265.00
长期负债	1207727.37	1266234.01	1304020.46	1308350.03	1309283.32
十六、长期存款	51583.80	56374.22	73782.07	74692.81	77495.45
十七、定期储蓄存款	1142815.10	1196585.56	1217479.22	1217527.91	1218973.80
十八、存放长期保证金					
十九、发行长期债券					
二十、其他长期负债	13328.47	13274.23	12759.17	16129.31	12814.07
所有者权益	36125.28	38697.69	48285.43	32876.46	34460.32
二十一、实收资本	19465.00	20226.00	21428.00	21997.00	22213.00
二十二、资本公积	831.51	831.51	877.73	877.73	886.73
二十三、公积金	768.00	765.00	765.00	765.00	765.00
二十四、公益金					
二十五、未分配利润	8333.77	10137.18	18476.70	2498.73	3857.59
其中：本年利润	-475.01	-938.29	7401.23	10961.26	12272.12
二十六、一般准备金	6727.00	6738.00	6738.00	6738.00	6738.00
负债总计	3105830.79	3163045.23	3333477.85	3199345.58	3217038.52

5-18　朔州市银行业金融机构资产负债表

单位:万元

项目＼时间	6月	7月	8月	9月	10月
	余额	余额	余额	余额	余额
流动负债	1956254.16	1974960.20	2066398.04	2105628.95	2100276.41
一、短期存款	1041757.68	1053076.65	1135295.65	1142087.69	1178579.10
二、活期储蓄存款	666951.10	673491.37	691198.92	723369.07	712296.88
三、财政性存款	18590.92	17188.14	15728.89	17762.42	17784.81
四、向中央银行借款	15300.00	15300.00	15300.00	16300.00	16300.00
五、同业存放	20263.14	11032.58	8452.98	6649.45	6082.12
六、联行存放	129152.00	130476.00	127417.00	130022.00	99185.00
七、同业拆入					
八、应解汇款及临时存款	2827.37	5918.61	1596.55	1180.41	1341.82
九、汇出汇款	1527.78	5174.82	2545.14	2787.95	1224.88
十、委托存款	-4382.04	-4426.04	-4418.04	-5227.04	-5213.04
十一、卖出回购资产					
十二、应付及预提账项	51440.02	54314.33	56576.08	52892.18	54405.14
十三、存放短期保证金	9803.19	9866.74	12478.87	11781.82	13337.70
十四、发行短期债券					
十五、其他流动负债	3023.00	3547.00	4226.00	6023.00	4952.00
长期负债	1311712.87	1317690.74	1329725.31	1340725.39	1390696.96
十六、长期存款	80741.17	82747.74	85790.07	79789.12	75209.33
十七、定期储蓄存款	1213210.30	1218013.37	1222194.84	1242994.56	1265017.89
十八、存放长期保证金					
十九、发行长期债券					
二十、其他长期负债	17761.40	16929.63	21740.40	17941.71	50469.74
所有者权益	38980.76	35898.30	39515.70	43881.81	44845.10
二十一、实收资本	22440.00	22544.00	22588.00	22192.00	22244.00
二十二、资本公积	875.53	872.53	874.53	867.45	867.45
二十三、公积金	765.00	765.00	765.00	765.00	766.00
二十四、公益金					
二十五、未分配利润	8162.23	4978.77	8550.17	13320.36	14230.65
其中:本年利润	16575.76	13392.30	16952.70	21722.89	22633.18
二十六、一般准备金	6738.00	6738.00	6738.00	6737.00	6737.00
负债总计	3306947.79	3328549.24	3435639.05	3490236.15	3535818.47

5-18 朔州市银行业金融机构资产负债表

单位:万元

项目 \ 时间	11月	12月		
	余额	余额	比同期增减额	比同期增长%
流动负债	2147988.79	2179795.04	347766.85	18.98
一、短期存款	1175871.69	1145606.73	201785.53	21.38
二、活期储蓄存款	746547.37	734759.93	156149.72	26.99
三、财政性存款	23062.87	21457.66	8635.24	67.34
四、向中央银行借款	16300.00	16300.00	2800.00	20.74
五、同业存放	5033.02	25749.05	-4410.39	-14.62
六、联行存放	106145.00	123833.00	19862.00	19.10
七、同业拆入				
八、应解汇款及临时存款	967.53	1672.54	-482.65	-22.39
九、汇出汇款	1960.25	20944.19	-10659.27	-33.73
十、委托存款	-5213.04	-1232.94	-1376.90	-956.45
十一、卖出回购资产				
十二、应付及预提账项	60022.19	70073.36	-34258.78	-32.84
十三、存放短期保证金	13378.91	13184.09	2877.92	27.92
十四、发行短期债券				
十五、其他流动负债	3913.00	7447.43	6844.43	1135.06
长期负债	1395285.75	1437401.76	268331.09	22.95
十六、长期存款	73924.40	73823.67	28452.93	62.71
十七、定期储蓄存款	1288877.02	1341589.92	226639.26	20.33
十八、存放长期保证金				
十九、发行长期债券				
二十、其他长期负债	32484.33	21988.17	13238.90	151.31
所有者权益	34955.98	18964.78	2591.28	15.83
二十一、实收资本	22278.00	22233.00	3106.00	16.24
二十二、资本公积	867.45	970.81	160.30	19.78
二十三、公积金	765.00	1127.00	586.00	108.32
二十四、公益金				
二十五、未分配利润	4308.53	-14675.03	-4274.02	41.09
其中:本年利润	14513.06	10234.81	-16814.71	-62.16
二十六、一般准备金	6737.00	9309.00	3013.00	47.86
负债总计	3578230.52	3636161.58	618689.22	20.50

5-19 朔州市金融机构存、贷款指标

单位:万元

项目 \ 时间	1月	2月	3月	4月	5月
	余额	余额	余额	余额	余额
一、各项存款	3287732.31	3340392.38	3520112.24	3401403.72	3428425.42
1.企事业单位存款	851256.63	832580.20	894993.02	791185.51	792914.24
(1)活期存款	810922.83	787455.99	832460.94	728242.70	727168.79
(2)定期存款	40333.80	45124.21	62532.08	62942.81	65745.45
2.储蓄存款	2044542.74	2149875.88	2227497.16	2177267.85	2162318.52
(1)活期储蓄	689793.66	734948.31	788079.94	740528.94	721594.73
(2)定期储蓄	1354749.08	1414927.57	1439417.22	1436738.91	1440723.79
3.信托存款					
4.委托存款	-4498.04	-4498.04	-4498.04	-4498.04	-4498.04
5.其他存款	396430.98	362434.34	402120.10	437448.40	477690.70
二、各项贷款	1423402.49	1427115.57	1456214.70	1459649.75	1464267.12
1.短期贷款	814946.80	811249.78	852269.26	861812.76	880182.02
2.中长期贷款	424712.42	425525.69	425170.62	421616.32	419799.30
3.信托贷款					
4.委托贷款					
5.其他贷款	116321.79	115772.90	115672.70	115243.46	114116.35
6.票据融资	65585.48	72731.20	61865.12	59906.21	48359.45
7.各项垫款	1836.00	1836.00	1237.00	1071.00	1810.00

注:1、本表机构包括人民银行、政策性银行、国有商业银行、农村信用社、邮政储汇局。

5-19　朔州市金融机构存、贷款指标

单位：万元

项目 \ 时间	6月	7月	8月	9月	10月
	余额	余额	余额	余额	余额
一、各项存款	3542226.71	3570053.57	3677574.72	3734647.03	3794529.49
1.企事业单位存款	850119.50	847225.92	932224.28	910818.92	949961.55
(1)活期存款	781128.33	776228.18	858684.22	843279.80	887002.23
(2)定期存款	68991.17	70997.74	73540.06	67539.12	62959.32
2.储蓄存款	2190369.41	2195336.75	2217972.76	2274744.62	2285870.78
(1)活期储蓄	749415.11	754742.37	774350.92	810944.07	801865.88
(2)定期储蓄	1440954.30	1440594.38	1443621.84	1463800.55	1484004.9
3.信托存款					
4.委托存款	-4498.03	-4498.04	-4498.04	-5298.03	-5298.04
5.其他存款	506235.83	531988.94	531875.72	554381.52	563995.2
二、各项贷款	1458020.68	1471432.06	1465866.16	1475876.45	1472288.62
1.短期贷款	892854.23	904359.97	903944.42	905216.58	903107.48
2.中长期贷款	411192.32	417373.33	420492.08	430099.37	430813.17
3.信托贷款					
4.委托贷款					
5.其他贷款	97539.32	97003.95	96837.45	96198.33	95665.51
6.票据融资	54502.81	50782.81	42542.21	41053.32	39583.61
7.各项垫款	1932.00	1912.00	2050.00	3308.85	3118.85

5-19 朔州市金融机构存、贷款指标

单位：万元

项目 \ 时间	11月	12月		
	余额	余额	比年初增减额	比年初增长%
一、各项存款	3840377.77	3839322.58	744151.68	24.04
1.企事业单位存款	934168.29	912273.84	151867.24	19.97
(1)活期存款	872493.89	849348.18	125312.49	17.31
(2)定期存款	61674.4	62925.66	26554.75	73.01
2.储蓄存款	2355707.41	2416161.84	428791.67	21.58
(1)活期储蓄	842754.38	845495.93	187537.15	28.50
(2)定期储蓄	1512953.03	1570665.91	241254.52	18.15
3.信托存款				
4.委托存款	-5298.04	-1297.94	3631.96	-73.67
5.其他存款	555800.11	512184.84	159860.81	45.37
二、各项贷款	1471578.5	1402168.37	-46397.54	-3.20
1.短期贷款	905962.3	913017.73	110371.49	13.75
2.中长期贷款	429716.49	384035.2	-44584.83	-10.4
3.信托贷款				
4.委托贷款				
5.其他贷款	94486.77	77874.34	-38904.77	-33.31
6.票据融资	38414.09	24612.1	-74072.43	-75.06
7.各项垫款	2998.85	2629	793	43.19

5-20 朔州市金融机构存、贷款时序表

单位：亿元

指标 项目 / 时间	各项存款			各项贷款		
	余额	比年初增减额	余额比同期%	余额	比年初增减额	余额比同期%
1月	328.77	19.26	36.37	142.34	-2.52	3.48
2月	334.04	24.52	34.89	142.71	-2.15	2.63
3月	352.01	42.49	34.80	145.62	0.76	-1.94
4月	340.14	30.62	26.69	145.96	1.11	-4.98
5月	342.84	33.33	27.05	146.43	1.57	-10.41
6月	354.22	44.71	27.45	145.8	0.95	2.28
7月	357.01	47.49	29.33	147.14	2.29	3.05
8月	367.76	58.24	27.55	146.59	1.73	-0.22
9月	373.46	63.95	22.97	147.59	2.73	-0.41
10月	379.45	69.64	22.41	147.23	2.37	-7.62
11月	384.04	74.52	20.33	147.16	2.3	-3.14
12月	383.93	74.42	24.30	140.22	-4.64	-3.20

5-21 朔州市银行业金融机构贷款质量统计表

单位:万元

项目＼时间	1月	2月	3月	4月	5月	6月
	余额	余额	余额	余额	余额	余额
正常贷款	1092642	1091995	1120344	1120418	1126950	1119877
正常类贷款	983337	982801	1007423	1007996	1015385	1010994
关注类贷款	109305	109194	112921	112422	111565	108883
不良贷款	330762	335122	335869	339227	337315	338148
次级类贷款	129745	130454	125970	121057	121462	119935
可疑类贷款	153358	156999	163307	170888	168950	161039
损失类贷款	47659	47670	46592	47282	46903	57174
贷款合计	1423404	1427117	1456213	1459645	1464265	1458025

5-21 朔州市银行业金融机构贷款质量统计表

单位:万元

项目＼时间	7月	8月	9月	10月	11月	12月	
	余额	余额	余额	余额	余额	余额	比年初增减额
正常贷款	1133777	1129943	1139053	1115003	1103469	1040722	-76313
正常类贷款	1013427	1011385	1015400	998907	990524	901700.9	-104069.1
关注类贷款	120350	118558	123653	116096	112945	139021.1	27756.1
不良贷款	337652	335923	336830	357283	368109	361448	29911
次级类贷款	120268	120807	121243	121247	125688	122493	-6529
可疑类贷款	160239	158036	158505	164592	164484	161452	6681
损失类贷款	57145	57080	57082	71444	77937	77503	29759
贷款合计	1471429	1465866	1475883	1472286	1471578	1402170	-46402

注:本表数据包括农业发展银行、工商银行、农业银行、中国银行、建设银行、农村信用社,自7月份开始加入了邮政储蓄银行的贷款数据。

5-21　朔州市银行业金融机构贷款质量统计表

单位：%

项目＼时间	1月	2月	3月	4月	5月	6月
	比例	比例	比例	比例	比例	比例
正常贷款	76.76	76.52	76.94	76.76	76.96	76.81
正常类贷款	69.08	68.87	69.18	69.06	69.34	69.34
关注类贷款	7.68	7.65	7.75	7.70	7.62	7.47
不良贷款	23.24	23.48	23.06	23.24	23.04	23.19
次级类贷款	9.12	9.14	8.65	8.29	8.30	8.23
可疑类贷款	10.77	11.00	11.21	11.71	11.54	11.05
损失类贷款	3.35	3.34	3.20	3.24	3.20	3.92

5-21　朔州市银行业金融机构贷款质量统计表

单位：%

项目＼时间	7月	8月	9月	10月	11月	12月	
	比例	比例	比例	比例	比例	比例	比年初增减
正常贷款	77.05	77.08	77.18	75.73	74.99	74.22	-10.77
正常类贷款	68.87	69.00	68.80	67.85	67.31	64.31	-16.35
关注类贷款	8.18	8.09	8.38	7.89	7.68	9.91	5.58
不良贷款	22.95	22.92	22.82	24.27	25.01	25.78	10.77
次级类贷款	8.17	8.24	8.21	8.24	8.54	8.74	2.77
可疑类贷款	10.89	10.78	10.74	11.18	11.18	11.51	6.54
损失类贷款	3.88	3.89	3.87	4.85	5.30	5.53	1.45

5-22 朔州市主要银行业机构非信贷资产情况表

单位：万元

项目	1季度 余额	1季度 其中：不良资产	1季度 预计损失	2季度 余额	2季度 其中：不良资产	2季度 预计损失
一、现金	31714.34			25527.33		
二、银行存款	1297.00			1267.00		
三、贵金属						
四、存放中央银行款项	79267.50			35403.24		
五、存放同业款项	1524.00	64.00	45.00	1911.45	64.00	64.00
六、拆放同业				175.00	175.00	175.00
七、存放联行款项（轧差）	1445315.15	1038.00	647.00	1125535.04		
八、应收及预付款项	25570.49	4880.47	4634.47	23450.31	6369.06	6273.72
其中：应收利息	15153.38	3014.00	2873.00	15155.18	77.67	23.00
待处理案件纠纷垫款	241.11	165.26	152.26	285.83	283.11	255.41
九、短期投资						
十、委托贷款及委托投资	931.58			931.58		
十一、买入返售证券						
十二、待处理流动资产损失						
十三、长期投资	2587.00			4604.00		
十四、固定资产净值	36440.70	175.00	156.00	36448.15		
十五、固定资产清理	51.53			135.55	84.02	84.02
十六、在建工程				114.00		
十七、待处理固定资产损失				57.79	57.79	57.79
十八、无形资产	1538.11			7397.92		
十九、递延资产	5066.06	3772.00	2743.00	4975.73	4255.67	4255.67
二十、其他非信贷资产	6396.00	14.00	14.00	332681.02	164968.74	164968.74
1.待处理抵债资产						
2.应付福利费垫款						
3.未弥补亏损	429.00	429.00	429.00			
4.待处理房改资产						
5.待清理自办实体资产						
6.待清理接收资产	17.00			16.74	16.74	16.74
（1）待清理城信社资产						
（2）待清理城信社资产与负债差额						
（3）待清理信托资产	17.00			16.74	16.74	16.74
（4）人行转来企业贷款本金						
（5）其他金融机构转来资产						
（6）其他待清理接收资产						
7.其他非信贷资产	5950.00	-415.00	-415.00	332664.28	164952.00	164952.00
非信贷资产合计	1637699.46	9943.47	8239.47	1600615.11	175974.27	175878.93

注：本表机构包括农业发展银行、工商银行、农业银行、中国银行、建设银行。

5-22 朔州市主要银行业机构非信贷资产情况表

单位:万元

项目（指标 \ 时间）	3季度			4季度		
	余额	其中:不良资产	预计损失	余额	其中:不良资产	预计损失
一、现金	24275.82			17964.15		
二、银行存款	1297.00			101		
三、贵金属						
四、存放中央银行款项	33799.55			27145.53		
五、存放同业款项	4255.99			1261.8		
六、拆放同业	748.00	175.00	175.00	175	175	175
七、存放联行款项(轧差)	1533826.18			1990106.8		
八、应收及预付款项	24056.90	6287.90	6245.37	8419.25	438.02	391.33
其中:应收利息	14123.24	1.85		7325.12		
待处理案件纠纷垫款	285.83	283.11	255.41	292.53	289.8	243.1
九、短期投资						
十、委托贷款及委托投资	931.58			931.58		
十一、买入返售证券				1869.4		
十二、待处理流动资产损失						
十三、长期投资	5632.57			7565.18		
十四、固定资产净值	35699.80			37460.58		
十五、固定资产清理	135.55	84.02	84.02			
十六、在建工程	180.00					
十七、待处理固定资产损失	57.79	57.79	57.79			
十八、无形资产	7374.70			7376.73		
十九、递延资产	4971.49	4255.67	4255.67	1077.46		
二十、其他非信贷资产	60263.28	-8202.98	-8202.98	-179079.6	-179137	-179137
1.待处理抵债资产						
2.应付福利费垫款						
3.未弥补亏损	42.28	42.28	42.28	17299.26	17299.26	17299.26
4.待处理房改资产						
5.待清理自办实体资产						
6.待清理接收资产	80.74	80.74	80.74	80.74	80.74	80.74
(1)待清理城信社资产						
(2)待清理城信社资产与负债差额						
(3)待清理信托资产	16.74	16.74	16.74	16.74	16.74	16.74
(4)人行转来企业贷款本金						
(5)其他金融机构转来资产						
(6)其他待清理接收资产	64.00	64.00	64.00	64	64	64
7.其他非信贷资产	60140.27	-8326.00	-8326.00	-196459.6	-196517	-196517
非信贷资产合计	1737506.20	2657.40	2614.86	1922374.8	-178524	-178570.7

5-23 朔州市主要银行业机构表外业务情况表

单位:万元

项目 \ 指标 \ 时间	1季度			2季度		
	余额	风险敞口	垫款期末余额	余额	风险敞口	垫款期末余额
一、担保类业务	47004	38817	126	27225	21187.31	106
1.开出银行承兑汇票	43302	38075	126	23937	21615.31	106
2.开出信用证	743	743		415	415	
3.保函	2959	-1		2873	-843	
4.债券发行担保						
其中:可转换债券担保						
5.其他担保类业务						
二、承诺类业务	7000	7000		7000	7000	
1.贷款承诺						
2.循环授信额度						
3.其他承诺类业务	7000	7000		7000	7000	
三、金融衍生类业务						
1.期权						
2.互换						
3.远期外汇						

5-23 朔州市主要银行业机构表外业务情况表

单位:万元

项目 \ 指标 \ 时间	3季度			4季度		
	余额	风险敞口	垫款期末余额	余额	风险敞口	垫款期末余额
一、担保类业务	18237	12169.11	605.85	14585	5858.34	326
1.开出银行承兑汇票	14344	12282.11	605.85	8456	4672.34	326
2.开出信用证	256	256		2073	1071	
3.保函	3637	-369		4056	115	
4.债券发行担保						
其中:可转换债券担保						
5.其他担保类业务						
二、承诺类业务	7000	7000		7000	7000	
1.贷款承诺						
2.循环授信额度						
3.其他承诺类业务	7000	7000		7000	7000	
三、金融衍生类业务						
1.期权						
2.互换						
3.远期外汇						

注:本表机构包括农业发展银行、工商银行、农业银行、中国银行、建设银行。

5-24 朔州市主要银行业机构贷款按逾期时间分类表

单位:万元

项目 \ 时间	上年末	一季度	二季度	三季度	四季度
	余额	余额	余额	余额	余额
各项贷款	1013662	968824	933346	918679	843657
未到期贷款	815792	818005	779631	753878	664089
逾期类贷款	197870	150819	153715	164801	179568
其中:逾期0到3个月贷款	58228	4373	9274	22639	27866
逾期3个月到6个月贷款	7393	6871	1736	3236	11441
逾期6个月到9个月贷款	3007	1174	5919	1650	2755
逾期9个月到1年贷款	485	1153	786	2427	946
逾期1年以上贷款	128757	137248	136000	134849	136560

注:本表机构包括农业发展银行、工商银行、农业银行、中国银行、建设银行。

5-25 朔州市主要银行业机构贷款质量迁徙情况表

迁徙矩阵：

单位：%

项目	正常类贷款	关注类贷款	次级类贷款	可疑类贷款	损失类贷款
正常类贷款	87.91	2.57	2.39	5.89	1.24
关注类贷款	2.18	64.53	3.59	22.14	7.57
次级类贷款	0.01	5.56	88.95	4.80	0.67
可疑类贷款	0.02			53.59	46.39
损失类贷款				0.15	99.85

5-25 朔州市主要银行业机构贷款质量迁徙情况表

单位：万元

项目	分子	分母	比例%
1.年初不良贷款率	152146.00	1013662.00	15.01
2.期末不良贷款率	209134.00	843657.00	24.79
3.不良贷款率变动情况(1.-2.)	56988.00	-170005.00	9.78
4.贷款质量总体向上迁徙率	4163.00	187401.00	2.22
5.贷款质量总体向下迁徙率	102739.00	671253.00	15.31
6.正常类贷款向下迁徙率	63394.00	524296.00	12.09
7.关注类贷款向下迁徙率	13759.00	41334.00	33.29
8.次级类贷款向下迁徙率	3128.00	57210.00	5.47
9.可疑类贷款向下迁徙率	22458.00	48413.00	46.39
10.当年新增贷款不良率	2598.00	131960.00	1.97
11.当年新形成不良贷款率	66268.00	928659.50	7.14
12.贷款重组贡献度		3201.00	
13.不良贷款周转率	299077.00	861516.00	34.72
14.不良贷款处置收现率	2440.00	2658.00	91.80
15.不良贷款处置以物抵债率		2658.00	
16.不良贷款处置核销率		2658.00	

注：本表机构包括农业发展银行、工商银行、农业银行、中国银行、建设银行。

5-26 朔州市银行业金融机构部分行业贷款情况表

单位：万元

项目 \ 时间	1季度	2季度	3季度	4季度	
	余额	余额	余额	余额	比年初增减额
一、煤炭行业	417579.39	396601.37	399670.37	365344.28	-78647.72
二、焦炭行业	1180	1180	1180	1180	
(1)年产60万吨以上					
(2)年产40-60万吨					
(3)年产20-40万吨					
(4)年产20万吨以下	1180	1180	1180	1180	
三、冶金行业					-870
(1)普通钢					
(2)特种钢					
(3)生铁					
(4)铁合金					-870
(5)电解铝					
四、建材行业	7149	7761	6772	6772	-1
(1)水泥	4881	4582	4582	4582	-202
五、交通行业	795.65	796	796	3370.65	2216.65
(1)公路	795.65	796	796	3370.65	2216.65
(2)铁路					
六、化工行业	22017	19822	13315	963	-18947
(1)电石	2472	1887	1180	828	-1147
七、电力行业	204609	188172	173254	177324	-12660
八、房地产业	44406.79	47641.46	47935.23	35733.95	-6202.05
(1)房地产开发商贷款	544	775	775	379	-98
(2)住房开发贷款	14499.68	15095	18726	12100	-400
(3)政府土地储备机构贷款					
(4)单位购置商业用房贷款					
(5)个人购房贷款	28598.53	31033.46	27746.23	22641.11	-3402.89
九、医药制造业	2400	2400	2400	2400	
十、机械制造业	2360	2360	2337	1400	-960
合　计	702496.84	666733.83	647659.6	594487.88	-116071.12

注：本表机构包括工商银行、农业银行、中国银行、建设银行、农村信用社。

5-27 朔州市银行业金融机构部分行业不良贷款情况表

单位：万元

项目 \ 指标 \ 时间	1季度		2季度		3季度	
	余额	比例%	余额	比例%	余额	比例%
一、煤炭行业	52561.56	12.59	49868.37	12.57	48055.37	12.02
二、焦炭行业	1180.00	100.00	1180.00	100.00	1180.00	100.00
(1)年产60万吨以上						
(2)年产40-60万吨						
(3)年产20-40万吨						
(4)年产20万吨以下	1180.00	100.00	1180.00	100.00	1180.00	100.00
三、冶金行业						
(1)普通钢						
(2)特种钢						
(3)生铁						
(4)铁合金						
(5)电解铝						
四、建材行业	2221.00	31.07	2310.00	29.76	1587.00	23.43
(1)水泥	1813.00	37.14	1414.00	30.86	1414.00	30.86
五、交通行业	344.70	43.32	345.00	43.34	345.00	43.34
(1)公路	344.70	43.32	345.00	43.34	345.00	43.34
(2)铁路						
六、化工行业	1350.00	6.13	120.00	0.61	120.00	0.90
(1)电石	120.00	4.85	120.00	6.36	120.00	10.17
七、电力行业						
八、房地产业	2665.40	6.00	3285.00	6.90	2387.19	4.98
(1)房地产开发商贷款	402.00	73.90	531.00	68.52	531.00	68.52
(2)住房开发贷款						
(3)政府土地储备机构贷款						
(4)单位购置商业用房贷款						
(5)个人购房贷款	2263.40	7.91	2754.00	8.87	1714.19	6.18
九、医药制造业	161.00	6.71	1761.00	73.38	1761.00	73.38
十、机械制造业						
合计	60483.66	8.61	58869.37	8.83	55435.56	8.56

注：本表机构包括工商银行、农业银行、中国银行、建设银行、农村信用社。

5-27 朔州市银行业金融机构部分行业不良贷款情况表

单位：万元

项目 \ 指标 \ 时间	4季度			
	余额	比例%	余额比年初增减	比例比年初增减
一、煤炭行业	49581.28	13.57	-3063.72	1.71
二、焦炭行业	1180.00	100.00		
(1)年产60万吨以上				
(2)年产40-60万吨				
(3)年产20-40万吨				
(4)年产20万吨以下	1180.00	100.00		
三、冶金行业			-870.00	
(1)普通钢				
(2)特种钢				
(3)生铁				
(4)铁合金			-870.00	
(5)电解铝				
四、建材行业	3437.00	50.75	1216.00	17.96
(1)水泥	1414.00	30.86	-668	-12.66
五、交通行业	795.65	23.61	440.65	-7.16
(1)公路	795.65	23.61	440.65	-7.16
(2)铁路				
六、化工行业	120.00	12.46		11.86
(1)电石	120.00	14.49		8.42
七、电力行业				
八、房地产业	8907.20	24.93	5616.20	17.08
(1)房地产开发商贷款	129.00	34.04	-273.00	-50.24
(2)住房开发贷款				
(3)政府土地储备机构贷款				
(4)单位购置商业用房贷款				
(5)个人购房贷款	8591.09	37.94	5702.09	26.85
九、医药制造业	1761.00	73.38	1600.00	66.67
十、机械制造业				
合　计	65782.14	11.07	4939.14	2.50

5-28 朔州市主要银行业机构客户大额授信和零售贷款违约客户情况统计时序表

单位：个，亿元，%

时间 \ 指标项目	客户大额授信统计								关联企业授信	关联企业贷款	零售贷款违约统计	
	客户数	授信额度	贷款余额	不良贷款	不良占比	预警信息					法人违约数	个人违约数
						客户数	贷款	不良贷款				
1月	12	65.44	51.56								19	1007
2月	11	62.94	47.7								18	1028
3月	11	62.94	47.78								18	995
4月	11	62.94	48.02								16	985
5月	11	62.94	48.42								16	989
6月	11	62.79	48.25								16	989
7月	10	62.31	48.04								17	941
8月	10	62.31	46.06								16	937
9月	13	66.09	47.57								129	1153
10月	15	68.5	48.76								128	1146
11月	15	68.14	49.62								127	1108
12月	14	67.64	42.96								127	1072

注：本表机构包括工商银行、农业银行、中国银行、建设银行。

5-29 朔州市银行业金融机构小企业贷款情况统计表

单位：个、万元

项目 \ 指标 \ 时间	1季度	2季度	3季度	4季度	
	余额	余额	余额	余额	比年初
1.小企业授信户数	2457	2526	2231	2191	-471
2.小企业贷款额	269715.59	278140.34	255837.53	223096.47	-22866.71
2.1.1 其中：正常类贷款	128957.28	130653.53	119561.7	71420	-33193.28
2.1.2 关注类贷款	32780.5	30166.38	23157.89	29891.1	-7252.75
2.1.3 次级类贷款	26330.21	26341.93	24618.6	22381.73	-819
2.1.4 可疑类贷款	48704.58	50609.44	47834.02	43421.99	-2943.43
2.1.5 损失类贷款	32943.02	40369.06	40665.32	55981.65	21341.75
2.2 其中：本金逾期贷款	77728.56	91065.44	82925.04	90948.37	10150.63
2.3 其中：重组贷款					
3.小企业表外授信额	8770	7050	5497	4116	-6776
4.小企业表内外授信总额	278485.59	285190.34	261334.53	227212.47	-29642.71

注：本表机构包括农业发展银行、工商银行、农业银行、中国银行、建设银行、农村信用社。

5-30 朔州市银行业金融机构案件信息统计表

单位:万元,件

项目	案件		其中:百万元以上案件	
	本年累计发生	比上年同期增减	本年累计发生	比上年同期增减
经济案件数量	0	0	0	0
其中:挪用	0	0	0	0
贪污	0	0	0	0
侵占	0	0	0	0
贿赂	0	0	0	0
经济案件涉案金额	0	0	0	0
其中:挪用	0	0	0	0
贪污	0	0	0	0
侵占	0	0	0	0
贿赂	0	0	0	0
经济案件风险金额	0	0	0	0
其中:挪用	0	0	0	0
贪污	0	0	0	0
侵占	0	0	0	0
贿赂	0	0	0	0
违规经营数量	0	0	0	0
其中:违反金融法规	0	0	0	0
违反财经纪律	0	0	0	0
破坏金融秩序	0	0	0	0
违规经营涉案金额	0	0	0	0
其中:违反金融法规	0	0	0	0
违反财经纪律	0	0	0	0
破坏金融秩序	0	0	0	0
违规经营风险金额	0	0	0	0
其中:违反金融法规	0	0	0	0
违反财经纪律	0	0	0	0
破坏金融秩序	0	0	0	0
诈骗案件数量	0	0	0	0
诈骗案件涉案金额	0	0	0	0
诈骗案件风险金额	0	0	0	0
抢劫案件数量	0	-2	0	0
抢劫案件涉案金额	0	0	0	0
抢劫案件风险金额	0	-4.8	0	0
盗窃案件数量	0	0	0	0
盗窃案件涉案金额	0	0	0	0
盗窃案件风险金额	0	0	0	0
各类案件数量总计	0	-2	0	0
各类案件涉案金额总计	0	0	0	0
各类案件风险金额总计	0	-4.8	0	0

注:本表机构包括辖内所有银行业金融机构。

5-31 忻州市银行业金融机构资产负债表

单位:万元

项目 \ 时间	1月	2月	3月	4月	5月
	余额	余额	余额	余额	余额
流动资产	3614489	3696036	3900557	3888380	3942117
一、现金及银行存款	60694	108532	83211	65424	70265
二、存放中央银行	338521	333647	331103	330276	351721
三、存放同业	61983	53996	59183	58207	51314
四、存放联行款项	1558042	1541194	1745579	1687468	1675216
五、拆放同业	480	480	480	480	480
六、短期贷款	1288004	1326851	1291994	1363902	1414535
七、应收账款	11174	14702	8521	10236	12983
其中:应收利息	6264	10940	4868	7976	11141
八、减:坏账准备	12623	12621	12650	12652	12657
九、短期投资					
十、减:短期投资跌价准备					
十一、委托贷款及投资					
十二、买入返售资产			31733	22281	14251
十三、待处理流动资产损失					
十四、其他流动资产	308216	329255	361405	362757	364009
长期资产	1108811	1075942	1098605	1171284	1183023
十五、中长期贷款	753791	763139	762514	758599	783130
十六、减:贷款损失准备	21416	21540	21170	21237	21118
十七、长期投资	334047	292017	318074	394961	383594
十八、减:长期投资减值准备	55	55	55	55	55
十九、固定资产净值	40953	40859	37666	37440	35522
固定资产	64558	64671	61682	61914	59634
减:累计折旧	23604	23812	24016	24474	24112
二十、固定资产减值准备	16	16	16	16	16
二十一、固定资产清理	64	64	64	64	429
二十二、在建工程	1443	1473	1528	1528	1538
二十三、减:在建工程减值准备					
二十四、待处理固定资产损失					
无形递延及其他资产	-2506	-2427	394	566	1631
二十五、无形递延及其他资产	-2471	-2392	429	601	1666
二十六、减:抵债资产减值准备	1	1	1	1	1
二十七、减:无形资产减值准备	34	34	34	34	34
二十八、减:其他资产减值准备					
资产总计	4720795	4769551	4999556	5060230	5126771

注:本表机构包括辖内所有银行业金融机构。

5-31 忻州市银行业金融机构资产负债表

单位:万元

项目 \ 时间	6月	7月	8月	9月	10月
	余额	余额	余额	余额	余额
流动资产	3979153	4010405	4017032	4047928	3998205
一、现金及银行存款	78562	69467	67629	80024	61802
二、存放中央银行	351283	340981	338528	324211	325827
三、存放同业	45088	31097	28896	30433	29145
四、存放联行款项	1717115	1746545	1725621	1749516	1714738
五、拆放同业	480	480	480	480	6510
六、短期贷款	1406958	1441522	1475776	1477239	1469153
七、应收账款	8103	6850	8043	3318	6898
其中:应收利息	4827	7096	9686	4808	7461
八、减:坏账准备	13185	13187	13189	13373	13372
九、短期投资					
十、减:短期投资跌价准备					
十一、委托贷款及投资					
十二、买入返售资产	7105	5178	510	210	210
十三、待处理流动资产损失					
十四、其他流动资产	377645	381472	384739	395870	397295
长期资产	1184643	1185050	1243238	1299502	1307754
十五、中长期贷款	783633	788292	848965	909130	914870
十六、减:贷款损失准备	21710	22119	22016	25647	25486
十七、长期投资	386465	385088	382455	382146	383161
十八、减:长期投资减值准备	55	55	55	55	55
十九、固定资产净值	32141	31946	31907	31912	33063
固定资产	56284	56331	56550	57048	58617
减:累计折旧	24143	24385	24643	25136	25554
二十、固定资产减值准备	16	16	16	16	16
二十一、固定资产清理	2418	64	88	88	75
二十二、在建工程	1767	1849	1911	1944	2142
二十三、减:在建工程减值准备					
二十四、待处理固定资产损失					
无形递延及其他资产	1690	1677	-8408	1149	-673
二十五、无形递延及其他资产	1725	1712	-8373	1184	-638
二十六、减:抵债资产减值准备	1	1	1	1	1
二十七、减:无形资产减值准备	34	34	34	34	34
二十八、减:其他资产减值准备					
资产总计	5165487	5197132	5251862	5348579	5305287

5-31 忻州市银行业金融机构资产负债表

单位：万元

项目 \ 时间	11月	12月		
	余额	余额	比同期增减额	比同期增长%
流动资产	4186100	4369731	939962	27.41
一、现金及银行存款	67128	56717	10379	22.40
二、存放中央银行	336860	383535	-7480	-1.91
三、存放同业	29902	32841	-25060	-43.28
四、存放联行款项	1890348	1995610	545717	37.64
五、拆放同业	480	24400	23920	4983.33
六、短期贷款	1467171	1485597	297221	25.01
七、应收账款	7776	-6058	-5371	782.11
其中：应收利息	8916	4807	618	14.77
八、减：坏账准备	13352	19674	17372	754.50
九、短期投资				
十、减：短期投资跌价准备				
十一、委托贷款及投资				
十二、买入返售资产				
十三、待处理流动资产损失				
十四、其他流动资产	399786	416764	118007	39.50
长期资产	1265645	1244345	138980	12.57
十五、中长期贷款	876230	857402	88973	11.58
十六、减：贷款损失准备	25740	31071	-997	-3.11
十七、长期投资	380915	376231	50155	15.38
十八、减：长期投资减值准备	55	98	45	85.43
十九、固定资产净值	31929	39987	-1523	-3.67
固定资产	57176	65550	557	0.86
减：累计折旧	25247	25563	2080	8.86
二十、固定资产减值准备	16	16		
二十一、固定资产清理	138	64		
二十二、在建工程	2244	1846	423	29.73
二十三、减:在建工程减值准备				
二十四、待处理固定资产损失				
无形递延及其他资产	400	-6634	-3756	130.54
二十五、无形递延及其他资产	435	-6600	-3756	132.10
二十六、减:抵债资产减值准备	1			
二十七、减:无形资产减值准备	34	34		
二十八、减:其他资产减值准备				
资产总计	5452145	5607443	1075185	23.72

5-31 忻州市银行业金融机构资产负债表

单位：万元

项目 \ 时间	1月 余额	2月 余额	3月 余额	4月 余额	5月 余额
流动负债	2203445	2169897	2351076	2409272	2450002
一、短期存款	1045296	966721	1036226	1068015	1110476
二、活期储蓄存款	965806	1038422	1091151	1086204	1093219
三、财政性存款	11363	6030	6089	6666	7994
四、向中央银行借款	3450	2800	2800	2800	2900
五、同业存放	85890	74793	82718	74421	64420
六、联行存放					
七、同业拆入			48000	86800	89700
八、应解汇款及临时存款	1891	1758	3495	3719	2357
九、汇出汇款	2500	1600	2875	3649	3379
十、委托存款	-2278	-2442	-2331	-2101	-1624
十一、卖出回购资产					
十二、应付及预提账项	71219	61694	62417	59022	57953
十三、存放短期保证金	14325	15479	14047	16603	15781
十四、发行短期债券					
十五、其他流动负债	3984	3040	3589	3474	3447
长期负债	2467524	2553549	2591991	2601455	2619504
十六、长期存款	120160	121763	112587	121347	123751
十七、定期储蓄存款	2364248	2448220	2498641	2497506	2506280
十八、存放长期保证金					
十九、发行长期债券					
二十、其他长期负债	-16884	-16435	-19237	-17398	-10527
所有者权益	49827	46104	56488	49502	57265
二十一、实收资本	39251	39501	39655	39483	44380
二十二、资本公积	54	54	-29	47	47
二十三、公积金	11818	11818	11818	11817	11818
二十四、公益金					
二十五、未分配利润	-7701	-11681	-1395	-8284	-5422
其中：本年利润	1536	2876	13162	13224	16087
二十六、一般准备金	6404	6412	6439	6439	6442
负债总计	4720795	4769551	4999556	5060230	5126771

5-31 忻州市银行业金融机构资产负债表

单位：万元

项目 \ 时间	6月	7月	8月	9月	10月
	余额	余额	余额	余额	余额
流动负债	2459278	2463942	2514727	2597039	2542387
一、短期存款	1082968	1107834	1144042	1203828	1201996
二、活期储蓄存款	1108411	1128808	1144433	1144937	1141397
三、财政性存款	17918	20050	18289	19311	18459
四、向中央银行借款	3000	3000	3100	2700	2800
五、同业存放	55468	32867	29818	32092	27646
六、联行存放					
七、同业拆入	97000	78300	82800	91380	47280
八、应解汇款及临时存款	2499	1755	2363	4644	2201
九、汇出汇款	2360	1997	1697	1952	1873
十、委托存款	-1184	-1846	-1771	42	133
十一、卖出回购资产					
十二、应付及预提账项	71838	72623	70441	76377	77761
十三、存放短期保证金	15330	14555	14242	14797	14979
十四、发行短期债券					
十五、其他流动负债	3669	3999	5272	4979	5861
长期负债	2634127	2661130	2661425	2663833	2672688
十六、长期存款	119233	123109	125278	129432	128302
十七、定期储蓄存款	2521316	2537682	2534501	2534564	2541261
十八、存放长期保证金					
十九、发行长期债券					
二十、其他长期负债	-6423	338	1645	-163	3125
所有者权益	72083	72060	75710	87707	90212
二十一、实收资本	45546	45813	45832	46067	46103
二十二、资本公积	25	25	25	11	11
二十三、公积金	11818	11818	11818	11818	11818
二十四、公益金					
二十五、未分配利润	8130	7805	11435	23212	25681
其中：本年利润	29638	29895	33526	45303	48403
二十六、一般准备金	6563	6599	6599	6599	6599
负债总计	5165487	5197132	5251862	5348579	5305287

5-31　忻州市银行业金融机构资产负债表

单位：万元

项目＼时间	11月	12月		
	余额	余额	比同期增减额	比同期增长%
流动负债	2676528	2792910	720620	34.77
一、短期存款	1260205	1282552	321928	33.51
二、活期储蓄存款	1171018	1172797	256406	27.98
三、财政性存款	35332	45535	14037	44.57
四、向中央银行借款	2800	2200	-1250	-36.23
五、同业存放	27250	25336	-6632	-20.75
六、联行存放				
七、同业拆入	68600	51300	36300	242.00
八、应解汇款及临时存款	2036	4517	-1332	-22.78
九、汇出汇款	2502	79940	51227	178.41
十、委托存款	500	327	3300	-111.01
十一、卖出回购资产				
十二、应付及预提账项	86021	107737	41325	62.22
十三、存放短期保证金	14356	14601	2004	15.91
十四、发行短期债券				
十五、其他流动负债	5908	6068	3306	119.71
长期负债	2693347	2742512	268074	10.83
十六、长期存款	119298	124596	11488	10.16
十七、定期储蓄存款	2569871	2611819	271704	11.61
十八、存放长期保证金				
十九、发行长期债券				
二十、其他长期负债	4179	6097	-15119	-71.26
所有者权益	82269	72020	86492	-597.68
二十一、实收资本	46150	46150	6913	17.62
二十二、资本公积	11	25	124	-124.61
二十三、公积金	11817	11852	1105	10.28
二十四、公益金				
二十五、未分配利润	17691	7394	73046	-111.26
其中：本年利润	42953	38081	13562	55.31
二十六、一般准备金	6600	6600	5303	408.87
负债总计	5452145	5607443	1075185	23.72

5-32 忻州市金融机构存、贷款指标

单位:万元

项目 \ 时间	1月	2月	3月	4月	5月
	余额	余额	余额	余额	余额
一、各项存款	4596183	4658968	4865568	4940241	5021897
1.企事业单位存款	734984	694030	741415	769835	794454
(1)活期存款	633352	590530	649099	670859	692874
(2)定期存款	101631	103499	92316	98976	101580
2.储蓄存款	3330053	3486643	3589792	3583711	3599499
(1)活期储蓄	965806	1038422	1091151	1086204	1093219
(2)定期储蓄	2364248	2448220	2498641	2497506	2506280
3.信托存款					
4.委托存款	-2579	-2777	-2665	-2336	-1798
5.其他存款	533725	481073	537026	589031	629742
二、各项贷款	2041795	2089990	2054508	2122501	2197665
1.短期贷款	1128755	1164933	1194966	1258669	1309361
2.中长期贷款	753791	763139	762514	758599	783130
3.信托贷款					
4.委托贷款					
5.其他贷款	856	728	340	416	115
6.票据融资	158153	160951	96087	104218	104181
7.各项垫款	240	240	600	600	878

注:1、本表机构包括人民银行、政策性银行、国有商业银行、农村信用社、邮政储汇局。

5-32 忻州市金融机构存、贷款指标

单位：万元

项目＼时间	6月	7月	8月	9月	10月
	余额	余额	余额	余额	余额
一、各项存款	5055179	5118481	5168140	5239820	5258742
1.企事业单位存款	748333	772164	778756	838477	827784
(1)活期存款	650441	671844	676815	732961	723494
(2)定期存款	97892	100320	101941	105515	104290
2.储蓄存款	3629727	3666490	3678934	3679501	3682658
(1)活期储蓄	1108411	1128808	1144433	1144937	1141397
(2)定期储蓄	2521316	2537682	2534501	2534564	2541261
3.信托存款					
4.委托存款	-1347	-2081	-1997	-182	-141
5.其他存款	678464	681908	712447	722024	748441
二、各项贷款	2190591	2229814	2324741	2386369	2384024
1.短期贷款	1327493	1345439	1361922	1379158	1376885
2.中长期贷款	783633	788292	848965	909130	914870
3.信托贷款					
4.委托贷款					
5.其他贷款	472	591	257		
6.票据融资	78992	95492	113597	98082	92268
7.各项垫款					

5-32 忻州市金融机构存、贷款指标

单位：万元

项目 \ 时间	11月	12月		
	余额	余额	比年初增减额	比年初增长%
一、各项存款	5356815	5403814	986528	22.30
1.企事业单位存款	846794	827561	181395	28.10
(1)活期存款	751509	728457	176954	32.10
(2)定期存款	95286	99104	4441	4.70
2.储蓄存款	3740889	3784616	528536	16.20
(1)活期储蓄	1171018	1172797	256404	28
(2)定期储蓄	2569871	2611819	272132	11.60
3.信托存款				
4.委托存款	164	-158	3619	95.80
5.其他存款	768968	791796	272978	52.60
二、各项贷款	2343401	2342999	386196	19.70
1.短期贷款	1384373	1335203	226321	20.40
2.中长期贷款	876230	857402	102728	13.60
3.信托贷款				
4.委托贷款				
5.其他贷款		153	-385	-71.40
6.票据融资	82798	150241	57533	62.10
7.各项垫款				

5-33 忻州市金融机构存、贷款时序表

单位：亿元

时间 \ 指标 \ 项目	各项存款			各项贷款		
	余额	比年初增减额	余额比同期%	余额	比年初增减额	余额比同期%
1月	459.62	17.89	25.76	204.18	8.49	11.56
2月	465.89	24.17	22.89	208.99	13.32	11.59
3月	486.56	44.83	25.12	205.45	9.77	4.19
4月	494.02	52.29	24.89	212.25	16.57	4.12
5月	502.19	60.46	25.51	219.77	24.09	6.25
6月	505.02	63.29	23.21	219.01	23.33	6.67
7月	511.85	70.12	23.64	222.98	27.3	8.68
8月	516.81	75.08	23.58	232.47	36.79	12.23
9月	523.98	82.25	23.47	238.64	42.96	14.39
10月	525.87	84.15	20.42	238.4	42.72	14.39
11月	535.68	93.95	20.06	234.34	38.66	13.31
12月	540.39	98.66	22.33	234.3	38.62	19.74

5-34 忻州市银行业金融机构贷款质量统计表

单位:万元

项目＼时间	1月	2月	3月	4月	5月	6月
	余额	余额	余额	余额	余额	余额
正常贷款	1535663.55	1586285.66	1545296	1616309.75	1697929.9	1692411.96
正常类贷款	1392651.24	1440177.62	1356438.4	1443206.6	1499052.65	1502374.46
关注类贷款	144012.31	146108.04	188857.6	173103.15	198877.25	190037.5
不良贷款	505132.06	503707.74	509210.64	506193.75	499735.92	498178.43
次级类贷款	172223.19	171047.54	170789.21	161529.58	157526.1	152629.83
可疑类贷款	186369.16	185551	191420.05	191958.29	189363.75	177680.17
损失类贷款	146539.71	147109.2	147001.38	152705.88	152846.07	167868.43
贷款合计	2041795.61	2089992.4	2054506.64	2122503.5	2197665.82	2190590.39

5-34 忻州市银行业金融机构贷款质量统计表

单位:万元

项目＼时间	7月	8月	9月	10月	11月	12月	
	余额	余额	余额	余额	余额	余额	比年初增减额
正常贷款	1733156.38	1821278.00	1883266.80	1862235.11	1824547.92	1813303.83	364669.84
正常类贷款	1545063.79	1624856.06	1707862.22	1688801.09	1634542.43	1679214.74	403414.41
关注类贷款	188092.85	196421.94	175404.58	173434.02	190005.49	134089.09	-38744.57
不良贷款	496192.96	492935.51	502628.77	521265.49	518274.58	529104.82	25711.80
次级类贷款	151868.58	150265.90	157760.78	166263.73	156827.61	183305.57	9338.18
可疑类贷款	176633.71	175294.95	176026.25	180577.81	185386.02	176408.44	-10957.51
损失类贷款	167690.67	167374.66	168841.74	174423.95	176060.95	169390.81	22555.13
贷款合计	2229349.6	2314213.51	2385895.57	2383500.60	2342822.50	2342408.65	385605.64

注:1、本表机构包括农业发展银行、工商银行、农业银行、中国银行、建设银行、农村信用社。

2、8月份5-32、5-33表中各项贷款余额比本表中多1亿,原因是工商银行账务问题所致。9月份已调整。

5-34 忻州市银行业金融机构贷款质量统计表

单位：%

项目 \ 时间	1月	2月	3月	4月	5月	6月
	比例	比例	比例	比例	比例	比例
正常贷款	75.26	75.90	75.21	76.15	77.26	77.26
正常类贷款	68.21	68.91	66.02	68.00	68.21	68.58
关注类贷款	7.05	6.99	9.19	8.16	9.05	8.68
不良贷款	24.74	24.10	24.79	23.85	22.74	22.74
次级类贷款	8.43	8.18	8.31	7.61	7.17	6.97
可疑类贷款	9.13	8.88	9.32	9.04	8.62	8.11
损失类贷款	7.18	7.04	7.16	7.19	6.95	7.66

5-34 忻州市银行业金融机构贷款质量统计表

单位：%

项目 \ 时间	7月	8月	9月	10月	11月	12月	
	比例	比例	比例	比例	比例	比例	比年初增减
正常贷款	77.74	78.70	78.93	78.13	77.88	77.41	-4.16
正常类贷款	69.31	70.21	71.58	70.85	69.77	71.69	-3.75
关注类贷款	8.44	8.49	7.35	7.28	8.11	5.72	-0.41
不良贷款	22.26	21.30	21.07	21.87	22.12	22.59	4.16
次级类贷款	6.81	6.49	6.61	6.98	6.69	7.83	2.74
可疑类贷款	7.92	7.57	7.38	7.58	7.91	7.53	4.18
损失类贷款	7.52	7.23	7.08	7.32	7.51	7.23	-2.75

5-35 忻州市主要银行业机构非信贷资产情况表

单位:万元

项目 \ 指标 \ 时间	1季度			2季度		
	余额	其中:不良资产	预计损失	余额	其中:不良资产	预计损失
一、现金	34190.28			31889.54		
二、银行存款	3587.08			3614.84		
三、贵金属						
四、存放中央银行款项	30611.34			24202.99		
五、存放同业款项	5233.72	364.69	364.69	7414.99	364.69	364.69
六、拆放同业	180	180	180	180	180	180
七、存放联行款项(轧差)	1790690.43	2	2	1839512.16		
八、应收及预付款项	-1645.74	3908.18	3249.18	-458.38	4054.18	4054.18
其中:应收利息	3805.73	904	662	3876.83	829	829
待处理案件纠纷垫款	366.89	208.8	208.8	358.89	253.8	253.8
九、短期投资						
十、委托贷款及委托投资	30289			21518		
十一、买入返售证券						
十二、待处理流动资产损失						
十三、长期投资	6845.37	58	58	7291.19	53	53
十四、固定资产净值	29377.5	490	201	24139.55	876	876
十五、固定资产清理	64			2418	2354	2354
十六、在建工程	186			396		
十七、待处理固定资产损失						
十八、无形资产	3234.13			4537.69		
十九、递延资产	3200.48	1822	1261	2950.24	2373	2373
二十、其他非信贷资产	34435.13	2602	2299	6114.3	2602	2602
1.待处理抵债资产	2602	2602	2299	2602	2602	2602
2.应付福利费垫款						
3.未弥补亏损						
4.待处理房改资产						
5.待清理自办实体资产						
6.待清理接收资产						
(1)待清理城信社资产						
(2)待清理城信社资产与负债差额						
(3)待清理信托资产						
(4)人行转来企业贷款本金						
(5)其他金融机构转来资产						
(6)其他待清理接收资产						
7.其他非信贷资产	31833.13			3512.3		
非信贷资产合计	1970478.72	9426.87	7614.87	1975721.11	12856.87	12856.87

注:本表机构包括农业发展银行、工商银行、农业银行、中国银行、建设银行。

5-35 忻州市主要银行业机构非信贷资产情况表

单位：万元

项目 \ 指标 \ 时间	3季度			4季度		
	余额	其中：不良资产	预计损失	余额	其中：不良资产	预计损失
一、现金	31238.75			18421.76		
二、银行存款	3827.69			2000.49		
三、贵金属						
四、存放中央银行款项	14319.59			23298.72		
五、存放同业款项	2733.38	364.69	364.69	2216.18	364.69	364.69
六、拆放同业	180	180	180			
七、存放联行款项(轧差)	1876742.28			2087753.09		
八、应收及预付款项	-1183.59	3226.03	3226.03	-5861.68	17.12	17.12
其中：应收利息	3716.7			3889.83		
待处理案件纠纷垫款	361.53	254.8	254.8	105.93	2.62	2.62
九、短期投资						
十、委托贷款及委托投资	22209			2448		
十一、买入返售证券						
十二、待处理流动资产损失						
十三、长期投资	10327.2	53	53	12860.31		
十四、固定资产净值	23875.52			27423.92		
十五、固定资产清理	88			64		
十六、在建工程	475			979.4		
十七、待处理固定资产损失						
十八、无形资产	4501.73			4456.05		
十九、递延资产	2877.38	2373	2373	776.93		
二十、其他非信贷资产	-705.9	2517	2517	10778.5	12751	12751
1.待处理抵债资产	2517	2517	2517			
2.应付福利费垫款						
3.未弥补亏损						
4.待处理房改资产						
5.待清理自办实体资产						
6.待清理接收资产						
(1)待清理城信社资产				28	28	28
(2)待清理城信社资产与负债差额						
(3)待清理信托资产						
(4)人行转来企业贷款本金						
(5)其他金融机构转来资产						
(6)其他待清理接收资产				28	28	28
7.其他非信贷资产	-3222.9			-2000.5		
非信贷资产合计	1991506.03	8713.72	8713.72	2187615.67	13185.81	13185.81

5-36　忻州市主要银行业机构表外业务情况表

单位：万元

指标 项目 \ 时间	1季度			2季度		
	余额	风险敞口	垫款期末余额	余额	风险敞口	垫款期末余额
一、担保类业务	18912.47	1224.87	600	16428.2	925	188
1.开出银行承兑汇票	18812.6	2039	600	16428.2	1664	188
2.开出信用证	99.87	-660.13			-109	
3.保函		-154				
4.债券发行担保						
其中:可转换债券担保						
5.其他担保类业务					-636	
二、承诺类业务	240000	240000		240000	240000	
1.贷款承诺	240000	240000		240000	240000	
2.循环授信额度						
3.其他承诺类业务						
三、金融衍生类业务					-60	
1.期权					-60	
2.互换						
3.远期外汇						

5-36　忻州市主要银行业主要机构表外业务情况表

单位：万元

指标 项目 \ 时间	3季度			4季度		
	余额	风险敞口	垫款期末余额	余额	风险敞口	垫款期末余额
一、担保类业务	23142.98	2919		19259.87	260	
1.开出银行承兑汇票	23123.98	3606		19259.87	823	
2.开出信用证	19	-123			-1	
3.保函						
4.债券发行担保						
其中:可转换债券担保						
5.其他担保类业务		-564			-562	
二、承诺类业务	240000	240000		240000	240000	
1.贷款承诺	240000	240000		240000	240000	
2.循环授信额度						
3.其他承诺类业务						
三、金融衍生类业务		-60			-60	
1.期权		-60			-60	
2.互换						
3.远期外汇						

注：本表机构包括农业发展银行、工商银行、农业银行、中国银行、建设银行。

5-37 忻州市主要银行业机构贷款按逾期时间分类表

单位:万元

项目＼时间	上年末	一季度	二季度	三季度	四季度
	余额	余额	余额	余额	余额
各项贷款	1254507	1252631.94	1309782.09	1469863.41	1478417.66
未到期贷款	1034579.33	1062430.04	1117442.4	1270775.22	1295096.18
逾期类贷款	219927.67	190201.9	192339.69	199088.19	183321.48
其中:逾期0到3个月贷款	11674	4204.16	5246.09	12551.95	9453.34
逾期3个月到6个月贷款	27428.13	3613.29	1998.23	2273.29	2992.49
逾期6个月到9个月贷款	6200.43	1794.5	2680.01	1277	1754.82
逾期9个月到1年贷款	245.74	5707.28	1759.76	2622	30
逾期1年以上贷款	174379.37	174882.67	180655.6	180363.96	169090.83

注:本表机构包括农业发展银行、工商银行、农业银行、中国银行、建设银行。

5-38 忻州市主要银行业机构贷款质量迁徙情况表

迁徙矩阵： 单位：%

项 目	正常类贷款	关注类贷款	次级类贷款	可疑类贷款	损失类贷款
正常类贷款	96.06	1.65	0.12	2.06	0.1
关注类贷款	12.6	18.04	38.15	8.28	22.94
次级类贷款			93.37	4.42	2.21
可疑类贷款				58.56	41.44
损失类贷款					100

5-38 忻州市主要银行业机构贷款质量迁徙情况表

07年12月 单位：万元

项 目	分子	分母	比例%
1.年初不良贷款率	231230.76	1254507.67	18.43
2.期末不良贷款率	268173.17	1478418.09	18.14
3.不良贷款率变动情况(1.-2.)	36942.41	223910.42	-0.29
4.贷款质量总体向上迁徙率	5819.38	265230.13	2.19
5.贷款质量总体向下迁徙率	80608.13	878974.71	9.17
6.正常类贷款向下迁徙率	28948.07	735597.69	3.94
7.关注类贷款向下迁徙率	32036.1	46185.92	69.36
8.次级类贷款向下迁徙率	3932.76	59327.97	6.63
9.可疑类贷款向下迁徙率	15691.2	37863.13	41.44
10.当年新增贷款不良率	291.04	477590.26	0.06
11.当年新形成不良贷款率	50339.3	1366462.88	3.68
12.贷款重组贡献度		0.45	
13.不良贷款周转率	241493.75	1023276.91	23.6
14.不良贷款处置收现率	6335.76	13369.45	47.39
15.不良贷款处置以物抵债率	1110	13369.45	8.3
16.不良贷款处置核销率	4713.79	13369.45	35.26

注：本表机构包括农业发展银行、工商银行、农业银行、中国银行、建设银行。

5-39 忻州市银行业金融机构部分行业贷款情况表

单位：万元

项目 \ 时间	1季度	2季度	3季度	4季度	
	余额	余额	余额	余额	比年初增减额
一、煤炭行业	91518.33	109572.33	115669.57	124864.5	25472.72
二、焦炭行业	12593.10	15013.10	18428.10	18572	6859
(1)年产60万吨以上				2300	2300
(2)年产40-60万吨					
(3)年产20-40万吨	5185.00	6175.00	8091.00	5310	1090
(4)年产20万吨以下	7408.10	8838.10	10337.10	10962	3469
三、冶金行业	188036.20	190199.20	187351.20	214535	33540
(1)普通钢	2076.00	1034.00	1148.00	16005	12941
(2)特种钢	25000.00	35000.00	35000.00	46397	31141
(3)生铁	4512.20	4512.20	4170.20	4144	-687
(4)铁合金	4949.00	1803.00	1803.00	1773	-4241
(5)电解铝					
四、建材行业	16991.07	18133.07	18898.27	21787.27	4609.47
(1)水泥	6977.01	6977.01	6369.21	6554.21	-416.59
五、交通行业	75221.30	71506.30	71293.30	35892.3	-65543.7
(1)公路	72748.30	69173.30	69019.30	33892.3	-65130.7
(2)铁路	2333.00	2333.00	2274.00	2000	-273
六、化工行业	70000.63	70039.43	67790.43	68345.43	2089.42
(1)电石	3705.20	3398.50	3285.50	2800.5	-1465.61
七、电力行业	409741.98	413631.98	437574.98	428659.98	23177.98
八、房地产业	25646.66	19431.00	17773.00	18381	-8212
(1)房地产开发商贷款	604.94	559.00	473.00	873	268.06
(2)住房开发贷款	6116.00	2316.00	316.00	316	-5800
(3)政府土地储备机构贷款					-33
(4)单位购置商业用房贷款					
(5)个人购房贷款	17504.72	16556.00	16984.00	17192	-971
九、医药制造业	3526.00	3496.00	3283.00	3261	742
十、机械制造业	17520.00	22344.00	24669.00	31506	16224
合计	910795.27	933366.41	962730.85	965804.48	38957.95

注：本表机构包括工商银行、农业银行、中国银行、建设银行、农村信用社。

5-40　忻州市银行业金融机构部分行业不良贷款情况表

单位：万元

指标 时间 项目	1季度		2季度		3季度	
	余额	比例%	余额	比例%	余额	比例%
一、煤炭行业	9165.33	10.01	8983.33	8.20	8688.57	7.51
二、焦炭行业	6755.10	53.64	6755.10	44.99	8337.10	45.24
(1)年产60万吨以上						
(2)年产40-60万吨						
(3)年产20-40万吨	2700.00	52.07	2700.00	43.72	3760.00	46.47
(4)年产20万吨以下	4055.10	54.74	4055.10	45.88	4577.10	44.28
三、冶金行业	7917.20	4.21	8039.20	4.23	7929.20	4.23
(1)普通钢	736.00	35.45	736.00	71.18	1003.00	87.37
(2)特种钢						
(3)生铁	4476.20	99.20	4512.20	100.00	4134.20	99.14
(4)铁合金	1773.00	35.83	1773.00	98.34	1773.00	98.34
(5)电解铝						
四、建材行业	9255.07	54.47	9346.07	51.54	9172.27	48.53
(1)水泥	6552.01	93.91	6552.01	93.91	6329.21	99.37
五、交通行业	2913.00	3.87	3077.00	4.30	3119.00	4.37
(1)公路	2344.00	3.22	2508.00	3.63	2550.00	3.69
(2)铁路	569.00	24.39	569.00	24.39	569.00	25.02
六、化工行业	28121.93	40.17	32065.43	45.78	46419.43	68.47
(1)电石	2627.50	70.91	2627.50	77.31	2586.50	78.72
七、电力行业	2227.98	0.54	3426.98	0.83	3426.98	0.78
八、房地产业	444.63	1.73	200.00	1.03	635.00	3.57
(1)房地产开发商贷款	200.94	33.22	75.00	13.42	473.00	100.00
(2)住房开发贷款	27.00	0.44	27.00	1.17	27.00	8.54
(3)政府土地储备机构贷款						
(4)单位购置商业用房贷款						
(5)个人购房贷款	184.69	1.06	98.00	0.59	135.00	0.79
九、医药制造业	1890.00	53.60	1890.00	54.06	2490.00	75.85
十、机械制造业	6485.00	37.01	6528.00	29.22	6518.00	26.42
合　计	75175.24	8.25	80311.11	8.60	96735.55	10.05

注：本表机构包括工商银行、农业银行、中国银行、建设银行、农村信用社。

5-40 忻州市银行业金融机构部分行业不良贷款情况表

单位：万元

项目 \ 指标 \ 时间	4季度			
	余额	比例%	余额比年初增减	比例比年初增减
一、煤炭行业	9727.5	7.79	504.17	-1.49
二、焦炭行业	8164	43.96	1284	-14.78
(1)年产60万吨以上				
(2)年产40-60万吨				
(3)年产20-40万吨	3560	67.04	860	3.06
(4)年产20万吨以下	4604	42	424	-13.79
三、冶金行业	8810	4.11	1193.8	-0.1
(1)普通钢	1005	6.28	405	-13.3
(2)特种钢				
(3)生铁	4108	99.13	-368.2	6.48
(4)铁合金	1773	100	165	73.26
(5)电解铝				
四、建材行业	8699.97	39.93	170.96	-9.72
(1)水泥	5571.91	85.01	-980.1	-8.98
五、交通行业	9901	27.59	6789	24.52
(1)公路	9901	29.21	7358	26.65
(2)铁路			-569	-25.03
六、化工行业	50999.43	74.62	25375.03	35.95
(1)电石	2261.5	95.04	34	33.45
七、电力行业	1906.98	0.44	-293.02	-0.1
八、房地产业	983	5.35	571.06	3.8
(1)房地产开发商贷款	393	45.02	192.06	11.8
(2)住房开发贷款	316	100	289	99.56
(3)政府土地储备机构贷款				
(4)单位购置商业用房贷款				
(5)个人购房贷款	274	1.59	162	0.98
九、医药制造业	2495	76.51	605	1.48
十、机械制造业	9880	31.36	3393	-11.09
合计	111566.88	11.55	39593	3.79

5-41 忻州市主要银行业机构客户大额授信和零售贷款违约客户情况统计时序表

单位：个，亿元，%

时间	客户大额授信统计：客户数	授信额度	贷款余额	不良贷款	不良占比	预警信息：客户数	预警信息：贷款	预警信息：不良贷款	关联企业授信	关联企业贷款	零售贷款违约统计：法人违约数	零售贷款违约统计：个人违约数
1月	15	141	66.39	0.19	0.28	3	1.79	0.19	60.69	37.1	326	629
2月	15	141.3	69.09	0.19	0.27	3	1.79	0.19	60.52	39.86	327	635
3月	14	139.2	67.59	0.69	1.02	3	1.79	0.19	60.04	38.45	331	576
4月	13	135.6	67.69	0.19	0.28	2	1.29	0.19	60.59	37.47	338	543
5月	14	146.3	70.99	0.19	0.26	2	1.29	0.19	65.59	40.77	342	530
6月	14	147.8	71.08	0.19	0.26	2	1.29	0.19	67.07	40.91	364	306
7月	14	147.9	71.75	0.19	0.26	3	2.97	0.19	67.16	41.39	364	313
8月	17	147.9	79.06	0.19	0.24	3	2.96	0.19	67.22	48.5	365	310
9月	16	155.2	80.22	1.63	2.03	3	2.96	0.19	67.75	49.93	369	271
10月	16	161.7	80.61	2.58	3.19	3	4.18	1.14	161.7	80.61	371	308
11月	16	161.7	80.8	2.58	3.19	3	2.9	1.14	161.7	80.8	373	281
12月	18	159.97	82.94	2.39	2.88	1	1.05	0	159.97	82.94	368	139

注：本表机构包括工商银行、农业银行、中国银行、建设银行。

5-42 忻州市银行业金融机构小企业贷款情况统计表

单位：个、万元

项目	1季度 余额	2季度 余额	3季度 余额	4季度 余额	4季度 比年初增减额
1.小企业授信户数	4620	4747	4767	4698	-106
2.小企业贷款额	455898	493020	536644	564696	141387
2.1.1 其中：正常类贷款	198857	230931	288083	301911	120152
2.1.2 关注类贷款	23132	16353	11288	17252	-1486
2.1.3 次级类贷款	70228	65724	64926	63533	-2351
2.1.4 可疑类贷款	64298	60644	49966	57846	-646
2.1.5 损失类贷款	99383	119368	122380	124154	25718
2.2 其中：本金逾期贷款	169386	181261	167661	150265	16051
2.3 其中：重组贷款	920	1316	1887	1872	952
3.小企业表外授信额	8563	6546	12996	11091	652
4.小企业表内外授信总额	464461	499567	549640	575787	142039

注：本表机构包括农业发展银行、工商银行、农业银行、中国银行、建设银行、农村信用社。

5-43 忻州市银行业金融机构案件信息统计表

单位:万元,件

项 目	案 件		其中:百万元以上案件	
	本年累计发生	比上年同期增减	本年累计发生	比上年同期增减
经济案件数量	0	-1	0	0
其中:挪用	0	-1	0	0
贪污	0	0	0	0
侵占	0	0	0	0
贿赂	0	0	0	0
经济案件涉案金额	0	-25	0	0
其中:挪用	0	-25	0	0
贪污	0	0	0	0
侵占	0	0	0	0
贿赂	0	0	0	0
经济案件风险金额	0	-11.5	0	0
其中:挪用	0	-11.5	0	0
贪污	0	0	0	0
侵占	0	0	0	0
贿赂	0	0	0	0
违规经营数量	0	0	0	0
其中:违反金融法规	0	0	0	0
违反财经纪律	0	0	0	0
破坏金融秩序	0	0	0	0
违规经营涉案金额	0	0	0	0
其中:违反金融法规	0	0	0	0
违反财经纪律	0	0	0	0
破坏金融秩序	0	0	0	0
违规经营风险金额	0	0	0	0
其中:违反金融法规	0	0	0	0
违反财经纪律	0	0	0	0
破坏金融秩序	0	0	0	0
诈骗案件数量	0	0	0	0
诈骗案件涉案金额	0	0	0	0
诈骗案件风险金额	0	0	0	0
抢劫案件数量	0	0	0	0
抢劫案件涉案金额	0	0	0	0
抢劫案件风险金额	0	0	0	0
盗窃案件数量	1	1	0	0
盗窃案件涉案金额	38	38	0	0
盗窃案件风险金额	0	0	0	0
各类案件数量总计	1	0	0	0
各类案件涉案金额总计	38	13	0	0
各类案件风险金额总计	0	-11.5	0	0

注:本表机构包括辖内所有银行业金融机构。

5-44 阳泉市银行业金融机构资产负债表

单位:万元

项目 \ 时间	1月	2月	3月	4月	5月
	余额	余额	余额	余额	余额
流动资产	3230282	3305489	3446671	3440906	3461730
一、现金及银行存款	29565	37111	46252	27035	27862
二、存放中央银行	242582	262992	330820	275652	285803
三、存放同业	135193	122703	84436	148353	154524
四、存放联行款项	1507772	1504108	1610861	1555166	1510093
五、拆放同业	218	218	218	218	218
六、短期贷款	1171799	1225777	1261525	1268821	1309674
七、应收账款	38558	51268	57389	67214	83974
其中:应收利息	5956	9675	4718	8303	11776
八、减:坏账准备	41	41	61	99	96
九、短期投资	97687	94738	51107	95908	85016
十、减:短期投资跌价准备					
十一、委托贷款及投资					
十二、买入返售资产					
十三、待处理流动资产损失					
十四、其他流动资产	6949	6615	4124	2638	4662
长期资产	890363	907860	937472	916924	937004
十五、中长期贷款	660201	658007	729655	735137	742908
十六、减:贷款损失准备	32654	32801	35273	36215	33714
十七、长期投资	212560	232644	197913	172869	184310
十八、减:长期投资减值准备					
十九、固定资产净值	50153	49907	45071	45027	43513
固定资产	71165	71181	67167	67451	65703
减:累计折旧	21012	21274	22096	22424	22190
二十、固定资产减值准备	5	5	5	5	5
二十一、固定资产清理					-134
二十二、在建工程	19	19	67	67	82
二十三、减:在建工程减值准备					
二十四、待处理固定资产损失	89	89	44	44	44
无形递延及其他资产	12015	12533	15169	15429	16466
二十五、无形递延及其他资产	12207	12725	15361	15621	16658
二十六、减:抵债资产减值准备	192	192	192	192	192
二十七、减:无形资产减值准备					
二十八、减:其他资产减值准备					
资产总计	4132660	4225882	4399312	4373259	4415200

注:本表机构包括辖内所有银行业金融机构。

5-44 阳泉市银行业金融机构资产负债表

单位:万元

项目 \ 时间	6月	7月	8月	9月	10月
	余额	余额	余额	余额	余额
流动资产	3516489	3560268	3506521	3529631	3471080
一、现金及银行存款	30183	28861	28250	36849	31540
二、存放中央银行	312410	645896	644418	648425	301308
三、存放同业	123211	140486	140317	149924	136147
四、存放联行款项	1627646	1268694	1231684	1221617	1169082
五、拆放同业	218	218	218	218	218
六、短期贷款	1265740	1262208	1249447	1255679	1263195
七、应收账款	93863	108210	107715	97283	95255
其中:应收利息	5429	10213	14841	6505	10012
八、减:坏账准备	80	88	87	84	91
九、短期投资	58889	100185	100168	113715	113715
十、减:短期投资跌价准备					
十一、委托贷款及投资					
十二、买入返售资产					
十三、待处理流动资产损失					
十四、其他流动资产	4409	5598	4391	6005	360711
长期资产	940657	1028899	1068947	1075628	1075106
十五、中长期贷款	772835	778899	817038	829760	818727
十六、减:贷款损失准备	37812	38195	38099	38644	41118
十七、长期投资	162590	24281	246628	241163	252615
十八、减:长期投资减值准备					
十九、固定资产净值	42658	42543	41649	41527	42423
固定资产	64821	64698	64055	63574	64821
减:累计折旧	22163	22155	22406	22047	22398
二十、固定资产减值准备	5	5	5	5	5
二十一、固定资产清理	-72	-43	34	17	43
二十二、在建工程	419	419	1702	1810	2421
二十三、减:在建工程减值准备					
二十四、待处理固定资产损失	44				
无形递延及其他资产	16314	16277	16600	16297	15178
二十五、无形递延及其他资产	16506	16469	16792	16489	15370
二十六、减:抵债资产减值准备	192	192	192	192	192
二十七、减:无形资产减值准备					
二十八、减:其他资产减值准备					
资产总计	4473460	4605444	4592068	4621556	4561364

5-44 阳泉市银行业金融机构资产负债表

单位:万元

项目 \ 时间	11月	12月		
	余额	余额	比同期增减额	比同期增长%
流动资产	3710036	3749362	704442	23.13
一、现金及银行存款	33959	29770	6690	28.99
二、存放中央银行	332168	379319	75383	24.80
三、存放同业	135916	154422	56252	57.30
四、存放联行款项	1341922	1288665	-200958	-13.49
五、拆放同业	218	218		
六、短期贷款	1245829	1254520	184131	17.20
七、应收账款	103412	107897	81039	301.73
其中:应收利息	11896	6649	924	16.14
八、减:坏账准备	115	9	-31	-77.50
九、短期投资	110718	111529	82030	278.08
十、减:短期投资跌价准备				
十一、委托贷款及投资				
十二、买入返售资产	39800	39800	39800	
十三、待处理流动资产损失		-2	-2	
十四、其他流动资产	366209	383233	380046	11924.88
长期资产	1073431	1045679	213343	25.63
十五、中长期贷款	820820	797627	148831	22.94
十六、减:贷款损失准备	42584	52858	19072	56.45
十七、长期投资	250828	253736	86630	51.84
十八、减:长期投资减值准备				
十九、固定资产净值	40581	44233	-5884	-11.74
固定资产	63147	67291	-4053	-5.68
减:累计折旧	22566	23058	1831	8.63
二十、固定资产减值准备	5	5		
二十一、固定资产清理	6	-75	-75	
二十二、在建工程	3785	3021	3002	15800.00
二十三、减:在建工程减值准备				
二十四、待处理固定资产损失			-89	-100.00
无形递延及其他资产	14285	11988	1262	11.77
二十五、无形递延及其他资产	14477	12180	1262	11.56
二十六、减:抵债资产减值准备	192	192		
二十七、减:无形资产减值准备				
二十八、减:其他资产减值准备				
资产总计	4797752	4807029	919047	23.64

5-44　阳泉市银行业金融机构资产负债表

单位：万元

项目＼时间	1月	2月	3月	4月	5月
	余额	余额	余额	余额	余额
流动负债	2005769	2018967	2128611	2135598	2223389
一、短期存款	999087	989803	1111215	1055775	1095721
二、活期储蓄存款	575500	595896	604005	594332	581102
三、财政性存款	9237	9077	12880	10868	11653
四、向中央银行借款	16000	21000	21000	15500	18500
五、同业存放	144178	116402	79155	185088	232912
六、联行存放					
七、同业拆入					
八、应解汇款及临时存款	363	330	323	258	1835
九、汇出汇款	3442	2213	1461	2023	1987
十、委托存款	-56	14	322	283	329
十一、卖出回购资产	100822	119550	114280	62360	56445
十二、应付及预提账项	55184	47447	49048	50098	49218
十三、存放短期保证金	93461	109471	128851	150095	165620
十四、发行短期债券					
十五、其他流动负债	8551	7764	6071	8918	8067
长期负债	2035444	2117829	2174101	2146890	2093277
十六、长期存款	243885	252878	262362	282105	263736
十七、定期储蓄存款	1801779	1871090	1926894	1920390	1924552
十八、存放长期保证金					
十九、发行长期债券					
二十、其他长期负债	-10220	-6139	-15155	-55605	-95011
所有者权益	91447	89086	96600	90771	98534
二十一、实收资本	42475	42486	47601	47615	47615
二十二、资本公积	3507	3507	1760	1760	1760
二十三、公积金	3575	3575	3575	3575	3575
二十四、公益金	205	205	205	205	205
二十五、未分配利润	23027	20248	24359	18516	26203
其中：本年利润	5365	12557	17217	23538	31508
二十六、一般准备金	18658	19065	19100	19100	19176
负债总计	4132660	4225882	4399312	4373259	4415200

5-44　阳泉市银行业金融机构资产负债表

单位：万元

项目＼时间	6月	7月	8月	9月	10月
	余额	余额	余额	余额	余额
流动负债	2247979	2376830	2338568	2372495	2316918
一、短期存款	1113936	1105133	1068794	1095935	1108517
二、活期储蓄存款	593014	609882	618863	616805	614819
三、财政性存款	10523	11749	11316	11318	11023
四、向中央银行借款	18500	11500	15500	7000	7000
五、同业存放	157626	197564	195879	203473	195687
六、联行存放					
七、同业拆入					
八、应解汇款及临时存款	2341	2332	465	506	1313
九、汇出汇款	2940	2370	2709	2542	4030
十、委托存款	389	179	209	182	90
十一、卖出回购资产	74810	152240	145010	163810	106290
十二、应付及预提账项	64361	60586	64553	65323	63802
十三、存放短期保证金	197305	215839	207725	198065	188611
十四、发行短期债券					
十五、其他流动负债	12234	7456	7545	7536	15736
长期负债	2122862	2117469	2136686	2126417	2117678
十六、长期存款	246251	245799	267943	256871	263095
十七、定期储蓄存款	1927451	1939500	1941849	1943605	1938624
十八、存放长期保证金					
十九、发行长期债券					
二十、其他长期负债	-50840	-67830	-73106	-74059	-84041
所有者权益	102619	111145	116814	122644	126768
二十一、实收资本	47842	47845	48130	48130	48130
二十二、资本公积	1736	1736	1736	1713	1713
二十三、公积金	3575	3575	3575	3610	3555
二十四、公益金	205	205	205	205	205
二十五、未分配利润	30085	38608	43992	49810	53934
其中：本年利润	36269	45109	50799	57083	61724
二十六、一般准备金	19176	19176	19176	19176	19231
负债总计	4473460	4605444	4592068	4621556	4561364

5-44 阳泉市银行业金融机构资产负债表

单位:万元

项目 \ 时间	11月	12月		
	余额	余额	比同期增减额	比同期增长%
流动负债	2545218	2544458	715084	39.09
一、短期存款	1183262	1137735	139276	13.95
二、活期储蓄存款	667398	667528	128210	23.77
三、财政性存款	9825	-1454	-3136	-186.44
四、向中央银行借款	7000	7000	-9000	-56.25
五、同业存放	228421	280399	173764	162.95
六、联行存放				
七、同业拆入				
八、应解汇款及临时存款	3462	610	128	26.56
九、汇出汇款	1846	25540	11839	86.41
十、委托存款	59	127	94	284.85
十一、卖出回购资产	166600	124660	120780	3112.89
十二、应付及预提账项	64336	67740	15408	29.44
十三、存放短期保证金	176628	147739	55806	60.70
十四、发行短期债券				
十五、其他流动负债	36381	86834	81915	1665.28
长期负债	2126321	2152271	161681	8.12
十六、长期存款	232525	251162	15932	6.77
十七、定期储蓄存款	1969838	2007682	235793	13.31
十八、存放长期保证金				
十九、发行长期债券				
二十、其他长期负债	-76042	-106573	-90044	544.76
所有者权益	126213	110300	42282	62.16
二十一、实收资本	48430	53266	10832	25.53
二十二、资本公积	1713	3610	1593	78.98
二十三、公积金	3555	4607	2058	80.74
二十四、公益金	205		-205	-100.00
二十五、未分配利润	53079	27336	22224	434.74
其中:本年利润	61429	45242	5850	14.85
二十六、一般准备金	19231	21481	5780	36.81
负债总计	4797752	4807029	919047	23.64

5-45 阳泉市金融机构存、贷款指标

单位:万元

项目 \ 时间	1月	2月	3月	4月	5月
	余额	余额	余额	余额	余额
一、各项存款	3756047	3855044	4083940	4068368	4114632
1.企事业单位存款	882523	904680	1015613	982362	991724
(1)活期存款	666738	681902	785351	733575	762356
(2)定期存款	215785	222778	230262	248787	229368
2.储蓄存款	2377279	2466986	2530899	2514722	2505654
(1)活期储蓄	575500	595896	604005	594332	581102
(2)定期储蓄	1801779	1871090	1926894	1920390	1924552
3.信托存款					
4.委托存款	-89	-80	-82	-48	-21
5.其他存款	496334	483458	537510	571332	617275
二、各项贷款	1832000	1883784	1991180	2003958	2052582
1.短期贷款	1078223	1101236	1144160	1146865	1151649
2.中长期贷款	659027	656838	728487	733973	741753
3.信托贷款					
4.委托贷款					
5.其他贷款	1454	1223	1330	1218	1170
6.票据融资	92082	123275	115991	120692	156803
7.各项垫款	1214	1212	1212	1210	1207

注:本表机构包括人民银行、政策性银行、国有商业银行、城市商业银行、城市信用社、农村信用社、邮政储汇局。

5-45 阳泉市金融机构存、贷款指标

单位：万元

项目 \ 时间	6月	7月	8月	9月	10月
	余额	余额	余额	余额	余额
一、各项存款	4171347	4214702	4199996	4214086	4218589
1.企事业单位存款	970416	938978	927800	956608	970949
(1)活期存款	759533	729947	697325	736825	745342
(2)定期存款	210883	209031	230475	219783	225607
2.储蓄存款	2520465	2549382	2560712	2560410	2553443
(1)活期储蓄	593014	609882	618863	616805	614819
(2)定期储蓄	1927451	1939500	1941849	1943605	1938624
3.信托存款					
4.委托存款	-73	-44	6	-29	-62
5.其他存款	680539	726386	711478	697097	694259
二、各项贷款	2038575	2041107	2066485	2085439	2081922
1.短期贷款	1163320	1156277	1157783	1171385	1186190
2.中长期贷款	771685	777755	815896	828626	817599
3.信托贷款					
4.委托贷款					
5.其他贷款	1241	1258	1142	1134	1128
6.票据融资	101124	104615	90462	83095	75809
7.各项垫款	1205	1202	1202	1199	1196

5-45 阳泉市金融机构存、贷款指标

单位:万元

项目＼时间	11月	12月		
	余额	余额	比年初增减额	比年初增长%
一、各项存款	4321820	4266660	605486	16.54
1.企事业单位存款	981615	959247	63684	7.11
(1)活期存款	786078	745073	56510	8.21
(2)定期存款	195537	214174	7174	3.47
2.储蓄存款	2637236	2675210	364160	15.76
(1)活期储蓄	667398	667528	128210	23.77
(2)定期储蓄	1969838	2007682	235950	13.32
3.信托存款				
4.委托存款	-127	79	170	-186.81
5.其他存款	703096	632124	177472	39.03
二、各项贷款	2066649	2052147	332961	19.37
1.短期贷款	1184513	1207685	195499	19.31
2.中长期贷款	819703	796524	148989	23.01
3.信托贷款				
4.委托贷款				
5.其他贷款	1117	1103	-201	-15.41
6.票据融资	60124	45648	-11297	-19.84
7.各项垫款	1192	1187	-29	-2.38

5-46　阳泉市金融机构存、贷款时序表

单位：亿元

指标 项目 时间	各项存款			各项贷款		
	余额	比年初增减额	余额比同期%	余额	比年初增减额	余额比同期%
1月	375.60	9.49	19.00	183.20	11.28	21.43
2月	385.50	19.39	18.81	188.38	16.46	23.55
3月	408.39	42.28	22.24	199.12	27.20	30.67
4月	406.84	40.72	20.61	200.40	28.48	30.40
5月	411.46	45.35	21.10	205.26	33.34	27.37
6月	417.13	51.02	18.17	203.86	31.94	26.73
7月	421.47	55.35	16.80	204.11	32.19	24.02
8月	420.00	53.88	15.00	206.65	34.73	22.25
9月	421.41	55.29	13.78	208.54	36.63	22.41
10月	421.86	55.74	13.66	208.19	36.27	21.49
11月	432.18	66.06	14.84	206.66	34.75	19.47
12月	426.67	60.55	16.54	205.21	33.30	19.37

5-47 阳泉市银行业金融机构贷款质量统计表

单位：万元

项目＼时间	1月	2月	3月	4月	5月	6月
	余额	余额	余额	余额	余额	余额
正常贷款	1470545	1524176	1635444	1654241	1709345	1709682
正常类贷款	1212042	1254052	1346137	1365575	1416404	1391054
关注类贷款	258503	270124	289308	288667	292941	318628
不良贷款	361455	359608	355733	349715	343235	328893
次级类贷款	202645	201251	199866	195356	191652	178861
可疑类贷款	116550	116155	113688	112124	109195	102484
损失类贷款	42260	42202	42179	42235	42388	47548
贷款合计	1832000	1883784	1991178	2003956	2052580	2038575

5-47 阳泉市银行业金融机构贷款质量统计表

单位：万元

项目＼时间	7月	8月	9月	10月	11月	12月	
	余额	余额	余额	余额	余额	余额	比年初增减额
正常贷款	1714068	1741373	1768939	1764566	1754575	1762642	405714
正常类贷款	1391135	1414215	1424802	1423432	1408042	1401576	298292
关注类贷款	322933	327158	344137	341134	346534	361066	107422
不良贷款	326551	324610	315853	316703	311421	288822	-73436
次级类贷款	177129	176273	165099	161729	157976	147644	-54784
可疑类贷款	101795	100740	103374	102181	101270	91169	-25060
损失类贷款	47627	47597	47380	52793	52175	50009	6408
贷款合计	2040619	2065983	2084792	2081269	2065992	2051460	332276

注：本表机构包括农业发展银行、工商银行、农业银行、中国银行、建设银行、城市商业银行、农村信用社。

5-47 阳泉市银行业金融机构贷款质量统计表

单位:%

项目 \ 时间	1月	2月	3月	4月	5月	6月
	比例	比例	比例	比例	比例	比例
正常贷款	80.27	80.91	82.13	82.55	83.28	83.87
正常类贷款	66.16	66.57	67.61	68.14	69.01	68.24
关注类贷款	14.11	14.34	14.53	14.40	14.27	15.63
不良贷款	19.73	19.09	17.87	17.45	16.72	16.13
次级类贷款	11.06	10.68	10.04	9.75	9.34	8.77
可疑类贷款	6.36	6.17	5.71	5.60	5.32	5.03
损失类贷款	2.31	2.24	2.12	2.11	2.07	2.33

5-47 阳泉市银行业金融机构贷款质量统计表

单位:%

项目 \ 时间	7月	8月	9月	10月	11月	12月	
	比例	比例	比例	比例	比例	比例	比年初增减
正常贷款	84.00	84.29	84.85	84.78	84.93	85.92	6.99
正常类贷款	68.17	68.45	68.34	68.39	68.15	68.32	4.15
关注类贷款	15.83	15.84	16.51	16.39	16.77	17.60	2.85
不良贷款	16.00	15.71	15.15	15.22	15.07	14.08	-6.99
次级类贷款	8.68	8.53	7.92	7.77	7.65	7.20	-4.58
可疑类贷款	4.99	4.88	4.96	4.91	4.90	4.44	-2.32
损失类贷款	2.33	2.30	2.27	2.54	2.53	2.44	-0.1

5-48 阳泉市主要银行业机构非信贷资产情况表

单位:万元

项目 \ 指标 \ 时间	1季度			2季度		
	余额	其中:不良资产	预计损失	余额	其中:不良资产	预计损失
一、现金	20518.06			16470.88		
二、银行存款	1427.08			1430.13		
三、贵金属						
四、存放中央银行款项	34182.99	39	39	21068.56		
五、存放同业款项						
六、拆放同业	218	218	218	218	218	218
七、存放联行款项(轧差)	1259515.76	3	3	1253728.5		
八、应收及预付款项	344.92	3642	3485.42	669.81	4272	4132.66
其中:应收利息	2940.92	16	16.42	2892.83		0.66
待处理案件纠纷垫款	2527	2523	2521	2995	2995	2995
九、短期投资	79			47		
十、委托贷款及委托投资	5960.2		2.46	7091.72		3.07
十一、买入返售证券						
十二、待处理流动资产损失	-0.49	0.05	0.05	-0.49	0.05	0.05
十三、长期投资	53946.61	675	641	51167.74	671	637
十四、固定资产净值	33409.18	787	527	31057.71	735	487
十五、固定资产清理				-72		
十六、在建工程	67			173		
十七、待处理固定资产损失						
十八、无形资产	3798.54			4694.96		
十九、递延资产	2661.87	1764	1193	2707.7	2296	2296
二十、其他非信贷资产	9943	9594	6989	9041	9599	6763
1.待处理抵债资产	9512	9512	6907	9509	9509	6673
2.应付福利费垫款						
3.未弥补亏损						
4.待处理房改资产						
5.待清理自办实体资产						
6.待清理接收资产						
(1)待清理城信社资产						
(2)待清理城信社资产与负债差额						
(3)待清理信托资产						
(4)人行转来企业贷款本金						
(5)其他金融机构转来资产						
(6)其他待清理接收资产						
7.其他非信贷资产	431	82	82	-468	90	90
非信贷资产合计	1426071.72	16722.05	13097.93	1399494.3	17791.05	14536.78

注:本表机构包括农业发展银行、工商银行、农业银行、中国银行、建设银行。

5-48 阳泉市主要银行业机构非信贷资产情况表

单位：万元

项目 \ 指标 \ 时间	3季度			4季度		
	余额	其中：不良资产	预计损失	余额	其中：不良资产	预计损失
一、现金	21530.7			18924.47		
二、银行存款	1436.79			100		
三、贵金属						
四、存放中央银行款项	19302.11			56561.61		
五、存放同业款项						
六、拆放同业	218	218	218	218.4	218.4	218.4
七、存放联行款项（轧差）	1225918.5			1282755.8		
八、应收及预付款项	5324.23	4231	4091.57	-2520.11	614.89	477.52
其中：应收利息	3628.84		0.57	3934.29		0.24
待处理案件纠纷垫款	2994	2994	2994	23.68	13.68	13.68
九、短期投资	22					
十、委托贷款及委托投资	8602.1		3.15	30861.22	2254.8	2259.79
十一、买入返售证券						
十二、待处理流动资产损失	-0.49	0.05	0.05	-2.04		
十三、长期投资	54978.73	663	630	60094.88	663.38	630.04
十四、固定资产净值	30132.71			32863.45	1.58	0.47
十五、固定资产清理	17			-75		
十六、在建工程	392			74		
十七、待处理固定资产损失						
十八、无形资产	4479.47			4428.06		
十九、递延资产	2658.53	2296	2296	510.68		
二十、其他非信贷资产	9750	9643	6803	11753.92	11871.92	9093.23
1.待处理抵债资产	9508	9508	6668	7518.3	7518.3	4739.6
2.应付福利费垫款				-118		
3.未弥补亏损				4315.12	4315.12	4315.12
4.待处理房改资产						
5.待清理自办实体资产						
6.待清理接收资产	39	39	39	38.5	38.5	38.5
(1)待清理城信社资产						
(2)待清理城信社资产与负债差额						
(3)待清理信托资产						
(4)人行转来企业贷款本金						
(5)其他金融机构转来资产						
(6)其他待清理接收资产	39	39	39	38.5	38.5	38.5
7.其他非信贷资产	203	96	96			
非信贷资产合计	1384762.4	17051.05	14041.77	1496549.3	15624.97	12679.45

5-49　阳泉市主要银行业机构表外业务情况表

单位:万元

项目 \ 指标 时间	1季度			2季度		
	余额	风险敞口	垫款期末余额	余额	风险敞口	垫款期末余额
一、担保类业务	99213	71208	500	121250.24	101388.95	500
1.开出银行承兑汇票	91965	66193	500	114099	96099.05	500
2.开出信用证	1941	-183		1493.62	-204.41	
3.保函	5307	5198		5657.62	5494.32	
4.债券发行担保						
其中:可转换债券担保						
5.其他担保类业务						
二、承诺类业务						
1.贷款承诺						
2.循环授信额度						
3.其他承诺类业务						
三、金融衍生类业务		-234			-168.5	
1.期权						
2.互换		-234			-168.5	
3.远期外汇						

5-49　阳泉市主要银行业机构表外业务情况表

单位:万元

项目 \ 指标 时间	3季度			4季度		
	余额	风险敞口	垫款期末余额	余额	风险敞口	垫款期末余额
一、担保类业务	123424.49	74195.18	500	58997.2	42945.59	500
1.开出银行承兑汇票	112551	65069.94	500	50308.67	35753.97	500
2.开出信用证	1119.83	-219.76		1104.76	-228.85	
3.保函	9753.66	9345		7583.77	7420.47	
4.债券发行担保						
其中:可转换债券担保						
5.其他担保类业务						
二、承诺类业务						
1.贷款承诺						
2.循环授信额度						
3.其他承诺类业务						
三、金融衍生类业务		-149				
1.期权						
2.互换		-149				
3.远期外汇						

注:本表机构包括农业发展银行、工商银行、农业银行、中国银行、建设银行。

5-50 阳泉市主要银行业机构贷款按逾期时间分类表

单位:万元

项目 \ 时间	上年末	一季度	二季度	三季度	四季度
	余额	余额	余额	余额	余额
各项贷款	1035011	1238520	1276008	1314841	1268759
未到期贷款	960388	1179512	1210175	1251057	1203786
逾期类贷款	74623	59008	65833	63784	64973
其中:逾期0到3个月贷款	17059	1751	7654	2412	2425
逾期3个月到6个月贷款	712	1341	1429	3825	1775
逾期6个月到9个月贷款	2684	574	1340	1202	3816
逾期9个月到1年贷款	583	2606	512	1336	1133
逾期1年以上贷款	53585	52736	54898	55009	55824

注:本表机构包括农业发展银行、工商银行、农业银行、中国银行、建设银行。

5-51 阳泉市主要银行业机构贷款质量迁徙情况表

迁徙矩阵：　　　　　　　　　　　　　　　　　　　　　　　　单位：%

项　　目	正常类贷款	关注类贷款	次级类贷款	可疑类贷款	损失类贷款
正常类贷款	98.98	0.43	0.57	0.02	
关注类贷款	8.60	68.85	16.98	5.18	0.39
次级类贷款	0.04	71.60	7.37	17.83	3.15
可疑类贷款	0.01	6.68		28.74	64.57
损失类贷款				0.01	99.99

5-51 阳泉市主要银行业机构贷款质量迁徙情况表

单位：万元

项　　目	分子	分母	比例%
1.年初不良贷款率	91198	1035010.55	8.81
2.期末不良贷款率	69806.56	1268758.74	5.50
3.不良贷款率变动情况(1.–2.)	–21391.44	233748.19	–3.31
4.贷款质量总体向上迁徙率	28137	111699.31	25.19
5.贷款质量总体向下迁徙率	28275.33	660043.24	4.28
6.正常类贷款向下迁徙率	5988.22	585667.13	1.02
7.关注类贷款向下迁徙率	5646	25036.66	22.55
8.次级类贷款向下迁徙率	7325.87	34912.87	20.98
9.可疑类贷款向下迁徙率	9315.24	14426.58	64.57
10.当年新增贷款不良率	17	571392.29	
11.当年新形成不良贷款率	9457.91	1151884.645	0.82
12.贷款重组贡献度	15057	25978	57.96
13.不良贷款周转率	358121.75	943812.54	37.94
14.不良贷款处置收现率	2370.35	4316.35	54.92
15.不良贷款处置以物抵债率		4316.35	
16.不良贷款处置核销率	1505	4316.35	34.87

注：本表机构包括农业发展银行、工商银行、农业银行、中国银行、建设银行。

5-52 阳泉市银行业金融机构部分行业贷款情况表

单位：万元

项目＼时间	1季度	2季度	3季度	4季度	
	余额	余额	余额	余额	比年初增减额
一、煤炭行业	830615.3	879194.1	890360.1	885705.5	227688.57
二、焦炭行业	2815	2355	1700	2800	108
(1)年产60万吨以上					
(2)年产40-60万吨	1815	1355	700	1800	108
(3)年产20-40万吨	1000	1000	1000	1000	
(4)年产20万吨以下					
三、冶金行业	66555.74	60999.6	63405.32	61345.2	-395.8
(1)普通钢	1843	1843	1843	1843	
(2)特种钢					
(3)生铁	7193	7127	7127	7231	-262
(4)铁合金	14621.8	11490.5	12582	9902	-5561
(5)电解铝	21000	19600	18900	18900	-1204
四、建材行业	108454.9	112361.5	109473.2	102775.8	1530.15
(1)水泥	14474.7	16274.7	9294.7	6135.7	-1614
五、交通行业	66676.3	60251.5	93432	96498.3	30321.6
(1)公路	63686.3	57261.5	54322	57548.3	-418.4
(2)铁路	1000	1000	35000	35000	34000
六、化工行业	37826.7	34337.11	33376.11	34120.11	-2901.89
(1)电石	7480.5	9171	7771	8971	2740.1
七、电力行业	97549.6	80012.6	84535.2	102165.65	5032.57
八、房地产业	83145.09	98560.03	99572.29	92520.74	13093.37
(1)房地产开发商贷款	39640	52735	51315	46615	10465
(2)住房开发贷款	200	200	200		-2200
(3)政府土地储备机构贷款					
(4)单位购置商业用房贷款					
(5)个人购房贷款	43305.09	45625.03	48057.29	45905.74	6118.37
九、医药制造业	4300	4300	4250	4100	
十、机械制造业	13122.7	13227.5	11245.9	7590	-1190.2
合计	1311061.33	1345598.94	1391350.12	1389621.3	273286.37

注：本表机构包括工商银行、农业银行、中国银行、建设银行、城市商业银行、农村信用社。

5-53 阳泉市银行业金融机构部分行业不良贷款情况表

单位:万元

项目	1季度		2季度		3季度	
	余额	比例%	余额	比例%	余额	比例%
一、煤炭行业	28835.50	3.47	26370.80	3.00	24291.80	2.73
二、焦炭行业						
(1)年产60万吨以上						
(2)年产40-60万吨						
(3)年产20-40万吨						
(4)年产20万吨以下						
三、冶金行业	32173.20	48.34	30515.10	50.03	19934.12	31.44
(1)普通钢	1843.00	100.00	1843.00	100.00	1843.00	100.00
(2)特种钢						
(3)生铁	7031.00	97.75	7031.00	98.65	7031.00	98.65
(4)铁合金	2087.00	14.27	1922.00	16.73	1912.00	15.20
(5)电解铝	10900.00	51.90	10900.00	55.61		
四、建材行业	69127.70	63.74	66995.80	59.63	70557.40	64.45
(1)水泥	5114.70	35.34	5114.70	31.43	5114.70	55.03
五、交通行业	7803.80	11.70	7803.80	12.95	7963.80	8.52
(1)公路	7803.80	12.25	7803.80	13.63	7803.80	14.37
(2)铁路						
六、化工行业	17238.20	45.57	8780.70	25.57	11577.61	34.69
(1)电石	2780.50	37.17	2891.00	31.52	2621.00	33.73
七、电力行业	3662.00	3.75	3662.00	4.58	3572.00	4.23
八、房地产业	6629.00	7.97	5550.00	5.63	5201.00	5.22
(1)房地产开发商贷款	5822.00	14.69	4772.00	9.05	4400.00	8.57
(2)住房开发贷款	200.00	100.00	200.00	100.00	200.00	100.00
(3)政府土地储备机构贷款						
(4)单位购置商业用房贷款						
(5)个人购房贷款	607.00	1.40	578.00	1.27	601.00	1.25
九、医药制造业	3330.00	77.44	3330.00	77.44	3330.00	78.35
十、机械制造业	531.00	4.05	516.90	3.91	1354.90	12.05
合计	169330.40	12.92	153525.10	11.41	147782.63	10.62

注:本表机构包括工商银行、农业银行、中国银行、建设银行、城市商业银行、农村信用社。

5-53 阳泉市银行业金融机构部分行业不良贷款情况表

单位：万元

项目 \ 指标 \ 时间	4季度			
	余额	比例%	余额比年初增减	比例比年初增减
一、煤炭行业	20825.80	2.35	-6716.70	-1.83
二、焦炭行业				
(1)年产60万吨以上				
(2)年产40-60万吨				
(3)年产20-40万吨				
(4)年产20万吨以下				
三、冶金行业	21850.20	35.62	-9417.80	-15.03
(1)普通钢	1843.00	100.00		
(2)特种钢				
(3)生铁	7031.00	97.23	-300.00	-0.60
(4)铁合金	1782.00	18.00	-1205.00	-1.32
(5)电解铝			-11064.00	-55.03
四、建材行业	66733.80	64.93	-4424.45	-5.35
(1)水泥	5755.70	93.81	653.00	27.96
五、交通行业	7803.80	8.09	790.00	-2.51
(1)公路	7803.80	13.56	790.00	1.46
(2)铁路				
六、化工行业	12876.61	37.74	-4157.89	-8.27
(1)电石	2621.00	29.22	-9.90	-13.01
七、电力行业	3572.00	3.50	910.32	0.76
八、房地产业	3963.00	4.28	-2267.00	-3.56
(1)房地产开发商贷款	3600.00	7.72	-1922.00	-7.55
(2)住房开发贷款			-200.00	
(3)政府土地储备机构贷款				
(4)单位购置商业用房贷款				
(5)个人购房贷款	363.00	0.79	-145.00	-0.49
九、医药制造业	3330.00	81.22		
十、机械制造业	1354.90	17.85	823.00	11.79
合计	142310.11	10.24	-24460.52	-4.70

5-54 阳泉市主要银行业机构客户大额授信和零售贷款违约客户情况统计时序表

单位:个,亿元,%

指标 项目 / 时间	客户大额授信统计								关联企业授信	关联企业贷款	零售贷款违约统计	
	客户数	授信额度	贷款余额	不良贷款	不良占比	预警信息					法人违约数	个人违约数
						客户数	贷款	不良贷款				
1月	16	120.7	79.5	1.11	1.39	1	1.11	1.11			247	355
2月	17	120.5	79.96	1.11	1.38	1	1.13	1.11			254	396
3月	16	120.5	87.55	1.09	1.24	1	1.11	1.09			411	353
4月	16	117.2	88.91	1.09	1.22	1	1.11	1.09			409	349
5月	22	123.7	94	1.09	1.15	1	1.11	1.09			413	409
6月	14	116.9	90.36	1.09	1.2	1	1.11	1.09			414	362
7月	14	113.3	87.45	1.09	1.24	1	1.11	1.09			417	381
8月	14	113.5	89.1	1.09	1.22	1	1.09	1.09			410	368
9月	13	113.4	90.55	1.09	1.2	1	1.09	1.09			424	370
10月	15	116.4	90.84			1	1.09				427	368
11月	14	119.9	94.42			1	1.09				447	349
12月	17	125	95.24			1	1.09				437	310

注:本表机构包括工商银行、农业银行、中国银行、建设银行。

5-55 阳泉市银行业金融机构小企业贷款情况统计表

单位:个、万元

指标 时间 / 项目	1季度	2季度	3季度	4季度	
	余额	余额	余额	余额	比年初增减额
1.小企业授信户数	1692	1716	1081	1060	-41
2.小企业贷款额	735711.44	817528.09	159537.51	171576	15148
2.1.1 其中:正常类贷款	280505.8	297686.5	44745	58050	9036
2.1.2 关注类贷款	183724.63	245138.95	26801.45	43186	30221
2.1.3 次级类贷款	136000.94	142491.01	35113.25	18472	-19125
2.1.4 可疑类贷款	94141.26	85865.73	27113.88	24538	-9949
2.1.5 损失类贷款	41338.81	46345.9	25763.93	27330	4965
2.2 其中:本金逾期贷款	68236.35	66963.63	32694.53	33655	861
2.3 其中:重组贷款					
3.小企业表外授信额	79138	110521	1723	1309	-7309
4.小企业表内外授信总额	814849.44	928049.09	161260.51	172885	7839

注:本表机构包括农业发展银行、工商银行、农业银行、中国银行、建设银行、农村信用社。

5-56 阳泉市银行业金融机构案件信息统计表

单位:万元,件

项目	案件		其中:百万元以上案件	
	本年累计发生	比上年同期增减	本年累计发生	比上年同期增减
经济案件数量	0	-1	0	0
其中:挪用	0	-1	0	0
贪污	0	0	0	0
侵占	0	0	0	0
贿赂	0	0	0	0
经济案件涉案金额	0	-97	0	0
其中:挪用	0	-97	0	0
贪污	0	0	0	0
侵占	0	0	0	0
贿赂	0	0	0	0
经济案件风险金额	0	-97	0	0
其中:挪用	0	-97	0	0
贪污	0	0	0	0
侵占	0	0	0	0
贿赂	0	0	0	0
违规经营数量	0	0	0	0
其中:违反金融法规	0	0	0	0
违反财经纪律	0	0	0	0
破坏金融秩序	0	0	0	0
违规经营涉案金额	0	0	0	0
其中:违反金融法规	0	0	0	0
违反财经纪律	0	0	0	0
破坏金融秩序	0	0	0	0
违规经营风险金额	0	0	0	0
其中:违反金融法规	0	0	0	0
违反财经纪律	0	0	0	0
破坏金融秩序	0	0	0	0
诈骗案件数量	0	-1	0	0
诈骗案件涉案金额	0	-5	0	0
诈骗案件风险金额	0	0	0	0
抢劫案件数量	0	0	0	0
抢劫案件涉案金额	0	0	0	0
抢劫案件风险金额	0	0	0	0
盗窃案件数量	0	0	0	0
盗窃案件涉案金额	0	0	0	0
盗窃案件风险金额	0	0	0	0
各类案件数量总计	0	-2	0	0
各类案件涉案金额总计	0	-102	0	0
各类案件风险金额总计	0	-97	0	0

注:本表机构包括辖内所有银行业金融机构。

5-57 长治市银行业金融机构资产负债表

单位:万元

项目 \ 时间	1月	2月	3月	4月	5月
	余额	余额	余额	余额	余额
流动资产	5551043.52	5552623.49	5745201.9	5769663.29	5830490.11
一、现金及银行存款	72958.50	98961.11	68637.54	65710.9	53102.17
二、存放中央银行	579579.27	621614.00	644699.57	648089.1	668096.58
三、存放同业	288066.58	246546.52	274905.55	289635.52	308800.5
四、存放联行款项	1995940.95	1896065.15	2014379.17	2012487.43	2308688.26
五、拆放同业	1130.07	1130.07	1100.07	1100.07	1100.07
六、短期贷款	2358344.89	2401495.42	2390134.63	2387709.66	2366522.37
七、应收账款	39651.80	48120.42	53078.11	66186.31	79698.61
其中:应收利息	14837.64	17834.57	12826.41	15452.32	18553.81
八、减:坏账准备	19172.95	17034.02	19764.04	20110.61	20578.93
九、短期投资	15034.91	15034.91	5056.91	5056.91	5056.91
十、减:短期投资跌价准备					
十一、委托贷款及投资					
十二、买入返售资产			57020.88	54886.9	53404
十三、待处理流动资产损失					
十四、其他流动资产	219509.50	240689.91	255953.51	258911.1	6599.57
长期资产	1283266.40	1285250.55	1299721.93	1301733.46	1303049.73
十五、中长期贷款	1114904.21	1119432.27	1132473.59	1139074.87	1143454.93
十六、减:贷款损失准备	40863.99	43247.65	41723.6	42339.36	42082.45
十七、长期投资	134113.86	134265.09	138937.61	135324.11	134431.11
十八、减:长期投资减值准备	5.84	5.84	5.84	5.84	5.84
十九、固定资产净值	69271.91	68914.43	64063.86	63744.52	61384.73
固定资产	96664.19	96642.93	92101.87	92117.15	89385.81
减:累计折旧	27392.28	27728.50	28038.01	28372.63	28001.08
二十、固定资产减值准备					
二十一、固定资产清理	431.25	431.25	456.31	408.16	391.25
二十二、在建工程	3319.00	3340.00	3369	3376	3337
二十三、减:在建工程减值准备					
二十四、待处理固定资产损失	2096.00	2121.00	2151	2151	2139
无形递延及其他资产	-3822.50	-3790.62	680.35	1165.77	3258.54
二十五、无形递延及其他资产	-3817.03	-3785.15	685.82	1171.24	3264.01
二十六、减:抵债资产减值准备					
二十七、减:无形资产减值准备	0.47	0.47	0.47	0.47	0.47
二十八、减:其他资产减值准备	5.00	5.00	5	5	5
资产总计	6830487.42	6834083.42	7045604.18	7072562.52	7136798.38

注:本表机构包括辖内所有银行业金融机构。

5-57 长治市银行业金融机构资产负债表

单位:万元

项目 \ 时间	6月	7月	8月	9月	10月
	余额	余额	余额	余额	余额
流动资产	5877234.03	5979787.15	5982839.76	6144029.52	6177465.78
一、现金及银行存款	58389.68	61435.02	59315.97	70327.74	66896.61
二、存放中央银行	667858.2	635106.49	610719.77	597106.75	691791.66
三、存放同业	308281.45	304411.41	328104.44	443364.43	292683.03
四、存放联行款项	2338297.15	2147701.38	2059018.07	2102574.57	2061774.79
五、拆放同业	1100.07	1100.07	185.77	185.77	185.77
六、短期贷款	2386500.23	2431876.37	2427427.35	2461820.39	2533260.58
七、应收账款	70060.81	70458.65	71268.39	73620.46	76226.47
其中:应收利息	5218.08	9415.91	13458.67	6599.8	9154.74
八、减:坏账准备	20778.55	20943.47	21067.24	21509.5	21627.34
九、短期投资	5056.91	10056.91	10056.91	10056.91	10056.91
十、减:短期投资跌价准备					
十一、委托贷款及投资					
十二、买入返售资产	53234	52668	148259.71	103491.71	164388.61
十三、待处理流动资产损失					
十四、其他流动资产	9234.08	285916.32	289550.62	302990.29	301828.69
长期资产	1296596.05	1296650.72	1295343.97	1297279.79	1327546.14
十五、中长期贷款	1136895.7	1138947.1	1139376.14	1144865.24	1169968.11
十六、减:贷款损失准备	42024.72	44266.85	44242.38	49253.3	49931.68
十七、长期投资	135208.85	135711.29	134709.75	136415.39	139080.18
十八、减:长期投资减值准备	5.84	5.84	5.84	5.84	5.84
十九、固定资产净值	59804.02	59442.09	59315.86	58584.27	61946.13
固定资产	87653.4	87628.36	87705.37	87192.46	91351.9
减:累计折旧	27849.38	28186.27	28389.51	28608.19	29405.77
二十、固定资产减值准备					
二十一、固定资产清理	744.04	798.93	761.44	1020.03	777.24
二十二、在建工程	3833	3917	3324	3545	3604
二十三、减:在建工程减值准备					
二十四、待处理固定资产损失	2141	2107	2105	2109	2108
无形递延及其他资产	3232.58	3058.55	4001.15	3756.26	1342.88
二十五、无形递延及其他资产	3238.05	3064.02	4006.62	3761.73	1348.35
二十六、减:抵债资产减值准备					
二十七、减:无形资产减值准备	0.47	0.47	0.47	0.47	0.47
二十八、减:其他资产减值准备	5	5	5	5	5
资产总计	7177062.66	7279496.42	7282184.88	7445065.57	7506354.8

5-57 长治市银行业金融机构资产负债表

单位:万元

项目 \ 时间	11月	12月		
	余额	余额	比同期增减额	比同期增长%
流动资产	6481788.01	6494160.36	905831.86	16.21
一、现金及银行存款	66943.43	36961.05	-13266.89	-26.41
二、存放中央银行	733057.24	919506.65	226202.48	32.63
三、存放同业	469167.69	429490.71	207099.59	93.12
四、存放联行款项	2258571.76	2279155.17	60471.75	2.73
五、拆放同业	185.77	185.77	-944.23	-83.56
六、短期贷款	2510913.01	2462732.83	295402.66	13.63
七、应收账款	71967.87	65510.4	46219.03	239.58
其中:应收利息	11426.25	7478.61	-7115.71	-48.76
八、减:坏账准备	21800.81	25828.85	10629.85	69.94
九、短期投资	5056.91	45.91	-14989.09	-99.69
十、减:短期投资跌价准备				
十一、委托贷款及投资				
十二、买入返售资产	83272.61	400	400.00	
十三、待处理流动资产损失				
十四、其他流动资产	304452.53	326000.72	109866.41	50.83
长期资产	1318560.89	1294468.5	-23239.63	-1.76
十五、中长期贷款	1168773.19	1141855.67	-7422.36	-0.65
十六、减:贷款损失准备	56050.55	60617.6	16561.90	37.59
十七、长期投资	139500.27	140065.54	5309.13	3.94
十八、减:长期投资减值准备	838.56	12	6.00	100.00
十九、固定资产净值	60491.3	66542.64	-5587.50	-7.75
固定资产	90163.69	96437.12	-3017.53	-3.03
减:累计折旧	29672.39	29894.48	2569.97	9.41
二十、固定资产减值准备			-277.00	-100.00
二十一、固定资产清理	778.24	514.25	84.00	19.52
二十二、在建工程	3800	3922	514.00	15.08
二十三、减:在建工程减值准备				
二十四、待处理固定资产损失	2107	2198	154.00	7.53
无形递延及其他资产	3268.8	-3496.78	3003.07	-46.20
二十五、无形递延及其他资产	3274.27	-3496.31	2998.07	-46.16
二十六、减:抵债资产减值准备				
二十七、减:无形资产减值准备	0.47	0.47		
二十八、减:其他资产减值准备	5		-5.00	-10.00
资产总计	7803617.7	7785132.08	885595.30	12.84

5-57 长治市银行业金融机构资产负债表

单位：万元

项目 \ 时间	1月	2月	3月	4月	5月
	余额	余额	余额	余额	余额
流动负债	3355184.02	3264832.24	3410385.14	3398535.88	3434525.19
一、短期存款	1872312.77	1758040.01	1880999.02	1831070.65	1840473.91
二、活期储蓄存款	901004.61	946144.83	949262.9	954128.3	940181.64
三、财政性存款	35644.94	34855.67	31308.93	36238.69	38155.55
四、向中央银行借款	26700.00	24410.00	23960	23340	18800
五、同业存放	258331.03	240151.85	243238.56	248170.28	279514.97
六、联行存放					
七、同业拆入	30811.00	32311.00	30311	37611	43611
八、应解汇款及临时存款	2640.80	5030.48	4587.27	5157.28	2833.21
九、汇出汇款	7259.34	5033.62	4454.4	6327.27	4680.58
十、委托存款	1645.43	1577.62	1703.86	1884.34	1914.31
十一、卖出回购资产					
十二、应付及预提账项	89916.44	73865.08	81793.55	76096.17	78325.53
十三、存放短期保证金	87986.66	91689.86	104447.65	113043.9	109771.49
十四、发行短期债券					
十五、其他流动负债	40931.00	51722.22	54318	65468	76263
长期负债	3291520.72	3399932.60	3458787.48	3510231.2	3530202.29
十六、长期存款	361191.69	351237.67	357442.7	395093	398488
十七、定期储蓄存款	2887267.75	3008377.97	3041872.64	3048042.01	3056057.57
十八、存放长期保证金					
十九、发行长期债券	0.67	0.67	0.67	0.66	0.66
二十、其他长期负债	43060.61	40316.29	59471.47	67095.53	75656.06
所有者权益	183782.68	169318.58	176431.56	163795.44	172070.9
二十一、实收资本	108986.00	109159.00	109478	108289	108638
二十二、资本公积	4038.00	4038.00	4057.54	4067.54	4066.54
二十三、公积金	7888.00	7888.00	8626	8626	8625
二十四、公益金					
二十五、未分配利润	39690.68	25050.58	31123.02	19665.9	27594.36
其中：本年利润	10762.71	20009.46	31149.9	40217.78	48421.24
二十六、一般准备金	23180.00	23183.00	23147	23147	23147
负债总计	6830487.42	6834083.42	7045604.18	7072562.52	7136798.38

5-57 长治市银行业金融机构资产负债表

单位：万元

项目 \ 时间	6月	7月	8月	9月	10月
	余额	余额	余额	余额	余额
流动负债	3440492.96	3496732.13	3477990.29	3575910.54	3614126.85
一、短期存款	1802970.67	1849831.66	1819785.97	1958191.43	2053169.83
二、活期储蓄存款	957989.78	993850.09	1007501.04	990250.6	978061.97
三、财政性存款	55227.28	50200.54	35026.29	31821.03	33909.48
四、向中央银行借款	17860	18500	17550	22150	22150
五、同业存放	272859.98	257636.25	282831.9	248071.9	181595.75
六、联行存放					
七、同业拆入	44811	43311	42811	46611	42611
八、应解汇款及临时存款	5755.3	3138.63	3085.18	2948.27	11589.08
九、汇出汇款	3942.29	4952.39	6487.09	9338.52	8049.53
十、委托存款	-2243.11	-3061.36	-2967.79	-2921.13	-3022.52
十一、卖出回购资产					
十二、应付及预提账项	90472.19	88439.59	92121.84	94405.97	100597.65
十三、存放短期保证金	108703.58	110326.34	97001.77	92085.95	95882.08
十四、发行短期债券					
十五、其他流动负债	82144	79607	76756	82957	89533
长期负债	3559650.6	3599915.5	3608642.18	3636253.01	3651259.95
十六、长期存款	411268.49	416456.17	418559.24	446377.57	442377.88
十七、定期储蓄存款	3079013.54	3098287.15	3095291.01	3096235.96	3091971.95
十八、存放长期保证金					
十九、发行长期债券	0.66	0.66	0.66	0.66	0.66
二十、其他长期负债	69367.91	85171.52	94791.27	93638.82	116909.46
所有者权益	176919.1	182848.79	195552.41	232902.02	240968
二十一、实收资本	108805	109112	108464	138568	138776
二十二、资本公积	4040.14	4041.14	4041.14	4029.56	4026.56
二十三、公积金	8625	8625	8624	9247.23	9248.23
二十四、公益金					
二十五、未分配利润	32419.96	38041.65	51394.27	57785.23	65512.21
其中：本年利润	53282.84	60612.53	74153.15	80085.49	89382.21
二十六、一般准备金	23029	23029	23029	23272	23405
负债总计	7177062.66	7279496.42	7282184.88	7445065.57	7506354.8

5-57 长治市银行业金融机构资产负债表

单位：万元

项目 \ 时间	11月	12月		
	余额	余额	比同期增减额	比同期增长%
流动负债	3910857.25	3750325.01	274217.54	7.89
一、短期存款	2148794.6	2002107.89	153986.57	8.33
二、活期储蓄存款	1019499.93	1036170.93	179208.66	20.91
三、财政性存款	43859.04	87511.84	44706.85	104.44
四、向中央银行借款	21650	21900	-9160.00	-29.49
五、同业存放	325122.41	241300.71	-193774.61	-44.54
六、联行存放				
七、同业拆入	39611	49811	17000.00	51.81
八、应解汇款及临时存款	4237.14	3671.8	1906.15	107.96
九、汇出汇款	10167.19	32553.36	-10784.00	-24.88
十、委托存款	-2970.82	-980.78	-2885.78	-151.48
十一、卖出回购资产				
十二、应付及预提账项	127417.05	115538.39	27105.20	30.65
十三、存放短期保证金	91673.71	74621.15	-4172.22	-5.30
十四、发行短期债券				
十五、其他流动负债	81796	86118.72	71080.72	472.67
长期负债	3659936.87	3819875.44	522484.03	15.85
十六、长期存款	429503.85	505388.06	146824.42	40.95
十七、定期储蓄存款	3124787.84	3183679.77	336165.75	11.81
十八、存放长期保证金				
十九、发行长期债券	0.66	0.66	-0.34	-34.00
二十、其他长期负债	105644.52	130806.95	39494.20	43.25
所有者权益	232823.58	214931.63	88893.73	70.53
二十一、实收资本	138878	139341	29303.00	26.63
二十二、资本公积	4027.56	4428.27	399.27	9.91
二十三、公积金	9233.23	10320.24	3386.24	48.84
二十四、公益金				
二十五、未分配利润	57277.79	29016.12	45386.22	-277.25
其中：本年利润	84071.79	67598.79	7724.01	12.90
二十六、一般准备金	23407	31826	10419.00	48.67
负债总计	7803617.7	7785132.08	885595.30	12.84

5-58 长治市金融机构存、贷款指标

单位:万元

项目 \ 时间	1月	2月	3月	4月	5月
	余额	余额	余额	余额	余额
一、各项存款	6290943.93	6334978.45	6553537.05	6608061.85	6638395.08
1.企事业单位存款	1556836.36	1453723.82	1555220.47	1525022.00	1508705.37
(1)活期存款	1308134.67	1240798.88	1336017.77	1269239.00	1247477.37
(2)定期存款	248701.69	212924.94	219202.70	255783.00	261228.00
2.储蓄存款	3788272.36	3954522.80	3991135.54	4002170.31	3996239.21
(1)活期储蓄	901004.61	946144.83	949262.90	954128.30	940181.64
(2)定期储蓄	2887267.75	3008377.97	3041872.64	3048042.01	3056057.57
3.信托存款					
4.委托存款	1676.16	1644.32	1652.74	1937.89	1936.00
5.其他存款	944159.05	925087.51	1005528.30	1078931.65	1131514.50
二、各项贷款	3473249.10	3520927.68	3522608.22	3526784.53	3509977.30
1.短期贷款	2058650.75	2081160.25	2106370.63	2115953.21	2127015.71
2.中长期贷款	1114904.21	1119432.26	1132473.59	1139074.87	1143454.93
3.信托贷款					
4.委托贷款					
5.其他贷款					
6.票据融资	297840.14	318431.17	281927.00	269969.45	237988.66
7.各项垫款	1854.00	1904.00	1837.00	1787.00	1518.00

注:本表机构包括人民银行、政策性银行、国有商业银行、城市商业银行、农村信用社、邮政储汇局、财务公司。

5–58 长治市金融机构存、贷款指标

单位：万元

时间 项目	6月	7月	8月	9月	10月
	余额	余额	余额	余额	余额
一、各项存款	6679773.49	6808823.59	6791000.06	6938796.73	7053695.14
1.企事业单位存款	1482497.57	1500428.87	1441326.61	1576195.17	1659689.93
(1)活期存款	1209449.08	1226592.70	1167337.37	1278220.60	1375452.05
(2)定期存款	273048.49	273836.17	273989.24	297974.57	284237.88
2.储蓄存款	4037003.32	4092137.24	4102792.05	4086486.56	4070033.92
(1)活期储蓄	957989.78	993850.09	1007501.04	990250.60	978061.97
(2)定期储蓄	3079013.54	3098287.15	3095291.01	3096235.96	3091971.95
3.信托存款					
4.委托存款	–2287.72	–3012.14	–2959.18	–2926.29	–2999.55
5.其他存款	1162560.32	1219269.62	1249840.58	1279041.29	1326970.84
二、各项贷款	3523395.93	3570823.47	3566803.49	3606685.62	3703228.69
1.短期贷款	2137448.65	2156194.59	2135994.54	2157031.17	2201889.98
2.中长期贷款	1136895.70	1138947.10	1139376.14	1144865.23	1169968.11
3.信托贷款					
4.委托贷款					
5.其他贷款			3871.08	3845.53	3824.23
6.票据融资	247533.58	273885.78	285790.73	298662.69	325011.37
7.各项垫款	1518.00	1796.00	1771.00	2281.00	2535.00

5-58 长治市金融机构存、贷款指标

单位：万元

项目 \ 时间	11月	12月		
	余额	余额	比年初增减额	比年初增长%
一、各项存款	7182235.74	7155640.62	1048687.00	17.17
1.企事业单位存款	1725701.95	1677001.14	12194.00	7.84
(1)活期存款	1456018.45	1336829.43	31651.00	2.43
(2)定期存款	269683.50	340171.71	90289.00	36.13
2.储蓄存款	4144287.77	4219850.70	516804.00	13.96
(1)活期储蓄	1019499.93	1036170.93	179209.00	20.91
(2)定期储蓄	3124787.84	3183679.77	337595.00	11.86
3.信托存款				
4.委托存款	-2962.47	-1024.36	-2659.00	-162.63
5.其他存款	1315208.49	1259813.14	412602.00	48.70
二、各项贷款	3679686.20	3604588.50	287981.00	8.68
1.短期贷款	2218981.17	2190500.18	209259.00	10.56
2.中长期贷款	1168773.19	1141855.67	50211.00	4.60
3.信托贷款				
4.委托贷款				
5.其他贷款	3788.65	3739.96	-2827.00	-43.05
6.票据融资	285366.19	265755.69	30461.00	12.95
7.各项垫款	2777.00	2737.00	877.00	47.15

5-59 长治市金融机构存、贷款时序表

单位：亿元

指标 项目 时间	各项存款			各项贷款		
	余额	比年初增减额	余额比同期%	余额	比年初增减额	余额比同期%
1月	629.09	18.40	28.63	347.32	15.66	17.13
2月	633.50	22.80	26.88	352.09	20.43	17.59
3月	655.35	44.66	23.42	352.26	20.60	12.85
4月	660.81	50.11	22.53	352.68	21.02	11.91
5月	663.84	53.14	20.39	350.99	19.34	9.72
6月	667.98	57.28	17.06	352.34	20.68	9.30
7月	680.88	70.19	19.27	357.08	25.42	8.06
8月	679.10	68.40	17.34	356.68	25.02	8.64
9月	693.88	83.18	16.29	360.67	29.01	8.69
10月	705.37	94.67.	16.79	370.32	38.66	12.30
11月	718.22	107.53	17.17	367.97	36.31	11.86
12月	715.56	104.87	17.17	360.45	28.80	8.68

5-60 长治市银行业金融机构贷款质量统计表

单位：万元

项目＼时间	1 月	2 月	3 月	4 月	5 月	6 月
	余额	余额	余额	余额	余额	余额
正常贷款	2546835.35	2595077.65	2590613.26	2583760.45	2573268.54	2606345.08
正常类贷款	2089026.81	2137094.17	2125487.6	2113830.22	2096536.7	2098588.12
关注类贷款	457808.54	457983.48	465125.66	469930.23	476731.84	507756.96
不良贷款	926392.59	925848.37	931995.49	943025.87	936706.55	917048.76
次级类贷款	395172.69	392450.21	388005.82	380147.15	383206.05	371683.02
可疑类贷款	416807.67	418739.09	428596.71	443772.59	434515.28	415195.17
损失类贷款	114412.23	114659.07	115392.96	119106.13	118985.22	130170.57
贷款合计	3473227.94	3520926.02	3522608.75	3526786.32	3509975.09	3523393.84

5-60 长治市银行业金融机构贷款质量统计表

单位：万元

项目＼时间	7 月	8 月	9 月	10 月	11 月	12 月	
	余额	余额	余额	余额	余额	余额	比年初增减额
正常贷款	2648270.2	2653440.62	2655175.1	2655510.4	2601563.4	2528447.2	155167.36
正常类贷款	2143152.5	2132032.06	2115906.5	2111397.6	2061205.3	1943886	17272.08
关注类贷款	505117.69	521408.56	539268.56	544112.78	540358.05	584561.15	137895.28
不良贷款	922319.01	913062.65	913540.12	961247.25	982032.44	980007.15	36680.78
次级类贷款	379978.74	377775.24	377559.51	379917.96	375338.95	355124.8	–45168.84
可疑类贷款	411695.15	404575.44	400637.19	433612.28	457009.53	469364.04	41513.49
损失类贷款	130645.12	130711.97	135343.42	147717.01	149683.96	155518.31	40336.13
贷款合计	3570589.2	3566503.27	3568715.2	3616757.6	3583595.8	3508454.3	191848.14

注：本表机构包括农业发展银行、工商银行、农业银行、中国银行、建设银行、城市商行、农村信用社。

5-60　长治市银行业金融机构贷款质量统计表

单位：%

项目＼时间	1月	2月	3月	4月	5月	6月
	比例	比例	比例	比例	比例	比例
正常贷款	73.33	73.70	73.54	73.26	73.31	73.97
正常类贷款	60.15	60.70	60.34	59.94	59.73	59.56
关注类贷款	13.18	13.01	13.20	13.32	13.58	14.41
不良贷款	26.67	26.30	26.46	26.74	26.69	26.03
次级类贷款	11.38	11.15	11.01	10.78	10.92	10.55
可疑类贷款	12.00	11.89	12.17	12.58	12.38	11.78
损失类贷款	3.29	3.26	3.28	3.38	3.39	3.69

5-60　长治市银行业金融机构贷款质量统计表

单位：%

项目＼时间	7月	8月	9月	10月	11月	12月	
	比例	比例	比例	比例	比例	比例	比年初增减
正常贷款	74.17	74.40	74.40	73.42	72.60	72.07	0.51
正常类贷款	60.02	59.78	59.29	58.38	57.52	55.41	-2.68
关注类贷款	14.15	14.62	15.11	15.04	15.08	16.66	3.19
不良贷款	25.83	25.60	25.60	26.58	27.40	27.93	-0.51
次级类贷款	10.64	10.59	10.58	10.50	10.47	10.12	-1.95
可疑类贷款	11.53	11.34	11.23	11.99	12.75	13.38	0.48
损失类贷款	3.66	3.66	3.79	4.08	4.18	4.43	0.96

5-61 长治市主要银行业机构非信贷资产情况表

单位：万元

指标 时间 项目	1季度			2季度		
	余额	其中：不良资产	预计损失	余额	其中：不良资产	预计损失
一、现金	30616			27016.62		
二、银行存款	1518.29			1591.29		
三、贵金属						
四、存放中央银行款项	39600.22			36932.24		
五、存放同业款项	741.55	734.49	734.49	741.45	734.49	734.49
六、拆放同业	1053.07	1053.07	264	1053.07	1053.07	741.77
七、存放联行款项(轧差)	2012087.5	88	28	2082255.3	8.83	8.83
八、应收及预付款项	12752.18	11709.89	10175.03	5424.75	7335.89	6920.84
其中：应收利息	12545.54	5128.26	4582	3923.19	256.26	7.72
待处理案件纠纷垫款	1470.19	1231.33	1045.46	1585.02	1551.49	1496.98
九、短期投资	45.91	45.91		45.91	45.91	45.91
十、委托贷款及委托投资	61300.35	279.61	137.71	62864.48	251.79	129.31
十一、买入返售证券						
十二、待处理流动资产损失						
十三、长期投资	64718.41	333	333	64746.77	333.25	333.25
十四、固定资产净值	45044.97	1179.17	505.27	42023.33	1511.96	1092.28
十五、固定资产清理	80.86			423.6		
十六、在建工程	873			1359.69		
十七、待处理固定资产损失						
十八、无形资产	6250.6	3.5	0.47	6160.97	3.26	0.47
十九、递延资产	7547.74	4334	2387	7692.83	5702.68	5702.68
二十、其他非信贷资产	60043.71	295.57	215.57	60475.6	1690.46	1690.46
1.待处理抵债资产	299.43	295	215	299.43	299.43	299.43
2.应付福利费垫款						
3.未弥补亏损				5772.86	1186.59	1186.59
4.待处理房改资产						
5.待清理自办实体资产						
6.待清理接收资产	204.44	0.57	0.57	204.44	204.44	204.44
(1)待清理城信社资产						
(2)待清理城信社资产与负债差额						
(3)待清理信托资产	0.57	0.57	0.57	0.57	0.57	0.57
(4)人行转来企业贷款本金						
(5)其他金融机构转来资产						
(6)其他待清理接收资产	203.87			203.87	203.87	203.87
7.其他非信贷资产	59539.84			54198.87		
非信贷资产合计	2344274.4	20056.21	14780.54	2400807.9	18671.58	17400.28

注：本表机构包括农业发展银行、工商银行、农业银行、中国银行、建设银行。

5-61 长治市主要银行业机构非信贷资产情况表

单位：万元

项目 \ 时间	3季度			4季度		
	余额	其中：不良资产	预计损失	余额	其中：不良资产	预计损失
一、现金	27183.12			15681		
二、银行存款	1375.67			100		
三、贵金属						
四、存放中央银行款项	39810.51			45613		
五、存放同业款项	872.43	734.49	734.49	759	702	702
六、拆放同业	138.77	138.77	138.77	139	139	139
七、存放联行款项（轧差）	2135281.4	8.83		2331310		
八、应收及预付款项	6639.14	7129.15	5198.67	-1845	2176	1839
其中：应收利息	4846.47	56.14	27.82	5342	38	3
待处理案件纠纷垫款	1561.75	1549.65	822.4	572	501	497
九、短期投资	45.91	45.91		46	46	46
十、委托贷款及委托投资	64821.54	289.23	140.86	22547	257	131
十一、买入返售证券				400		
十二、待处理流动资产损失						
十三、长期投资	68847.9	333.25	333.25	72500	12	12
十四、固定资产净值	40203.37	639.59	223.86	44533	633	222
十五、固定资产清理	670.95			153		
十六、在建工程	1517.69			1371		
十七、待处理固定资产损失						
十八、无形资产	8096.58	3.11	0.47	7765		
十九、递延资产	7498.49	4938.16	3878.5	2548	178	178
二十、其他非信贷资产	107187.78	3990.32	3914.95	25756	25540	25211
1.待处理抵债资产	299.43	299.43	242.13			
2.应付福利费垫款						
3.未弥补亏损	3331.6	2572.15	2572.15	24400	24400	24400
4.待处理房改资产						
5.待清理自办实体资产						
6.待清理接收资产	1118.74	1118.74	1100.67	1142	1140	811
（1）待清理城信社资产						
（2）待清理城信社资产与负债差额						
（3）待清理信托资产	0.57	0.57		22	22	22
（4）人行转来企业贷款本金						
（5）其他金融机构转来资产						
（6）其他待清理接收资产	1118.17	1118.17	1100.67	1120	1118	789
7.其他非信贷资产	102438.01			214		
非信贷资产合计	2510191.3	18250.8	14563.77	2569376	29684	28480

5-62　长治市主要银行业机构表外业务情况表

单位:万元

项目 \ 指标 \ 时间	1季度			2季度		
	余额	风险敞口	垫款期末余额	余额	风险敞口	垫款期末余额
一、担保类业务	111457.4	17016.11	1786.44	107444.1	34447.37	1517.44
1.开出银行承兑汇票	87777.14	21057.11	1786.44	83506.34	22803.37	1517.44
2.开出信用证	23443	-4041		23619	11644	
3.保函	237.23			318.73		
4.债券发行担保						
其中:可转换债券担保						
5.其他担保类业务						
二、承诺类业务						
1.贷款承诺						
2.循环授信额度						
3.其他承诺类业务						
三、金融衍生类业务						
1.期权						
2.互换						
3.远期外汇						

5-62　长治市主要银行业机构表外业务情况表

单位:万元

项目 \ 指标 \ 时间	3季度			4季度		
	余额	风险敞口	垫款期末余额	余额	风险敞口	垫款期末余额
一、担保类业务	90327.02	21495.14	1330.59	103156	-24098	2737
1.开出银行承兑汇票	71485.89	10779.6	1330.59	56468	4277	2737
2.开出信用证	18489.54	10715.54		46460	-28375	
3.保函	351.59			228		
4.债券发行担保						
其中:可转换债券担保						
5.其他担保类业务						
二、承诺类业务						
1.贷款承诺						
2.循环授信额度						
3.其他承诺类业务						
三、金融衍生类业务						
1.期权						
2.互换						
3.远期外汇						

注：本表机构包括农业发展银行、工商银行、农业银行、中国银行、建设银行。

5-63 长治市主要银行业机构贷款按逾期时间分类表

单位:万元

项目 \ 时间	上4期	上3期	上2期	上1期	本期
	余额	余额	余额	余额	余额
各项贷款	1725833.08	1860214.00	1871993.96	1852441.68	1781352.82
未到期贷款	1494243.06	1625574.27	1649542.85	1620656.04	1537011.13
逾期类贷款	231590.02	234639.73	222451.11	231785.64	244341.69
其中:逾期0到3个月贷款	23383.97	20394.86	16013.70	27341.59	24030.51
逾期3个月到6个月贷款	12365.39	13723.00	6018.16	3519.00	20175.70
逾期6个月到9个月贷款	11504.00	11944.35	8604.08	4460.00	3112.50
逾期9个月到1年贷款	4205.00	9651.90	8915.70	7649.00	3845.00
逾期1年以上贷款	180131.66	178925.62	182899.47	188816.05	193177.98

注:本表机构包括农业发展银行、工商银行、农业银行、中国银行、建设银行。

5-64 长治市主要银行业机构贷款质量迁徙情况表

迁徙矩阵：

单位：%

项　目	正常类贷款	关注类贷款	次级类贷款	可疑类贷款	损失类贷款
正常类贷款	88.72	2.40	1.62	4.74	2.52
关注类贷款	0.22	72.66	9.04	17.31	0.77
次级类贷款		0.05	65.34	34.12	0.50
可疑类贷款				64.44	35.56
损失类贷款					100.00

5-64 长治市主要银行业机构贷款质量迁徙情况表

单位：万元

项　目	分子	分母	比例%
1.年初不良贷款率	207143.68	1725832.70	12.00
2.期末不良贷款率	315953.81	1781352.78	17.74
3.不良贷款率变动情况(1.-2.)	108810.13	55520.08	5.73
4.贷款质量总体向上迁徙率	330.13	329024.18	0.10
5.贷款质量总体向下迁徙率	176825.43	1149951.99	15.38
6.正常类贷款向下迁徙率	102225.42	906562.90	11.28
7.关注类贷款向下迁徙率	36434.49	134373.98	27.11
8.次级类贷款向下迁徙率	21999.52	63557.00	34.61
9.可疑类贷款向下迁徙率	16166.00	45458.11	35.56
10.当年新增贷款不良率	4435.40	545765.71	0.81
11.当年新形成不良贷款率	121606.07	1753592.74	6.93
12.贷款重组贡献度		32.32	
13.不良贷款周转率	477783.46	1518689.02	31.46
14.不良贷款处置收现率	6913.80	9594.70	72.06
15.不良贷款处置以物抵债率		9594.70	
16.不良贷款处置核销率	2188.75	9594.70	22.81

注：本表机构包括农业发展银行、工商银行、农业银行、中国银行、建设银行。

5-65 长治市银行业金融机构部分行业贷款情况表

单位：万元

项目＼时间	1季度	2季度	3季度	4季度	
	余额	余额	余额	余额	比年初增减额
一、煤炭行业	601582.50	602142.08	628889.83	555311.19	32046.50
二、焦炭行业	202654.02	191475.90	196191.50	219874.68	20627.53
(1)年产60万吨以上	106547.10	85010.00	92758.00	96668.35	11386.35
(2)年产40-60万吨	60120.00	55608.00	55327.60	76629.18	10054.18
(3)年产20-40万吨	19766.02	31002.00	27812.00	30087.70	32.45
(4)年产20万吨以下	16220.90	19855.90	20293.90	16489.45	-845.45
三、冶金行业	270363.54	264710.36	278381.81	267442.00	11422.85
(1)普通钢	102561.01	125014.25	139734.00	155498.40	36125.40
(2)特种钢	13278.40	23274.90	23274.90	1018.48	-13759.92
(3)生铁	143928.68	104199.35	101857.05	99677.46	-11539.89
(4)铁合金	6673.00	7311.00	8200.00	7278.06	662.06
(5)电解铝				300.00	300.00
四、建材行业	28573.86	30316.79	29231.69	31380.58	2520.90
(1)水泥	25441.46	28254.70	27495.60	24013.43	-2260.16
五、交通行业	106067.41	108807.88	109176.88	105258.57	-9433.14
(1)公路	105377.01	107697.78	107975.78	103958.17	-8302.14
(2)铁路	130.40	130.40	128.40	792.40	659.00
六、化工行业	84550.98	107882.82	163021.65	194803.18	87541.38
(1)电石	19300.41	20266.95	19848.95	17162.26	105.16
七、电力行业	490956.77	477471.38	499393.38	508931.48	66488.48
八、房地产业	131839.51	130862.14	128624.90	129937.78	581.08
(1)房地产开发商贷款	33596.54	32718.54	32405.54	31153.54	-1338.00
(2)住房开发贷款	4838.00	9648.00	9148.00	14338.00	9290.00
(3)政府土地储备机构贷款	16956.00				
(4)单位购置商业用房贷款	110.00	110.00			-110.00
(5)个人购房贷款	76258.97	86605.60	86991.36	84366.24	-7260.92
九、医药制造业	49346.74	51374.20	52200.20	46888.20	-3358.00
十、机械制造业	30454.29	28173.36	27493.36	20581.84	-128.67
合计	1996390.22	1993216.91	2112605.20	2080409.51	208308.92

注：本表机构包括工商银行、农业银行、中国银行、建设银行、城市商业银行、农村信用社。

5-66 长治市银行业金融机构部分行业不良贷款情况表

单位：万元

项目	1季度 余额	1季度 比例%	2季度 余额	2季度 比例%	3季度 余额	3季度 比例%
一、煤炭行业	87199.88	4.37	93911.87	4.71	78586.87	3.72
二、焦炭行业	62906.92	3.15	70284.90	3.53	64042.90	3.03
(1)年产60万吨以上	17784.00	0.89	17045.00	0.86	20582.00	0.97
(2)年产40-60万吨	26916.00	1.35	15875.00	0.80	6944.00	0.33
(3)年产20-40万吨	8666.02	0.43	24826.00	1.25	22946.00	1.09
(4)年产20万吨以下	9540.90	0.48	12538.90	0.63	13570.90	0.64
三、冶金行业	55039.88	2.76	54890.11	2.75	55629.11	2.63
(1)普通钢	829.00	0.04	829.00	0.04	829.00	0.04
(2)特种钢	78.40		74.90		74.90	
(3)生铁	44851.88	2.25	44700.35	2.24	45440.35	2.15
(4)铁合金	6011.00	0.30	6011.00	0.30	6010.00	0.28
(5)电解铝						
四、建材行业	21754.86	1.09	21647.79	1.09	21364.94	1.01
(1)水泥	21116.46	1.06	21485.70	1.08	21203.85	1.00
五、交通行业	7338.01	0.37	7761.88	0.39	7109.88	0.34
(1)公路	6841.01	0.34	6991.78	0.35	6491.78	0.31
(2)铁路	77.00		130.40	0.01	128.40	0.01
六、化工行业	20254.77	1.01	16784.82	0.84	16277.82	0.77
(1)电石	7722.20	0.39	8133.95	0.41	7662.95	0.36
七、电力行业	7165.77	0.36	8539.38	0.43	11760.38	0.56
八、房地产业	6266.77	0.31	7232.36	0.36	10411.65	0.49
(1)房地产开发商贷款	5343.54	0.27	6077.54	0.30	8887.54	0.42
(2)住房开发贷款			288.00	0.01	288.00	0.01
(3)政府土地储备机构贷款						
(4)单位购置商业用房贷款	110.00	0.01	110.00	0.01		
(5)个人购房贷款	813.23	0.04	756.82	0.04	1236.11	0.06
九、医药制造业	16172.70	0.81	18860.70	0.95	18600.70	0.88
十、机械制造业	3404.81	0.17	3492.11	0.18	3492.11	0.17
合计	287504.37	14.40	303405.92	15.22	287276.36	13.60

注：本表机构包括工商银行、农业银行、中国银行、建设银行、城市商业银行、农村信用社。

5-66 长治市银行业金融机构部分行业不良贷款情况表

单位：万元

项目 \ 指标 \ 时间	4季度			
	余额	比例%	余额比年初增减	比例比年初增减
一、煤炭行业	80138.50	3.85	1569.87	-0.34
二、焦炭行业	75458.15	3.63	13638.25	0.32
(1)年产60万吨以上	25173.00	1.21	7394.00	0.26
(2)年产40-60万吨	18842.00	0.91	3412.00	0.08
(3)年产20-40万吨	18218.70	0.88	-851.30	-0.14
(4)年产20万吨以下	13224.45	0.64	3683.55	0.13
三、冶金行业	60168.37	2.89	7880.92	0.10
(1)普通钢	2546.40	0.12	1717.40	0.08
(2)特种钢	18.48		-59.92	
(3)生铁	48025.83	2.31	5956.78	0.06
(4)铁合金	6008.06	0.29	-2.94	-0.03
(5)电解铝	300.00	0.01	300.00	0.01
四、建材行业	21439.44	1.03	1050.76	-0.06
(1)水泥	21206.43	1.02	906.74	-0.06
五、交通行业	6268.07	0.30	-1006.64	-0.09
(1)公路	5988.67	0.29	-732.64	-0.07
(2)铁路	121.40	0.01	-12.00	
六、化工行业	17517.32	0.84	-2384.58	-0.22
(1)电石	7381.00	0.35	543.80	-0.01
七、电力行业	13806.48	0.66	7637.48	0.33
八、房地产业	20881.61	1.00	14617.88	0.67
(1)房地产开发商贷款	10711.54	0.51	5428.00	0.23
(2)住房开发贷款	3248.00	0.16	3248.00	0.16
(3)政府土地储备机构贷款				
(4)单位购置商业用房贷款			-110.00	-0.01
(5)个人购房贷款	6922.07	0.33	6051.88	0.29
九、医药制造业	19202.70	0.92	3030.00	0.06
十、机械制造业	3517.32	0.17	112.51	-0.01
合 计	318397.96	15.30	46146.45	0.76

5-67 长治市主要银行业机构客户大额授信和零售贷款违约客户情况统计表

单位:个,亿元,%

时间 \ 指标 \ 项目	客户大额授信统计								关联企业授信	关联企业贷款	零售贷款违约统计	
	客户数	授信额度	贷款余额	不良贷款	不良占比	预警信息					法人违约数	个人违约数
						客户数	贷款	不良贷款				
1月	21	106.7	102.5			2	1.83				14	1067
2月	23	109.4	103.6			2	2.12				14	1090
3月	22	110	108.4			2	2.04				14	1134
4月	23	110.2	107			2	2.01				14	1136
5月	23	112.1	107.2			2	2.6				14	1135
6月	23	116.5	109.2			2	3.05				14	1094
7月	22	117.4	111.9			3	3.22				14	1013
8月	23	143.5	111.2	0.5	0.49	2	4.24				14	1013
9月	24	151.2	111.1	0.5	0.49	3	10.07				555	983
10月	24	159.9	110	0.5	0.49	4	14.38	0.5			596	932
11月	24	179.7	114.3	0.9	0.8	2	7.72	0.5			649	912
12月	24	175.2	113.3	0.9	0.8	2	7.11	0.5			650	914

注:本表机构包括工商银行、农业银行、中国银行、建设银行。

5-68 长治市银行业金融机构小企业贷款情况统计表

单位:个、万元

项目 \ 指标 \ 时间	1季度	2季度	3季度	4季度	
	余额	余额	余额	余额	比年初增减额
1.小企业授信户数	8095	5936	5598	5349	-388
2.小企业贷款额	1298317	1347953	697103	658119	-225281
2.1.1 其中:正常类贷款	678741	676776	298896	243817	-178041
2.1.2 关注类贷款	136790	177010	83860	82720	-15375
2.1.3 次级类贷款	221732	208966	107945	93461	-43272
2.1.4 可疑类贷款	177903	187647	107542	125018	-19207
2.1.5 损失类贷款	83151	97554	98859	113104	30615
2.2 其中:本金逾期贷款	277732	298204	233080	239657	11608
2.3 其中:重组贷款	7176	15192	14809	14822	6896
3.小企业表外授信额	5170	9094	4748	1130	-9352
4.小企业表内外授信总额	1303487	1357047	701851	659249	-234633

注:本表机构包括农业发展银行、工商银行、农业银行、中国银行、建设银行、城市商业银行、农村信用社。

5-69 长治市银行业金融机构案件信息统计表

单位:万元,件

项　　目	案　　件		其中:百万元以上案件	
	本年累计发生	比上年同期增减	本年累计发生	比上年同期增减
经济案件数量	1	-1	1	1
其中:挪用	1	-1	1	1
贪污	0	0	0	0
侵占	0	0	0	0
贿赂	0	0	0	0
经济案件涉案金额	196	120.81	196	196
其中:挪用	196	120.81	196	196
贪污	0	0	0	0
侵占	0	0	0	0
贿赂	0	0	0	0
经济案件风险金额	0	-10.79	0	0
其中:挪用	0	-10.79	0	0
贪污	0	0	0	0
侵占	0	0	0	0
贿赂	0	0	0	0
违规经营数量	0	0	0	0
其中:违反金融法规	0	0	0	0
违反财经纪律	0	0	0	0
破坏金融秩序	0	0	0	0
违规经营涉案金额	0	0	0	0
其中:违反金融法规	0	0	0	0
违反财经纪律	0	0	0	0
破坏金融秩序	0	0	0	0
违规经营风险金额	0	0	0	0
其中:违反金融法规	0	0	0	0
违反财经纪律	0	0	0	0
破坏金融秩序	0	0	0	0
诈骗案件数量	2	1	1	1
诈骗案件涉案金额	1045.27	1025.77	1010	1010
诈骗案件风险金额	428	428	428	428
抢劫案件数量	0	0	0	0
抢劫案件涉案金额	0	0	0	0
抢劫案件风险金额	0	0	0	0
盗窃案件数量	0	0	0	0
盗窃案件涉案金额	0	0	0	0
盗窃案件风险金额	0	0	0	0
各类案件数量总计	3	0	2	2
各类案件涉案金额总计	1241.27	1146.58	1206.00	1206.00
各类案件风险金额总计	428.00	417.21	428.00	428.00

注:本表机构包括辖内所有银行业金融机构。

5-70 晋城市银行业金融机构资产负债表

单位：万元

项目 \ 时间	1月	2月	3月	4月	5月
	余额	余额	余额	余额	余额
流动资产	4873659.68	4919109.76	5069438.76	5012231.97	4988095.99
一、现金及银行存款	45891.41	69786.17	58252.72	44748.62	50039.05
二、存放中央银行	320952.41	303264.17	342164.28	336583.10	329799.81
三、存放同业	163672.56	169264.48	190808.70	177846.64	189930.48
四、存放联行款项	2427011.03	2421912.76	2481479.16	2383506.59	2445326.03
五、拆放同业	1765.00	1765.00	1765.00	1765.00	1765.00
六、短期贷款	1629713.79	1671496.51	1745932.97	1750582.74	1744713.77
七、应收账款	1670.59	5775.52	3641.16	8250.89	12894.47
其中：应收利息	7933.36	10348.72	7264.02	8861.28	11535.60
八、减：坏账准备	11758.00	11757.00	7670.37	7657.81	7670.62
九、短期投资	67564.00	61360.00	80609.84	82126.77	50883.25
十、减：短期投资跌价准备					
十一、委托贷款及投资					
十二、买入返售资产	223095.00	222415.00	170057.47	235036.55	166757.57
十三、待处理流动资产损失					
十四、其他流动资产	4081.89	3827.15	2397.83	-557.12	3657.18
长期资产	1216978.39	1245952.54	1272105.29	1317584.99	1365742.13
十五、中长期贷款	994636.49	1020975.39	1043002.84	1080584.36	1121351.93
十六、减：贷款损失准备	23256.52	23742.17	29095.93	29182.17	29096.77
十七、长期投资	197205.68	200336.78	213493.68	222886.14	232320.56
十八、减：长期投资减值准备			0.13	1245.42	1243.42
十九、固定资产净值	46314.80	46261.60	42625.25	42461.00	40189.75
固定资产	75971.91	76198.91	72563.61	72688.51	70282.58
减：累计折旧	29657.11	29937.31	29938.36	30227.51	30092.83
二十、固定资产减值准备			41.86	41.86	41.86
二十一、固定资产清理	419.94	419.94	419.94	419.94	419.94
二十二、在建工程	1656.00	1699.00	1700.00	1703.00	1842.00
二十三、减：在建工程减值准备					
二十四、待处理固定资产损失	2.00	2.00	1.50		
无形递延及其他资产	-9366.78	-9543.45	-6532.83	-6511.86	-4781.33
二十五、无形递延及其他资产	-9366.77	-9543.44	-6532.82	-6511.85	-4781.32
二十六、减：抵债资产减值准备					
二十七、减：无形资产减值准备	0.01	0.01	0.01	0.01	0.01
二十八、减：其他资产减值准备					
资产总计	6081271.29	6155518.85	6335011.22	6323305.10	6349056.79

注：本表机构包括辖内所有银行业金融机构。

5-70　晋城市银行业金融机构资产负债表

单位:万元

项目＼时间	6月	7月	8月	9月	10月
	余额	余额	余额	余额	余额
流动资产	5088383.19	5109544.02	5141797.06	5325124.77	5256024.09
一、现金及银行存款	59083.32	52439.17	52340.80	58588.82	50502.17
二、存放中央银行	315549.73	327553.53	316837.72	313877.97	334431.55
三、存放同业	186958.31	182992.10	183657.03	192181.78	180314.58
四、存放联行款项	2431405.19	2364225.31	2294618.66	2122251.11	2244650.16
五、拆放同业	1765.00	1765.00	1765.00	1765.00	1765.00
六、短期贷款	1804202.11	1759148.79	1914437.74	2003089.87	1980413.78
七、应收账款	7993.82	10589.90	13201.06	9358.05	9076.35
其中:应收利息	9355.86	11323.98	13658.30	9877.34	12530.20
八、减:坏账准备	4797.06	4818.08	4823.66	4824.97	4832.51
九、短期投资	35807.36	48263.42	47390.42	87172.68	84316.68
十、减:短期投资跌价准备					
十一、委托贷款及投资					
十二、买入返售资产	242853.78	364992.78	318592.78	537158.54	369985.16
十三、待处理流动资产损失					
十四、其他流动资产	7561.63	2392.10	3779.51	4505.92	5401.17
长期资产	1400515.39	1410027.44	1451659.81	1472548.67	1505521.28
十五、中长期贷款	1150375.31	1158659.17	1193118.73	1223919.39	1253460.32
十六、减:贷款损失准备	33903.60	33623.49	34765.70	37639.48	37811.69
十七、长期投资	244714.86	246798.21	254647.56	249715.22	249362.00
十八、减:长期投资减值准备	2228.67	3250.06	3186.06	5001.63	2967.27
十九、固定资产净值	39101.41	38886.53	39191.20	38753.19	40635.94
固定资产	69402.18	69355.20	69964.52	70176.81	72563.41
减:累计折旧	30300.77	30468.67	30773.32	31423.62	31927.47
二十、固定资产减值准备	41.86	41.86	41.86	41.86	41.86
二十一、固定资产清理	419.94	419.94	419.94	408.84	408.84
二十二、在建工程	2078.00	2179.00	2276.00	2435.00	2475.00
二十三、减:在建工程减值准备					
二十四、待处理固定资产损失					
无形递延及其他资产	-4628.52	-4322.74	-4415.05	-4522.89	-6687.88
二十五、无形递延及其他资产	-4628.51	-4322.73	-4411.04	-4522.88	-6687.87
二十六、减:抵债资产减值准备					
二十七、减:无形资产减值准备	0.01	0.01	0.01	0.01	0.01
二十八、减:其他资产减值准备			4.00		
资产总计	6484270.06	6515248.72	6589041.82	6793150.55	6754857.49

5-70 晋城市银行业金融机构资产负债表

单位:万元

项目 \ 时间	11月	12月		
	余额	余额	比同期增减额	比同期增长%
流动资产	5343039.51	5414102.52	566164.46	11.68
一、现金及银行存款	53582.98	41153.45	10308.18	33.42
二、存放中央银行	366455.09	495114.69	43744.05	9.69
三、存放同业	161344.23	158529.75	13394.12	9.23
四、存放联行款项	2427184.60	2632428.92	271705.58	11.51
五、拆放同业	1765.00	1765.00		
六、短期贷款	1972431.57	2023821.62	437863.53	27.61
七、应收账款	14665.80	1102.40	7751.17	-116.58
其中:应收利息	12955.73	10589.53	4969.81	88.44
八、减:坏账准备	4669.45	5324.94	1914.74	56.15
九、短期投资	70009.68	56487.00	1590.60	2.90
十、减:短期投资跌价准备				
十一、委托贷款及投资				
十二、买入返售资产	274707.98		-223194.70	-100.00
十三、待处理流动资产损失				
十四、其他流动资产	5562.03	9024.63	4916.67	119.69
长期资产	1570023.07	1584659.93	374164.90	30.91
十五、中长期贷款	1313505.75	1316367.55	320003.27	32.12
十六、减:贷款损失准备	37231.96	41855.40	10356.43	32.88
十七、长期投资	253862.68	255571.12	59557.10	30.38
十八、减:长期投资减值准备	2014.37		-40.10	-100.00
十九、固定资产净值	39021.89	52583.58	4957.22	10.41
固定资产	71006.25	85289.02	8150.21	10.57
减:累计折旧	31984.36	32705.44	3192.99	10.82
二十、固定资产减值准备	41.86	41.86	41.86	
二十一、固定资产清理	419.94	419.94		
二十二、在建工程	2501.00	1615.00	7.00	0.44
二十三、减:在建工程减值准备				
二十四、待处理固定资产损失			-1.50	-100.00
无形递延及其他资产	-4448.76	-7118.92	3959.29	-35.74
二十五、无形递延及其他资产	-4448.75	-7118.91	3959.29	-35.74
二十六、减:抵债资产减值准备				
二十七、减:无形资产减值准备	0.01	0.01		
二十八、减:其他资产减值准备				
资产总计	6908613.82	6991643.53	944288.65	15.61

5-70　晋城市银行业金融机构资产负债表

单位:万元

项目＼时间	1月	2月	3月	4月	5月
	余额	余额	余额	余额	余额
流动负债	3039042.16	3048580.79	3132073.19	3131776.63	3162269.67
一、短期存款	2106984.83	2054201.70	2104084.09	2116748.30	2151799.92
二、活期储蓄存款	716592.29	759125.31	784186.36	748213.70	740462.75
三、财政性存款	3423.54	4219.67	-1000.81	-802.64	613.51
四、向中央银行借款	11800.00	11800.00	12100.00	12100.00	14100.00
五、同业存放	57514.82	64171.74	78419.24	81763.40	96187.64
六、联行存放					
七、同业拆入					
八、应解汇款及临时存款	2639.80	4189.40	938.57	1283.17	878.51
九、汇出汇款	3829.41	2180.74	4005.88	12318.46	3313.62
十、委托存款	-41347.55	-41344.55	-41188.52	-40378.52	-40359.52
十一、卖出回购资产	18000.00	39940.00	42040.00	52780.00	51375.00
十二、应付及预提账项	71778.70	67745.46	78405.44	77918.63	79393.27
十三、存放短期保证金	71755.10	68461.06	56631.67	53653.84	50228.97
十四、发行短期债券					
十五、其他流动负债	16071.22	13890.26	13451.27	16178.29	14276.00
长期负债	2891504.96	2977322.70	3063800.73	3073733.32	3060547.27
十六、长期存款	531818.42	527676.32	560234.21	576769.59	572716.31
十七、定期储蓄存款	2276870.94	2367135.04	2421062.38	2408491.98	2395911.41
十八、存放长期保证金					
十九、发行长期债券			0.20	0.20	0.20
二十、其他长期负债	82815.60	82511.34	82503.94	88471.55	91919.35
所有者权益	150724.17	129615.36	139137.30	117795.15	126239.85
二十一、实收资本	74883.00	74959.00	75184.00	75380.00	75538.00
二十二、资本公积	605.49	605.49	591.08	592.08	592.08
二十三、公积金	5748.00	6106.00	6106.00	6107.00	6107.00
二十四、公益金	153.00	332.00	332.00	332.00	332.00
二十五、未分配利润	48722.68	25974.87	35286.22	13746.07	22032.77
其中:本年利润	6258.48	11344.73	21740.08	25917.93	34204.63
二十六、一般准备金	20612.00	21638.00	21638.00	21638.00	21638.00
负债总计	6081271.29	6155518.85	6335011.22	6323305.10	6349056.79

5-70 晋城市银行业金融机构资产负债表

单位：万元

项目 \ 时间	6 月	7 月	8 月	9 月	10 月
	余额	余额	余额	余额	余额
流动负债	3299701.18	3278387.82	3363813.54	3585348.88	3579329.54
一、短期存款	2204047.39	2141238.72	2264263.28	2446458.47	2516576.27
二、活期储蓄存款	769364.07	771008.50	768359.68	755920.48	712321.51
三、财政性存款	10874.04	8951.13	5982.03	3300.55	5001.58
四、向中央银行借款	11800.00	14100.00	14100.00	13100.00	10800.00
五、同业存放	92459.66	77888.20	73759.05	75611.84	73952.28
六、联行存放					
七、同业拆入		5000.00			
八、应解汇款及临时存款	1243.28	1518.97	1146.19	1671.26	844.19
九、汇出汇款	2880.97	3097.31	1469.13	3515.79	1597.05
十、委托存款	-40980.46	-27656.77	-4617.74	-4976.38	-4941.33
十一、卖出回购资产	76300.00	114840.00	78590.00	127135.00	106190.00
十二、应付及预提账项	99262.06	99138.74	98353.47	103728.09	92948.18
十三、存放短期保证金	57993.17	54136.02	47311.45	45896.78	48985.71
十四、发行短期债券					
十五、其他流动负债	14457.00	15127.00	15097.00	13987.00	15054.10
长期负债	3047474.67	3093366.57	3074092.35	3050584.24	3013036.21
十六、长期存款	562180.21	585617.54	588283.97	581193.23	569484.54
十七、定期储蓄存款	2393171.57	2402936.08	2377061.47	2361269.79	2341918.95
十八、存放长期保证金					
十九、发行长期债券	0.20	0.20	0.20	0.20	0.20
二十、其他长期负债	92122.69	104812.75	108746.71	108121.02	101632.52
所有者权益	137094.21	143494.33	151135.93	157217.43	162491.74
二十一、实收资本	75994.00	73382.00	73504.00	69626.00	63194.00
二十二、资本公积	539.24	539.24	539.24	506.19	506.19
二十三、公积金	6107.00	6107.00	6107.00	6107.00	6107.00
二十四、公益金	332.00	332.00	332.00	332.00	332.00
二十五、未分配利润	32483.97	41496.09	49015.69	59008.24	70715.55
其中：本年利润	45593.83	54605.95	58537.55	66786.10	78493.41
二十六、一般准备金	21638.00	21638.00	21638.00	21638.00	21637.00
负债总计	6484270.06	6515248.72	6589041.82	6793150.55	6754857.49

5-70 晋城市银行业金融机构资产负债表

单位：万元

项目 \ 时间	11月	12月		
	余额	余额	比同期增减额	比同期增长%
流动负债	3667321.42	3814884.33	757774.20	24.79
一、短期存款	2556477.26	2640634.67	540722.51	25.75
二、活期储蓄存款	773763.91	817138.78	140700.21	20.80
三、财政性存款	6664.74	5126.69	-45085.10	-89.79
四、向中央银行借款	8800.00	13100.00	-1000.00	-7.09
五、同业存放	37463.97	88410.13	36930.86	71.74
六、联行存放				
七、同业拆入				
八、应解汇款及临时存款	4480.69	757.32	7.31	0.97
九、汇出汇款	3317.39	10758.45	2808.99	35.34
十、委托存款	-4968.17	-98.20	38596.35	-99.75
十一、卖出回购资产	112160.00	64000.00	37070.00	137.65
十二、应付及预提账项	106691.76	112365.24	33651.29	42.75
十三、存放短期保证金	48169.65	50024.55	-25499.73	-33.76
十四、发行短期债券				
十五、其他流动负债	14300.22	12666.70	-1128.49	-8.18
长期负债	3081162.75	3026734.33	177198.54	6.22
十六、长期存款	598884.47	555245.32	19269.20	3.60
十七、定期储蓄存款	2362924.72	2410282.51	169715.47	7.57
十八、存放长期保证金				
十九、发行长期债券	0.20	0.20		
二十、其他长期负债	119353.36	61206.30	-11786.13	-16.15
所有者权益	160129.65	150024.87	9315.91	6.62
二十一、实收资本	62524.00	61468.00	-13347.00	-17.84
二十二、资本公积	506.19	1264.65	458.06	56.79
二十三、公积金	6107.00	6447.00	994.80	18.25
二十四、公益金	332.00		-153.00	-100.00
二十五、未分配利润	69023.46	57310.22	18369.05	47.17
其中：本年利润	76551.32	77981.07	16417.14	26.67
二十六、一般准备金	21637.00	23535.00	2994.00	14.58
负债总计	6908613.82	6991643.53	944288.65	15.61

5-71 晋城市金融机构存、贷款指标

单位：万元

项目＼时间	1月	2月	3月	4月	5月
	余额	余额	余额	余额	余额
一、各项存款	6342900	6430497	6634534	6638788	6659745
1.企事业单位存款	1920872	1883085	1973547	1991716	2015530
(1)活期存款	1487983	1453373	1508648	1510792	1543159
(2)定期存款	432888	429711	464899	480924	472370
2.储蓄存款	3389998	3541392	3635072	3587895	3566426
(1)活期储蓄	790831	838429	869894	831680	820829
(2)定期储蓄	2599167	2702963	2765177	2756215	2745597
3.信托存款					
4.委托存款	-41350	-41347	-41191	-40381	-40362
5.其他存款	1073380	1047366	1067106	1099559	1118151
二、各项贷款	2645397	2713519	2809983	2852214	2887113
1.短期贷款	1535686	1565608	1622505	1646974	1648999
2.中长期贷款	996110	1022449	1044476	1082058	1122825
3.信托贷款					
4.委托贷款					
5.其他贷款			85	77	306
6.票据融资	113363	125183	142257	122670	114720
7.各项垫款	239	279	659	435	263

注：本表机构包括人民银行、政策性银行、国有商业银行、股份制商业银行、城市商业银行、农村信用社、邮政储汇局。

5–71　晋城市金融机构存、贷款指标

单位：万元

项目 \ 时间	6月	7月	8月	9月	10月
	余额	余额	余额	余额	余额
一、各项存款	6769656	6767907	6870144	7007972	7015263
1.企事业单位存款	2008725	1991008	2050321	2206168	2262103
(1)活期存款	1550631	1516977	1578743	1741651	1791895
(2)定期存款	458094	474032	471578	464517	470209
2.储蓄存款	3596514	3611480	3580534	3549999	3487885
(1)活期储蓄	851391	854111	851017	836115	794051
(2)定期储蓄	2745123	2757369	2729517	2713884	2693835
3.信托存款					
4.委托存款	–40989	–27661	–4626	–4979	–4991
5.其他存款	1205406	1193080	1243914	1256785	1270266
二、各项贷款	2975624	2938855	3128603	3248056	3254921
1.短期贷款	1696139	1648554	1791563	1879208	1871836
2.中长期贷款	1151849	1160132	1194592	1225393	1254934
3.信托贷款					
4.委托贷款					
5.其他贷款	221	242		894	2436
6.票据融资	127138	129248	142225	142325	125404
7.各项垫款	278	679	223	237	311

5-71　晋城市金融机构存、贷款指标

单位:万元

项目 \ 时间	11月	12月		
	余额	余额	比年初增减额	比年初增长%
一、各项存款	7144447	7212124	951180	15.19
1.企事业单位存款	2277212	2306826	351308	17.96
(1)活期存款	1802573	1826347	308345	20.31
(2)定期存款	474638	480479	42963	9.82
2.储蓄存款	3573390	3679311	371376	11.23
(1)活期储蓄	858284	910207	156523	20.77
(2)定期储蓄	2715106	2769105	214853	8.41
3.信托存款				
4.委托存款	-4974	-380	39001	-99.04
5.其他存款	1298820	1226366	189495	18.28
二、各项贷款	3306984	3361236	757869	29.11
1.短期贷款	1848187	1865214	352641	23.31
2.中长期贷款	1314979	1317841	335120	34.10
3.信托贷款				
4.委托贷款				
5.其他贷款	3817	3196	3126	4465.71
6.票据融资	139451	174451	66689	61.89
7.各项垫款	550	534	295	123.43

5-72　晋城市金融机构存、贷款时序表

单位：亿元

时间	各项存款			各项贷款		
	余额	比年初增减额	余额比同期%	余额	比年初增减额	余额比同期%
1月	634	8	24.79	265	4	16.34
2月	643	17	22.62	271	11	16.16
3月	663	37	24.47	281	21	18.08
4月	664	38	21.58	285	25	17.72
5月	666	40	20.11	289	28	17.77
6月	677	51	18.89	298	37	19.15
7月	677	51	17.00	294	34	16.68
8月	687	61	14.42	313	53	23.51
9月	701	75	14.63	325	64	26.37
10月	702	75	12.27	325	65	24.60
11月	714	88	12.54	331	70	26.14
12月	721	95	15.11	336	76	29.11

5-73 晋城市银行业金融机构贷款质量统计表

单位:万元

项目＼时间	1月	2月	3月	4月	5月	6月	7月
	余额	余额	余额	余额	余额	余额	余额
正常贷款	1964244	2035132	2160756	2204343	2245993	2338698	2305875
正常类贷款	1807826	1870083	1971005	2004305	2036301	2123824	2083631
关注类贷款	156418	165049	189751	200038	209692	214874	222244
不良贷款	660105	657339	628179	626823	620072	615878	611932
次级类贷款	179299	176723	146949	135933	131561	124274	122330
可疑类贷款	355777	355998	357325	357513	361709	346096	344016
损失类贷款	125029	124618	123905	133377	126802	145509	145585
贷款合计	2624349	2692471	2788935	2831166	2866065	2954576	2917807

5-73 晋城市银行业金融机构贷款质量统计表

单位:万元

项目＼时间	8月	9月	10月	11月	12月	
	余额	余额	余额	余额	余额	比年初增减额
正常贷款	2515444	2639212	2636637	2688945	2744776	818804
正常类贷款	2287027	2401815	2396697	2439682	2462920	691393
关注类贷款	228417	237397	239940	249263	281856	127411
不良贷款	592111	587796	597236	596991	595412	-60937
次级类贷款	119149	113764	117678	117783	120695	-57368
可疑类贷款	327398	328873	332511	332027	330709	-22845
损失类贷款	145564	145159	147047	147181	144008	19276
贷款合计	3107555	3227008	3233873	3285936	3340188	757867

注:本表机构包括农业发展银行、工商银行、农业银行、中国银行、建设银行、交通银行、城商行,农村信用社。

5-73 晋城市银行业金融机构贷款质量统计表

单位：%

项目＼时间	1月	2月	3月	4月	5月	6月	7月
	比例	比例	比例	比例	比例	比例	比例
正常贷款	74.85	75.58	77.47	77.85	78.35	79.15	79.03
正常类贷款	68.89	69.45	70.67	70.79	71.04	71.88	71.41
关注类贷款	5.96	6.13	6.8	7.06	7.31	7.27	7.62
不良贷款	25.14	23.99	22.51	22.13	21.63	20.84	20.97
次级类贷款	6.83	6.56	5.26	4.80	4.59	4.21	4.19
可疑类贷款	13.55	13.22	12.81	12.62	12.62	11.71	11.79
损失类贷款	4.76	4.21	4.44	4.71	4.42	4.92	4.99

5-73 晋城市银行业金融机构贷款质量统计表

单位：%

项目＼时间	8月	9月	10月	11月	12月	
	比例	比例	比例	比例	比例	比年初增减
正常贷款	80.95	81.79	81.53	81.83	82.17	7.59
正常类贷款	73.6	74.43	74.11	74.25	73.74	5.13
关注类贷款	7.35	7.36	7.42	7.59	8.44	2.46
不良贷款	19.05	18.21	18.47	18.17	17.83	-7.59
次级类贷款	3.83	3.53	3.64	3.58	3.61	-3.28
可疑类贷款	10.54	10.19	10.28	10.1	9.9	-3.79
损失类贷款	4.68	4.5	4.55	4.48	4.31	-0.52

5-74 晋城市主要银行业机构非信贷资产情况表

单位：万元

指标 项目 \ 时间	1季度			2季度		
	余额	其中：不良资产	预计损失	余额	其中：不良资产	预计损失
一、现金	56473			55387		
二、银行存款	1188			1141		
三、贵金属						
四、存放中央银行款项	345064			347517		
五、存放同业款项	668667	408	245	651685	408	408
六、拆放同业	4948	3765	2459	4948	3765	2459
七、存放联行款项(轧差)	2486100			2441763		
八、应收及预付款项	5692	929	697	8193	1138	1041
其中：应收利息	7022	156	140	7747	162	155
待处理案件纠纷垫款	141	72	56	177	153	153
九、短期投资	80441	800	800	35987	800	800
十、委托贷款及委托投资	2135	8	8	3041	14	14
十一、买入返售证券				242854		
十二、待处理流动资产损失						
十三、长期投资	188469	881	881	220401	881	881
十四、固定资产净值	42580	67	58	39572	15	15
十五、固定资产清理	420			420		
十六、在建工程	1701			1961		
十七、待处理固定资产损失	2	2	2			
十八、无形资产	4311	6		6306	30	30
十九、递延资产	4260	1567	754	4142	2056	2009
二十、其他非信贷资产	177640	1300	1020	-4548	1680	1427
1.待处理抵债资产	909	431	152	909	431	178
2.应付福利费垫款						
3.未弥补亏损	856	856	856	1236	1236	1236
4.待处理房改资产						
5.待清理自办实体资产						
6.待清理接收资产	13	13	13	13	13	13
(1)待清理城信社资产						
(2)待清理城信社资产与负债差额						
(3)待清理信托资产	13	13	13	13	13	13
(4)人行转来企业贷款本金						
(5)其他金融机构转来资产						
(6)其他待清理接收资产						
7.其他非信贷资产	175862			-6707		
非信贷资产合计	4070090	9733	6923	4060771	10787	9084

注：本表机构包括农业发展银行、工商银行、农业银行、中国银行、建设银行、交通银行、城市商业银行。

5-74 晋城市主要银行业机构非信贷资产情况表

单位:万元

项目	3季度 余额	3季度 其中:不良资产	3季度 预计损失	4季度 余额	4季度 其中:不良资产	4季度 预计损失
一、现金	56825			40245		
二、银行存款	1446			201		
三、贵金属						
四、存放中央银行款项	314814			495277		
五、存放同业款项	255022	408	408	209723	408	408
六、拆放同业	3217	3218	1749	3218	3218	1755
七、存放联行款项(轧差)	2078604			2647613		
八、应收及预付款项	9532	1019	917	2979	204	109
其中:应收利息	9401	47	46	10285	1	1
待处理案件纠纷垫款	179	163	151	67	54	51
九、短期投资	86049			55867		
十、委托贷款及委托投资	121024	14	14	15384	14	14
十一、买入返售证券	500150					
十二、待处理流动资产损失						
十三、长期投资	216201	180		229528	180	0
十四、固定资产净值	38941	338	244	52581	318	211
十五、固定资产清理	409			420		
十六、在建工程	2436	100	100	1615	100	100
十七、待处理固定资产损失						
十八、无形资产	6238	52	52	5366	22	22
十九、递延资产	4459	2056	2009	2530		
二十、其他非信贷资产	88768	15249	14516	49726	12197	11656
1.待处理抵债资产	930	716	359	415	102	
2.应付福利费垫款						
3.未弥补亏损	12636	12636	12474	10284	10284	10050
4.待处理房改资产						
5.待清理自办实体资产						
6.待清理接收资产	13	13	13			
(1)待清理城信社资产						
(2)待清理城信社资产与负债差额						
(3)待清理信托资产	13	13	13			
(4)人行转来企业贷款本金						
(5)其他金融机构转来资产						
(6)其他待清理接收资产						
7.其他非信贷资产	75189	1883	1669	39027	1811	1606
非信贷资产合计	3784136	22634	20009	3812273	16661	14276

5-75 晋城市主要银行业机构表外业务情况表

单位:万元

项目 \ 指标 \ 时间	1季度			2季度		
	余额	风险敞口	垫款期末余额	余额	风险敞口	垫款期末余额
一、担保类业务	121952.98	74796	659	163671.09	107310.51	238.20
1.开出银行承兑汇票	115393.03	71326.22	659	143299.17	102951.37	238.20
2.开出信用证	3850	913		17656.97	1795.36	
3.保函	2709.95	2556.78		2714.95	2563.78	
4.债券发行担保						
其中:可转换债券担保						
5.其他担保类业务						
二、承诺类业务	50000	50000				
1.贷款承诺	50000	50000				
2.循环授信额度						
3.其他承诺类业务						
三、金融衍生类业务						
1.期权						
2.互换						
3.远期外汇						

5-75 晋城市主要银行业机构表外业务情况表

单位:万元

项目 \ 指标 \ 时间	3季度			4季度		
	余额	风险敞口	垫款期末余额	余额	风险敞口	垫款期末余额
一、担保类业务	148271.52	103960.4	223.2	126691	72106.56	434.80
1.开出银行承兑汇票	134790.98	97552.79	223.2	115039.31	69853.97	434.80
2.开出信用证	6587.58	-347.47		4822.64	-4374.20	
3.保函	6892.96	6755.04		6829.05	6626.79	
4.债券发行担保						
其中:可转换债券担保						
5.其他担保类业务						
二、承诺类业务						
1.贷款承诺						
2.循环授信额度						
3.其他承诺类业务						
三、金融衍生类业务						
1.期权						
2.互换						
3.远期外汇						

注:本表机构包括农业发展银行、工商银行、农业银行、中国银行、建设银行、交通银行、城市商业银行。

5-76 晋城市主要银行业机构贷款按逾期时间分类表

单位:万元

项目 \ 时间	上年末	一季度	二季度	三季度	四季度
	余额	余额	余额	余额	余额
各项贷款	1473714	1629301	1738668	1995064	2101239
未到期贷款	1347202	1498619	1607953	1864825	1952346
逾期类贷款	126512	130682	130716	130239	148894
其中:逾期0到3个月贷款	8240	8494	8923	7227	24574
逾期3个月到6个月贷款	1413	4782	911	2538	3548
逾期6个月到9个月贷款	4441	1026	4215	559	2125
逾期9个月到1年贷款	1127	4416	971	3816	550
逾期1年以上贷款	111290	111964	115695	116101	118098

注:本表机构包括农业发展银行、工商银行、农业银行、中国银行、建设银行、交通银行。

5-77 晋城市主要银行业机构贷款质量迁徙情况表

迁徙矩阵：　　　　单位：%

项　目	正常类贷款	关注类贷款	次级类贷款	可疑类贷款	损失类贷款
正常类贷款	96.49	2.03	0.13	1.12	0.23
关注类贷款	4.86	78.75	5.43	5.95	5.01
次级类贷款	0.01	0.9	61.26	20.53	17.3
可疑类贷款		0.6		42	57.39
损失类贷款					100

5-77 晋城市主要银行业机构贷款质量迁徙情况表

单位：万元

项　目	分子	分母	比例%
1.年初不良贷款率	130825.19	1473713.80	8.88
2.期末不良贷款率	150067.46	2101239.37	7.14
3.不良贷款率变动情况(1.-2.)	19242.27	627525.57	-1.74
4.贷款质量总体向上迁徙率	3220.83	184553.94	1.75
5.贷款质量总体向下迁徙率	63317.25	970399.50	6.52
6.正常类贷款向下迁徙率	30220.10	861512.13	3.51
7.关注类贷款向下迁徙率	9534.94	58161.67	16.39
8.次级类贷款向下迁徙率	10734.60	28375.74	37.83
9.可疑类贷款向下迁徙率	12827.61	22349.96	57.39
10.当年新增贷款不良率	1830.98	1055173.30	0.17
11.当年新形成不良贷款率	28248.97	1787476.59	1.58
12.贷款重组贡献度	390.00	395.13	98.70
13.不良贷款周转率	423472.48	1342888.61	31.53
14.不良贷款处置收现率	3894.92	8611.57	45.23
15.不良贷款处置以物抵债率		8611.57	
16.不良贷款处置核销率	127.00	8611.57	1.47

注：本表机构包括农业发展银行、工商银行、农业银行、中国银行、建设银行、交通银行、城市商业银行。

5-78 晋城市银行业金融机构部分行业贷款情况表

单位:万元

项目 \ 时间	1季度	2季度	3季度	4季度	
	余额	余额	余额	余额	比年初增减额
一、煤炭行业	771866.65	820397.01	1056572.19	1086892.24	406506.55
二、焦炭行业	13718.00	14882.00	15082.00	15682.00	1224.00
(1)年产60万吨以上		490.00	490.00	490.00	
(2)年产40-60万吨	828.00	692.00	692.00	13092.00	11524.00
(3)年产20-40万吨	12400.00	12400.00	13900.00	2100.00	-10300.00
(4)年产20万吨以下	490.00	1300.00			
三、冶金行业	91258.14	97941.73	115122.29	113236.29	23861.15
(1)普通钢	325.00	3370.00	2810.00	2462.00	2132.00
(2)特种钢					
(3)生铁	76604.14	80252.73	96474.29	96151.29	21115.15
(4)铁合金			2638.00	2638.00	2638.00
(5)电解铝					
四、建材行业	30792.84	30053.55	31726.77	34796.58	6249.74
(1)水泥	10135.60	13134.60	13136.02	12933.58	2797.98
五、交通行业	214340.90	225488.90	222821.90	222846.90	5411.00
(1)公路	199340.90	210488.90	206023.90	209846.90	7411.00
(2)铁路	15000.00	15000.00	15000.00	13000.00	-2000.00
六、化工行业	302029.53	323664.28	358245.28	332342.84	65076.31
(1)电石					
七、电力行业	75992.31	118659.81	137613.81	184490.37	123495.06
八、房地产业	91924.44	85822.82	80202.35	81006.24	3016.31
(1)房地产开发商贷款	39873.00	37150.00	26920.00	25604.00	-2249.00
(2)住房开发贷款	17420.00	17230.00	18080.00	16530.00	-2490.00
(3)政府土地储备机构贷款	7000.00	4000.00	4000.00	4000.00	-3000.00
(4)单位购置商业用房贷款					
(5)个人购房贷款	27631.44	27442.82	31202.35	31559.24	7442.31
九、医药制造业	6112.84	7068.14	6296.14	6424.14	803.30
十、机械制造业	17154.00	9255.00	10786.00	12019.00	-5052.00
合计	1615189.65	1733233.24	2034468.73	2089736.60	630591.42

注:本表机构包括工商银行、农业银行、中国银行、建设银行、交通银行、城市信用社、农村信用社。

5-79 晋城市银行业金融机构部分行业不良贷款情况表

单位:万元

项目 \ 指标 \ 时间	1季度		2季度		3季度	
	余额	比例%	余额	比例%	余额	比例%
一、煤炭行业	36713.72	4.76	42834.62	5.22	45236.78	4.28
二、焦炭行业	490.00	3.57	490.00	3.29	490.00	3.25
(1)年产60万吨以上			490.00	100.00	490.00	100.00
(2)年产40-60万吨						
(3)年产20-40万吨						
(4)年产20万吨以下	490.00	100.00				
三、冶金行业	58698.64	64.32	66529.06	67.93	74190.20	64.44
(1)普通钢	325.00	100.00	325.00	9.64	325.00	11.57
(2)特种钢						
(3)生铁	57074.64	74.51	64905.06	80.88	72566.20	75.22
(4)铁合金						
(5)电解铝						
四、建材行业	14960.84	48.59	15391.80	51.21	15389.47	48.51
(1)水泥	6423.60	63.38	7664.60	58.35	7665.77	58.36
五、交通行业	3462.90	1.62	3655.90	1.62	3616.90	1.62
(1)公路	3462.90	1.74	3655.90	1.74	3415.90	1.66
(2)铁路						
六、化工行业	8806.53	2.92	12355.28	3.82	10286.28	2.87
(1)电石						
七、电力行业	981.56	1.29	1780.06	1.50	1780.06	1.29
八、房地产业	5457.60	5.94	5454.00	6.35	5730.01	7.14
(1)房地产开发商贷款	240.00	0.60	490.00	1.32	240.00	0.89
(2)住房开发贷款	130.00	0.75	130.00	0.75	130.00	0.72
(3)政府土地储备机构贷款						
(4)单位购置商业用房贷款						
(5)个人购房贷款	5087.60	18.41	4834.00	17.61	5360.01	17.18
九、医药制造业	2693.84	44.07	2694.14	38.12	3687.14	58.56
十、机械制造业	3071.00	17.90	3075.00	33.23	3075.00	28.51
合计	135336.63	8.38	154259.86	8.90	163481.84	8.04

注:本表机构包括工商银行、农业银行、中国银行、建设银行、交通银行、城市信用社、农村信用社。

5-79 晋城市银行业金融机构部分行业不良贷款情况表

单位:万元

项目 \ 指标 \ 时间	4季度			
	余额	比例%	余额比年初增减	比例比年初增减
一、煤炭行业	57944.67	5.33	10791.64	-1.60
二、焦炭行业	490.00	3.12		-0.26
(1)年产60万吨以上	490.00	100.00	490.00	
(2)年产40-60万吨				
(3)年产20-40万吨				
(4)年产20万吨以下			-490.00	
三、冶金行业	74300.22	65.62	14887.58	-0.86
(1)普通钢	325.00	13.20	-5.00	-86.80
(2)特种钢				
(3)生铁	72676.22	75.59	14892.58	-1.42
(4)铁合金				
(5)电解铝				
四、建材行业	16714.33	48.03	2162.49	-2.94
(1)水泥	7583.33	58.63	1159.73	-4.74
五、交通行业	3853.90	1.73	491.00	0.18
(1)公路	3853.90	1.84	491.00	0.18
(2)铁路				
六、化工行业	10643.84	3.20	1932.31	-0.06
(1)电石				
七、电力行业	2157.62	1.17	1176.06	-0.44
八、房地产业	6624.16	8.18	1980.62	2.22
(1)房地产开发商贷款	880.00	3.44	640.00	2.58
(2)住房开发贷款	130.00	0.79		0.10
(3)政府土地储备机构贷款				
(4)单位购置商业用房贷款				
(5)个人购房贷款	5384.16	17.06	1110.62	-0.66
九、医药制造业	3839.14	59.76	1145.30	11.84
十、机械制造业	3828.00	31.85	292.00	11.14
合计	180395.88	8.63	34859.00	-1.34

5-80 晋城市主要银行业机构客户大额授信和零售贷款违约客户情况统计时序表

单位:个,亿元,%

时间 \ 指标 项目	客户大额授信统计								关联企业授信	关联企业贷款	零售贷款违约统计	
	客户数	授信额度	贷款余额	不良贷款	不良占比	预警信息 客户数	预警信息 贷款	预警信息 不良贷款			法人违约数	个人违约数
1月	34	148.2	115.68								641	176
2月	36	155.8	120.38								645	185
3月	39	161.06	127.56			1					645	135
4月	37	174.04	128.98								649	151
5月	37	178.24	133.29								650	108
6月	39	187.03	144.7			1					651	94
7月	39	184.47	141.09								650	101
8月	41	202.67	157.7								653	104
9月	42	216.69	169.99			1					654	119
10月	42	220.85	171.51								656	158
11月	42	222.25	176.12								658	163
12月	43	226.56	178.75								654	181

注:本表机构包括工商银行、农业银行、中国银行、建设银行、交通银行。

5-81 晋城市银行业金融机构小企业贷款情况统计表

单位:个、万元

项目 \ 指标 时间	1季度	2季度	3季度	4季度	
	余额	余额	余额	余额	比年初增减额
1.小企业授信户数	8555	7454	10987	7143	-480
2.小企业贷款额	642436.82	491334.04	527969.08	499411.58	-2749.9
2.1.1 其中:正常类贷款	196709.44	156794.32	194460.13	176376.42	-12978.63
2.1.2 关注类贷款	80348.23	58321.37	70462.03	54895.95	13837.01
2.1.3 次级类贷款	64300.56	47048.12	48679.12	45997.92	-6104.14
2.1.4 可疑类贷款	183970.37	105854.55	102119.25	102030.96	-12611.26
2.1.5 损失类贷款	117108.22	123315.68	112248.55	120110.33	15107.12
2.2 其中:本金逾期贷款	79642.48	86244.97	102693.86	93931.39	8754.24
2.3 其中:重组贷款				225	225
3.小企业表外授信额	10098.00	7529	7414	7654	964
4.小企业表内外授信总额	652534.82	498863.04	535383.08	507065.58	-1785.9

注:本表机构包括农业发展银行、工商银行、农业银行、中国银行、建设银行、交通银行、城市商业银行、农村信用社。

5-82 晋城市银行业金融机构案件信息统计表

单位:万元,件

项　　目	案　　件		其中:百万元以上案件	
	本年累计发生	比上年同期增减	本年累计发生	比上年同期增减
经济案件数量	0	0	0	0
其中:挪用	0	0	0	0
贪污	0	0	0	0
侵占	0	0	0	0
贿赂	0	0	0	0
经济案件涉案金额	0	0	0	0
其中:挪用	0	0	0	0
贪污	0	0	0	0
侵占	0	0	0	0
贿赂	0	0	0	0
经济案件风险金额	0	0	0	0
其中:挪用	0	0	0	0
贪污	0	0	0	0
侵占	0	0	0	0
贿赂	0	0	0	0
违规经营数量	1	1	1	1
其中:违反金融法规	1	1	1	1
违反财经纪律	0	0	0	0
破坏金融秩序	0	0	0	0
违规经营涉案金额	1878	1878	1878	1878
其中:违反金融法规	1878	1878	1878	1878
违反财经纪律	0	0	0	0
破坏金融秩序	0	0	0	0
违规经营风险金额	570	570	570	570
其中:违反金融法规	570	570	570	570
违反财经纪律	0	0	0	0
破坏金融秩序	0	0	0	0
诈骗案件数量	0	-1	0	-1
诈骗案件涉案金额	4600	3300	4600	3300
诈骗案件风险金额	2655	1355	2655	1355
抢劫案件数量	0	0	0	0
抢劫案件涉案金额	0	0	0	0
抢劫案件风险金额	0	0	0	0
盗窃案件数量	0	0	0	0
盗窃案件涉案金额	0	0	0	0
盗窃案件风险金额	0	0	0	0
各类案件数量总计	1	0	1	0
各类案件涉案金额总计	6478	5178	6478	5178
各类案件风险金额总计	3225	1925	3225	1925

注:本表机构包括辖内所有银行业金融机构。

5-83 吕梁市银行业金融机构资产负债表

单位：万元

项目 \ 时间	1月	2月	3月	4月	5月
	余额	余额	余额	余额	余额
流动资产	4366246.31	4468930.64	4591858.41	4657952.93	4712244.23
一、现金及银行存款	87461.51	168030.77	137302.58	91725.98	90738.55
二、存放中央银行	424982.91	378809.87	384401.9	405101.17	414970.08
三、存放同业	190621	199449	219603	202428	256173
四、存放联行款项	1706168.96	1656197.79	1784287.7	1834001.74	1834689.03
五、拆放同业	929	929	929	21570	909
六、短期贷款	1561371.06	1644531.25	1606971.82	1638972.9	1639491.47
七、应收账款	948.84	4384.65	662.62	3600.76	8908.45
其中：应收利息	5231.63	8628.34	2583.75	4950.36	7787.25
八、减：坏账准备	183.57	183.67	185.47	187.14	2485.04
九、短期投资	32.82	32.82	30.82	30.82	17
十、减：短期投资跌价准备					
十一、委托贷款及投资					
十二、买入返售资产					
十三、待处理流动资产损失					
十四、其他流动资产	393913.78	416749.16	457854.44	460708.7	468832.69
长期资产	411920.55	426361.21	422872.39	418334.16	434379.22
十五、中长期贷款	321869.84	335018.74	335039.93	328645.89	349313.38
十六、减：贷款损失准备	31661.04	31927.06	32087.11	32134.34	33154.66
十七、长期投资	66642.39	66698.39	66774.73	68750.55	66250.21
十八、减：长期投资减值准备	0.04	0.04	0.04	0.04	
十九、固定资产净值	50518.4	52020.18	48515.22	48368.44	47354.63
固定资产	72756.13	74456.13	70900.56	71205.46	70330.46
减：累计折旧	22237.73	22435.95	22385.34	22837.02	22975.83
二十、固定资产减值准备	44	44	44	44	44
二十一、固定资产清理	20	20	97.66	97.66	97.66
二十二、在建工程	4575	4575	4576	4650	4562
二十三、减：在建工程减值准备					
二十四、待处理固定资产损失					
无形递延及其他资产	-6944.86	-6602.64	-3602.49	-3583.03	-4298.16
二十五、无形递延及其他资产	-6777.04	-6434.82	-3434.67	-3415.21	-4130.34
二十六、减：抵债资产减值准备	5	5	5	5	5
二十七、减：无形资产减值准备	12.82	12.82	12.82	12.82	12.82
二十八、减：其他资产减值准备	150	150	150	150	150
资产总计	4771222	4888689.21	5011128.31	5072704.06	5142325.29

注：本表机构包括辖内所有银行业金融机构。

5-83 吕梁市银行业金融机构资产负债表

单位：万元

项目 \ 时间	6月	7月	8月	9月	10月
	余额	余额	余额	余额	余额
流动资产	4816437.58	4941550.1	4996160.23	5040210.34	5062836.01
一、现金及银行存款	96004.02	93200.69	91030.03	96410.95	80741.9
二、存放中央银行	397525.06	410964.86	405866.02	377114.29	406478.08
三、存放同业	222083	245351	237165	232687	237386
四、存放联行款项	1926287.76	2001013.3	2014222.59	2039207.29	2044671.44
五、拆放同业	32828	909	25964	56524	55922
六、短期贷款	1656173.43	1672198.76	1697539.69	1707217.57	1699191.99
七、应收账款	2715.1	11905.53	18936.77	9402.97	11239.12
其中：应收利息	2571.29	6167.21	13740.56	3712.82	6792.19
八、减：坏账准备	335.93	336.91	337.97	339.12	338.78
九、短期投资	17	15017	15017	15017	15016
十、减：短期投资跌价准备					
十一、委托贷款及投资					
十二、买入返售资产					
十三、待处理流动资产损失					
十四、其他流动资产	483140.14	491326.87	490757.1	506968.39	512528.26
长期资产	423747.81	432554.34	444170.35	485060.95	499529.78
十五、中长期贷款	345145.92	354728.03	366400.15	408265.42	422268
十六、减：贷款损失准备	40051.32	39995.03	40210.14	41248.28	42720.46
十七、长期投资	67518.3	67210.84	67167.13	67308.37	68290.38
十八、减：长期投资减值准备					
十九、固定资产净值	46481.49	45926.08	46046.79	45898.02	46801.44
固定资产	68759.62	68092.67	68473.29	68332.44	69580.32
减：累计折旧	22278.13	22166.59	22426.5	22434.42	22778.88
二十、固定资产减值准备	44	44	44	44	44
二十一、固定资产清理	33.42	33.42	33.42	33.42	40.42
二十二、在建工程	4664	4695	4777	4848	4894
二十三、减：在建工程减值准备					
二十四、待处理固定资产损失					
无形递延及其他资产	-4216.26	-9234.88	-4196.49	-4124.86	-5330.58
二十五、无形递延及其他资产	-4048.44	-9067.06	-4028.67	-3957.04	-5162.76
二十六、减：抵债资产减值准备	5	5	5	5	5
二十七、减：无形资产减值准备	12.82	12.82	12.82	12.82	12.82
二十八、减：其他资产减值准备	150	150	150	150	150
资产总计	5235969.13	5364869.56	5436134.09	5521146.43	5557035.21

5-83 吕梁市银行业金融机构资产负债表

单位:万元

项目 \ 时间	11月	12月		
	余额	余额	比同期增减额	比同期增长%
流动资产	5159784.96	5260671.64	1270511.54	31.84
一、现金及银行存款	87346.03	103283.45	24183.68	30.57
二、存放中央银行	413425.27	526048.57	-37161.1	-6.60
三、存放同业	248108	191599	104145	119.09
四、存放联行款项	2102142.68	2281893.18	821247.89	56.23
五、拆放同业	36772	51772	50813	5298.54
六、短期贷款	1715502.49	1544422.5	112307.28	7.84
七、应收账款	14952.7	-1374.72	5033	-78.55
其中:应收利息	9950.11	3948.13	205.79	5.50
八、减:坏账准备	339.57	669.39	-8474.71	-92.68
九、短期投资	15016	15017	14983.2	44328.99
十、减:短期投资跌价准备				
十一、委托贷款及投资				
十二、买入返售资产				
十三、待处理流动资产损失				
十四、其他流动资产	526859.36	548680.05	166484.88	43.56
长期资产	501249.12	478093.15	92514.4	23.99
十五、中长期贷款	426498.47	406519.05	120283.15	42.02
十六、减:贷款损失准备	44433.66	57888.23	35312.85	156.42
十七、长期投资	68327.6	68334.69	1924.85	2.90
十八、减:长期投资减值准备				
十九、固定资产净值	45890.29	55460.64	4453.25	8.73
固定资产	68787.18	79124.44	6064.03	8.30
减:累计折旧	22896.89	23663.8	1610.78	7.30
二十、固定资产减值准备	44	44		
二十一、固定资产清理	41.42		-20	-100.00
二十二、在建工程	4969	5711	1186	26.21
二十三、减:在建工程减值准备				
二十四、待处理固定资产损失				
无形递延及其他资产	-4260	-8026.24	-857.86	11.97
二十五、无形递延及其他资产	-4092.18	-7863.42	-892.86	12.81
二十六、减:抵债资产减值准备	5		-5	-100.00
二十七、减:无形资产减值准备	12.82	12.82		
二十八、减:其他资产减值准备	150	150	-30	-16.67
资产总计	5656774.08	5730738.55	1362168.08	31.18

5-83 吕梁市银行业金融机构资产负债表

单位:万元

项目 \ 时间	1月	2月	3月	4月	5月
	余额	余额	余额	余额	余额
流动负债	2509159.12	2518765.78	2558316.92	2606006.93	2653034.04
一、短期存款	1102004.59	1005418.02	986922.17	1008310.04	1054772.82
二、活期储蓄存款	1151989.4	1252146.83	1302307.13	1317997.82	1303639.41
三、财政性存款	11248.89	11649.37	11168.85	14298.62	16824.86
四、向中央银行借款	14450	18150	17700	19250	20100
五、同业存放	128213.27	143585.63	152315.5	164758.78	173002.36
六、联行存放					
七、同业拆入	8388	8388	8388	438	10298
八、应解汇款及临时存款	4030.35	2401.22	4297.09	3005.31	2230.65
九、汇出汇款	11874.1	12239.82	12060.53	10630.71	10123.29
十、委托存款	−13971.25	−14133.26	−14205.92	−9448.8	−12866.33
十一、卖出回购资产					
十二、应付及预提账项	66677.21	54800.5	54899.3	52863.08	54814.32
十三、存放短期保证金	19072.56	20533.65	17437.27	16487.37	15976.66
十四、发行短期债券					
十五、其他流动负债	5182	3586	5027	7416	4118
长期负债	2154639.69	2266594.71	2338571.3	2359030.23	2380284.56
十六、长期存款	72760.99	86230.41	92350.34	96313.54	93844.66
十七、定期储蓄存款	2043275.62	2148443.5	2204303.96	2219740.65	2244345.48
十八、存放长期保证金					
十九、发行长期债券	0.35	0.35	0.35	0.35	0.35
二十、其他长期负债	38602.73	31920.45	41916.65	42975.69	42094.07
所有者权益	107423.19	103328.72	114240.09	107666.9	109006.69
二十一、实收资本	55087	55707	56859	57313	57634
二十二、资本公积	2380.22	2380.22	2376.51	2376.51	2377.51
二十三、公积金	19852	19852	19851	19852	19852
二十四、公益金					
二十五、未分配利润	−17929.03	−22643.5	−12879.42	−19907.61	−18889.82
其中:本年利润	3399.95	6541.5	16192.63	20100.44	21366.23
二十六、一般准备金	48033	48033	48033	48033	48033
负债总计	4771222	4888689.21	5011128.31	5072704.06	5142325.29

5-83　吕梁市银行业金融机构资产负债表

单位：万元

项目 \ 时间	6月	7月	8月	9月	10月
	余额	余额	余额	余额	余额
流动负债	2730037.77	2839178.08	2899992.6	2961500.38	2978055.35
一、短期存款	1080706.19	1144145.93	1195877.41	1239211.5	1284535.63
二、活期储蓄存款	1327918.62	1375004.88	1378504.07	1390441.11	1386476.82
三、财政性存款	27082.76	21592.77	23279.97	18679.16	19347.63
四、向中央银行借款	20500	20200	17500	18200	17000
五、同业存放	173606.13	172439.68	180523.07	198475.64	175475.07
六、联行存放					
七、同业拆入	10388	11218	11218	438	438
八、应解汇款及临时存款	2149.76	2335.3	3690.15	2886.44	3381.59
九、汇出汇款	3173.18	4138.74	4003.62	4632.85	4118.83
十、委托存款	-2756.39	-2563.4	-2562.89	-2750.4	-2820.5
十一、卖出回购资产					
十二、应付及预提账项	65862.84	71249.28	68653.33	72023.16	73055.75
十三、存放短期保证金	16624.68	13749.9	13704.87	13767.92	11640.53
十四、发行短期债券					
十五、其他流动负债	4782	5667	5601	5495	5406
长期负债	2387672.58	2403203.31	2403262.69	2418721.91	2433536.57
十六、长期存款	95886.51	97220.82	84384.08	89866.66	93906.97
十七、定期储蓄存款	2249939.92	2265541.32	2280470.4	2289626.1	2299831.43
十八、存放长期保证金					
十九、发行长期债券	0.35	0.35	0.35	0.35	0.35
二十、其他长期负债	41845.8	40440.82	38407.86	39228.8	39797.82
所有者权益	118258.78	122488.17	132878.8	140924.14	145443.29
二十一、实收资本	58263	58555	59178	59571	59299
二十二、资本公积	2488.61	2488.61	2909.61	3303.76	3329.76
二十三、公积金	19852	19825	19825	19826	19826
二十四、公益金					
二十五、未分配利润	-10402.83	-6482.44	2864.19	9354.38	13569.53
其中：本年利润	30004.22	34407.61	44045.24	50768.43	54351.07
二十六、一般准备金	48058	48102	48102	48869	49419
负债总计	5235969.13	5364869.56	5436134.09	5521146.43	5557035.21

5-83　吕梁市银行业金融机构资产负债表

单位：万元

项目 ＼ 时间	11月	12月		
	余额	余额	比同期增减额	比同期增长%
流动负债	3080359.06	3155997.16	925667.83	41.50
一、短期存款	1303888.08	1386664.96	405201.88	41.29
二、活期储蓄存款	1432745.06	1412771.24	380858.49	36.91
三、财政性存款	35862.69	33714.59	9064.84	36.77
四、向中央银行借款	15000	10300	-4950	-32.46
五、同业存放	176762.32	142401.82	76858.98	117.27
六、联行存放				
七、同业拆入	10888	10448	2060	24.56
八、应解汇款及临时存款	3328.4	6290.91	3438.5	120.55
九、汇出汇款	3996.76	38586.98	9732.39	33.73
十、委托存款	-2794.5	-468	13029.44	-96.53
十一、卖出回购资产				
十二、应付及预提账项	82309.49	96499.7	33334.44	52.77
十三、存放短期保证金	12320.76	13514.17	-5341.92	-29.33
十四、发行短期债券				
十五、其他流动负债	6052	5272.79	2380.79	82.32
长期负债	2430949.62	2441856.7	353797.66	16.94
十六、长期存款	85078.36	74383.59	9487.53	14.62
十七、定期储蓄存款	2307762.45	2339280	331663.92	16.52
十八、存放长期保证金				
十九、发行长期债券	0.35		-0.3	-100.00
二十、其他长期负债	38108.46	28193.11	12646.51	81.35
所有者权益	145465.4	132884.69	82702.59	164.80
二十一、实收资本	60460	61167	6889	12.69
二十二、资本公积	3339.76	3302.03	-265.08	-7.43
二十三、公积金	19826	19826	1364.2	7.39
二十四、公益金				
二十五、未分配利润	11854.64	-6169.34	57668.47	-90.34
其中：本年利润	53927.18	47278.48	8721.74	22.62
二十六、一般准备金	49985	54759	17046	45.20
负债总计	5656774.08	5730738.55	1362168.08	31.18

5-84 吕梁市金融机构存、贷款指标

单位:万元

项目 \ 时间	1月	2月	3月	4月	5月
	余额	余额	余额	余额	余额
一、各项存款	4559095.12	4662046.71	4835476.65	4932175.3	5006020.23
1.企事业单位存款	699671.95	666775.86	654048.72	647711.66	675888.55
(1)活期存款	638860.95	593154.45	574312.38	564212.12	595257.89
(2)定期存款	60811	73621.41	79736.34	83499.54	80630.66
2.储蓄存款	3195265.02	3400590.33	3506611.09	3537738.47	3547984.89
(1)活期储蓄	1151989.4	1252146.83	1302307.13	1317997.82	1303639.41
(2)定期储蓄	2043275.62	2148443.5	2204303.96	2219740.65	2244345.48
3.信托存款					
4.委托存款	-13986.86	-14148.87	-14221.53	-9464.4	-12881.94
5.其他存款	678145.01	608829.39	689038.37	756189.57	795028.73
二、各项贷款	1883240.9	1979549.99	1942011.75	1967618.79	1988804.85
1.短期贷款	1309264.38	1372813.31	1380321.87	1403380.62	1436007.89
2.中长期贷款	321869.84	335018.74	335039.93	328645.89	349313.38
3.信托贷款					
4.委托贷款					
5.其他贷款	1703.29	1958.45	1972.22	1379.28	1591.32
6.票据融资	248408.78	267744.88	223141.12	232345.59	199785.85
7.各项垫款	1994.61	2014.61	1536.61	1867.41	2106.41

注:本表机构包括人民银行、政策性银行、国有商业银行、农村信用社、邮政储汇局。

5-84　吕梁市金融机构存、贷款指标

单位：万元

项目＼时间	6月	7月	8月	9月	10月
	余额	余额	余额	余额	余额
一、各项存款	5120530.63	5261340	5328763.83	5396210.23	5473054.35
1.企事业单位存款	685788.52	738774	743553.37	771068.32	808984.94
(1)活期存款	603056.01	655088	674284.3	698446.66	732832.97
(2)定期存款	82732.51	83686	69269.07	72621.66	76151.97
2.储蓄存款	3577840.66	3640546	3658974.47	3680067.21	3686308.25
(1)活期储蓄	1327918.62	1375005	1378504.07	1390441.11	1386476.82
(2)定期储蓄	2249922.04	2265541	2280470.4	2289626.1	2299831.43
3.信托存款					
4.委托存款	-2772	-2579	-2578.5	-2766	-2836
5.其他存款	859673.45	884600	928814.49	947840.7	980597.16
二、各项贷款	2001319.35	2026927	2063939.84	2115482.99	2121459.99
1.短期贷款	1467912.74	1503154	1509043.79	1509679.85	1504312.9
2.中长期贷款	345145.92	354728	366400.15	408265.42	422268
3.信托贷款					
4.委托贷款					
5.其他贷款	1355.56	1113	998.01	1231.77	1239.89
6.票据融资	186093.22	165319.33	186451.48	195544.54	191527.79
7.各项垫款	811.91	2611.73	1046.41	761.41	2111.41

5-84 吕梁市金融机构存、贷款指标

单位:万元

项目 \ 时间	11月	12月		
	余额	余额	比年初增减额	比年初增长%
一、各项存款	5541682.49	5538858.26	1288008.84	30.30
1.企事业单位存款	820984.95	826509.23	214070.59	34.95
(1)活期存款	753811.59	770020.63	210805.01	37.70
(2)定期存款	67173.36	56488.6	3265.58	6.14
2.储蓄存款	3740507.51	3752051.24	712586.01	23.44
(1)活期储蓄	1432745.06	1412771.24	380858.5	36.91
(2)定期储蓄	2307762.45	2339280	331727.51	16.52
3.信托存款				
4.委托存款	-2810	-483	13145.84	-96.46
5.其他存款	983000.03	960780.79	348206.4	56.84
二、各项贷款	2142000.96	1950941.55	232590.4	13.54
1.短期贷款	1516810.03	1363553.38	144948.11	11.89
2.中长期贷款	426498.47	406519.05	124316.33	44.05
3.信托贷款				
4.委托贷款				
5.其他贷款	947.16	1263.7	-532.3	-29.64
6.票据融资	197033.89	178894.01	-35929.54	-16.73
7.各项垫款	711.41	711.41	-212.2	-22.98

5-85 吕梁市金融机构存、贷款时序表

单位：亿元

时间	各项存款			各项贷款		
	余额	比年初增减额	余额比同期%	余额	比年初增减额	余额比同期%
1月	455.91	30.82	25.97	188.32	16.49	15.67
2月	466.20	41.12	25.21	197.95	26.12	22.32
3月	483.55	58.46	25.09	194.20	22.37	15.19
4月	493.22	68.13	23.95	196.76	24.93	12.17
5月	500.60	75.52	23.48	198.88	27.05	11.68
6月	512.05	86.97	24.06	200.13	28.30	14.57
7月	526.13	101.05	26.84	202.69	30.85	14.50
8月	532.88	107.79	27.68	206.39	34.56	15.97
9月	539.62	114.54	28.17	211.55	39.71	19.48
10月	547.31	122.22	28.96	212.15	40.31	18.66
11月	554.17	129.08	28.43	214.20	42.36	18.44
12月	553.88	128.8	30.29	195.09	23.26	11.58

5-86 吕梁市银行业金融机构贷款质量统计表

单位：万元

项目＼时间	1月	2月	3月	4月	5月	6月
	余额	余额	余额	余额	余额	余额
正常贷款	1278691.81	1374432.06	1337642.18	1369305.16	1402408.19	1428780.6
正常类贷款	1110331.73	1199330.06	1133255.33	1171349.76	1194936.88	1207060.63
关注类贷款	168360.08	175102	204386.85	197955.4	207471.31	221719.97
不良贷款	604547.22	605127.96	604369.64	598315.09	586398.16	572538.38
次级类贷款	175289.51	174897.94	170274.58	161583.52	154114.7	142388.66
可疑类贷款	281595.4	282393.33	287287.06	287687.44	283102.36	257720.16
损失类贷款	147662.31	147836.69	146808	149044.13	149181.1	172429.56
贷款合计	1883239.03	1979560.02	1942011.82	1967620.25	1988806.35	2001318.98

5-86 吕梁市银行业金融机构贷款质量统计表

单位：万元

项目＼时间	7月	8月	9月	10月	11月	12月	
	余额	余额	余额	余额	余额	余额	比年初增减额
正常贷款	1467322.85	1512565.06	1570395.97	1556699.01	1562556.7	1365125.8	252351.95
正常类贷款	1256726.08	1301055.66	1344590.03	1340574.86	1355445.3	1163940.03	226203.03
关注类贷款	210596.77	211509.4	225805.94	216124.15	207111.4	201185.77	26148.92
不良贷款	558948.73	550658.3	544548.03	564153.51	578688.54	585111.61	-20461.85
次级类贷款	135638.83	131633.01	127562.8	133643.59	139404.97	149147.51	-30640.85
可疑类贷款	251413.59	247086.71	242940.17	256427.67	254110.17	247126.1	-30587.17
损失类贷款	171896.31	171938.58	174045.06	174082.25	185173.4	188838	40766.17
贷款合计	2026271.58	2063223.36	2114944	2120852.53	2141245.24	1950237.41	231889.1

注：本表机构包括农业发展银行、工商银行、农业银行、中国银行、建设银行、农村信用社。

5-86 吕梁市银行业金融机构贷款质量统计表

单位：%

项目＼时间	1月	2月	3月	4月	5月	6月
	比例	比例	比例	比例	比例	比例
正常贷款	67.90	69.43	68.88	69.59	70.52	71.39
正常类贷款	58.96	60.59	58.35	59.53	60.08	60.31
关注类贷款	8.94	8.85	10.52	10.06	10.44	11.08
不良贷款	32.10	30.57	31.12	30.41	29.48	28.61
次级类贷款	9.31	8.84	8.77	8.21	7.75	7.11
可疑类贷款	14.95	14.27	14.79	14.62	14.23	12.88
损失类贷款	7.84	7.47	7.56	7.57	7.50	8.62

5-86 吕梁市银行业金融机构贷款质量统计表

单位：%

项目＼时间	7月	8月	9月	10月	11月	12月	
	比例	比例	比例	比例	比例	比例	比年初增减
正常贷款	72.41	73.31	74.25	73.40	72.97	70.00	5.24
正常类贷款	62.02	63.06	63.58	63.21	63.30	59.68	5.11
关注类贷款	10.39	10.25	10.68	10.19	9.67	10.32	0.13
不良贷款	27.59	26.69	25.75	26.60	27.03	30.00	-5.24
次级类贷款	6.69	6.38	6.03	6.30	6.51	7.65	-2.82
可疑类贷款	12.41	11.98	11.49	12.09	11.87	12.67	-3.49
损失类贷款	8.48	8.33	8.23	8.21	8.65	9.68	1.07

5-87 吕梁市主要银行业机构非信贷资产情况表

单位：万元

项目 \ 指标 \ 时间	1季度			2季度		
	余额	其中：不良资产	预计损失	余额	其中：不良资产	预计损失
一、现金	41969.2			21864.64		
二、银行存款	967			967.03		
三、贵金属						
四、存放中央银行款项	42138.68			39037.05		
五、存放同业款项	625.52			393.53		
六、拆放同业	709	709	624	709	709	709
七、存放联行款项(轧差)	1692379.5	175	158	1811600.2		
八、应收及预付款项	916.34	3309.24	1762.79	2327.43	5828.18	5292.96
其中：应收利息	2236.75			2372.04		
待处理案件纠纷垫款	1139.26	1063.26	993.26	1171.26	1160.26	1160.26
九、短期投资	14	14	14			
十、委托贷款及委托投资	14484			14264		
十一、买入返售证券						
十二、待处理流动资产损失						
十三、长期投资	8422.03			6435	32	32
十四、固定资产净值	33084.13	630	147	31232.45	553	553
十五、固定资产清理	97.76			34		
十六、在建工程	94			94		
十七、待处理固定资产损失						
十八、无形资产	2976.7			4056.31		
十九、递延资产	1989.82	605	415	1927.13	1126	1126
二十、其他非信贷资产	2759.15	2447.48	985.48	557.95	1650.48	1564.48
1.待处理抵债资产	1064	1064	973	1085	1085	999
2.应付福利费垫款						
3.未弥补亏损	1371	1371		564	564	564
4.待处理房改资产						
5.待清理自办实体资产						
6.待清理接收资产						
(1)待清理城信社资产						
(2)待清理城信社资产与负债差额						
(3)待清理信托资产						
(4)人行转来企业贷款本金						
(5)其他金融机构转来资产						
(6)其他待清理接收资产						
7.其他非信贷资产	324.15	12.48	12.48	−1091.05	1.48	1.48
非信贷资产合计	1843626.9	7889.72	4106.27	1935499.7	9898.66	9277.44

注：本表机构包括农业发展银行、工商银行、农业银行、中国银行、建设银行。

5-87 吕梁市主要银行业机构非信贷资产情况表

单位：万元

项目 \ 指标 \ 时间	3季度			4季度		
	余额	其中：不良资产	预计损失	余额	其中：不良资产	预计损失
一、现金	29648.93			16400.85		
二、银行存款	967.43			300.5		
三、贵金属						
四、存放中央银行款项	30117.12			35506.24		
五、存放同业款项	243			1535		
六、拆放同业	709	709	709	709	709	709
七、存放联行款项(轧差)	1924995.7			2145625.4		
八、应收及预付款项	4010.61	5828.11	5292.96	-1454.85	1397.24	1384.79
其中：应收利息	2981.27			3537.94		
待处理案件纠纷垫款	1190.64	1160.26	1160.26	129.61	94.87	94.87
九、短期投资						
十、委托贷款及委托投资	14781			9514		
十一、买入返售证券						
十二、待处理流动资产损失						
十三、长期投资	6424	32	32	7910		
十四、固定资产净值	29987.85	553	553	32674.14		
十五、固定资产清理	34					
十六、在建工程	94			1509.5		
十七、待处理固定资产损失						
十八、无形资产	4028.12			3932.04	2.5	2.5
十九、递延资产	1845.64	1126	1126	736.86		
二十、其他非信贷资产	-133.92	1086.48	1000.48	10064.66	10593.48	10593.48
1.待处理抵债资产	1122	1085	999			
2.应付福利费垫款						
3.未弥补亏损				10592	10592	10592
4.待处理房改资产						
5.待清理自办实体资产						
6.待清理接收资产						
(1)待清理城信社资产						
(2)待清理城信社资产与负债差额						
(3)待清理信托资产						
(4)人行转来企业贷款本金						
(5)其他金融机构转来资产						
(6)其他待清理接收资产						
7.其他非信贷资产	-1255.92	1.48	1.48	-527.34	1.48	1.48
非信贷资产合计	2047752.5	9334.66	8713.44	2264963.3	12702.22	12689.77

5-88 吕梁市主要银行业机构表外业务情况表

单位：万元

项目 \ 指标 \ 时间	1季度			2季度		
	余额	风险敞口	垫款期末余额	余额	风险敞口	垫款期末余额
一、担保类业务	58177	39019.8	1484	50206	18024.8	812
1.开出银行承兑汇票	58177	39379.8	1484	48456	16634.8	812
2.开出信用证		-360		1750	1390	
3.保函						
4.债券发行担保						
其中:可转换债券担保						
5.其他担保类业务						
二、承诺类业务						
1.贷款承诺						
2.循环授信额度						
3.其他承诺类业务						
三、金融衍生类业务						
1.期权						
2.互换						
3.远期外汇						

5-88 吕梁市主要银行业机构表外业务情况表

单位：万元

项目 \ 指标 \ 时间	3季度			4季度		
	余额	风险敞口	垫款期末余额	余额	风险敞口	垫款期末余额
一、担保类业务	26023	13302	711	25933.73	12384	711
1.开出银行承兑汇票	25703	13299	711	25439.73	12243	711
2.开出信用证	320	3		494	141	
3.保函						
4.债券发行担保						
其中:可转换债券担保						
5.其他担保类业务						
二、承诺类业务						
1.贷款承诺						
2.循环授信额度						
3.其他承诺类业务						
三、金融衍生类业务						
1.期权						
2.互换						
3.远期外汇						

注：本表机构包括农业发展银行、工商银行、农业银行、中国银行、建设银行。

5-89 吕梁市主要银行业机构贷款按逾期时间分类表

单位：万元

时间 项 目	上年末	一季度	二季度	三季度	四季度
	余额	余额	余额	余额	余额
各项贷款	994690.21	1050032.49	1012517.53	1080250.75	1070531.97
未到期贷款	803439.18	859947.7	827491.44	884668.68	866712.24
逾期类贷款	191251.03	190084.79	185026.09	195582.07	203819.73
其中：逾期0到3个月贷款	12477.16	14009.93	12731.2	18791.76	19414.17
逾期3个月到6个月贷款	7802	4908.96	1599.02	3130.8	8836.71
逾期6个月到9个月贷款	1852	3225	4819	2121.4	2911.8
逾期9个月到1年贷款	2879	649	3195	4810	1086
逾期1年以上贷款	166240.87	167291.9	162681.87	166728.11	171571.05

注：本表机构包括农业发展银行、工商银行、农业银行、中国银行、建设银行。

5-90 吕梁市主要银行业机构贷款质量迁徙情况表

迁徙矩阵：

单位：%

项　目	正常类贷款	关注类贷款	次级类贷款	可疑类贷款	损失类贷款
正常类贷款	80.26	0.45	6.98	7.53	4.78
关注类贷款	3.94	57.26	11.59	7.02	20.20
次级类贷款			92.39	0.28	7.33
可疑类贷款				15.43	84.57
损失类贷款					100.00

5-90 吕梁市主要银行业机构贷款质量迁徙情况表

单位：万元

项　目	分子	分母	比例%
1.年初不良贷款率	183123.00	710777.00	25.76
2.期末不良贷款率	238485.00	820566.00	29.06
3.不良贷款率变动情况(1.-2.)	55362.00	109789.00	3.30
4.贷款质量总体向上迁徙率	1295.00	207737.00	0.62
5.贷款质量总体向下迁徙率	87490.00	354232.00	24.70
6.正常类贷款向下迁徙率	52034.00	263626.00	19.74
7.关注类贷款向下迁徙率	12742.00	32842.00	38.80
8.次级类贷款向下迁徙率	2583.00	33961.00	7.61
9.可疑类贷款向下迁徙率	20131.00	23803.00	84.57
10.当年新增贷款不良率		349203.00	
11.当年新形成不良贷款率	63878.00	765671.50	8.34
12.贷款重组贡献度			
13.不良贷款周转率	231186.00	527654.00	43.81
14.不良贷款处置收现率	413.00	1318.00	31.34
15.不良贷款处置以物抵债率		1318.00	
16.不良贷款处置核销率	617.00	1318.00	46.81

注：本表机构包括农业发展银行、工商银行、农业银行、中国银行、建设银行。

5-91 吕梁市银行业金融机构部分行业贷款情况表

单位：万元

项目 \ 时间	1季度	2季度	3季度	4季度	
	余额	余额	余额	余额	比年初增减额
一、煤炭行业	215097.14	183096.06	165831.96	148250.75	-35355.76
二、焦炭行业	297876.83	299289.88	316847.88	281249.33	-13912.5
(1)年产60万吨以上	178969	168634	187486	169251	-11609
(2)年产40-60万吨	33285	50230	54660	38085	-618
(3)年产20-40万吨	22175.5	21544	19493	24038	9153.5
(4)年产20万吨以下	63447.33	58881.88	55208.88	49875.33	-10839
三、冶金行业	143204.94	163106.68	174713.6	205453.6	52358.55
(1)普通钢	80879.35	104518.05	119245	151532	66445.01
(2)特种钢				1050	1050
(3)生铁	56723.59	53665.63	50345.6	45092.6	-14351.46
(4)铁合金	4984	4923	5123	7149	4106
(5)电解铝					
四、建材行业	42368.19	32533.45	29165.45	32160.45	-8854.44
(1)水泥	31007.28	23656.45	20274.45	20669.45	-9658.53
五、交通行业	25632.39	20432	19862	18363	-9519.39
(1)公路	25535	20335	19765	18270	-9515
(2)铁路					
六、化工行业	52636.68	53720.1	58044.1	44013.1	-1712.13
(1)电石	608.1	478.1	564.1	186.1	-136.81
七、电力行业	81015	82765	115180	126605	74322
八、房地产业	28398.49	24039.64	24500.72	24907.49	10793.67
(1)房地产开发商贷款	6427	5025	5014	7737	1662
(2)住房开发贷款		8000	8000	7400	6760
(3)政府土地储备机构贷款					-300
(4)单位购置商业用房贷款					
(5)个人购房贷款	7243.49	7464.64	9136.72	9770.49	3871.67
九、医药制造业	2247	913	913	883	20
十、机械制造业	6358.43	6704	6568	6660	281.57
合计	894835.09	866599.81	911626.71	888545.72	68421.57

注：本表机构包括工商银行、农业银行、中国银行、建设银行、农村信用社。

5-92 吕梁市银行业金融机构部分行业不良贷款情况表

单位:万元

指标 项目 \ 时间	1季度		2季度		3季度	
	余额	比例%	余额	比例%	余额	比例%
一、煤炭行业	32989.58	15.34	32335.20	17.66	9289.00	8.23
二、焦炭行业	38681.73	12.99	44797.88	14.97	14434.73	6.09
(1)年产60万吨以上	7495.00	4.19	6045.00	3.58	3480.00	2.20
(2)年产40-60万吨	4687.00	14.08	4274.00	8.51	587.00	1.78
(3)年产20-40万吨	2340.50	10.55	2808.00	13.03	703.00	5.10
(4)年产20万吨以下	24159.23	38.08	31670.88	53.79	9664.73	29.93
三、冶金行业	33926.56	23.69	32715.60	20.06	13910.00	11.65
(1)普通钢	1675.00	2.07	1675.00	1.60		
(2)特种钢						
(3)生铁	30789.56	54.28	30196.60	56.27	13066.00	59.94
(4)铁合金	844.00	16.93	844.00		844.00	
(5)电解铝						
四、建材行业	14122.79	33.33	15800.45	48.57	7206.00	41.84
(1)水泥	12920.88	41.67	14501.45	61.30	6520.00	70.35
五、交通行业	482.39	1.88	582.00	2.85	56.00	0.29
(1)公路	385.00	1.51	485.00	2.39	20.00	0.10
(2)铁路						
六、化工行业	4447.00	8.45	4586.10	8.54	3538.00	6.80
(1)电石	186.10	30.60	186.10	38.92	89.00	19.06
七、电力行业	135.00	0.17	135.00	0.16	135.00	0.12
八、房地产业	300.74	1.06	1059.65	4.41	1673.55	8.22
(1)房地产开发商贷款	210.00	3.27	970.00	19.30	1609.00	47.90
(2)住房开发贷款						
(3)政府土地储备机构贷款						
(4)单位购置商业用房贷款						
(5)个人购房贷款	90.74	1.25	89.65	1.20	64.55	0.72
九、医药制造业	1268.13	56.43	683.00	74.81	633.00	75.99
十、机械制造业	4599.00	72.33	5262.00	78.49	4544.00	92.94
合计	130952.92	14.63	137956.88	15.92	55419.28	7.99

注:本表机构包括工商银行、农业银行、中国银行、建设银行、农村信用社。

5-92 吕梁市银行业金融机构部分行业不良贷款情况表

单位：万元

项目 \ 指标 \ 时间	4季度			
	余额	比例%	余额比年初增减	比例比年初增减
一、煤炭行业	33053.91	22.30	33053.91	22.30
二、焦炭行业	51411.33	18.28	51411.33	18.28
(1)年产60万吨以上	4580	2.71	4580	2.71
(2)年产40-60万吨	7808	20.50	7808	20.50
(3)年产20-40万吨	8307	34.56	8307	34.56
(4)年产20万吨以下	30716.33	61.59	30716.33	61.59
三、冶金行业	39620.6	19.28	39620.6	19.28
(1)普通钢	7375	4.87	7375	4.87
(2)特种钢				
(3)生铁	30175.6	66.92	30175.6	66.92
(4)铁合金	2070		2070	
(5)电解铝				
四、建材行业	13826.45	42.99	13826.45	42.99
(1)水泥	13140.45	63.57	13140.45	63.57
五、交通行业	463	2.52	463	2.52
(1)公路	370	2.03	370	2.03
(2)铁路				
六、化工行业	4920.1	11.18	4920.1	11.18
(1)电石	186.1	100.00	186.1	100.00
七、电力行业	135	0.11	135	0.11
八、房地产业	2658.99	10.68	2658.99	10.68
(1)房地产开发商贷款	1727	22.32	1727	22.32
(2)住房开发贷款				
(3)政府土地储备机构贷款				
(4)单位购置商业用房贷款				
(5)个人购房贷款	931.99	9.54	931.99	9.54
九、医药制造业	633	71.69	633	71.69
十、机械制造业	5155	77.40	5155	77.40
合计	151877.38	17.09	151877.38	17.09

5-93 吕梁市主要银行业机构客户大额授信和零售贷款违约客户情况统计时序表

单位：个，亿元，%

时间＼指标 项目	客户大额授信统计								关联企业授信	关联企业贷款	零售贷款违约统计	
	客户数	授信额度	贷款余额	不良贷款	不良占比	预警信息					法人违约数	个人违约数
						客户数	贷款	不良贷款				
1月	38	110.9	55.5			1	0.8				78	79
2月	40	108.2	58.7			1	0.8				16	73
3月	37	108.9	53.4			1	0.8				15	103
4月	35	110.2	51.5			2	1.1				89	113
5月	34	107.3	49.7			3	4.7				87	109
6月	34	106.7	49.6			3	4.2				93	109
7月	35	109.1	51.5			3	4				92	108
8月	35	108.8	52			3	3.8				91	110
9月	35	98.6	64.5			2	10.3				91	509
10月	35	97.2	64.6			2	10.5				91	504
11月	34	94.5	66.2			3	12.8				99	517
12月	33	94.32	64.66			2	12.3				98	499

注：本表机构包括工商银行、农业银行、中国银行、建设银行。

5-94 吕梁市银行业金融机构小企业贷款情况统计表

单位：个、万元

项目＼指标 时间	1季度	2季度	3季度	4季度	
	余额	余额	余额	余额	比年初增减额
1.小企业授信户数	13705	13887	13424	8125	-967
2.小企业贷款额	478455.64	491291.04	409433.71	383911.41	18956.19
2.1.1 其中：正常类贷款	171948.95	187650.11	134431.76	107671.03	27439.04
2.1.2 关注类贷款	40329.54	53499.7	53786.05	44112.54	17909.5
2.1.3 次级类贷款	101054.1	85265.4	58951.23	53884.72	-41708.46
2.1.4 可疑类贷款	78440.93	71737.96	65968.46	78009.69	-2018.04
2.1.5 损失类贷款	86682.12	93137.87	96296.21	100233.43	17334.15
2.2 其中：本金逾期贷款	65660.95	59167.04	151400.17	162812.3	81338.66
2.3 其中：重组贷款			6510	6509	6509
3.小企业表外授信额	3985	5938	3441	1678	-2307
4.小企业表内外授信总额	482440.64	497229.04	412874.71	385589.41	16649.19

注：本表机构包括农业发展银行、工商银行、农业银行、中国银行、建设银行、农村信用社。

5-95 吕梁市银行业金融机构案件信息统计表

单位:万元,件

项目	案件		其中:百万元以上案件	
	本年累计发生	比上年同期增减	本年累计发生	比上年同期增减
经济案件数量	1	1	1	1
其中:挪用	1	1	1	1
贪污	0	0	0	0
侵占	0	0	0	0
贿赂	0	0	0	0
经济案件涉案金额	668	668	668	668
其中:挪用	668	668	668	668
贪污	0	0	0	0
侵占	0	0	0	0
贿赂	0	0	0	0
经济案件风险金额	668	668	668	668
其中:挪用	668	668	668	668
贪污	0	0	0	0
侵占	0	0	0	0
贿赂	0	0	0	0
违规经营数量	0	0	0	0
其中:违反金融法规	0	0	0	0
违反财经纪律	0	0	0	0
破坏金融秩序	0	0	0	0
违规经营涉案金额	0	0	0	0
其中:违反金融法规	0	0	0	0
违反财经纪律	0	0	0	0
破坏金融秩序	0	0	0	0
违规经营风险金额	0	0	0	0
其中:违反金融法规	0	0	0	0
违反财经纪律	0	0	0	0
破坏金融秩序	0	0	0	0
诈骗案件数量	1	1	1	1
诈骗案件涉案金额	1095	1095	1095	1095
诈骗案件风险金额	910	910	910	910
抢劫案件数量	0	0	0	0
抢劫案件涉案金额	0	0	0	0
抢劫案件风险金额	0	0	0	0
盗窃案件数量	0	0	0	0
盗窃案件涉案金额	0	0	0	0
盗窃案件风险金额	0	0	0	0
各类案件数量总计	2	2	2	2
各类案件涉案金额总计	1763	1763	1763	1763
各类案件风险金额总计	1578	1578	1578	1578

注:本表机构包括辖内所有银行业金融机构。

5-96 晋中市银行业金融机构资产负债表

单位:万元

项目 \ 时间	1月	2月	3月	4月	5月
	余额	余额	余额	余额	余额
流动资产	5721684	5861921	6065761	6123697	6299979
一、现金及银行存款	72395	102822	88631	57796	65767
二、存放中央银行	690251	652131	664075	632929	657684
三、存放同业	388000	421240	482048	501405	518212
四、存放联行款项	2168218	2190537	2317312	2350463	2373474
五、拆放同业	618	618	618	618	618
六、短期贷款	1845310	1898348	1896168	1951747	2024334
七、应收账款	22286	32470	19402	25107	42345
其中:应收利息	11778	17032	7390	11787	17510
八、减:坏账准备	37924	37924	38113	37758	38093
九、短期投资					
十、减:短期投资跌价准备					
十一、委托贷款及投资					
十二、买入返售资产					
十三、待处理流动资产损失	197	197	197	197	197
十四、其他流动资产	572332	601483	635423	641193	655441
长期资产	612000	631099	632096	637485	628401
十五、中长期贷款	472093	489627	493567	498892	492601
十六、减:贷款损失准备	26536	24733	24548	24246	24283
十七、长期投资	90011	90091	90032	89307	87701
十八、减:长期投资减值准备	2720	2720	2720	2720	2720
十九、固定资产净值	72329	72011	68943	73024	71481
固定资产	106550	106637	104145	108685	107475
减:累计折旧	34221	34626	35203	35661	35994
二十、固定资产减值准备	1268	1268	1268	1268	1268
二十一、固定资产清理	62	62	62	62	62
二十二、在建工程	7720	7720	7720	4125	4518
二十三、减:在建工程减值准备					
二十四、待处理固定资产损失	309	309	309	309	309
无形递延及其他资产	-1443	-2388	552	286	-2510
二十五、无形递延及其他资产	-1395	-185	600	334	-2462
二十六、减:抵债资产减值准备		2155			
二十七、减:无形资产减值准备					
二十八、减:其他资产减值准备	48	48	48	48	48
资产总计	6332240	6490632	6698408	6761467	6925870

注:本表机构包括辖内所有银行业金融机构。

5-96 晋中市银行业金融机构资产负债表

单位:万元

项目 \ 时间	6月	7月	8月	9月	10月
	余额	余额	余额	余额	余额
流动资产	6495007	6556486	6623723	6726011	6689676
一、现金及银行存款	76377	72883	65413	86228	67635
二、存放中央银行	654520	674618	694479	657267	699440
三、存放同业	532403	520202	495267	527118	505751
四、存放联行款项	2400638	2436476	2518683	2577042	2585497
五、拆放同业	618	618	618	618	618
六、短期贷款	2107855	2116637	2112653	2137125	2103026
七、应收账款	38317	44257	52277	42648	42771
其中:应收利息	7609	14397	20841	10022	14862
八、减:坏账准备	3697	1946	1946	1954	1955
九、短期投资					
十、减:短期投资跌价准备					
十一、委托贷款及投资					
十二、买入返售资产					
十三、待处理流动资产损失	197	197	703	703	703
十四、其他流动资产	687779	692545	685577	699216	686190
长期资产	587936	626017	640643	662396	663747
十五、中长期贷款	489065	530668	544810	565087	563760
十六、减:贷款损失准备	60708	62697	62384	62900	62784
十七、长期投资	88050	86942	87825	88788	89914
十八、减:长期投资减值准备	2818	2831	2831	2831	2831
十九、固定资产净值	70565	70164	69362	70438	75445
固定资产	106047	105720	105318	106749	112332
减:累计折旧	35482	35557	35956	36311	36887
二十、固定资产减值准备	1268	1268	1268	1369	1369
二十一、固定资产清理	63	62	150	218	203
二十二、在建工程	4677	4677	4678	4665	1108
二十三、减:在建工程减值准备		8	8	8	8
二十四、待处理固定资产损失	309	309	309	309	309
无形递延及其他资产	-2881	-3096	-5049	-5261	-6634
二十五、无形递延及其他资产	-2661	-2677	-4630	-4878	-6251
二十六、减:抵债资产减值准备	17	37	37	37	37
二十七、减:无形资产减值准备				50	50
二十八、减:其他资产减值准备	203	382	382	296	296
资产总计	7080062	7179408	7259317	7383146	7346789

5-96 晋中市银行业金融机构资产负债表

单位：万元

项目 \ 时间	11月	12月		
	余额	余额	比同期增减额	比同期增长%
流动资产	6676263	6610181	1294763	24.36
一、现金及银行存款	66477	51064	1470	2.96
二、存放中央银行	737690	932263	58455	6.69
三、存放同业	455768	341216	136416	66.61
四、存放联行款项	2619686	2516412	637615	33.94
五、拆放同业	618	618		
六、短期贷款	2061812	2022020	252691	14.28
七、应收账款	38522	13604	3016	28.48
其中：应收利息	15199	5609	-659	-10.51
八、减：坏账准备	2421	1981	-36049	-94.79
九、短期投资		19000	19000	
十、减：短期投资跌价准备				
十一、委托贷款及投资				
十二、买入返售资产	17965			
十三、待处理流动资产损失	197		-197	-100.00
十四、其他流动资产	679949	715967	150248	26.56
长期资产	671979	641218	-5482	-0.85
十五、中长期贷款	573153	551311	46733	9.26
十六、减：贷款损失准备	63533	76051	49801	189.72
十七、长期投资	90315	88961	-597	-0.67
十八、减：长期投资减值准备	2831	2825	105	3.84
十九、固定资产净值	74142	80101	4976	6.62
固定资产	111641	116955	7623	6.97
减：累计折旧	37499	36854	2647	7.74
二十、固定资产减值准备	1372	1368	100	7.90
二十一、固定资产清理	64	40	-22	-35.07
二十二、在建工程	1740	739	-6566	-89.88
二十三、减:在建工程减值准备	8			
二十四、待处理固定资产损失	309	309		
无形递延及其他资产	-5403	-7887	-2777	54.34
二十五、无形递延及其他资产	-5020	-7397	-2335	46.12
二十六、减:抵债资产减值准备	37	25	25	
二十七、减:无形资产减值准备	50	50	50	
二十八、减:其他资产减值准备	296	415	367	764.58
资产总计	7342838	7243513	1286505	21.60

5-96 晋中市银行业金融机构资产负债表

单位:万元

项目＼时间	1月	2月	3月	4月	5月
	余额	余额	余额	余额	余额
流动负债	2702603	2739183	2848093	3038217	3163706
一、短期存款	1340609	1317290	1338335	1391489	1460000
二、活期储蓄存款	948614	994570	1030068	1032995	1039989
三、财政性存款	13404	9772	8518	10489	10863
四、向中央银行借款	40400	42600	42500	30800	30550
五、同业存放	174000	204735	252183	394900	426195
六、联行存放					
七、同业拆入	300	300	300		
八、应解汇款及临时存款	1031	728	4646	1433	1044
九、汇出汇款	7862	6843	9835	15066	12269
十、委托存款	-18434	-18372	-18385	-18438	-14451
十一、卖出回购资产					
十二、应付及预提账项	96493	85125	82181	76610	81361
十三、存放短期保证金	64815	67819	68898	69464	75936
十四、发行短期债券					
十五、其他流动负债	33509	27773	29016	33409	39951
长期负债	3507106	3629378	3721000	3603886	3630116
十六、长期存款	222514	220970	225594	226025	221205
十七、定期储蓄存款	3195671	3313442	3390315	3391909	3408285
十八、存放长期保证金					
十九、发行长期债券					
二十、其他长期负债	88920	94966	105091	-14048	626
所有者权益	122531	122072	129315	119364	132048
二十一、实收资本	90599	90557	90947	91146	95918
二十二、资本公积	1020	1020	1124	1211	1211
二十三、公积金	9146	9145	9500	9500	9500
二十四、公益金					
二十五、未分配利润	-3287	-3703	2693	-7545	368
其中:本年利润	5779	10416	18023	25620	33583
二十六、一般准备金	25053	25053	25052	25052	25051
负债总计	6332240	6490632	6698408	6761467	6925870

5-96 晋中市银行业金融机构资产负债表

单位:万元

项目＼时间	6月	7月	8月	9月	10月
	余额	余额	余额	余额	余额
流动负债	3257329	3314683	3335229	3408728	3391798
一、短期存款	1481726	1539429	1590340	1618554	1642223
二、活期储蓄存款	1059288	1088792	1113975	1129967	1111901
三、财政性存款	17893	18103	15004	13163	10573
四、向中央银行借款	46600	32700	32200	46600	46600
五、同业存放	412251	388659	329167	360309	326859
六、联行存放					
七、同业拆入					
八、应解汇款及临时存款	3445	1628	2010	1783	1499
九、汇出汇款	13447	14273	14813	14679	17241
十、委托存款	-3636	-3895	-3947	-3980	-3850
十一、卖出回购资产					
十二、应付及预提账项	99213	97777	107292	106664	108601
十三、存放短期保证金	79052	86634	79853	72419	83308
十四、发行短期债券					
十五、其他流动负债	48052	50584	54523	48570	46843
长期负债	3682831	3717887	3769805	3808045	3782546
十六、长期存款	229449	250274	279113	300688	289133
十七、定期储蓄存款	3449816	3453031	3457837	3488431	3479269
十八、存放长期保证金					
十九、发行长期债券					
二十、其他长期负债	3566	14582	32854	18925	14144
所有者权益	139901	146838	154283	166373	172445
二十一、实收资本	95926	95932	95937	95943	95944
二十二、资本公积	1201	1214	1216	1232	1232
二十三、公积金	9500	9500	9499	9492	9492
二十四、公益金					
二十五、未分配利润	8224	15142	22563	34560	40630
其中:本年利润	41559	50200	57688	69476	77640
二十六、一般准备金	25051	25051	25069	25147	25147
负债总计	7080062	7179408	7259317	7383146	7346789

5-96 晋中市银行业金融机构资产负债表

单位:万元

项目 \ 时间	11月	12月		
	余额	余额	比同期增减额	比同期增长%
流动负债	3352510	3230445	787844	32.25
一、短期存款	1626746	1513889	282706	22.96
二、活期储蓄存款	1130022	1157860	224766	24.09
三、财政性存款	18341	64385	48229	298.52
四、向中央银行借款	46600	46600	5400	13.11
五、同业存放	281356	191238	123394	181.88
六、联行存放				
七、同业拆入			-300	-100.000
八、应解汇款及临时存款	1475	1644	98	6.37
九、汇出汇款	12908	29214	8412	40.44
十、委托存款	-3952	-3618	14576	-80.11
十一、卖出回购资产				
十二、应付及预提账项	118888	119126	37349	45.67
十三、存放短期保证金	78703	73963	23066	45.32
十四、发行短期债券				
十五、其他流动负债	41423	36144	20148	125.96
长期负债	3825943	3860085	411026	11.92
十六、长期存款	305792	313718	96302	44.29
十七、定期储蓄存款	3509438	3550079	388604	12.29
十八、存放长期保证金				
十九、发行长期债券				
二十、其他长期负债	10713	-3713	-73880	-105.29
所有者权益	164385	152983	87635	134.10
二十一、实收资本	95944	98248	7511	8.28
二十二、资本公积	1297	2683	1511	128.94
二十三、公积金	9452	9533	1494	18.58
二十四、公益金				
二十五、未分配利润	32495	14340	72216	-124.78
其中:本年利润	70743	63406	21253	50.42
二十六、一般准备金	25197	28179	4903	21.06
负债总计	7342838	7243513	1286505	21.60

5-97　晋中市金融机构存、贷款指标

单位：万元

项目＼时间	1月	2月	3月	4月	5月
	余额	余额	余额	余额	余额
一、各项存款	5768711	5906666	6048389	6105777	6203358
1.企事业单位存款	997459	981836	964972	1000634	1043550
(1)活期存款	832269	819140	802811	833557	881500
(2)定期存款	165190	162696	162161	167077	162050
2.储蓄存款	4144286	4308011	4420383	4424904	4448275
(1)活期储蓄	948614	994570	1030068	1032995	1039989
(2)定期储蓄	3195671	3313442	3390315	3391909	3408285
3.信托存款					
4.委托存款	-18434	-18372	-18385	-18438	-14451
5.其他存款	645400	635191	681419	698677	725984
二、各项贷款	2317403	2387975	2389735	2450638	2516936
1.短期贷款	1611551	1660701	1687343	1734894	1808808
2.中长期贷款	472093	489627	493567	498892	492601
3.信托贷款					
4.委托贷款					
5.其他贷款					
6.票据融资	233759	237647	208743	216853	215526
7.各项垫款			83		

注：本表机构包括人民银行、政策性银行、国有商业银行、股份制商业银行、城市商业银行、城市信用社、农村信用社、邮政储汇局。

5-97 晋中市金融机构存、贷款指标

单位:万元

项目 \ 时间	6月	7月	8月	9月	10月
	余额	余额	余额	余额	余额
一、各项存款	6317584	6434543	6534633	6621498	6614597
1.企事业单位存款	1049833	1114196	1177410	1205267	1201739
(1)活期存款	879219	927898	963142	970237	977339
(2)定期存款	170614	186298	214268	235029	224401
2.储蓄存款	4509104	4541823	4571813	4618398	4591170
(1)活期储蓄	1059288	1088792	1113975	1129967	1111901
(2)定期储蓄	3449816	3453031	3457837	3488431	3479269
3.信托存款					
4.委托存款	-3636	-3895	-3947	-3980	-3850
5.其他存款	762283	782419	789357	801813	825538
二、各项贷款	2596920	2647305	2657463	2702212	2666786
1.短期贷款	1851194	1845123	1820673	1856238	1854359
2.中长期贷款	489065	530668	544810	565087	563760
3.信托贷款					
4.委托贷款					
5.其他贷款					
6.票据融资	256660	271514	291980	280886	248667
7.各项垫款					

5-97 晋中市金融机构存、贷款指标

单位:万元

项目＼时间	11月	12月		
	余额	余额	比年初增减额	比年初增长%
一、各项存款	6667065	6672422	1078622	19.28
1.企事业单位存款	1194169	1171867	219862	23.10
(1)活期存款	955959	926802	132669	16.71
(2)定期存款	238210	245065	87193	55.22
2.储蓄存款	4639460	4707939	613746	14.99
(1)活期储蓄	1130022	1157860	224765	24.09
(2)定期储蓄	3509438	3550079	388981	12.30
3.信托存款				
4.委托存款	-3952	-3618	14863	-80.42
5.其他存款	837388	796234	230152	40.67
二、各项贷款	2634965	2573331	299422	13.17
1.短期贷款	1829021	1819685	240742	15.24
2.中长期贷款	573153	551311	57007	11.53
3.信托贷款				
4.委托贷款				
5.其他贷款				
6.票据融资	232791	202335	1674	0.85
7.各项垫款				

5-98 晋中市金融机构存、贷款时序表

单位:亿元

指标/项目 时间	各项存款			各项贷款		
	余额	比年初增减额	余额比同期%	余额	比年初增减额	余额比同期%
1月	576.88	17.48	20.15	231.75	4.35	14.12
2月	590.67	31.29	20.27	238.8	11.41	17.12
3月	604.84	45.46	19.70	238.97	11.58	14.98
4月	610.58	51.20	18.64	245.06	17.67	15.49
5月	620.34	60.96	19.70	251.69	24.30	17.96
6月	631.76	72.38	19.75	259.69	32.30	22.45
7月	643.45	84.07	20.94	264.73	37.34	22.02
8月	653.46	94.08	22.61	265.75	37.34	18.80
9月	662.15	102.77	23.03	270.22	42.83	19.49
10月	661.46	102.08	21.10	266.68	39.29	17.64
11月	666.71	107.33	19.32	263.5	36.11	15.15
12月	667.24	107.86	19.28	257.33	29.94	13.17

5-99 晋中市银行业金融机构贷款质量统计表

单位：万元

项目 \ 时间	1月	2月	3月	4月	5月	6月
	余额	余额	余额	余额	余额	余额
正常贷款	1661595	1760859	1761391	1830056	1905855	1991007
正常类贷款	1479863	1563208	1548110	1613857	1685966	1778498
关注类贷款	181733	197642	213282	216199	205889	212509
不良贷款	655808	669002	628345	620585	611082	604918
次级类贷款	304292	311633	282614	273962	265798	259945
可疑类贷款	226185	233966	224515	225947	224691	214634
损失类贷款	125330	123404	121216	120677	120593	130340
贷款合计	2317404	2429861	2389736	2450641	2516937	2595926

5-99 晋中市银行业金融机构贷款质量统计表

单位：万元

项目 \ 时间	7月	8月	9月	10月	11月	12月	
	余额	余额	余额	余额	余额	余额	比年初增减额
正常贷款	2046339	2060649	2112749	2070695	2043684	1995138	378555
正常类贷款	1831133	1836570	1882720	1838950	1799176	1748315	312112
关注类贷款	215207	224079	230030	231745	244508	246823	66443
不良贷款	539526	595147	589431	596092	591284	578192	-79131
次级类贷款	254347	250350	245818	245595	243851	235348	-69495
可疑类贷款	215316	214287	212672	205122	205043	200948	-25952
损失类贷款	129864	130511	130941	145375	142390	141897	16315
贷款合计	2645866	2655796	2702180	2666787	2634968	2573330	299424

注：本表机构包括农业发展银行、工商银行、农业银行、中国银行、建设银行、城市商业银行、农村信用社。

5-99 晋中市银行业金融机构贷款质量统计表

单位：%

项目＼时间	1月	2月	3月	4月	5月	6月
	比例	比例	比例	比例	比例	比例
正常贷款	71.70	72.47	73.71	74.68	75.72	76.70
正常类贷款	63.86	64.33	64.78	65.85	66.98	68.51
关注类贷款	7.84	8.13	8.92	8.82	8.18	8.19
不良贷款	28.30	27.53	26.29	25.32	24.28	23.30
次级类贷款	13.13	12.83	11.83	11.18	10.56	10.01
可疑类贷款	9.76	9.63	9.39	9.22	8.93	8.27
损失类贷款	5.41	5.08	5.07	4.92	4.79	5.02

5-99 晋中市银行业金融机构贷款质量统计表

单位：%

项目＼时间	7月	8月	9月	10月	11月	12月	
	比例	比例	比例	比例	比例	比例	比年初增减
正常贷款	77.34	77.59	78.19	77.65	77.56	77.53	6.44
正常类贷款	69.21	69.15	69.67	68.96	68.28	67.94	4.78
关注类贷款	8.13	8.44	8.51	8.69	9.28	9.59	1.66
不良贷款	20.39	22.41	21.81	22.35	22.44	22.47	-6.44
次级类贷款	9.61	9.43	9.10	9.21	9.25	9.15	-4.26
可疑类贷款	8.14	8.07	7.87	7.69	7.78	7.81	-2.17
损失类贷款	4.91	4.91	4.85	5.45	5.40	5.51	-0.01

5-100 晋中市主要银行业机构非信贷资产情况表

单位：万元

项目	1季度 余额	1季度 其中：不良资产	1季度 预计损失	2季度 余额	2季度 其中：不良资产	2季度 预计损失
一、现金	37095.34			28593.61		
二、银行存款	1542.54			837.52		
三、贵金属						
四、存放中央银行款项	19256.76			23126.89		
五、存放同业款项	2644.65			3982.18		
六、拆放同业	418	418	418	418	418	418
七、存放联行款项(轧差)	2368209.94	314	314	2407285.8	335	335
八、应收及预付款项	716.14	2598.88	2350.88	2958.79	6454.88	6442.88
其中：应收利息	3767.84	9	4.03	3654.32	16	6
待处理案件纠纷垫款	4126.28	2433.38	2200.38	4147.55	4034.38	4031.38
九、短期投资						
十、委托贷款及委托投资	18095			31132		
十一、买入返售证券						
十二、待处理流动资产损失	197	197	197	197	197	197
十三、长期投资	14879.79	7937	2717.06	13787	7937	2717.06
十四、固定资产净值	48064.26	4212	2504	45449.08	3965	2006
十五、固定资产清理	62			63	1	1
十六、在建工程				157		
十七、待处理固定资产损失						
十八、无形资产	5381			6502.47	6	6
十九、递延资产	2087.89	475	182	2140.04	929	929
二十、其他非信贷资产	8705.32	6583	6169	11728.74	6478	5981
1.待处理抵债资产	3380	3380	2970	3380	3380	2883
2.应付福利费垫款						
3.未弥补亏损	2051			5380		
4.待处理房改资产						
5.待清理自办实体资产						
6.待清理接收资产	3111	3097	3093	3107	3098	3098
(1)待清理城信社资产						
(2)待清理城信社资产与负债差额						
(3)待清理信托资产						
(4)人行转来企业贷款本金						
(5)其他金融机构转来资产						
(6)其他待清理接收资产	3111	3097	3093	3107	3098	3098
7.其他非信贷资产	163.32	106	106	-138.26		
非信贷资产合计	2527355.63	22734.88	14851.94	2578359.12	26720.88	19032.94

注：本表机构包括农业发展银行、工商银行、农业银行、中国银行、建设银行。

5-100 晋中市主要银行业机构非信贷资产情况表

单位:万元

项目	1季度			2季度		
	余额	其中:不良资产	预计损失	余额	其中:不良资产	预计损失
一、现金	37095.34			28593.61		
二、银行存款	1542.54			837.52		
三、贵金属						
四、存放中央银行款项	19256.76			23126.89		
五、存放同业款项	2644.65			3982.18		
六、拆放同业	418	418	418	418	418	418
七、存放联行款项(轧差)	2368209.94	314	314	2407285.8	335	335
八、应收及预付款项	716.14	2598.88	2350.88	2958.79	6454.88	6442.88
其中:应收利息	3767.84	9	4.03	3654.32	16	6
待处理案件纠纷垫款	4126.28	2433.38	2200.38	4147.55	4034.38	4031.38
九、短期投资						
十、委托贷款及委托投资	18095			31132		
十一、买入返售证券						
十二、待处理流动资产损失	197	197	197	197	197	197
十三、长期投资	14879.79	7937	2717.06	13787	7937	2717.06
十四、固定资产净值	48064.26	4212	2504	45449.08	3965	2006
十五、固定资产清理	62			63	1	1
十六、在建工程				157		
十七、待处理固定资产损失						
十八、无形资产	5381			6502.47	6	6
十九、递延资产	2087.89	475	182	2140.04	929	929
二十、其他非信贷资产	8705.32	6583	6169	11728.74	6478	5981
1.待处理抵债资产	3380	3380	2970	3380	3380	2883
2.应付福利费垫款						
3.未弥补亏损	2051			5380		
4.待处理房改资产						
5.待清理自办实体资产						
6.待清理接收资产	3111	3097	3093	3107	3098	3098
(1)待清理城信社资产						
(2)待清理城信社资产与负债差额						
(3)待清理信托资产						
(4)人行转来企业贷款本金						
(5)其他金融机构转来资产						
(6)其他待清理接收资产	3111	3097	3093	3107	3098	3098
7.其他非信贷资产	163.32	106	106	-138.26		
非信贷资产合计	2527355.63	22734.88	14851.94	2578359.12	26720.88	19032.94

5-101 晋中市主要银行业机构表外业务情况表

单位:万元

项目 \ 指标 \ 时间	1季度			2季度		
	余额	风险敞口	垫款期末余额	余额	风险敞口	垫款期末余额
一、担保类业务	163556.00	57393.00	83.00	159104.00	59069.00	
1.开出银行承兑汇票	115802.00	11205.00	83.00	114099	14448	
2.开出信用证	2296.00	1749.00				
3.保函	45458.00	44439.00		45005.00	44621.00	
4.债券发行担保						
其中:可转换债券担保						
5.其他担保类业务						
二、承诺类业务	30380.00	30380.00		36880.00	36880.00	
1.贷款承诺	30380.00	30380.00		36880	36880	
2.循环授信额度						
3.其他承诺类业务						
三、金融衍生类业务						
1.期权						
2.互换						
3.远期外汇						

5-101 晋中市主要银行业机构表外业务情况表

单位:万元

项目 \ 指标 \ 时间	3季度			4季度		
	余额	风险敞口	垫款期末余额	余额	风险敞口	垫款期末余额
一、担保类业务	125690.00	30681.00		110462.00	41964.00	
1.开出银行承兑汇票	113600.00	18952.00		99321.00	31037.00	
2.开出信用证	173.00	-14.00				
3.保函	11917.00	11743.00		11141.00	10927.00	
4.债券发行担保						
其中:可转换债券担保						
5.其他担保类业务						
二、承诺类业务	29444.00	29444.00		20000.00	20000.00	
1.贷款承诺	29444.00	29444.00		20000.00	20000.00	
2.循环授信额度						
3.其他承诺类业务						
三、金融衍生类业务						
1.期权						
2.互换						
3.远期外汇						

注:本表机构包括农业发展银行、工商银行、农业银行、中国银行、建设银行。

5-102　晋中市主要银行业机构贷款按逾期时间分类表

单位:万元

项目＼时间	上年末	一季度	二季度	三季度	四季度
	余额	余额	余额	余额	余额
各项贷款	1230468.00	1243097.00	1333902.00	1399107.00	1320526.00
未到期贷款	1095437.00	1107583.00	1206332.00	1266938.00	1202825.00
逾期类贷款	135031.00	135514.00	127570.00	132169.00	117701.00
其中:逾期0到3个月贷款	15469.00	13083.00	14535.00	12787.00	10258.00
逾期3个月到6个月贷款	5202.00	2907.00	4277.00	6221.00	979.00
逾期6个月到9个月贷款	1592.00	2079.00	2696.00	2101.00	2766.00
逾期9个月到1年贷款	1239.00	1344.00	1862.00	1990.00	752.00
逾期1年以上贷款	111529.00	116101.00	104200.00	109070.00	102946.00

注:本表机构包括农业发展银行、工商银行、农业银行、中国银行、建设银行。

5-103 晋中市主要银行业机构贷款质量迁徙情况表

迁徙矩阵：　　单位：%

项　目	正常类贷款	关注类贷款	次级类贷款	可疑类贷款	损失类贷款
正常类贷款	94.54	2.65	0.90	1.67	0.24
关注类贷款	37.62	20.91	2.61	23.28	15.58
次级类贷款	0.11		90.20	9.63	0.05
可疑类贷款				56.44	43.56
损失类贷款				0.05	99.95

5-103 晋中市主要银行业机构贷款质量迁徙情况表

单位：万元

项　目	分子	分母	比例%
1.年初不良贷款率	173883.00	1230468.00	14.13
2.期末不良贷款率	172968.00	1320526.00	13.10
3.不良贷款率变动情况(1.-2.)	-915.00	90058.00	-1.03
4.贷款质量总体向上迁徙率	4099.00	163586.00	2.51
5.贷款质量总体向下迁徙率	59775.00	515949.00	11.59
6.正常类贷款向下迁徙率	21206.00	388098.00	5.46
7.关注类贷款向下迁徙率	4436.00	10698.00	41.47
8.次级类贷款向下迁徙率	4833.00	49889.00	9.69
9.可疑类贷款向下迁徙率	29300.00	67264.00	43.56
10.当年新增贷款不良率	4769.00	768842.00	0.62
11.当年新形成不良贷款率	20648.00	1275497.00	1.62
12.贷款重组贡献度	0.00	57.00	0.00
13.不良贷款周转率	657845.00	1056585.00	62.26
14.不良贷款处置收现率	10901.00	21501.00	50.70
15.不良贷款处置以物抵债率	2878.00	21501.00	13.39
16.不良贷款处置核销率	7211.00	21501.00	33.54

注：本表机构包括农业发展银行、工商银行、农业银行、中国银行、建设银行。

5-104 晋中市银行业金融机构部分行业贷款情况表

单位：万元

项目＼时间	1季度	2季度	3季度	4季度	
	余额	余额	余额	余额	比年初增减额
一、煤炭行业	229405.69	245857.37	238007.35	234737.22	36971.02
二、焦炭行业	234531.74	272208.66	276450.15	254595.66	20779.87
(1)年产60万吨以上	134214.00	172802.00	198446.00	188815.00	50411.00
(2)年产40-60万吨	32354.00	32087.00	15614.00	8684.00	-20974.00
(3)年产20-40万吨	2571.50	2011.50	2721.50	3322.50	-823.00
(4)年产20万吨以下	65392.24	65308.16	59668.65	53774.16	-7834.13
三、冶金行业	21204.00	19664.00	51701.50	34300.00	11919.00
(1)普通钢	1322.00	1282.00	1382.00	1382.00	1255.00
(2)特种钢	4500.00		27800.00	24300.00	19800.00
(3)生铁	6241.00	5199.00	9049.00	4432.00	-1511.00
(4)铁合金	26.00	68.00	356.00	26.00	
(5)电解铝	8955.00	8955.00	8955.00		-8955.00
四、建材行业	15286.00	15912.70	16396.19	15393.69	-3471.71
(1)水泥	8893.00	9544.70	9568.49	9032.19	-160.61
五、交通行业	30285.50	30108.50	33774.50	35735.50	4555.50
(1)公路	30022.00	27965.00	28445.00	28375.00	-1881.00
(2)铁路	240.00	2120.00	5200.00	2200.00	1960.00
六、化工行业	106191.82	109036.59	111006.45	82478.58	-3670.17
(1)电石	200.00	200.00	225.90	200.00	
七、电力行业	133870.00	149248.00	172421.00	178031.00	27510.00
八、房地产业	89867.90	89608.59	100035.17	103043.65	18567.78
(1)房地产开发商贷款	18689.00	18805.00	23843.00	22973.00	7868.00
(2)住房开发贷款	3570.00	3570.00	3168.00	2668.00	-772.00
(3)政府土地储备机构贷款					
(4)单位购置商业用房贷款					
(5)个人购房贷款	67488.90	67113.59	72914.17	77402.65	11591.78
九、医药制造业	9669.95	9192.95	9657.95	9552.95	581.00
十、机械制造业	38437.88	59527.00	62577.00	59158.00	4834.12
合计	908750.48	1000364.36	1072027.26	1007026.25	118576.41

注：本表机构包括农业发展银行、工商银行、农业银行、中国银行、建设银行、城市商业银行、农村信用社。

5-105　晋中市银行业金融机构部分行业不良贷款情况表

单位：万元

项目 \ 指标 \ 时间	1季度		2季度		3季度	
	余额	比例%	余额	比例%	余额	比例%
一、煤炭行业	23384.95	10.19	22537.64	9.17	19502.66	8.19
二、焦炭行业	29865.74	12.73	36636.66	13.46	36529.85	13.21
(1)年产60万吨以上	1944.00	1.45	854	0.49	854.00	0.43
(2)年产40-60万吨	0.00	0.00	60	0.19	0.00	0.00
(3)年产20-40万吨	281.50	10.95	221.5	11.01	221.50	8.14
(4)年产20万吨以下	27640.24	42.27	35501.16	54.36	35454.35	59.42
三、冶金行业	12549.00	59.18	12050	61.28	12049.50	23.31
(1)普通钢	982.00	74.28	855	66.69	855.00	61.87
(2)特种钢						
(3)生铁	2426.00	38.87	2054	39.51	2054.00	22.70
(4)铁合金	26.00	100.00	26	38.24	26.00	7.30
(5)电解铝	8955.00	100.00	8955	100.00	8955.00	100.00
四、建材行业	10471.50	68.50	10891.7	68.45	10846.19	66.15
(1)水泥	6941.00	78.05	7304.7	76.53	7258.49	75.86
五、交通行业	882.80	2.91	505	1.68	505.00	1.50
(1)公路	868.80	2.89	505	1.81	505.00	1.78
(2)铁路						
六、化工行业	8416.05	7.93	15548.59	14.26	16262.45	14.65
(1)电石	200.00	100.00	200	100.00	225.90	100.00
七、电力行业	1141.00	0.85	841	0.56	841.00	0.49
八、房地产业	1671.16	1.86	1284.41	1.43	1547.94	1.55
(1)房地产开发商贷款	738.00	3.95	525	2.79	525.00	2.20
(2)住房开发贷款	90.00	2.52	90	2.52	90.00	2.84
(3)政府土地储备机构贷款						
(4)单位购置商业用房贷款						
(5)个人购房贷款	743.16	1.10	669.41	1.00	932.94	1.28
九、医药制造业	4966.95	51.36	4993.95	54.32	4959.95	51.36
十、机械制造业	3463.41	9.01	6608.88	11.10	6292.88	10.06
合　计	96812.56	10.65	111897.83	11.19	109337.42	10.20

注：本表机构包括农业发展银行、工商银行、农业银行、中国银行、建设银行、城市商业银行、农村信用社。

5-105 晋中市银行业金融机构部分行业不良贷款情况表

单位:万元

项目 \ 指标 \ 时间	4季度			
	余额	比例%	余额比年初增减	比例比年初增减
一、煤炭行业	19468.39	8.29	1351.19	-0.87
二、焦炭行业	36292.66	14.26	6342.87	1.45
(1)年产60万吨以上	854	0.45	-1090	-0.95
(2)年产40-60万吨				
(3)年产20-40万吨	221.5	6.67		1.32
(4)年产20万吨以下	35217.16	65.49	7432.87	20.39
三、冶金行业	2984	8.70	-8710	-43.55
(1)普通钢	982	71.06	855	-28.94
(2)特种钢				
(3)生铁	1816	40.97	-610	0.15
(4)铁合金	26	100.00		
(5)电解铝			-8955	
四、建材行业	11296.19	73.38	1104.79	19.36
(1)水泥	7202.19	79.74	572.39	7.62
五、交通行业	501	1.40	-1036.8	-3.53
(1)公路	470	1.66	-598.8	-1.88
(2)铁路				
六、化工行业	15879.58	19.25	8110.23	10.23
(1)电石	200	100.00		
七、电力行业	841	0.47	-300	-0.29
八、房地产业	1990.16	1.93	-85.98	-0.53
(1)房地产开发商贷款	1000	4.35	380	0.25
(2)住房开发贷款	90	3.37	-570	-15.81
(3)政府土地储备机构贷款				
(4)单位购置商业用房贷款				
(5)个人购房贷款	900.16	1.16	104.02	-0.05
九、医药制造业	5029.95	52.65	86	-2.45
十、机械制造业	6692.88	11.31	-2865	-6.28
合 计	100975.81	10.03	3997.3	-0.89

5-106 晋中市主要银行业机构客户大额授信和零售贷款违约客户情况统计表

单位：个，亿元，%

时间 \ 指标项目	客户大额授信统计								关联企业授信	关联企业贷款	零售贷款违约统计	
	客户数	授信额度	贷款余额	不良贷款	不良占比	预警信息					法人违约数	个人违约数
						客户数	贷款	不良贷款				
1月	36	94.51	58.49	0.90	1.53	3.00	6.09	0.90			245	747
2月	35	95.65	59.54	0.90	1.5	4	18.95	0.90			245	750
3月	31	88.87	52.94	0.90	1.69	3	6.46	0.90			245	769
4月	34	92.62	57.12	0.90	1.56	4	7.02	0.90			245	785
5月	31	90.75	57.65	0.90	1.55	3	6.41	0.90			247	878
6月	33	94.29	60.50	0.90	1.48	3	6.25	0.90			247	923
7月	35	95.39	63.54	0.90	1.40	2	5.46	0.90			246	894
8月	36	97.31	65.72	0.90	1.36	2	5.49	0.90			269	904
9月	40	101.40	68.52	0.90	1.30	2	5.29	0.90			271	754
10月	41	110.21	69.04	0.90	1.29	4	11.07	0.90			269	726
11月	41	110.21	68.76	0.56	0.82	2	4.96	0.56			269	690
12月	43	112.09	67.77			3	8.2				315	580

注：本表机构包括工商银行、农业银行、中国银行、建设银行。

5-107 晋中市银行业金融机构小企业贷款情况统计表

单位：个、万元

项目 \ 指标 时间	1季度	2季度	3季度	4季度	
	余额	余额	余额	余额	比年初增减额
1.小企业授信户数	10575	10507	5977	6314	590
2.小企业贷款额	952621.66	1109969.05	599297.54	744899.21	217937.51
2.1.1 其中:正常类贷款	544988.38	694891.31	341179.03	437861.34	167823.7
2.1.2 关注类贷款	96137.07	92220.18	50980.76	59716.66	21375.98
2.1.3 次级类贷款	128801.11	128181.88	70586.44	82215.34	1243.09
2.1.4 可疑类贷款	102368.82	105626.19	70815.43	72338.32	-2816.99
2.1.5 损失类贷款	80326.28	89049.49	65735.88	92767.55	30311.73
2.2 其中:本金逾期贷款	144898.97	111727.28	103167.98	137874.17	35522.92
2.3 其中:重组贷款				3199.00	3199
3.小企业表外授信额	61175	51291	4640	33240.10	31013.1
4.小企业表内外授信总额	1013796.66	1161260.05	603937.54	778139.31	248950.61

注：本表机构包括农业发展银行、工商银行、农业银行、中国银行、建设银行、城市商业银行、农村信用社。

5-108 晋中市银行业金融机构案件信息统计表

单位:万元,件

项目	案件		其中:百万元以上案件	
	本年累计发生	比上年同期增减	本年累计发生	比上年同期增减
经济案件数量	0	0	0	0
其中:挪用	0	0	0	0
贪污	0	0	0	0
侵占	0	0	0	0
贿赂	0	0	0	0
经济案件涉案金额	0	0	0	0
其中:挪用	0	0	0	0
贪污	0	0	0	0
侵占	0	0	0	0
贿赂	0	0	0	0
经济案件风险金额	0	0	0	0
其中:挪用	0	0	0	0
贪污	0	0	0	0
侵占	0	0	0	0
贿赂	0	0	0	0
违规经营数量	0	-1	0	-1
其中:违反金融法规	0	0	0	0
违反财经纪律	0	0	0	0
破坏金融秩序	0	0	0	0
违规经营涉案金额	0	-2118	0	-2118
其中:违反金融法规	0	0	0	0
违反财经纪律	0	0	0	0
破坏金融秩序	0	0	0	0
违规经营风险金额	0	-2050	0	-2050
其中:违反金融法规	0	0	0	0
违反财经纪律	0	0	0	0
破坏金融秩序	0	0	0	0
诈骗案件数量	0	-1	0	-1
诈骗案件涉案金额	0	-360	0	-360
诈骗案件风险金额	0	-3	0	-3
抢劫案件数量	0	0	0	0
抢劫案件涉案金额	0	0	0	0
抢劫案件风险金额	0	0	0	0
盗窃案件数量	0	0	0	0
盗窃案件涉案金额	0	0	0	0
盗窃案件风险金额	0	0	0	0
各类案件数量总计	0	-2	0	-2
各类案件涉案金额总计	0	-2478	0	-2478
各类案件风险金额总计	0	-2053	0	-2053

注:本表机构包括辖内所有银行业金融机构。

5-109　临汾市银行业金融机构资产负债表

单位：万元

时间 项目	1月 余额	2月 余额	3月 余额	4月 余额	5月 余额
流动资产	6978250.38	7172861.24	7378992.89	7295727.05	7392013.35
一、现金及银行存款	112482.89	170882.88	159012.98	120385.14	112719.30
二、存放中央银行	764897.65	714570.74	735513.94	744880.90	779763.26
三、存放同业	334692.84	339815.76	405124.85	371492.18	452643.05
四、存放联行款项	2039742.78	2039959.84	2160175.51	2142792.61	2058656.37
五、拆放同业	7786.66	7762.66	32612.66	7612.66	7612.66
六、短期贷款	2693741.78	2772297.38	2667740.46	2716231.37	2815671.94
七、应收账款	365677.84	450565.87	398545.73	401572.56	395766.66
其中：应收利息	12035.54	39535.23	8649.66	12384.44	17358.23
八、减：坏账准备	80731.15	83447.44	64143.55	62981.97	62995.90
九、短期投资	149.70	44700.70	44635.15	47639.75	37771.85
十、减：短期投资跌价准备					
十一、委托贷款及投资					
十二、买入返售资产	94276.55	64296.00	130463.25	87777.00	70088.00
十三、待处理流动资产损失					
十四、其他流动资产	645532.84	651456.85	709311.91	718324.85	724316.16
长期资产	1003765.22	1068675.16	1104370.78	1117010.41	1127124.23
十五、中长期贷款	811999.85	825679.14	882723.37	866235.58	871919.33
十六、减：贷款损失准备	19251.02	19410.32	38928.05	40339.33	40762.35
十七、长期投资	115411.28	165333.13	167861.77	198484.45	203635.90
十八、减：长期投资减值准备	14904.91	14904.91	14904.81	14904.81	14904.81
十九、固定资产净值	104119.07	104103.17	99687.55	99499.60	98169.12
固定资产	139317.54	139751.54	136322.54	136472.24	135355.52
减：累计折旧	35198.47	35648.37	36634.99	36972.64	37186.40
二十、固定资产减值准备	150.21	150.21	150.21	150.21	110.21
二十一、固定资产清理	68.16	68.16	68.16	76.13	68.25
二十二、在建工程	6459.00	7943.00	7999.00	8095.00	9095.00
二十三、减:在建工程减值准备					
二十四、待处理固定资产损失	14.00	14.00	14.00	14.00	14.00
无形递延及其他资产	44577.60	47530.44	54073.20	56089.44	58233.16
二十五、无形递延及其他资产	45209.20	48162.04	54704.80	56721.04	58904.76
二十六、减:抵债资产减值准备	591.22	591.22	591.22	591.22	591.22
二十七、减:无形资产减值准备	40.38	40.38	40.38	40.38	80.38
二十八、减:其他资产减值准备					
资产总计	8026593.20	8289066.84	8537436.87	8468826.90	8577370.74

注：本表机构包括辖内所有银行业金融机构。

5-109 临汾市银行业金融机构资产负债表

单位:万元

项目 \ 时间	6月	7月	8月	9月	10月
	余额	余额	余额	余额	余额
流动资产	7398529.42	7537294.43	7512784.97	7334594.36	7289471.94
一、现金及银行存款	134128.63	125060.37	113810.62	135799.84	218444.26
二、存放中央银行	830052.28	820886.22	868673.90	793891.56	837217.79
三、存放同业	390083.16	411814.73	406372.16	388556.49	371940.93
四、存放联行款项	2012405.95	2120742.97	2113858.39	2102709.52	2105787.38
五、拆放同业	7610.66	4801.29	4582.21	4582.21	4582.21
六、短期贷款	2854974.18	2823965.14	2775509.26	2745561.85	2678040.36
七、应收账款	377203.45	382334.42	362095.33	307754.71	293504.87
其中:应收利息	7344.36	9674.84	15315.47	5110.61	10610.45
八、减:坏账准备	63123.74	63122.20	63125.11	60091.09	60047.39
九、短期投资	17891.85	9927.20	19796.20	19746.20	19746.20
十、减:短期投资跌价准备					
十一、委托贷款及投资					
十二、买入返售资产	93440.00	155950.00	174282.00	156563.00	190142.00
十三、待处理流动资产损失					
十四、其他流动资产	743863.00	744934.29	736930.01	739520.07	630113.33
长期资产	1160333.20	1151558.44	1115269.31	1216326.80	1218083.92
十五、中长期贷款	909854.74	926414.84	951692.78	1017749.42	1014225.46
十六、减:贷款损失准备	41662.33	41605.22	41828.87	49886.63	49589.32
十七、长期投资	201806.19	177374.57	114180.63	156337.34	157922.62
十八、减:长期投资减值准备	14904.78	14904.78	14904.78	14904.74	14904.74
十九、固定资产净值	95675.62	95058.17	95509.63	94849.16	96862.50
固定资产	133615.00	133397.84	134017.03	134550.02	136815.83
减:累计折旧	37939.38	38339.67	38507.40	39700.86	39953.33
二十、固定资产减值准备	110.21	110.21	110.21	104.52	144.52
二十一、固定资产清理	71.97	72.07	72.13	61.45	680.60
二十二、在建工程	9588.00	9245.00	10644.00	12211.32	13017.32
二十三、减:在建工程减值准备					
二十四、待处理固定资产损失	14.00	14.00	14.00	14.00	14.00
无形递延及其他资产	58173.11	60924.38	60997.94	62153.05	60006.50
二十五、无形递延及其他资产	58844.71	61595.98	61669.54	62824.65	60638.10
二十六、减:抵债资产减值准备	591.22	591.22	591.22	591.22	591.22
二十七、减:无形资产减值准备	80.38	80.38	80.38	80.38	40.38
二十八、减:其他资产减值准备					
资产总计	8617035.73	8749777.25	8689052.22	8613074.21	8567562.36

5-109 临汾市银行业金融机构资产负债表

单位：万元

项目＼时间	11月	12月		
	余额	余额	比同期增减额	比同期增长%
流动资产	7393110.13	7486361.81	738117.99	10.94
一、现金及银行存款	123173.66	118576.19	35509.22	42.75
二、存放中央银行	889559.71	1071901.02	148085.14	16.03
三、存放同业	380197.10	346795.79	20413.79	6.25
四、存放联行款项	2230812.73	2316082.16	630579.19	37.41
五、拆放同业	4582.21	4262.21	-3523.79	-45.26
六、短期贷款	2603736.07	2599685.29	24352.64	0.95
七、应收账款	298942.24	176577.98	-203548.67	-53.55
其中：应收利息	14677.48	6653.22	-897.32	-11.88
八、减：坏账准备	59732.48	98124.42	96706.12	6818.45
九、短期投资	9948.20	9915.00	9759.45	6274.16
十、减：短期投资跌价准备				
十一、委托贷款及投资				
十二、买入返售资产	186193.00	154105.00	25317.00	19.66
十三、待处理流动资产损失				
十四、其他流动资产	725697.69	786585.59	147880.14	23.15
长期资产	1237282.95	1217147.33	303786.25	33.26
十五、中长期贷款	1023380.64	1010572.72	211253.94	26.43
十六、减：贷款损失准备	55004.89	64508.08	-34292.22	-34.71
十七、长期投资	174401.32	150497.64	35883.65	31.31
十八、减：长期投资减值准备	14904.74	14935.07	31.07	0.21
十九、固定资产净值	96967.41	110044.95	3301.29	3.09
固定资产	136271.94	150603.10	8953.57	6.32
减：累计折旧	39304.53	40558.15	5652.28	16.19
二十、固定资产减值准备	104.52	86.40	-63.81	-42.48
二十一、固定资产清理	-19.59	61.57	-6.59	-9.67
二十二、在建工程	12553.32	8339.00	1882.00	29.15
二十三、减：在建工程减值准备				
二十四、待处理固定资产损失	14.00	17161.00	17147.00	122478.57
无形递延及其他资产	61133.65	59688.03	26527.78	80.00
二十五、无形递延及其他资产	61805.25	59801.21	26009.36	76.97
二十六、减：抵债资产减值准备	591.22	32.80	-558.42	-94.45
二十七、减：无形资产减值准备	80.38	80.38	40.00	99.06
二十八、减：其他资产减值准备				
资产总计	8691526.73	8763197.17	1068432.02	13.89

5-109 临汾市银行业金融机构资产负债表

单位：万元

项目 \ 时间	1月	2月	3月	4月	5月
	余额	余额	余额	余额	余额
流动负债	4534337.75	4664874.77	4787152.01	4748065.57	4789325.43
一、短期存款	1586736.84	1515896.30	1566120.81	1619568.67	1660616.29
二、活期储蓄存款	1974354.56	2061136.07	2170708.57	2103508.09	2076895.14
三、财政性存款	7342.46	14733.66	10828.67	13019.36	14413.30
四、向中央银行借款	29700.00	32100.00	28100.00	26300.00	25900.00
五、同业存放	330394.64	349815.60	371443.43	337217.00	393853.65
六、联行存放					
七、同业拆入	4058.11	4034.11	3884.11	3844.11	3844.11
八、应解汇款及临时存款	3662.59	3806.32	3738.69	3357.05	2318.06
九、汇出汇款	5203.25	2737.63	3218.79	3519.43	3721.19
十、委托存款	-14733.18	-15396.61	-16144.38	-16008.03	-14975.16
十一、卖出回购资产		15000.00			
十二、应付及预提账项	129734.81	134666.87	122912.30	127140.86	124798.46
十三、存放短期保证金	214064.67	240704.82	226953.02	231513.03	216427.39
十四、发行短期债券					
十五、其他流动负债	263819.00	305640.00	295388.00	295086.00	281513.00
长期负债	3274735.22	3405985.23	3513145.11	3486002.94	3538138.21
十六、长期存款	141808.22	144380.66	150061.98	131809.78	129727.78
十七、定期储蓄存款	3172194.60	3281387.98	3342343.71	3340085.49	3340407.87
十八、存放长期保证金					
十九、发行长期债券					
二十、其他长期负债	-39267.60	-19783.41	20739.42	14107.67	68002.56
所有者权益	217520.23	218206.84	237139.75	234758.39	249907.10
二十一、实收资本	167798.40	168463.40	171991.40	172595.40	172968.40
二十二、资本公积	2626.26	2653.26	2646.33	2646.34	2646.34
二十三、公积金	10005.36	9999.36	10135.16	9996.36	9915.36
二十四、公益金					
二十五、未分配利润	14434.42	14401.03	29775.86	26790.50	41647.21
其中：本年利润	17090.25	28518.39	44714.18	58277.79	73433.50
二十六、一般准备金	22655.79	22689.79	22591.00	22729.79	22729.79
负债总计	8026593.20	8289066.84	8537436.87	8468826.90	8577370.74

5-109 临汾市银行业金融机构资产负债表

单位：万元

项目 \ 时间	6月	7月	8月	9月	10月
	余额	余额	余额	余额	余额
流动负债	4797147.86	4912460.10	4801920.68	4727812.62	4707091.00
一、短期存款	1658724.81	1783224.66	1717399.45	1733020.38	1752487.76
二、活期储蓄存款	2129370.34	2114190.15	2094086.79	2078879.35	2055644.50
三、财政性存款	26577.47	21561.93	18573.48	18033.55	20735.85
四、向中央银行借款	22700.00	22400.00	21400.00	21550.00	21600.00
五、同业存放	345374.38	356056.92	375337.43	347098.71	359181.87
六、联行存放					
七、同业拆入	3844.11	2498.00	2498.00	2498.00	2498.00
八、应解汇款及临时存款	4248.41	2454.34	2884.34	2063.03	1397.15
九、汇出汇款	2877.78	4360.53	2575.44	17331.65	18684.65
十、委托存款	-15880.95	-15858.47	-15319.20	-15198.38	-14799.75
十一、卖出回购资产					
十二、应付及预提账项	141050.93	132591.79	134978.87	138967.90	138651.93
十三、存放短期保证金	205292.58	209915.25	190760.08	169549.43	155569.04
十四、发行短期债券					
十五、其他流动负债	272968.00	279065.00	256746.00	214019.00	195440.00
长期负债	3559478.09	3569652.11	3603158.44	3602014.01	3565533.38
十六、长期存款	145577.44	147174.53	184830.11	194001.97	182588.78
十七、定期储蓄存款	3357184.91	3371614.03	3368205.44	3363403.55	3363676.76
十八、存放长期保证金					
十九、发行长期债券					
二十、其他长期负债	56715.74	50863.55	50122.89	44608.49	19267.84
所有者权益	260409.78	267665.04	283973.10	283247.58	294937.98
二十一、实收资本	173465.40	168897.00	168957.00	167518.00	167458.00
二十二、资本公积	2699.86	2696.18	2758.18	2771.57	2771.57
二十三、公积金	9918.36	9911.00	9992.00	9992.00	9992.00
二十四、公益金					
二十五、未分配利润	51596.37	63570.86	79675.92	80376.01	92126.41
其中：本年利润	83884.66	93790.45	110155.51	111428.60	123361.18
二十六、一般准备金	22729.79	22590.00	22590.00	22590.00	22590.00
负债总计	8617035.73	8749777.25	8689052.22	8613074.21	8567562.36

5-109 临汾市银行业金融机构资产负债表

单位：万元

项目 \ 时间	11月	12月		
	余额	余额	比同期增减额	比同期增长%
流动负债	4798277.87	4900443.80	696081.19	16.56
一、短期存款	1771706.79	1794116.35	281446.07	18.61
二、活期储蓄存款	2086759.57	2191632.68	230304.47	11.74
三、财政性存款	24066.06	52535.47	28712.47	120.52
四、向中央银行借款	19000.00	16500.00	−13200.00	−44.44
五、同业存放	355648.15	333014.30	11938.23	3.72
六、联行存放				
七、同业拆入	2498.00	2428.00	−1630.11	−40.17
八、应解汇款及临时存款	1212.65	1141.97	−2574.99	−69.28
九、汇出汇款	4812.36	3737.80	−4062.78	−52.08
十、委托存款	−15338.91	13189.02	25666.42	−205.70
十一、卖出回购资产	25245.00			
十二、应付及预提账项	161536.81	157008.84	35090.85	28.78
十三、存放短期保证金	163823.39	148037.37	−73739.44	−33.25
十四、发行短期债券				
十五、其他流动负债	197308.00	187102.00	178130.00	1985.40
长期负债	3615639.39	3634901.39	316438.91	9.54
十六、长期存款	179385.11	141760.12	−5957.74	−4.03
十七、定期储蓄存款	3401286.37	3440200.79	315910.34	10.11
十八、存放长期保证金				
十九、发行长期债券				
二十、其他长期负债	34967.91	52940.48	6486.31	13.96
所有者权益	277609.47	227851.98	55911.92	32.52
二十一、实收资本	165845.00	165622.00	−1384.40	−0.83
二十二、资本公积	2844.58	3650.01	1359.75	59.37
二十三、公积金	9992.00	9995.00	2508.64	33.51
二十四、公益金				
二十五、未分配利润	76337.89	13690.97	33014.72	−170.85
其中：本年利润	127005.66	72158.23	26873.65	59.34
二十六、一般准备金	22590.00	34894.00	20413.21	140.97
负债总计	8691526.73	8763197.17	1068432.02	13.89

5-110　临汾市金融机构存、贷款指标

单位：万元

项目＼时间	1月	2月	3月	4月	5月
	余额	余额	余额	余额	余额
一、各项存款	7143528	7298168	7511983	7488198	7484649
1.企事业单位存款	796467	817695	828834	826163	807451
(1)活期存款	654658	673314	678772	694353	677724
(2)定期存款	141808	144381	150062	131810	129728
2.储蓄存款	5146549	5342524	5513052	5443594	5417303
(1)活期储蓄	1974355	2061136	2170709	2103508	2076895
(2)定期储蓄	3172195	3281388	3342344	3340085	3340408
3.信托存款					
4.委托存款					
5.其他存款	307328	337945	321369	328085	312011
二、各项贷款	3505742	3597977	3550464	3582467	3687591
1.短期贷款	2240829	2260463	2235799	2248281	2256455
2.中长期贷款	812000	825679	882723	866236	871919
3.信托贷款					
4.委托贷款					
5.其他贷款					
6.票据融资	451480	511253	431330	467238	558415
7.各项垫款	1432	582	612	712	802

注：本表机构包括农业发展银行、国有商业银行、农村信用社、邮政储汇局。

5-110 临汾市金融机构存、贷款指标

单位:万元

项目 \ 时间	6月	7月	8月	9月	10月
	余额	余额	余额	余额	余额
一、各项存款	7560255	7689549	7619192	7602124	7564740
1.企事业单位存款	823588	940321	947434	951654	947862
(1)活期存款	678011	793147	762604	757652	765273
(2)定期存款	145577	147175	184830	194002	182589
2.储蓄存款	5486555	5485804	5462292	5442283	5419321
(1)活期储蓄	2129370	2114190	2094087	2078879	2055645
(2)定期储蓄	3357185	3371614	3368205	3363404	3363677
3.信托存款					
4.委托存款					
5.其他存款	311457	315282	291397	271377	261563
二、各项贷款	3764829	3750380	3727202	3763311	3692266
1.短期贷款	2279487	2259050	2256460	2301017	2327469
2.中长期贷款	909855	926415	951693	1017749	1014225
3.信托贷款					
4.委托贷款					
5.其他贷款					
6.票据融资	573767	562954	517380	443028	348110
7.各项垫款	1721	1961	1670	1517	2461

5-110 临汾市金融机构存、贷款指标

单位:万元

项 目 \ 时 间	11月	12月		
	余额	余额	比年初增减额	比年初增长%
一、各项存款	7669270	7783140	750125	10.67
1.企事业单位存款	948780	941633	157508	20.09
(1)活期存款	769395	799872	163465	25.69
(2)定期存款	179385	141760	-5958	-4.03
2.储蓄存款	5488046	5631833	546211	10.74
(1)活期储蓄	2086760	2191633	230308	11.74
(2)定期储蓄	3401286	3440201	315904	10.11
3.信托存款				
4.委托存款				
5.其他存款	272442	265466	-56099	-17.45
二、各项贷款	3627117	3610258	235615	6.98
1.短期贷款	2310362	2354337	135301	6.10
2.中长期贷款	1023381	1010573	236361	30.53
3.信托贷款				
4.委托贷款				
5.其他贷款				
6.票据融资	289695	242669	-138194	-36.28
7.各项垫款	3679	2679	2147	403.47

5-111 临汾市金融机构存、贷款时序表

单位:亿元

指标 / 时间	各项存款			各项贷款		
	余额	比年初增减额	余额比同期%	余额	比年初增减额	余额比同期%
1月	714.35	11.05	17.69	350.57	13.11	11.60
2月	729.82	26.52	17.65	359.80	22.33	14.44
3月	751.20	47.90	18.41	355.05	17.58	10.22
4月	748.82	45.52	15.93	358.25	20.78	8.68
5月	748.46	45.16	14.65	368.76	31.29	10.07
6月	756.03	52.72	14.46	376.48	39.02	12.43
7月	768.95	65.65	15.49	375.04	37.57	9.36
8月	761.92	58.62	15.03	372.72	35.26	5.46
9月	760.21	56.91	12.13	376.33	38.87	8.81
10月	756.47	53.17	11.07	369.23	31.76	8.46
11月	766.93	63.63	10.88	362.71	25.25	8.99
12月	778.31	75.01	10.92	361.03	23.56	6.98

5-112 临汾市银行业金融机构贷款质量统计表

单位:万元

项目 \ 时间	1月	2月	3月	4月	5月	6月
	余额	余额	余额	余额	余额	余额
正常贷款	2576896	2680603	2643188	2667109	2798735	2892916
正常类贷款	2230814	2311752	2257668	2309982	2439575	2504119
关注类贷款	346083	368851	385520	357127	359160	388797
不良贷款	930274	918904	908697	915158	890216	873682
次级类贷款	429782	419367	377750	366714	339633	321668
可疑类贷款	342552	345772	373703	391839	393767	377935
损失类贷款	157940	153765	157244	156605	156816	174079
贷款合计	3507170	3599507	3551886	3582268	3688952	3766598

5-112 临汾市银行业金融机构贷款质量统计表

单位:万元

项目 \ 时间	7月	8月	9月	10月	11月	12月	
	余额	余额	余额	余额	余额	余额	比年初增减额
正常贷款	2894921	2907457	2917442	2828504	2752195	2691339	248803
正常类贷款	2494934	2472016	2497318	2394555	2326003	2209728	111243
关注类贷款	399987	435441	420124	433949	426192	481611	137560
不良贷款	860754	825273	848719	867705	876372	934409	2136
次级类贷款	314618	288101	286928	280990	281741	283434	-149243
可疑类贷款	372083	362933	388115	400591	406730	441023	99350
损失类贷款	174053	174239	173676	186124	187901	209953	52030
贷款合计	3755675	3732730	3766161	3696209	3628567	3625748	250939

注：本表机构包括农业发展银行、工商银行、农业银行、中国银行、建设银行、农村信用社。

5-112 临汾市银行业金融机构贷款质量统计表

单位：%

项目 \ 时间	1月	2月	3月	4月	5月	6月
	比例	比例	比例	比例	比例	比例
正常贷款	73.48	74.47	74.42	74.45	75.87	76.80
正常类贷款	63.61	64.22	63.56	64.48	66.13	66.48
关注类贷款	9.87	10.25	10.85	9.97	9.74	10.32
不良贷款	26.52	25.53	25.58	25.55	24.13	23.20
次级类贷款	12.25	11.65	10.64	10.24	9.21	8.54
可疑类贷款	9.77	9.61	10.52	10.97	10.67	10.03
损失类贷款	4.50	4.27	4.43	4.37	4.25	4.62

5-112 临汾市银行业金融机构贷款质量统计表

单位：%

项目 \ 时间	7月	8月	9月	10月	11月	12月	
	比例	比例	比例	比例	比例	比例	比年初增减额
正常贷款	77.08	77.89	77.46	76.52	75.85	74.23	5.68
正常类贷款	66.43	66.23	66.31	64.78	64.10	60.95	0.85
关注类贷款	10.65	11.67	11.16	11.74	11.75	13.28	4.83
不良贷款	22.92	22.11	22.54	23.48	24.15	25.77	-5.68
次级类贷款	8.38	7.72	7.62	7.60	7.76	7.82	-6.96
可疑类贷款	9.91	9.72	10.31	10.84	11.21	12.16	0.53
损失类贷款	4.63	4.67	4.61	5.04	5.18	5.79	0.75

5-113 临汾市主要银行业机构非信贷资产情况表

单位:万元

项目 \ 指标 \ 时间	1季度			2季度		
	余额	其中:不良资产	预计损失	余额	其中:不良资产	预计损失
一、现金	43431			28949		
二、银行存款	1386			1376		
三、贵金属						
四、存放中央银行款项	41143			42864		
五、存放同业款项	10047			8750		
六、拆放同业	5087	5087	3655	5088	5088	4848
七、存放联行款项(轧差)	2441935			2265025		
八、应收及预付款项	13034	8546	7300	12195	12263	12262
其中:应收利息	6614	1342	708	5661	3534	3534
待处理案件纠纷垫款	1551	1415	1313	1548	1540	1540
九、短期投资	23			15		
十、委托贷款及委托投资	62265	673	673	75451	10496	10496
十一、买入返售证券						
十二、待处理流动资产损失						
十三、长期投资	29357	18845	15120	27881	18845	15120
十四、固定资产净值	53006	874	478	49290	763	399
十五、固定资产清理	61			65	4	4
十六、在建工程	880			914		
十七、待处理固定资产损失						
十八、无形资产	5966	45	40	7253	95	79
十九、递延资产	2947	1764	1203	2813	2045	2045
二十、其他非信贷资产	32137	1357	727	-112	1265	865
1.待处理抵债资产	1362	1357	727	1205	1205	805
2.应付福利费垫款						
3.未弥补亏损						
4.待处理房改资产						
5.待清理自办实体资产						
6.待清理接收资产	59			60	60	60
(1)待清理城信社资产						
(2)待清理城信社资产与负债差额						
(3)待清理信托资产						
(4)人行转来企业贷款本金						
(5)其他金融机构转来资产						
(6)其他待清理接收资产	59			60		
7.其他非信贷资产	30716			-1376		
非信贷资产合计	2742704	37190	29195	2527817	50862	46117

注:本表机构包括农业发展银行、工商银行、农业银行、中国银行、建设银行。

5-113 临汾市主要银行业机构非信贷资产情况表

单位：万元

项目	3季度 余额	3季度 其中：不良资产	3季度 预计损失	4季度 余额	4季度 其中：不良资产	4季度 预计损失
一、现金	31785			25031		
二、银行存款	1173			200		
三、贵金属						
四、存放中央银行款项	34198			36830		
五、存放同业款项	8372			8549		
六、拆放同业	2059	2059	2059	2090	2059	2059
七、存放联行款项(轧差)	2357211			2610017		
八、应收及预付款项	13192	8740	8735	2091	1057	1052
其中：应收利息	3348	14	9	4363	12	7
待处理案件纠纷垫款	1716	1539	1539	779	779	779
九、短期投资	3					
十、委托贷款及委托投资	71307	4495	4495	13365		
十一、买入返售证券						
十二、待处理流动资产损失						
十三、长期投资	32181	18845	15120	34609	18845	15120
十四、固定资产净值	48086	746	382	52367	342	342
十五、固定资产清理	61			61		
十六、在建工程	1555			347		
十七、待处理固定资产损失						
十八、无形资产	7202	95	79	6560	94	79
十九、递延资产	2770	2045	2045	920		
二十、其他非信贷资产	11726	4293	3893	22982	17642	16642
1.待处理抵债资产	1204	1204	804	2126	2126	1126
2.应付福利费垫款						
3.未弥补亏损	8150	2	2	12428	12428	12428
4.待处理房改资产						
5.待清理自办实体资产						
6.待清理接收资产	3088	3088	3088	3088	3088	3088
(1)待清理城信社资产						
(2)待清理城信社资产与负债差额						
(3)待清理信托资产						
(4)人行转来企业贷款本金						
(5)其他金融机构转来资产						
(6)其他待清理接收资产	3088	3088	3088	3088	3088	3088
7.其他非信贷资产	-716			5340		
非信贷资产合计	2622881	41318	36809	2816018	40039	35294

5-114 临汾市主要银行业机构表外业务情况表

单位:万元

项目 \ 指标 \ 时间	1季度			2季度		
	余额	风险敞口	垫款期末余额	余额	风险敞口	垫款期末余额
一、担保类业务	142121	70675	860	120037	43310	1468
1.开出银行承兑汇票	91525	25887	860	70584	22248	1468
2.开出信用证	22907	19958		21236	18413	
3.保函	27689	24830		28217	2648	
4.债券发行担保						
其中:可转换债券担保						
5.其他担保类业务						
二、承诺类业务	20800	20800		28700	28700	
1.贷款承诺	20800	20800		28700	28700	
2.循环授信额度						
3.其他承诺类业务						
三、金融衍生类业务		-261			-261	
1.期权						
2.互换		-261			-261	
3.远期外汇						

5-114 临汾市主要银行业机构表外业务情况表

单位:万元

项目 \ 指标 \ 时间	3季度			4季度		
	余额	风险敞口	垫款期末余额	余额	风险敞口	垫款期末余额
一、担保类业务	109203	37741	1765	116636	52413	2127
1.开出银行承兑汇票	71549	12029	1765	82801	30996	2127
2.开出信用证	23818	14299		24297	14326	
3.保函	13836	11413		9538	7092	
4.债券发行担保						
其中:可转换债券担保						
5.其他担保类业务						
二、承诺类业务	19300	19300		14700	14700	
1.贷款承诺	19300	19300		14700	14700	
2.循环授信额度						
3.其他承诺类业务						
三、金融衍生类业务		-85			-85	
1.期权						
2.互换		-85			-85	
3.远期外汇						

注:本表机构包括农业发展银行、工商银行、农业银行、中国银行、建设银行。

5-115 临汾市主要银行业机构贷款按逾期时间分类表

单位：万元

项目＼时间	上年末	一季度	二季度	三季度	四季度
	余额	余额	余额	余额	余额
各项贷款	1228576	1538635	1631272	1644676	1494493
未到期贷款	983204	1281153	1255365	1393178	1231932
逾期类贷款	245372	257482	375906	251498	262561
其中：逾期0到3个月贷款	13699	19090	125020	13783	24288
逾期3个月到6个月贷款	6162	10839	4359	2391	4347
逾期6个月到9个月贷款	14256	6047	9724	1892	2171
逾期9个月到1年贷款	1714	12747	5445	9630	1397
逾期1年以上贷款	209541	208758	231358	223803	230359

注：本表机构包括农业发展银行、工商银行、农业银行、中国银行、建设银行。

5-116 临汾市主要银行业机构贷款质量迁徙情况表

迁徙矩阵： 单位：%

项目	正常类贷款	关注类贷款	次级类贷款	可疑类贷款	损失类贷款
正常类贷款	86.77	6.67	2.14	3.50	0.92
关注类贷款	13.99	27.87	15.39	24.14	18.61
次级类贷款	0.01	0.00	68.05	29.47	2.48
可疑类贷款	0.01	0.00	0.00	60.51	39.48
损失类贷款	0.00	0.00	0.00	0.24	99.76

5-116 临汾市主要银行业机构贷款质量迁徙情况表

单位：万元

项目	分子	分母	比例%
1.年初不良贷款率	335619.37	1469392.30	22.84
2.期末不良贷款率	388258.37	1494493.18	25.98
3.不良贷款率变动情况(1.-2.)	52639.00	25100.88	3.14
4.贷款质量总体向上迁徙率	7661.98	373429.39	2.05
5.贷款质量总体向下迁徙率	167742.56	795949.05	21.07
6.正常类贷款向下迁徙率	73267.48	554003.84	13.23
7.关注类贷款向下迁徙率	30478.51	52425.05	58.14
8.次级类贷款向下迁徙率	45881.34	143639.96	31.94
9.可疑类贷款向下迁徙率	18115.23	45880.20	39.48
10.当年新增贷款不良率	470.03	567059.94	0.08
11.当年新形成不良贷款率	68204.10	1481942.74	4.60
12.贷款重组贡献度		15.07	
13.不良贷款周转率	527355.91	1133772.93	46.51
14.不良贷款处置收现率	14024.03	15550.03	90.19
15.不良贷款处置以物抵债率	591.00	15550.03	3.80
16.不良贷款处置核销率		15550.03	

注：本表机构包括农业发展银行、工商银行、农业银行、中国银行、建设银行。

5-117 临汾市银行业金融机构部分行业贷款情况表

单位:万元

项目 \ 时间	1季度	2季度	3季度	4季度	
	余额	余额	余额	余额	比年初增减额
一、煤炭行业	401397	404749	394767	424295	80517
二、焦炭行业	451381	498440	368235	306644	-15481
(1)年产60万吨以上	303324	331009	236104	173587	-20273
(2)年产40-60万吨	108718	121771	96885	98252	19055
(3)年产20-40万吨	24538	34706	24557	25447	-8868
(4)年产20万吨以下	14801	10955	10689	9358	-5395
三、冶金行业	316112	340873	309452	241946	-22001
(1)普通钢	33439	34893	50905	32274	-21626
(2)特种钢	7964	9539	2596	670	6
(3)生铁	257935	273215	240377	199329	8085
(4)铁合金	114	114	414	530	321
(5)电解铝		6012	260	300	300
四、建材行业	22541	31210	36813	25045	-3470
(1)水泥	14917	18051	18210	18233	2016
五、交通行业	29202	26063	21036	14021	-13702
(1)公路	27410	24581	19565	12514	-13454
(2)铁路	1725	415	410	400	-1340
六、化工行业	209160	198673	187944	182593	-33205
(1)电石	3030	1832	3507	2319	-1836
七、电力行业	60189	56760	57502	80790	21776
八、房地产业	99104	101259	105979	110896	4144
(1)房地产开发商贷款	22840	30245	25820	34400	2980
(2)住房开发贷款	8936	8250	9950	9950	-86
(3)政府土地储备机构贷款	5028				-5028
(4)单位购置商业用房贷款					
(5)个人购房贷款	62300	62764	64709	61046	777
九、医药制造业	13627	12987	11627	14084	3667
十、机械制造业	32251	31077	31856	24156	-6159
合计	1634964	1702090	1525212	1424470	16085

注:本表机构包括工商银行、农业银行、中国银行、建设银行、农村信用社。

5-118 临汾市银行业金融机构部分行业不良贷款情况表

单位：万元

项目 \ 指标 \ 时间	1季度		2季度		3季度	
	余额	比例%	余额	比例%	余额	比例%
一、煤炭行业	30280	7.54	30787	7.61	28172	7.14
二、焦炭行业	22621	5.01	22347	4.48	18062	4.91
(1)年产60万吨以上	2701	0.89	3201	0.97	3101	1.31
(2)年产40-60万吨	4733	4.35	4719	3.88	5599	5.78
(3)年产20-40万吨	6892	28.09	7132	20.55	2453	9.99
(4)年产20万吨以下	8295	56.04	7295	66.59	6909	64.64
三、冶金行业	46119	14.59	54092	15.87	51526	16.65
(1)普通钢	9451	28.26	9451	27.09	8543	16.78
(2)特种钢					51	1.96
(3)生铁	36555	14.17	44527	16.30	42818	17.81
(4)铁合金	114	100.00	114	100.00	114	27.54
(5)电解铝						
四、建材行业	3769	16.72	4607	14.76	3996	10.86
(1)水泥	2449	16.42	2248	12.45	1347	7.40
五、交通行业	3380	11.58	4189	16.07	4033	19.17
(1)公路	2938	10.72	2707	11.01	2562	13.09
(2)铁路	425	24.64	415	100.00	410	100.00
六、化工行业	1873	0.90	4220	2.12	4948	2.63
(1)电石	246	8.12	246	13.43	241	6.87
七、电力行业	35213	58.50	35343	62.27	36943	64.25
八、房地产业	1505	1.52	1555	1.54	1084	1.02
(1)房地产开发商贷款	740	3.24	740	2.45	350	1.36
(2)住房开发贷款						
(3)政府土地储备机构贷款						
(4)单位购置商业用房贷款						
(5)个人购房贷款	765	1.23	815	1.30	734	1.13
九、医药制造业	457	3.35	457	3.52	617	5.31
十、机械制造业	1389	4.31	2640	8.50	2967	9.31
合计	146606	8.97	160237	9.41	152348	9.99

注：本表机构包括工商银行、农业银行、中国银行、建设银行、农村信用社。

5-118 临汾市银行业金融机构部分行业不良贷款情况表

单位：万元

项目 \ 指标 \ 时间	4季度			
	余额	比例%	余额比年初增减	比例比年初增减
一、煤炭行业	43682	10.30	13657	1.56
二、焦炭行业	17287	5.64	-5194	-1.34
(1)年产60万吨以上	260	0.15	-2440	-1.24
(2)年产40-60万吨	6388	6.50	1682	0.56
(3)年产20-40万吨	2746	10.79	-4086	-9.12
(4)年产20万吨以下	7893	84.35	-349	28.48
三、冶金行业	52411	21.66	6500	4.27
(1)普通钢	8094	25.08	-1368	7.53
(2)特种钢				
(3)生铁	41944	21.04	5609	2.04
(4)铁合金	230	43.40	116	-11.13
(5)电解铝				
四、建材行业	5303	21.17	1498	8.03
(1)水泥	3884	21.30	1452	6.31
五、交通行业	4632	33.04	1259	21.03
(1)公路	3125	24.97	207	13.89
(2)铁路	400	100.00	-40	74.71
六、化工行业	6800	3.72	4929	2.88
(1)电石	149	6.43	-95	-2.14
七、电力行业	36943	45.73	1730	-12.46
八、房地产业	3517	3.17	2029	1.68
(1)房地产开发商贷款	380	1.10	-353	-2.04
(2)住房开发贷款				
(3)政府土地储备机构贷款				
(4)单位购置商业用房贷款				
(5)个人购房贷款	3137	5.14	2382	3.91
九、医药制造业	1749	12.42	1296	9.02
十、机械制造业	3303	13.67	1914	9.33
合计	175626	12.33	29617	2.01

5-119 临汾市主要银行业机构客户大额授信和零售贷款违约客户情况统计时序表

单位:个,亿元,%

时间 \ 指标 项目	客户大额授信统计								关联企业授信	关联企业贷款	零售贷款违约统计	
	客户数	授信额度	贷款余额	不良贷款	不良占比	预警信息					法人违约数	个人违约数
						客户数	贷款	不良贷款				
1月	27	71.63	55.75	3.25	5.83	3	4.84	3.25			750	822
2月	26	70.37	54.09	3.25	5.85	2	15.03				752	867
3月	28	75.63	56.85	3.25	5.72	5	21.12	3.25			758	558
4月	29	74.78	54.2	3.25	6	4	5.55	3.25			760	1019
5月	27	75.25	55.04	3.25	5.91	4	5.55	3.25			760	940
6月	31	77.23	59.64	3.25	5.45	4	5.57	3.25			761	911
7月	31	94.18	59.63	3.24	5.43	4	6.07	3.24			765	1319
8月	28	86.14	58.83	3.23	5.49	4	5.63	3.23			766	1250
9月	27	84.14	61.55	4.06	6.6	6	22.35	4.06			826	1760
10月	27	92.21	63.05	4.06	6.44	4	6.1	4.06			830	1716
11月	27	91.16	60.08	4.05	6.74	5	22.36	4.05			835	1744
12月	27	91.78	61.13	4.04	6.6	4	5.5	4.04			828	1264

注:本表机构包括工商银行、农业银行、中国银行、建设银行。

5-120 临汾市银行业金融机构小企业贷款情况统计表

单位:个、万元

项目 \ 指标 时间	1季度	2季度	3季度	4季度	
	余额	余额	余额	余额	比年初增减额
小企业授信户数	11368	11481	12915	13471	2193
小企业贷款余额	554775	651632	635360	612060	110710
其中:正常类贷款	274588	341907	337684	275977	54695
关注类贷款	76689	114964	114126	119154	45422
次级类贷款	47181	38141	33462	26200	-24793
可疑类贷款	70110	70601	64620	93396	24519
损失类贷款	86208	86019	85468	97333	10867
其中:逾期贷款	127863	125328	146435	191634	61375
其中:重组贷款	3971	4028	6249	5955	1736
小企业表外授信余额	56677	38212	40210	37316	-35505
小企业表内外授信总额	611453	689844	675570	649376	75205

注:本表机构包括农业发展银行、工商银行、农业银行、中国银行、建设银行。

5-121 临汾市银行业金融机构案件信息统计表

单位:万元,件

项目	案件		其中:百万元以上案件	
	本年累计发生	比上年同期增减	本年累计发生	比上年同期增减
经济案件数量	2	-5	1	-2
其中:挪用	2	-5	1	-2
贪污	0	0	0	0
侵占	0	0	0	0
贿赂	0	0	0	0
经济案件涉案金额	947.4	-5308.11	937.4	-3308.46
其中:挪用	947.4	-5308.11	937.4	-3308.46
贪污	0	0	0	0
侵占	0	0	0	0
贿赂	0	0	0	0
经济案件风险金额	947.4	-3025.31	937.4	-3021.31
其中:挪用	947.4	-3025.31	937.4	-3021.31
贪污	0	0	0	0
侵占	0	0	0	0
贿赂	0	0	0	0
违规经营数量	1	1	1	1
其中:违反金融法规	1	1	1	1
违反财经纪律	0	0	0	0
破坏金融秩序	0	0	0	0
违规经营涉案金额	450	450	450	450
其中:违反金融法规	450	450	450	450
违反财经纪律	0	0	0	0
破坏金融秩序	0	0	0	0
违规经营风险金额	260	260	260	260
其中:违反金融法规	260	260	260	260
违反财经纪律	0	0	0	0
破坏金融秩序	0	0	0	0
诈骗案件数量	2	2	2	2
诈骗案件涉案金额	2046	2046	2046	2046
诈骗案件风险金额	839.5	839.5	839.5	839.5
抢劫案件数量	0	0	0	0
抢劫案件涉案金额	0	0	0	0
抢劫案件风险金额	0	0	0	0
盗窃案件数量	0	0	0	0
盗窃案件涉案金额	0	0	0	0
盗窃案件风险金额	0	0	0	0
各类案件数量总计	5	-2	4	1
各类案件涉案金额总计	3443.4	-2812.11	3433.4	-812.46
各类案件风险金额总计	2046.9	-1925.81	2036.9	-1921.81

注:本表机构包括辖内所有银行业金融机构。

5-122 运城市银行业金融机构资产负债表

单位:万元

项目 \ 时间	1月	2月	3月	4月	5月
	余额	余额	余额	余额	余额
流动资产	4520195	4689377	4695582	4637978	4592162
一、现金及银行存款	98694	148533	112644	80904	76103
二、存放中央银行	491540	502166	446924	442231	442636
三、存放同业	123785	144673	202745	186294	154930
四、存放联行款项			69965		
五、拆放同业	1426	1426	1426	1426	1426
六、短期贷款	3171518	3221882	3113744	3150940	3136634
七、应收账款	106469	117848	118129	151320	169372
其中:应收利息	11709	13782	6806	9357	11417
八、减:坏账准备	25244	25250	25455	25496	25499
九、短期投资	122	122	122	122	15222
十一、委托贷款及投资					
十二、买入返售资产	104078	104305	156972	154749	119186
十三、待处理流动资产损失	9	9	9	9	9
十四、其他流动资产	447796	473663	498358	495481	502143
长期资产	1384740	1412167	1424249	1422611	1449205
十五、中长期贷款	1163953	1191562	1208660	1197103	1214846
十六、减:贷款损失准备					
十七、长期投资	153172	153262	153176	163410	173491
十八、减:长期投资减值准备					
十九、固定资产净值	65323	65025	60018	59561	58289
固定资产	98216	98240	93559	93487	91717
减:累计折旧	32894	33215	33540	33926	33428
二十、固定资产减值准备					
二十一、固定资产清理	21	21	21	21	21
二十二、在建工程	2271	2296	2373	2515	2558
二十三、减:在建工程减值准备					
二十四、待处理固定资产损失	1	1	1	1	1
无形递延及其他资产	-2416	-1932	2645	-970	130
二十五、无形递延及其他资产					
二十六、减:抵债资产减值准备					
二十七、减:无形资产减值准备					
二十八、减:其他资产减值准备					
资产总计	5902519	6099611	6122476	6059619	6041497

注:本表机构包括辖内所有银行业金融机构。

5-122 运城市银行业金融机构资产负债表

单位:万元

项目 \ 时间	6月	7月	8月	9月	10月
	余额	余额	余额	余额	余额
流动资产	4721605	4693738	4774467	4727635	4698875
一、现金及银行存款	95519	81245	87630	106599	76852
二、存放中央银行	441745	446579	419250	407054	418549
三、存放同业	182840	186393	177247	169798	132711
四、存放联行款项	90424	118260	194933	55529	
五、拆放同业	1426	1426	736	736	736
六、短期贷款	3143072	3174994	3235090	3331627	3433069
七、应收账款	177646	181304	171462	172147	168710
其中:应收利息	6579	8866	13244	4867	9847
八、减:坏账准备	25704	25705	25708	25711	25713
九、短期投资	15222	222	3222	3122	3122
十、减:短期投资跌价准备					
十一、委托贷款及投资	92846	13456	6765	5800	2000
十二、买入返售资产	9	9	9	9	9
十三、待处理流动资产损失					
十四、其他流动资产	506559	515555	503830	500926	488830
长期资产	1461653	1471789	1494281	1553660	1586096
十五、中长期贷款	1212396	1202725	1213656	1272256	1300068
十六、减:贷款损失准备					
十七、长期投资	190143	210222	221171	222327	225477
十八、减:长期投资减值准备					
十九、固定资产净值	56483	56208	56175	55818	56807
固定资产	89599	89561	89909	90166	91726
减:累计折旧	33117	33353	33735	34348	34920
二十、固定资产减值准备					
二十一、固定资产清理	31	22	22	21	21
二十二、在建工程	2600	2611	3256	3237	3722
二十三、减:在建工程减值准备					
二十四、待处理固定资产损失	1	1	1	1	1
无形递延及其他资产	77	-910	-294	1516	245
二十五、无形递延及其他资产					
二十六、减:抵债资产减值准备					
二十七、减:无形资产减值准备					
二十八、减:其他资产减值准备					
资产总计	6183335	6164618	6268454	6282811	6285216

5-122 运城市银行业金融机构资产负债表

单位：万元

项目 \ 时间	11月	12月		
	余额	余额	比同期增减额	比同期增长%
流动资产	4066167	4717527	439553	10.27
一、现金及银行存款	73675	65807	6825	11.57
二、存放中央银行	308520	621315	432	0.07
三、存放同业	147488	71169	-54855	-43.53
四、存放联行款项				
五、拆放同业	736	736	-4970	-87.10
六、短期贷款	3400107	3321451	396224	13.55
七、应收账款	164391	146892	47521	47.82
其中：应收利息	10737	5288	-2362	-30.88
八、减：坏账准备	31102	40134	38947	3282.04
九、短期投资	3122	3122	3000	2459.02
十、减：短期投资跌价准备				
十一、委托贷款及投资				
十二、买入返售资产			-180	-100.00
十三、待处理流动资产损失	9		-9	-100.00
十四、其他流动资产	-779	527168	84511	19.09
长期资产	1582881	1560041	144596	10.22
十五、中长期贷款	1291192	1326035	132559	11.11
十六、减：贷款损失准备				
十七、长期投资	232558	167258	14665	9.61
十八、减：长期投资减值准备				
十九、固定资产净值	55334	64445	-2754	-4.10
固定资产	90176	99009	-921	-0.92
减：累计折旧	34842	34564	1833	5.60
二十、固定资产减值准备				
二十一、固定资产清理	22	21		
二十二、在建工程	3774	2281	126	5.85
二十三、减：在建工程减值准备				
二十四、待处理固定资产损失	1		-1	-100.00
无形递延及其他资产	1270	-4773	594	-11.07
二十五、无形递延及其他资产				
二十六、减：抵债资产减值准备				
二十七、减：无形资产减值准备				
二十八、减：其他资产减值准备				
资产总计	5650317	6272794	584743	10.28

5-122 运城市银行业金融机构资产负债表

单位:万元

项目 \ 时间	1月	2月	3月	4月	5月
	余额	余额	余额	余额	余额
流动负债	2878492	2975038	2888949	2824317	2830946
一、短期存款	1048312	960263	997310	992053	1028947
二、活期储蓄存款	1187851	1248660	1330631	1279425	1253738
三、财政性存款	594	3773	3093	6161	5856
四、向中央银行借款	35442	35014	30359	34059	34148
五、同业存放	148731	194217	204692	163551	138633
六、联行存放	167752	219376		14959	6210
七、同业拆入	515	515	515	515	515
八、应解汇款及临时存款	3129	3489	4432	3460	1370
九、汇出汇款	3886	2338	2777	1985	6691
十、委托存款	954	951	951	951	958
十一、卖出回购资产					
十二、应付及预提账项	82949	65218	72172	66822	74200
十三、存放短期保证金	178277	178748	179223	173487	176198
十四、发行短期债券					
十五、其他流动负债	20100	62476	62795	86890	103480
长期负债	2885697	3000855	3094217	3138029	3106267
十六、长期存款	79105	79047	79055	110312	106828
十七、定期储蓄存款	2790936	2907661	2963448	2951740	2951382
十八、存放长期保证金					
十九、发行长期债券					
二十、其他长期负债	15656	14147	51714	75977	48058
所有者权益	138331	123718	139310	97273	104284
二十一、实收资本	75717	76980	80831	83674	84853
二十二、资本公积	2780	2780	2762	2760	2760
二十三、公积金	9241	9241	9241	9244	9245
二十四、公益金					
二十五、未分配利润	50592	34717	46476	1596	7426
其中:本年利润	9123	15684	27708	34193	40444
二十六、一般准备金					
负债总计	5902519	6099611	6122476	6059619	6041497

5-122 运城市银行业金融机构资产负债表

单位：万元

项目 \ 时间	6月	7月	8月	9月	10月
	余额	余额	余额	余额	余额
流动负债	2935886	2901753	3021219	2997306	3026515
一、短期存款	1060547	1025367	1110086	1134230	1105677
二、活期储蓄存款	1294945	1299710	1304472	1280143	1217199
三、财政性存款	24739	14734	12454	8958	10362
四、向中央银行借款	37548	39353	38220	40370	41109
五、同业存放	117370	116444	102323	80966	56152
六、联行存放					161916
七、同业拆入	515	515	515	515	515
八、应解汇款及临时存款	3631	1178	1739	2440	1094
九、汇出汇款	2781	3208	3940	3279	4575
十、委托存款	951	947	992	992	999
十一、卖出回购资产	15000		12000		
十二、应付及预提账项	94620	106276	149599	155593	157274
十三、存放短期保证金	174383	182062	184444	183916	167912
十四、发行短期债券					
十五、其他流动负债	108856	111958	100434	105906	101732
长期负债	3129200	3140570	3110153	3138905	3101319
十六、长期存款	94260	114416	117511	151000	139492
十七、定期储蓄存款	2951458	2942768	2909934	2903587	2880213
十八、存放长期保证金					
十九、发行长期债券					
二十、其他长期负债	83482	83385	82709	84318	81615
所有者权益	118249	122295	137082	146600	157382
二十一、实收资本	86450	86924	87179	87225	87942
二十二、资本公积	2730	2757	2757	3602	3715
二十三、公积金	9245	9246	9246	9235	9234
二十四、公益金					
二十五、未分配利润	19824	23367	37899	46537	56491
其中：本年利润	53247	57168	72297	80759	89808
二十六、一般准备金					
负债总计	6183335	6164618	6268454	6282811	6285216

5-122　运城市银行业金融机构资产负债表

单位：万元

项目 \ 时间	11月	12月		
	余额	余额	比同期增减额	比同期增长%
流动负债	2730902	3002038	357655	13.53
一、短期存款	1149343	1104921	124756	12.73
二、活期储蓄存款	962996	1326238	177374	15.44
三、财政性存款	13031	21612	9043	71.95
四、向中央银行借款	40215	44915	1319	3.03
五、同业存放	58933	63570	-40264	-38.78
六、联行存放	88121	51998	-5319	-9.28
七、同业拆入	515	515	-4281	-89.26
八、应解汇款及临时存款	1537	3150	-1006	-24.21
九、汇出汇款	6028	27828	9297	50.17
十、委托存款	954	729	-232	-24.14
十一、卖出回购资产				
十二、应付及预提账项	162566	105153	28781	37.68
十三、存放短期保证金	152589	144118	-44777	-23.70
十四、发行短期债券				
十五、其他流动负债	94073	107291	102963	2378.87
长期负债	2772974	3154685	229894	7.86
十六、长期存款	151166	128191	40428	46.07
十七、定期储蓄存款	2538219	2922020	206237	7.59
十八、存放长期保证金				
十九、发行长期债券				
二十、其他长期负债	83589	104474	-16771	-13.83
所有者权益	146441	116071	-2806	-2.36
二十一、实收资本	90061	90244	15676	21.02
二十二、资本公积	3733	4868	2316	90.79
二十三、公积金	9235	8774	629	7.72
二十四、公益金				
二十五、未分配利润	43412	12185	-21427	-63.75
其中：本年利润	80715	65766	-34598	-34.47
二十六、一般准备金				
负债总计	5650317	6272794	584743	10.28

5-123 运城市金融机构存、贷款指标

单位:万元

项　目 \ 时　间	1月	2月	3月	4月	5月
	余额	余额	余额	余额	余额
一、各项存款	5483874	5569754	5797152	5813243	5861621
1.企事业单位存款	783327	721284	737123	752623	780174
(1)活期存款	704223	642237	658068	642311	673346
(2)定期存款	79105	79047	79055	110312	106828
2.储蓄存款	3978786	4156321	4294079	4231165	4205120
(1)活期储蓄	1187851	1248660	1330631	1279425	1253738
(2)定期储蓄	2790936	2907661	2963448	2951740	2951382
3.信托存款					
4.委托存款	1121	1118	1118	1118	1121
5.其他存款	720639	691031	764832	828337	875207
二、各项贷款	4383810	4413444	4322403	4348043	4351480
1.短期贷款	2770816	2785900	2814773	2847266	2848899
2.中长期贷款	1167220	1191443	1208541	1196985	1214743
3.信托贷款					
4.委托贷款					
5.其他贷款	12322	13119	23037	11101	6218
6.票据融资	426935	416770	262349	276141	266214
7.各项垫款	6516	6213	13704	16551	15406

注:本表机构包括人民银行、政策性银行、国有独资商业银行、农村合作银行、农村信用社、邮政储汇局。

5-123　运城市金融机构存、贷款指标

单位：万元

项　目 \ 时　间	6月	7月	8月	9月	10月
	余额	余额	余额	余额	余额
一、各项存款	5939063	5960208	6024258	6061147	5925072
1.企事业单位存款	777297	765938	839435	896348	836512
(1)活期存款	683037	651521	721924	745348	697021
(2)定期存款	94260	114416	117511	151000	139492
2.储蓄存款	4246403	4242479	4214406	4183730	4101720
(1)活期储蓄	1294945	1299710	1304472	1280143	1218777
(2)定期储蓄	2951458	2942768	2909934	2903587	2882943
3.信托存款					
4.委托存款	1118	1114	1159	1159	1166
5.其他存款	914246	950678	969259	979910	985674
二、各项贷款	4355472	4377719	4448747	4603883	4733216
1.短期贷款	2882038	2868135	2931402	2946676	2949961
2.中长期贷款	1212293	1202623	1213555	1272155	1299967
3.信托贷款					
4.委托贷款					
5.其他贷款	879	7282	6612	12088	21154
6.票据融资	247734	286706	284613	360650	449919
7.各项垫款	12528	12973	12566	12314	12215

5-123 运城市金融机构存、贷款指标

单位:万元

项目 \ 时间	11月	12月		
	余额	余额	比年初增减额	比年初增长%
一、各项存款	5991907	5951730	674725.00	12.79
1.企事业单位存款	876802	754143	14569.00	1.97
(1)活期存款	725636	625953	-25858.00	-3.97
(2)定期存款	151166	128191	40428.00	46.06
2.储蓄存款	4152746	4248258	383611.00	9.93
(1)活期储蓄	1249117	1326238	177374.00	15.44
(2)定期储蓄	2903628	2922020	206237.00	7.59
3.信托存款				
4.委托存款	1121	896	-222.00	-19.86
5.其他存款	961239	948433	276767.00	41.21
二、各项贷款	4692377	4647486	480445.00	11.53
1.短期贷款	2968220	2902640	219590.00	8.18
2.中长期贷款	1291107	1325951	129208.00	10.80
3.信托贷款				
4.委托贷款				
5.其他贷款	19307.8	16455	7069.00	75.31
6.票据融资	401395	388787	114383.00	41.68
7.各项垫款	12348	13652	10194.00	294.79

5-124 运城市金融机构存、贷款时序表

单位:亿元

时间 \ 指标 \ 项目	各项存款			各项贷款		
	余额	比年初增减额	余额比同期%	余额	比年初增减额	余额比同期%
1月	548.39	20.69	21.55	438.38	21.68	11.76
2月	556.98	29.27	20.22	441.34	24.64	10.56
3月	579.72	52.01	20.20	432.24	15.54	5.37
4月	581.32	53.62	17.40	434.80	18.10	0.67
5月	586.16	58.46	17.29	435.15	18.44	-4.37
6月	593.91	66.21	17.64	435.55	18.84	-1.90
7月	596.02	68.32	18.29	437.77	21.07	-0.37
8月	602.43	74.73	18.40	444.87	28.17	1.76
9月	606.11	78.41	17.50	460.39	43.68	7.00
10月	592.51	64.81	13.43	473.32	56.62	7.48
11月	599.19	71.49	11.99	469.24	52.53	9.17
12月	595.17	67.47	12.79	464.75	48.05	11.53

5-125 运城市银行业金融机构贷款质量统计表

单位:万元

项目 \ 时间	1月	2月	3月	4月	5月	6月
	余额	余额	余额	余额	余额	余额
正常贷款	3335730	3415624	3343750	3397817	3419874	3424694
正常类贷款	2886169	2961536	2840092	2837512	2832555	2833553
关注类贷款	449561	454088	503658	560305	587319	591141
不良贷款	999741	997820	978653	950226	931606	930778
次级类贷款	349823	348358	325744	307738	296227	274591
可疑类贷款	499261	498813	502245	491809	484707	479229
损失类贷款	150657	150649	150664	150679	150672	176958
贷款合计	4335471	4413444	4322403	4348043	4351480	4355472

5-125 运城市银行业金融机构贷款质量统计表

单位:万元

项目 \ 时间	7月	8月	9月	10月	11月	12月	
	余额	余额	余额	余额	余额	余额	比年初增减额
正常贷款	3442789	3509123	3663586	3690511	3652015	3563708	448404
正常类贷款	2885946	2962500	3127468	3152776	3086108	3006356	339009
关注类贷款	556843	546623	536118	537735	565907	557352	109396
不良贷款	934929	939624	940297	1042706	1040362	1083777	80379
次级类贷款	278814	283568	291778	312344	311429	361575	11186
可疑类贷款	478891	479818	471945	548307	548154	536858	34572
损失类贷款	177224	176238	176574	182055	180779	185345	34622
贷款合计	4377719	4448747	4603883	4733216	4692377	4647486	528784

注：1.本表机构包括农业发展银行、工商银行、农业银行、中国银行、建设银行、农村合作银行、农村信用社。

2.本表中各项贷款余额比表5-123中贷款余额每月均少了48339万元，原因是表5-123中将农村信用社票据兑付的48339万元计入贷款合计项，而该表未计入。

5-125 运城市银行业金融机构贷款质量统计表

单位：%

项目 \ 时间	1月	2月	3月	4月	5月	6月
	比例	比例	比例	比例	比例	比例
正常贷款	76.94	77.39	77.36	78.15	78.59	78.63
正常类贷款	66.57	67.10	65.71	65.26	65.09	65.06
关注类贷款	10.37	10.29	11.65	12.89	13.50	13.57
不良贷款	23.06	22.61	22.64	21.85	21.41	21.37
次级类贷款	8.07	7.89	7.54	7.08	6.81	6.30
可疑类贷款	11.52	11.30	11.62	11.31	11.14	11.00
损失类贷款	3.47	3.41	3.49	3.47	3.46	4.06

5-125 运城市银行业金融机构贷款质量统计表

单位：%

项目 \ 时间	7月	8月	9月	10月	11月	12月	
	比例	比例	比例	比例	比例	比例	比年初增减
正常贷款	78.64	78.88	79.58	77.97	77.83	76.68	1.04
正常类贷款	65.92	66.59	67.93	66.61	65.77	64.69	-0.07
关注类贷款	12.72	12.29	11.64	11.36	12.06	11.99	1.12
不良贷款	21.36	21.12	20.42	22.03	22.17	23.32	-1.04
次级类贷款	6.37	6.37	6.34	6.60	6.64	7.78	-0.73
可疑类贷款	10.94	10.79	10.25	11.58	11.68	11.55	-0.64
损失类贷款	4.05	3.96	3.84	3.85	3.85	3.99	0.33

5-126 运城市主要银行业机构非信贷资产情况表

单位：万元

项目 \ 指标 \ 时间	1季度			2季度		
	余额	其中：不良资产	预计损失	余额	其中：不良资产	预计损失
一、现金	45332			33662		
二、银行存款	1185			1195		
三、贵金属						
四、存放中央银行款项	46155			52074		
五、存放同业款项	1664	–48	–48	2636	48	48
六、拆放同业	690	690	690	690	689	689
七、存放联行款项（轧差）	723663	1191	1183	679912	425	425
八、应收及预付款项	67062	7785	7735	79151	14726	14691
其中：应收利息	6219	1230	1225	6239	2845	2825
待处理案件纠纷垫款	2968	2873	2864	4525	4473	4471
九、短期投资						
十、委托贷款及委托投资	24246			27616	49	49
十一、买入返售证券						
十二、待处理流动资产损失	9	9	9	9	9	9
十三、长期投资	76564			76433	4	4
十四、固定资产净值	41987	1292	1095	37903	1212	1054
十五、固定资产清理	20			28		
十六、在建工程				221		
十七、待处理固定资产损失						
十八、无形资产	5970			7082		
十九、递延资产	4288	1596	1410	4570	2783	2783
二十、其他非信贷资产	162773	4856	4539	105368	6200	6065
1.待处理抵债资产	1961	1911	1594	1961	1942	1807
2.应付福利费垫款						
3.未弥补亏损	3388	3388	3388	4258	4258	4258
4.待处理房改资产						
5.待清理自办实体资产						
6.待清理接收资产	52			52		
（1）待清理城信社资产						
（2）待清理城信社资产与负债差额						
（3）待清理信托资产						
（4）人行转来企业贷款本金						
（5）其他金融机构转来资产						
（6）其他待清理接收资产	52			52		
7.其他非信贷资产	157372	–443	–443	99097		
非信贷资产合计	1201608	17370	16613	1108549	26145	25817

注：本表机构包括农业发展银行、工商银行、农业银行、中国银行、建设银行。

5-126 运城市主要银行业机构非信贷资产情况表

单位：万元

项目 \ 指标 \ 时间	3季度			4季度		
	余额	其中：不良资产	预计损失	余额	其中：不良资产	预计损失
一、现金	39235			22768		
二、银行存款	1140			200		
三、贵金属						
四、存放中央银行款项	42134			29291		
五、存放同业款项	1511	48	48	1626	48	48
六、拆放同业						
七、存放联行款项(轧差)	633649	425	425	599359	14	14
八、应收及预付款项	67605	12029	12013	55472	1440	1417
其中：应收利息	3946	149	147	3593	268	257
待处理案件纠纷垫款	4731	4473	4470	183	39	39
九、短期投资						
十、委托贷款及委托投资	32759			32370		
十一、买入返售证券						
十二、待处理流动资产损失	9	9	9			
十三、长期投资	78851	1	1	18782		
十四、固定资产净值	36706	766	608	40177	172	172
十五、固定资产清理	20			20		
十六、在建工程	221			411		
十七、待处理固定资产损失						
十八、无形资产	7030			6967		
十九、递延资产	4400	2783	2783	1526	192	192
二十、其他非信贷资产	13223	8538	8531	30569	21987	21987
1.待处理抵债资产	2929	2766	2759			
2.应付福利费垫款						
3.未弥补亏损	5034	5034	5034	22175	22175	22175
4.待处理房改资产						
5.待清理自办实体资产						
6.待清理接收资产	742	738	738	740	738	738
(1)待清理城信社资产						
(2)待清理城信社资产与负债差额						
(3)待清理信托资产						
(4)人行转来企业贷款本金						
(5)其他金融机构转来资产						
(6)其他待清理接收资产	742	738	738	740	738	738
7.其他非信贷资产	4518			7623	-925	-925
非信贷资产合计	958493	24599	24418	839539	23854	23831

5-127 运城市主要银行业机构表外业务情况表

单位：万元

项目	1季度 余额	1季度 风险敞口	1季度 垫款期末余额	2季度 余额	2季度 风险敞口	2季度 垫款期末余额
一、担保类业务	281638	82443	13704	276202	110067	12528
1.开出银行承兑汇票	202705	37946	13704	170847	61952	12528
2.开出信用证	78613	44497		104846	47983	
3.保函	320			509	132	
4.债券发行担保						
其中:可转换债券担保						
5.其他担保类业务						
二、承诺类业务	117600	117600		109620	109620	
1.贷款承诺						
2.循环授信额度						
3.其他承诺类业务	117600	117600		109620	109620	
三、金融衍生类业务						
1.期权						
2.互换						
3.远期外汇						

5-127 运城市主要银行业机构表外业务情况表

单位：万元

项目	3季度 余额	3季度 风险敞口	3季度 垫款期末余额	4季度 余额	4季度 风险敞口	4季度 垫款期末余额
一、担保类业务	280222	81415	12314	178291	-169035	13652
1.开出银行承兑汇票	156292	43225	12314	112195	-156273	13652
2.开出信用证	123457	38030		65097	-13212	
3.保函	474	160		999	450	
4.债券发行担保						
其中:可转换债券担保						
5.其他担保类业务						
二、承诺类业务	70590	70590		35290	35290	
1.贷款承诺						
2.循环授信额度						
3.其他承诺类业务	70590	70590		35290	35290	
三、金融衍生类业务						
1.期权						
2.互换						
3.远期外汇						

注：本表机构包括农业发展银行、工商银行、农业银行、中国银行、建设银行。

5-128 运城市主要银行业机构贷款按逾期时间分类表

单位:万元

项目 \ 时间	上年末	一季度	二季度	三季度	四季度
	余额	余额	余额	余额	余额
各项贷款	3683932	3092070	3023608	3238483	3339434
未到期贷款	3357070	2774719	2667567	2882253	2974273
逾期类贷款	326865	317351	356041	356230	365161
其中:逾期0到3个月贷款	48947	27752	70983	47811	40761
逾期3个月到6个月贷款	16367	30169	1166	27599	30530
逾期6个月到9个月贷款	5382	9895	28934	11547	23106
逾期9个月到1年贷款	7087	7103	8645	28658	11547
逾期1年以上贷款	249082	242432	235812	240615	259216

注:本表机构包括农业发展银行、工商银行、农业银行、中国银行、建设银行。

5-129 运城市主要银行业机构贷款质量迁徙情况表

迁徙矩阵：　　　　单位：%

项　目	正常类贷款	关注类贷款	次级类贷款	可疑类贷款	损失类贷款
正常类贷款	83.65	3.26	6.00	7.09	
关注类贷款	1.31	83.91	2.47	12.25	0.06
次级类贷款		4.45	83.97	11.58	
可疑类贷款	1.29			65.35	33.36
损失类贷款					100.00

5-129 运城市主要银行业机构贷款质量迁徙情况表

单位：万元

项　目	分子	分母	比例%
1.年初不良贷款率	451945	3016209	14.98
2.期末不良贷款率	613096	3339434	18.36
3.不良贷款率变动情况(1.–2.)	161151	323325	3.38
4.贷款质量总体向上迁徙率	10816	531478	2.04
5.贷款质量总体向下迁徙率	317135	1893617	16.75
6.正常类贷款向下迁徙率	242268	1481805	16.35
7.关注类贷款向下迁徙率	19724	133390	14.79
8.次级类贷款向下迁徙率	20069	173285	11.58
9.可疑类贷款向下迁徙率	35074	105137	33.36
10.当年新增贷款不良率	10416	1326151	0.79
11.当年新形成不良贷款率	226084	3177821	7.11
12.贷款重组贡献度		9071	
13.不良贷款周转率	956784	2564264	37.31
14.不良贷款处置收现率	36108	23490	153.72
15.不良贷款处置以物抵债率	1897	23490	8.08
16.不良贷款处置核销率	8393	23490	35.73

注：本表机构包括农业发展银行、工商银行、农业银行、中国银行、建设银行。

5-130　运城市银行业金融机构部分行业贷款情况表

单位：万元

项　目 ＼ 时　间	1季度	2季度	3季度	4季度	
	余额	余额	余额	余额	比年初增减额
一、煤炭行业	34364	51986	4423	4413	-42952
二、焦炭行业	150307	159843	168809	159352	-33450
(1)年产60万吨以上	107912	124702	134631	126280	4384
(2)年产40-60万吨	22159	12738	11819	11119	-4148
(3)年产20-40万吨	11126	11126	11126	11083	-35446
(4)年产20万吨以下	9111	11278	11234	10871	1760
三、冶金行业	777802	736009	728336	773982	29452
(1)普通钢	187534	150186	158681	167646	23233
(2)特种钢					
(3)生铁	24815	24874	23532	22524	-3419
(4)铁合金	9737	9187	9762	16408	5936
(5)电解铝	550590	537845	531280	507795	-52425
四、建材行业	20546	18723	16227	17841	670
(1)水泥	19655	17832	15336	13668	-3078
五、交通行业	43038	46014	55747	56589	20429
(1)公路	42572	45767	55462	56505	20345
(2)铁路	24	23	61	84	84
六、化工行业	277644	262530	297234	279742	22160
(1)电石	133870	40	40	40	
七、电力行业	176290	255975	295370	379970	233830
八、房地产业	236736	238480	220487	226066	-1748
(1)房地产开发商贷款	3985	12419	9450	12506	4998
(2)住房开发贷款	59427	56997	50583	50458	-4388
(3)政府土地储备机构贷款					
(4)单位购置商业用房贷款	15	10	5	5	-15
(5)个人购房贷款	173309	168901	159881	163097	-2342
九、医药制造业	38952	33549	30449	32602	-5311
十、机械制造业	40135	42162	36807	34721	-9994
合　计	1795814	1845272	1853890	1965281	213089

注：本表机构包括工商银行、农业银行、中国银行、建设银行、农村信用社。

5-131 运城市银行业金融机构部分行业不良贷款情况表

单位：万元

项目 \ 指标 \ 时间	1季度		2季度		3季度	
	余额	比例%	余额	比例%	余额	比例%
一、煤炭行业	997	2.90	2742	5.27	2742	61.99
二、焦炭行业	9025	6.00	11430	7.15	11452	6.78
(1)年产60万吨以上						
(2)年产40-60万吨	2035	9.18	3534	27.74	3600	30.46
(3)年产20-40万吨	1132	10.17	1132	10.17	1132	10.17
(4)年产20万吨以下	5858	64.30	6764	59.98	6720	59.82
三、冶金行业	9684	1.25	9937	1.35	11747	1.61
(1)普通钢	633	0.34	642	0.43	942	0.59
(2)特种钢						
(3)生铁	5853	23.59	5917	23.79	6244	26.53
(4)铁合金	576	5.92	576	6.27	377	3.86
(5)电解铝	550	0.10	550	0.10	1315	0.25
四、建材行业	3497	17.02	3513	18.76	3795	23.39
(1)水泥	3056	15.55	3072	17.23	3354	21.87
五、交通行业	9061	21.05	8624	18.74	9048	16.23
(1)公路	8848	20.78	8515	18.61	8939	16.12
(2)铁路	20	83.33	23	100.00	23	37.70
六、化工行业	9350	3.37	10489	4.00	10603	3.57
(1)电石	60	0.04	40	100.00	40	100.00
七、电力行业			1120	0.44	1120	0.38
八、房地产业	4439	1.88	5884	2.47	4690	2.13
(1)房地产开发商贷款	2285	57.34	1522	12.26	1037	10.97
(2)住房开发贷款	597	1.00	1811	3.18	1577	3.12
(3)政府土地储备机构贷款						
(4)单位购置商业用房贷款						
(5)个人购房贷款	1557	0.90	2524	1.49	2076	1.30
九、医药制造业	6398	16.42	4546	13.55	4546	14.93
十、机械制造业	3509	8.74	3486	8.27	3486	9.47
合 计	55959	3.12	61770	3.35	63229	3.41

注：本表机构包括工商银行、农业银行、中国银行、建设银行、农村信用社。

5-131 运城市银行业金融机构部分行业不良贷款情况表

单位：万元

项目 \ 指标 \ 时间	4季度			
	余额	比例%	余额比年初增减	比例比年初增减
一、煤炭行业	2743	62.65	-34.77	-0.29
二、焦炭行业	13749	9.08	97.50	0.51
(1)年产60万吨以上				
(2)年产40-60万吨	2950	26.53		
(3)年产20-40万吨	2623	23.60	32.50	0.22
(4)年产20万吨以下	8176	74.76	65.00	0.15
三、冶金行业	55440	7.62	-711.00	0.37
(1)普通钢	942	0.70	-9.00	0.14
(2)特种钢				
(3)生铁	8067	35.09	-32.00	-0.87
(4)铁合金	834	3.79	-355.00	-3.46
(5)电解铝	43100	8.55	-1000.00	-0.13
四、建材行业	4842	29.88	-393.00	0.54
(1)水泥	3734	33.70		6.38
五、交通行业	1870	2.56	-285.00	-1.25
(1)公路	1838	2.52	-245.00	-1.17
(2)铁路	2	2.70	-70.00	-83.01
六、化工行业	10498	3.89	-1542.00	-0.42
(1)电石	40	100.00		
七、电力行业	1120	0.25		-0.04
八、房地产业	13286	5.52	-710.58	-0.67
(1)房地产开发商贷款	914	7.90	-3805.00	-29.84
(2)住房开发贷款	2568	5.11	2453.00	4.88
(3)政府土地储备机构贷款				
(4)单位购置商业用房贷款	5	100.00	5.00	100.00
(5)个人购房贷款	9799	5.48	636.42	-0.14
九、医药制造业	4916	14.08	-700.00	-3.14
十、机械制造业	4335	11.21	264.00	-0.51
合　计	112799	5.65	-4014.85	-0.30

5-132 运城市主要银行业机构客户大额授信和零售贷款违约客户情况统计时序表

单位:个,万元,%

指标 项目 时间	客户大额授信统计								关联企业授信	关联企业贷款	零售贷款违约统计	
	客户数	授信额度	贷款余额	不良贷款	不良占比	预警信息 客户数	预警信息 贷款	预警信息 不良贷款			法人违约数	个人违约数
1月	161	2861673	1951494	31435	1.61	5	66901	7720			309	1686
2月	161	2488443	2041700	31369	1.53	3	52810				313	1817
3月	157	2619765	1913302	22249	1.16	3	52490				319	1975
4月	141	3107017	1886641	22120	1.17	3	52490				321	2054
5月	100	2921361	1905178	22120	1.16	4	161817				320	2099
6月	98	2741223	1865553	24727	1.32	3	52490				320	1405
7月	98	2828654	1750267	24987	1.42	3	52490				336	1328
8月	100	2874114	1821387	28613	1.57	3	52490				342	1399
9月	106	2806533	1907519	25845	1.35	3	52490				336	1514
10月	106	2708477	2009977	45678	2.27	3	49990				346	1206
11月	99	2655959	1967095	37405	1.9	3	419443				351	1233
12月	98	2409954	2135609	85727	4.01	3	49990				353	1156

注:本表机构包括农业发展银行、工商银行、农业银行、中国银行、建设银行、、农村信用社。

5-133 运城市银行业金融机构小企业贷款情况统计表

单位:个、万元

指标 时间 项目	1季度	2季度	3季度	4季度	
	余额	余额	余额	余额	比年初增减额
1.小企业授信户数	8960	8859	9866	9656	1250
2.小企业贷款额	924687	865107	892906	899388	70165
2.1.1 其中:正常类贷款	460154	389903	429241	398395	-57236
2.1.2 关注类贷款	70592	90397	90608	80111	19321
2.1.3 次级类贷款	158895	150063	137874	148665	10860
2.1.4 可疑类贷款	133046	123819	122280	155277	47304
2.1.5 损失类贷款	102000	110925	112904	116939	-2664
2.2 其中:本金逾期贷款	201522	237627	224699	213239	16264
2.3 其中:重组贷款	9598	1185	13613	13883	18183
3.小企业表外授信额	71341	72846	18838	85767	-75304
4.小企业表内外授信总额	996028	937953	911744	985156	-31428

注:本表机构包括农业发展银行、工商银行、农业银行、中国银行、建设银行、、农村信用社。

5-134 运城市银行业金融机构案件信息统计表

单位：万元，件

项　　目	案　　件	其中：百万元以上案件
	本年累计发生	本年累计发生
经济案件数量	1	1
其中：挪用	1	1
贪污	0	0
侵占	0	0
贿赂	0	0
经济案件涉案金额	170.76	170.76
其中：挪用	170.76	170.76
贪污	0.00	0.00
侵占	0.00	0.00
贿赂	0.00	0.00
经济案件风险金额	170.76	170.76
其中：挪用	170.76	170.76
贪污	0.00	0.00
侵占	0.00	0.00
贿赂	0.00	0.00
违规经营数量	0	0
其中：违反金融法规	0	0
违反财经纪律	0	0
破坏金融秩序	0	0
违规经营涉案金额	0.00	0.00
其中：违反金融法规	0.00	0.00
违反财经纪律	0.00	0.00
破坏金融秩序	0.00	0.00
违规经营风险金额	0.00	0.00
其中：违反金融法规	0.00	0.00
违反财经纪律	0.00	0.00
破坏金融秩序	0.00	0.00
诈骗案件数量	0	0
诈骗案件涉案金额	0.00	0.00
诈骗案件风险金额	0.00	0.00
抢劫案件数量	0	0
抢劫案件涉案金额	0.00	0.00
抢劫案件风险金额	0.00	0.00
盗窃案件数量	0	0
盗窃案件涉案金额	0.00	0.00
盗窃案件风险金额	0.00	0.00
各类案件数量总计	1	1
各类案件涉案金额总计	170.76	170.76
各类案件风险金额总计	170.76	170.76

注：本表机构包括辖内所有银行业金融机构。

6

图表

Chart

2007年山西省金融机构各项存款、贷款余额时序图

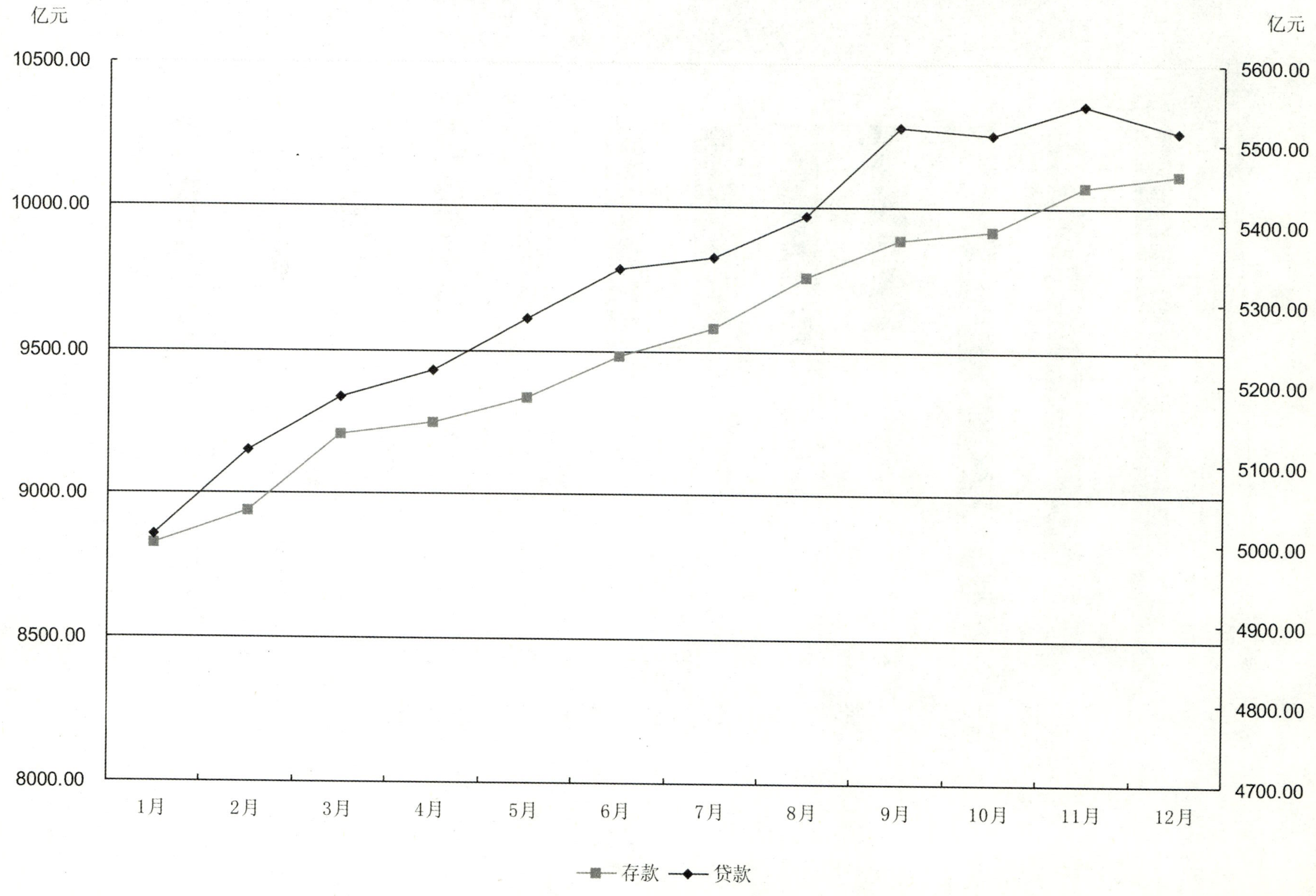

2007年山西省银行业金融机构不良贷款余额、比例时序图

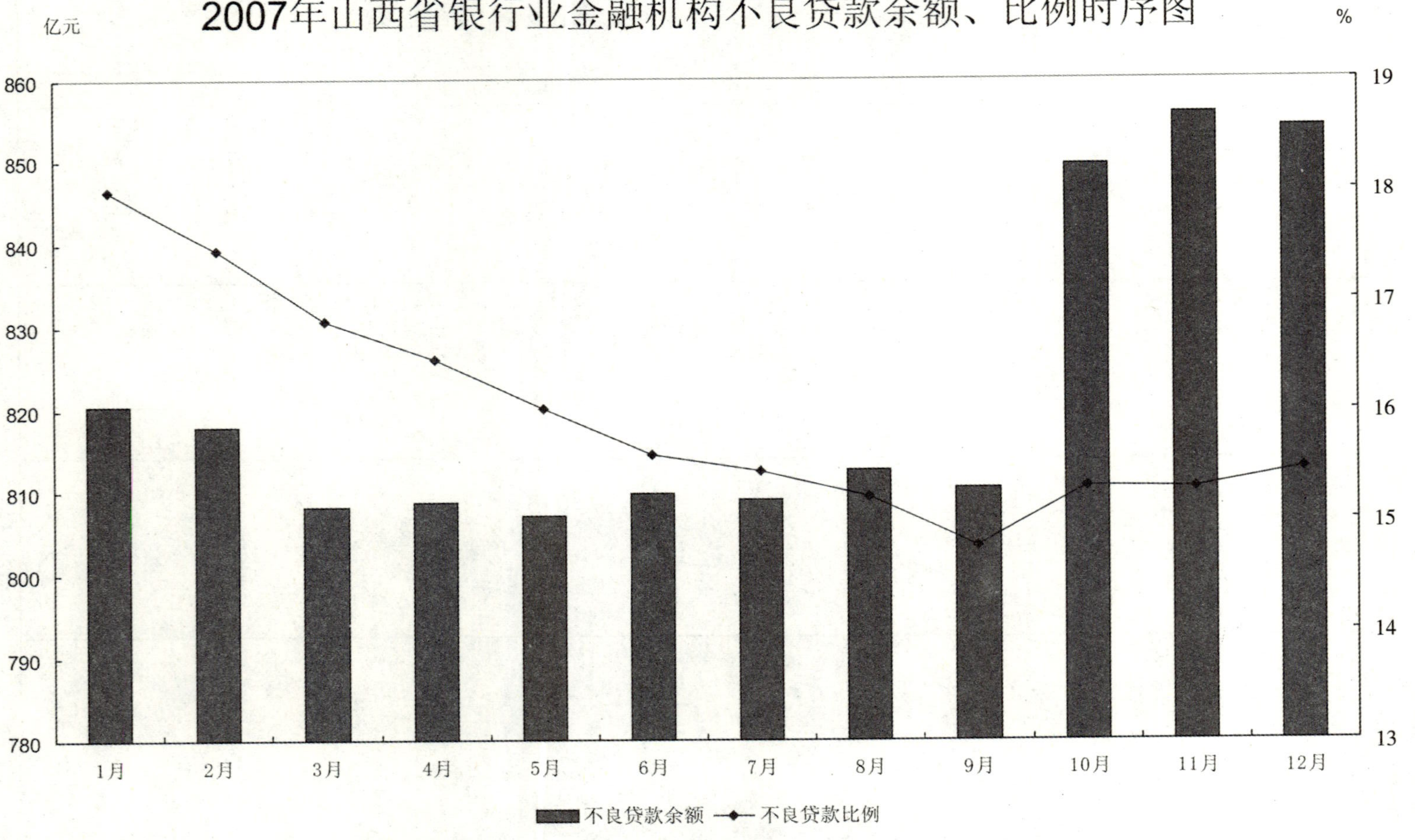

2007年山西省银行业金融机构利润时序图

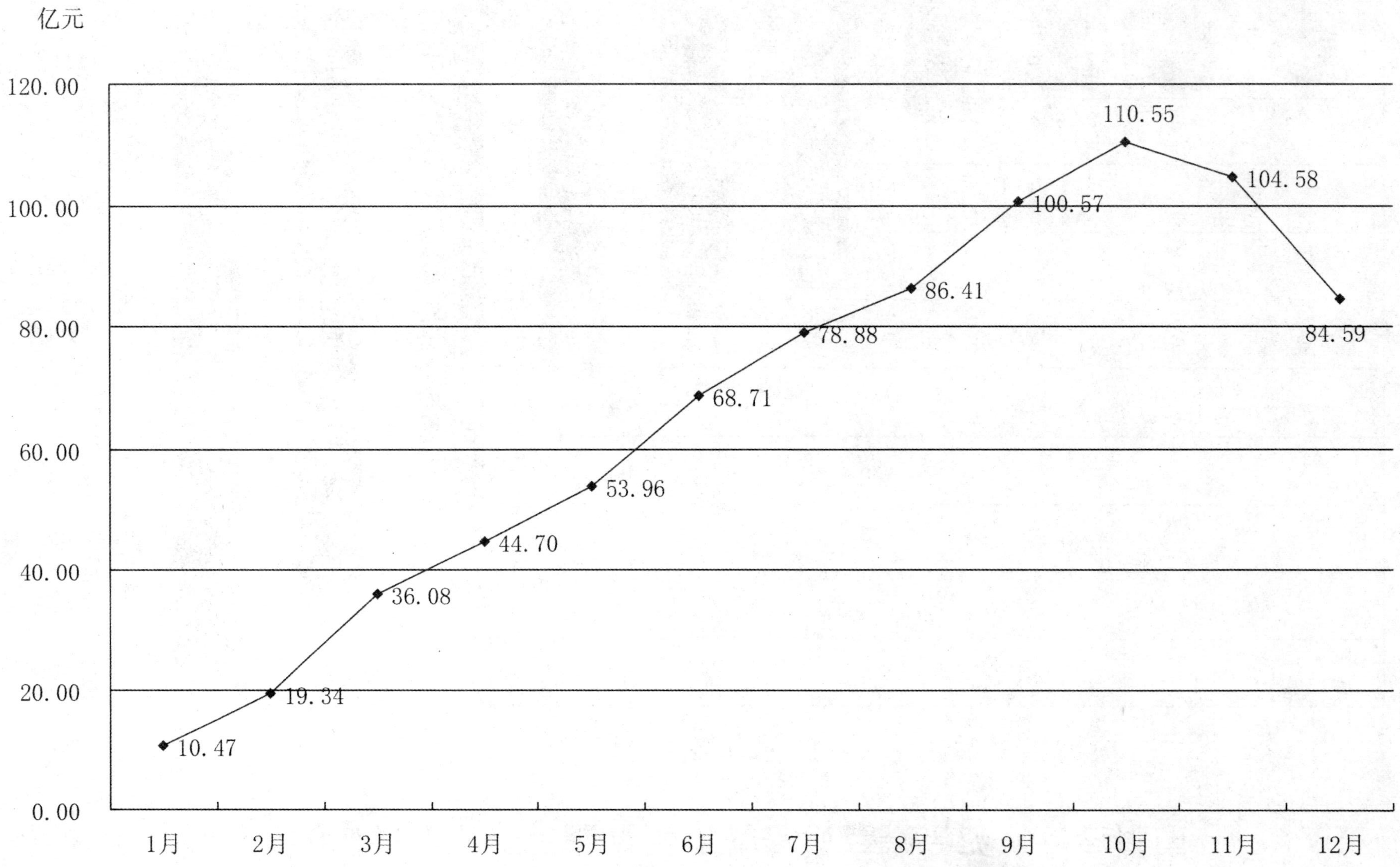

2007年山西银行业金融机构各项存款余额前十名排序

单位：亿元

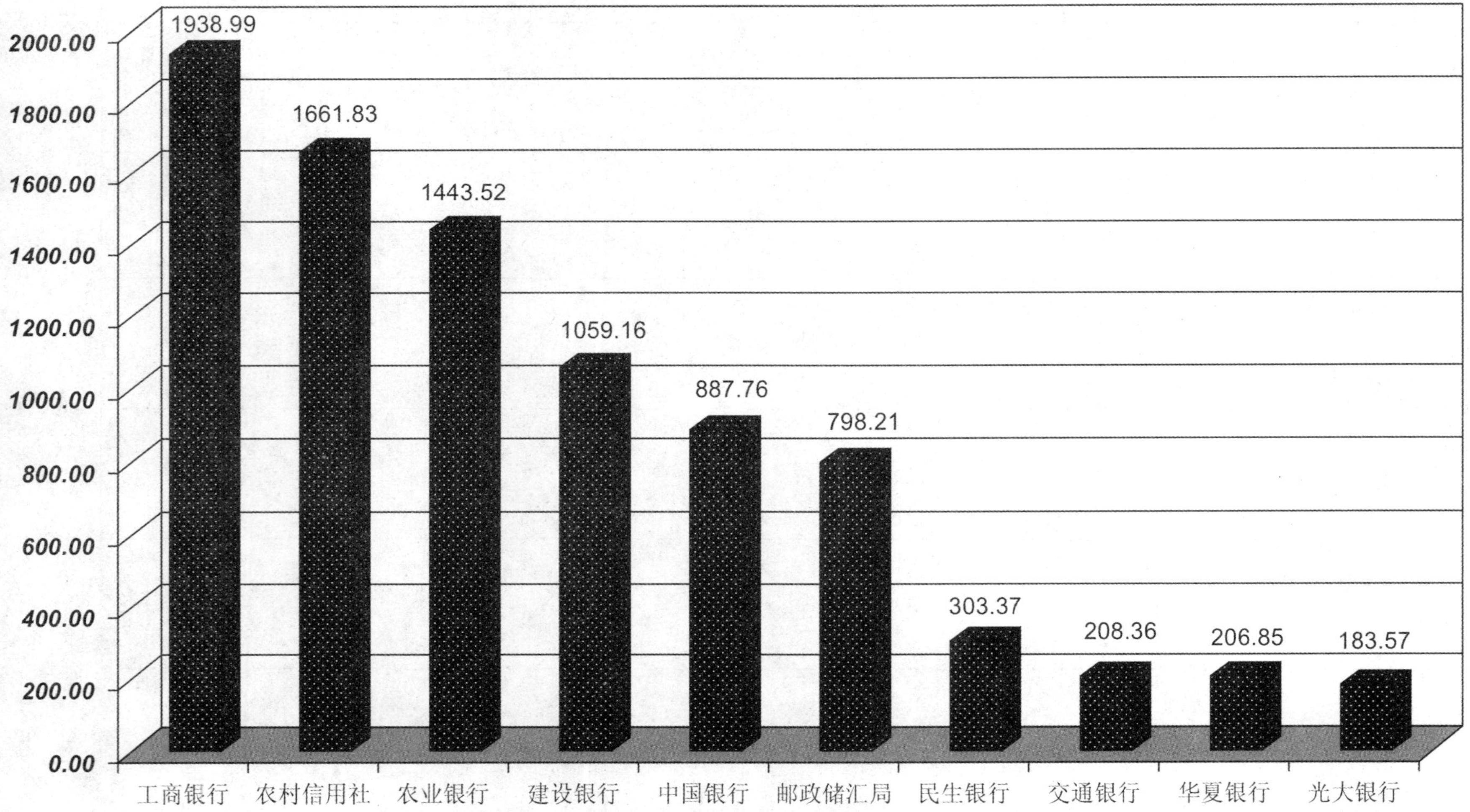

2007年山西省银行业金融机构各项贷款余额前十名排序

单位：亿元

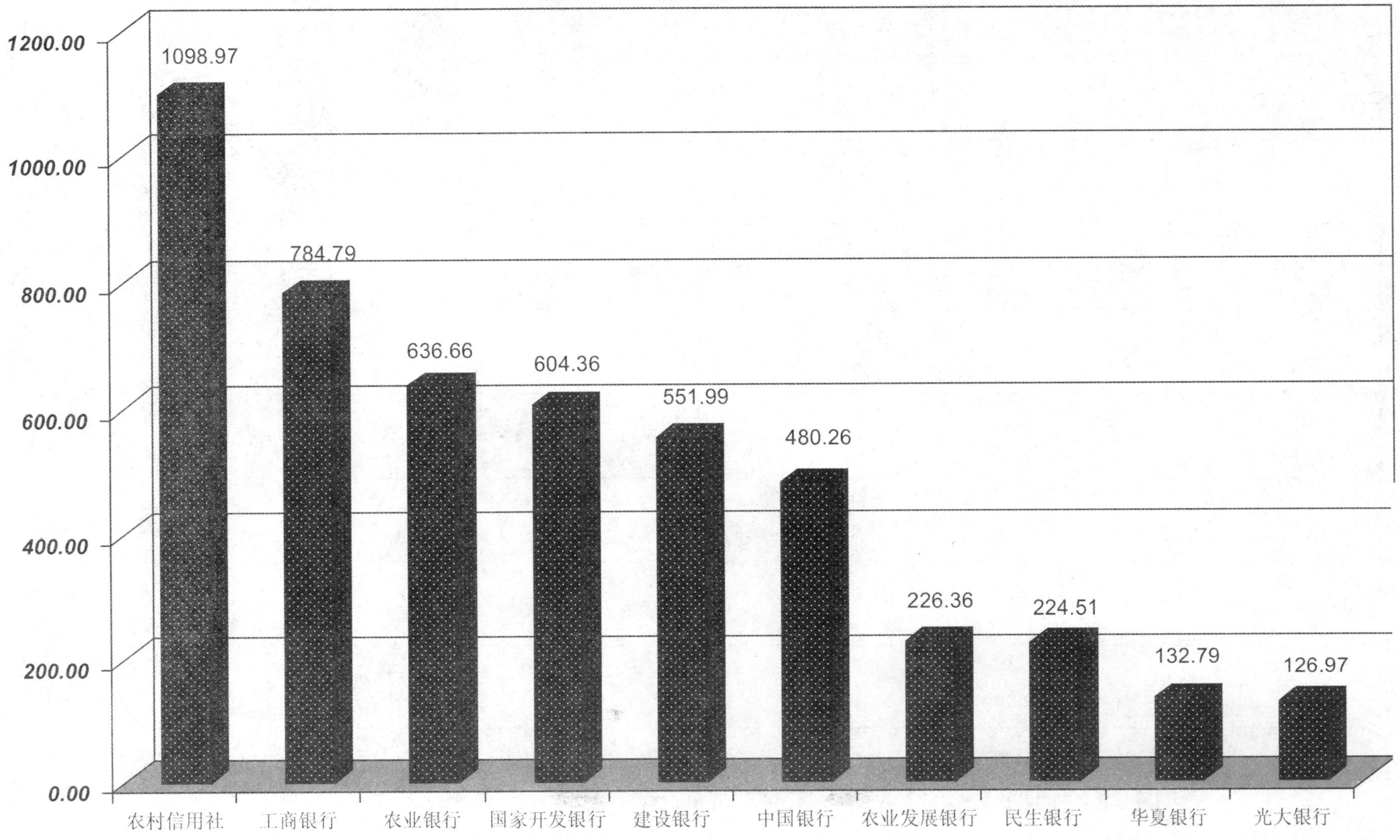

2007年山西省银行业金融机构不良贷款余额前十名排序

单位：亿元

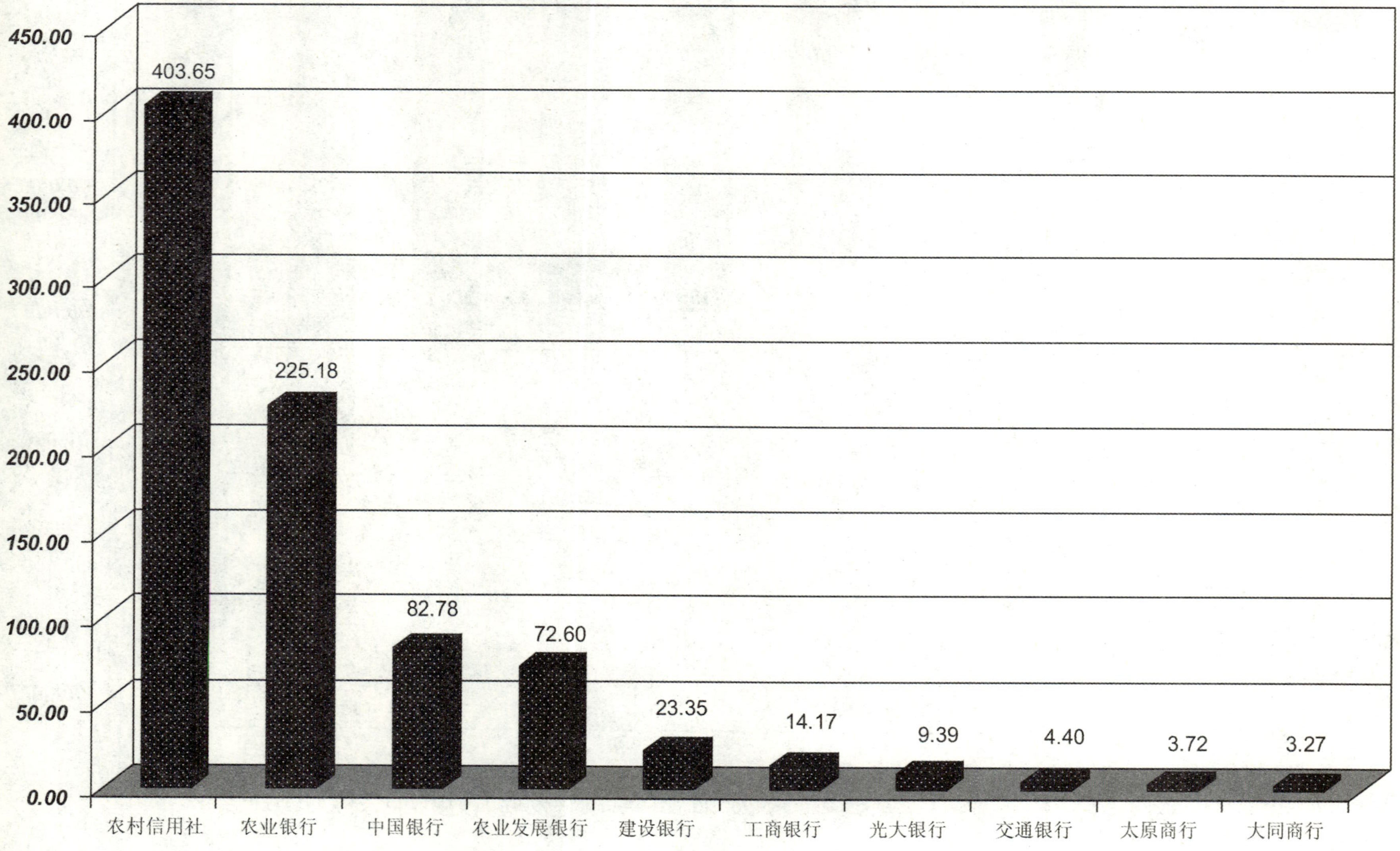

2007年山西省银行业金融机构利润前十名排序

单位：亿元

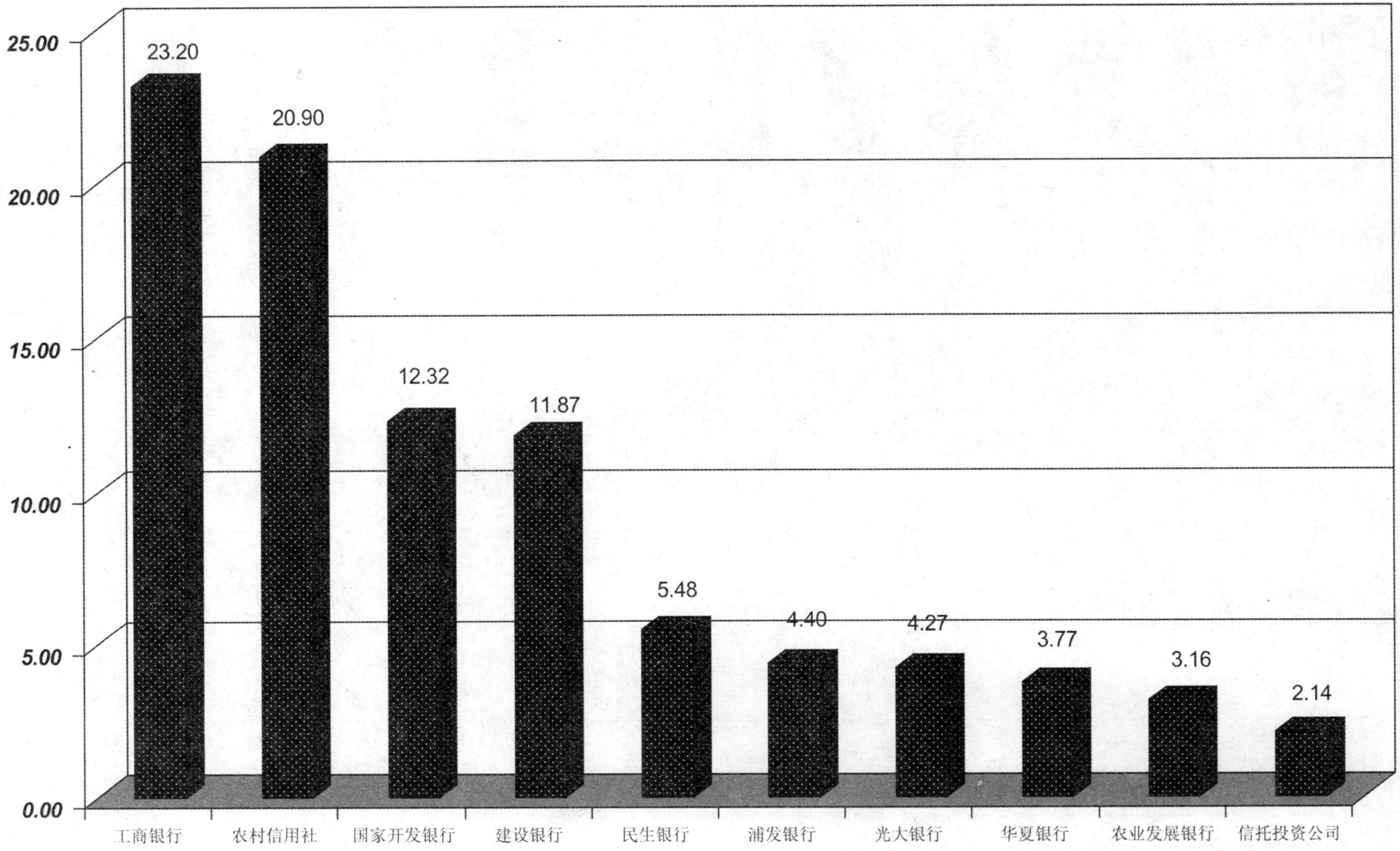

2007年山西省分地市金融机构各项存款余额排序

单位：亿元

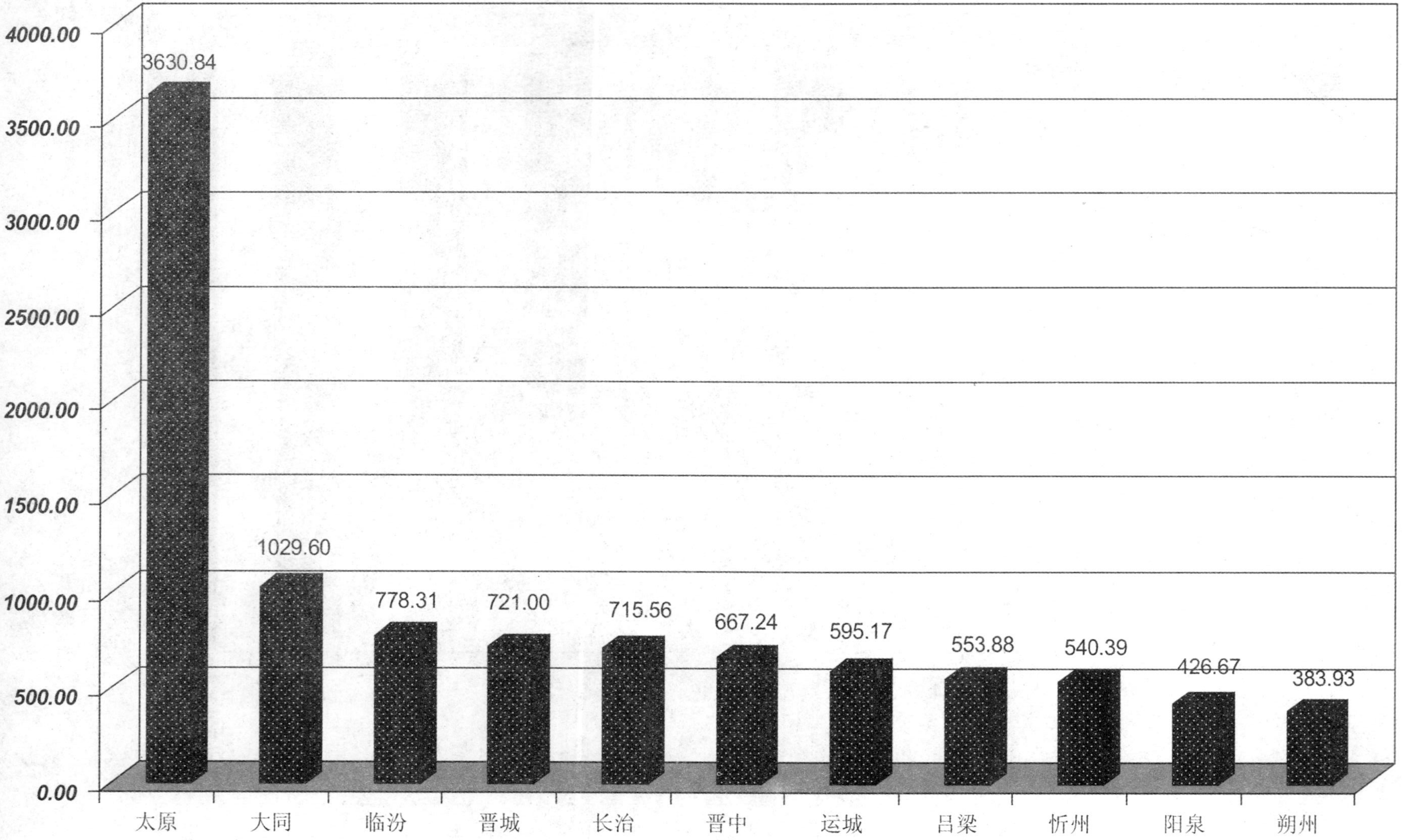

2007年山西省分地市金融机构各项贷款余额排序

单位：亿元

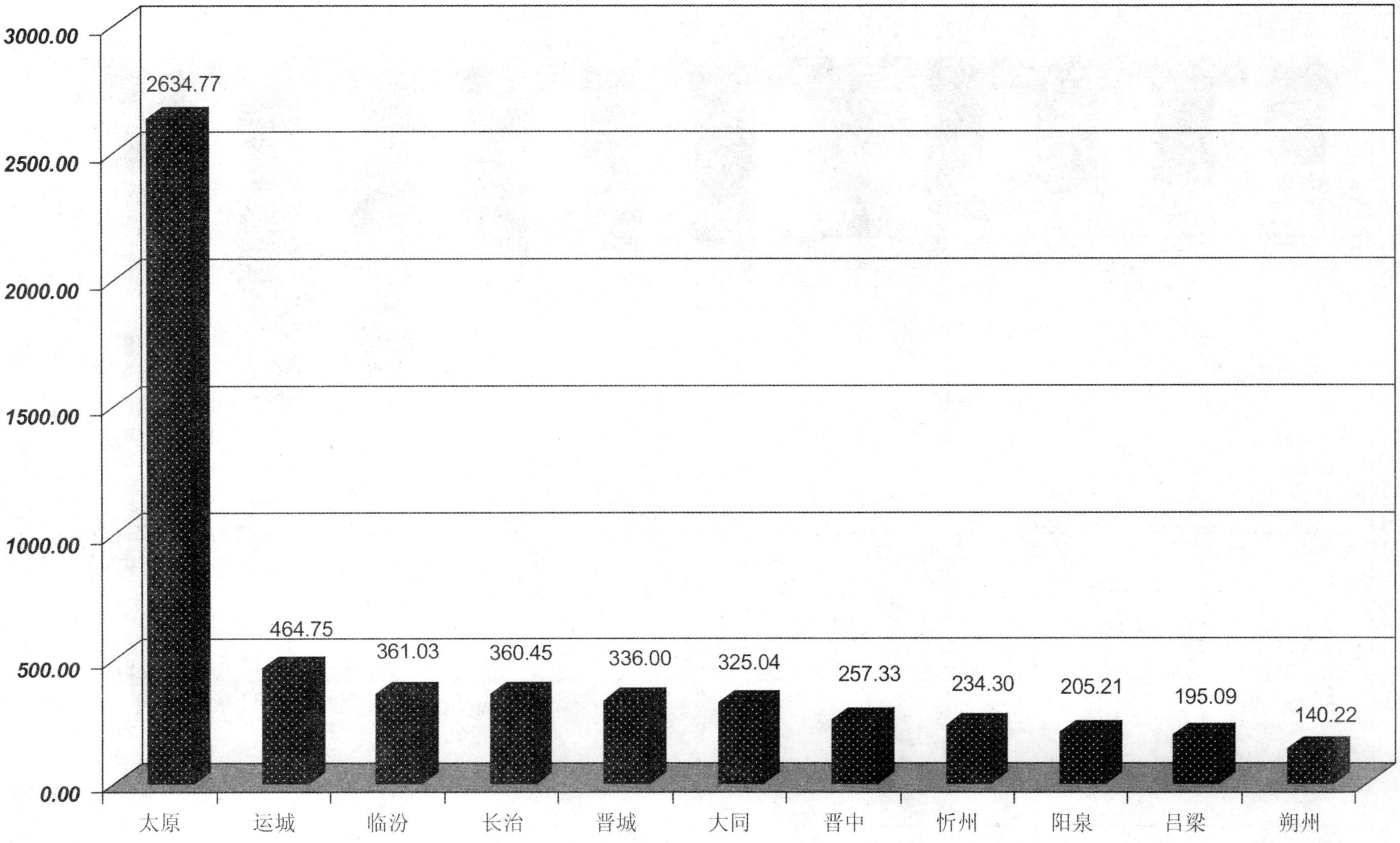

2007年山西省分地市银行业金融机构不良贷款余额排序

单位：亿元

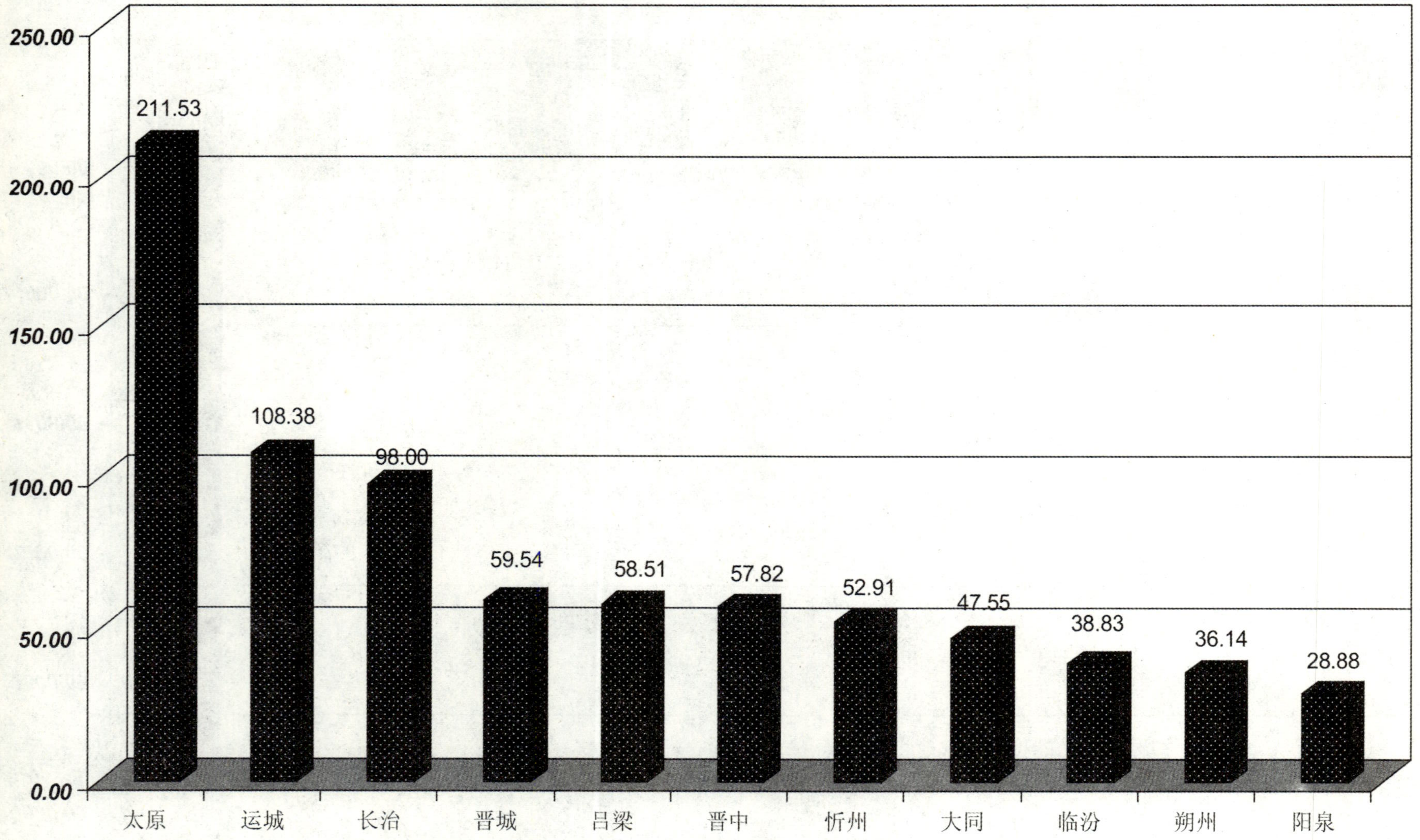

附：

主要统计指标解释

1. 各项存款指各银行业金融机构吸收存款单位和居民个人存入的货币资金。包括：企事业单位存款、私营及个体存款、机关团体部队存款、居民储蓄存款、财政预算外存款、保险公司定期存放（协议存款）、住房公积金机构存款、各项保证金存款、应解汇款及临时存款等。金融机构汇总各项存款中包括人民银行吸收的财政存款和非银行金融机构吸收的信托存款、委托存款。

2. 各项贷款指各银行业金融机构对非金融机构融出货币资金形成的资产。主要包括贷款、贸易融资、票据融资、融资租赁、从企事业单位买入返售资产、信用卡透支、各项垫款等。目前各项贷款口径中不包括同业拆放。金融机构汇总各项贷款中包括人民银行发放的专项贷款和非银行金融机构发放的信托贷款、委托贷款。

3. 短期贷款是指期限在一年以内（含一年）的各类流动资金贷款。

4. 中长期贷款是指金融机构发放的期限在一年以上的各项贷款，主要包括基本建设贷款、技术改造贷款、房地产贷款等。

5. 贷款质量情况表中，贷款五级分类主要依据是《贷款风险分类指导原则》（银发[2001]416号文件），以及《中国银行业监督管理委员会关于推进和完善贷款风险分类工作的通知》（银监发[2003]22号文件）相关要求。其中：

正常类贷款：是指借款人能够履行合同，没有足够理由怀疑贷款本息不能按时足额偿还的贷款。

关注类贷款：是指尽管借款人目前有能力偿还贷款本息，但存在一些可能对偿还产生不利影响因素的贷款。

次级类贷款：是指借款人的还款能力出现明显问题，完全依靠其正常营业收入无法足额偿还贷款本息，即 使执行担保，也可能会造成一定损失的贷款。

可疑类贷款：是指借款人无法足额偿还贷款本息，即使执行担保，也肯定要造成较大损失的贷款。

损失类贷款：是指在采取所有可能的措施或一切必要的法律程序之后，本息仍然无法收回，或只能收回极少部分的贷款。

6. 表外业务是指商业银行已经发生但不涉及或尚未涉及资金增减变化，未计入资产负债表的业务。其中：

开出银行承兑汇票：是指由出票人签发并向开户银行申请，经开户银行承兑的商业汇票。

保函：是指商业银行应合约关系一方当事人的要求，以其自身信誉向合约关系的另一方当事人，为担保该合约项下的某种责任或义务的履行，而做出的一种具有一定金额、一定期限、承担某种支付责任或经济赔偿责任的书面付款保证。

承诺类业务：是指商业银行在未来某一日期按照事先约定的条件向客户提供约定的信用业务。

7. 客户大额授信填报起点修订为“授信客户或贷款余额在5000万元以上（含5000万元）的各个客户情况”。

8. “零售贷款违约客户情况统计制度”统计内容：所有零售贷款连续违约三个月以上（含三个月）的客户情况。

9．部分行业贷款情况统计表中：

焦炭行业年产60万吨以上：是指年产量在60万吨以上（含60万吨）的焦炭企业，其炭化室高度为4.3米以上。

焦炭行业年产40–60万吨：是指年产量在40–60万吨之间（含40万吨，不含60万吨）的焦炭企业，其炭化室高度为2.8–4.3米。

焦炭行业年产20–40万吨：是指年产量在20–40万吨之间（含20万吨，不含40万吨）的焦炭企业，其炭化室高度为2.5–2.8米。

焦炭行业年产20万吨以下：是指年产量不足20万吨的焦炭企业，即土焦、改良焦。

10．小企业贷款情况表中：

（1）、2007年1–3季度：

小企业包括小型企业和个体经营户，其范围及划分标准按照《银行开展小企业贷款业务指导意见》要求执行，参照《中小企业标准暂行规定》（国经贸中小企〔2003〕143号）、《国家统计局关于印发〈统计上大中小型企业划分办法（暂行）〉的通知》（国统字〔2003〕17号）和《部分非工企业大中小型企业划分补充标准（暂行）》（国资厅评价函〔2003〕327号）及《国民经济行业分类》（中华人民共和国国家标准GB/T4754–2002）的规定。

小企业表内外授信总户数为银行向其提供贷款和表外授信的小型企业及个体经营户总户数。

（2）、2007年4季度小企业报表口径调整为：

小企业授信泛指银行对单户授信总额500万元（含）以下和企业资产总额1000万元（含）以下，或授信总额500万元（含）以下和企业年销售额3000万元（含）以下的企业，各类从事经营活动的法人组织和个体经营户的授信。

11．贷款质量迁徙表中：

正常类贷款迁徙率：期初正常类贷款向下迁徙金额/（期初正常类贷款余额–期初正常类贷款减少金额）*100%

关注类贷款迁徙率：期初关注类贷款向下迁徙金额/（期初关注类贷款余额–期初关注类贷款减少金额）*100%

次级类贷款迁徙率：期初次级类贷款向下迁徙金额/（期初次级类贷款余额–期初次级类贷款减少金额）*100%

可疑类贷款迁徙率：期初可疑类贷款向下迁徙金额/（期初可疑类贷款余额–期初可疑类贷款减少金额）*100%

深化改革创佳绩

服务“三农”谱新篇

山西省农村信用社联合社阳泉办事处

山西省农村信用社联合社阳泉办事处(简称省联社阳泉办事处)位于阳泉市开发区大连西路26号,于2006年12月30日正式挂牌成立,是山西省农村信用社联合社的派出机构,具体承担对全市农村信用社的管理、指导、协调、服务职能。设有综合部、财务科技部、信贷部、稽核保卫部4个部门,现有职工36人。

阳泉市农村信用社辖区有平定、盂县、郊区3个县级农村信用联社、32个农村信用社、81个信用分社、47个储蓄所,共有163个营业网点,2000余名员工。2007年,全市农村信用社大力弘扬“敬业、守纪、规范、务实、和谐、创新”的企业精神,在统一法人改革、电子化建设、内部管理、业务创新、信贷支农等方面取得了新的成绩。

1. 各项经营指标再攀新高。截至2007年末,各项存款余额达902942万元,增长21.17%,存款市场份额位居全市金融机构第二。各项贷款余额589915万元,增长12.16%,贷款市场份额位居全市金融机构首位。全年实现总收入80371万元,实际经营利润32196万元。

2. 法人治理取得新进展。2007年7月份,辖内三家联社统一法人社先后挂牌开业,在全省首家整体完成了以县为单位“统一法人”产权制度改革。9月份,平定联社成功兑付央行票据12182万元,成为全省首批兑付央行票据的两个联社之一。盂县联社11756万元、郊区联社10868万元专项央行票据兑付申请也通过省级考核。

二、2007年度主要经营指标完成情况

1. 资产总额达到316613万元，较年初239826万元净增76787万元，增长32%。

2. 资本总额达到35950万元，较年初20369万元净增15581万元，增长76%。

3. 注册资本金25397万元，较年初15196万元增加10201万元，增长67%。

4. 各项存款余额269483万元，较年初211107万元净增58376万元，增长27.7%。

5. 各项贷款余额192786万元，较年初158227万元净增34559万元，增长21.8%。

6. 不良贷款余额7297万元，较年初下降1858万元，不良贷款率为3.79%，较年初的5.8%下降2个百分点。

7. 实现营业收入21060万元，较上年增长64%。

8. 实现利润7115万元，较上年增长42%。

阳泉市商业银行

一、阳泉市商业银行机构简介

阳泉市商业银行前身阳泉市城市信用社创建于1985年，1989年成立阳泉市城市信用社中心社，2002年改制成为单一法人城市信用社，2007年9月挂牌成立阳泉市商业银行。全行现有在岗正式员工300人，其中，党员58人，团员107人，大专以上学历253人。内部机构设有董事会办公室、人事与薪酬管理委员会、风险与关联管理委员会、监事会办公室、审计与监察管理委员会、党委办公室、党委工作部、综合办公室、财会计划部、信贷管理部、业务结算部、内控稽核部、风险控制部、市场拓展部、科技保障部、行政保卫部、信用卡部等17个部门，在城信路、华盛街、南大街、北大街、桥头街、桃南路、深圳街、南庄路、福寿街、德胜街、小阳泉、大连路等设有12个分支机构，直接服务全市市民和中小企业。

刚刚过去的2007年是阳泉市商业银行发展历史上的重要一年，一年来，董事会、监事会、经营层、领导集体带领全行员工，坚持“诚信经营，构建和谐再辉煌，创新品牌，稳健求胜促发展”的宗旨，按照商行“四心”员工精神、“四意”经营理念及团队精神，紧紧围绕筹建商业银行这个总目标，认真抓好稳健发展和风险控制两项重点工作，着力打造“阳泉人自己的银行”这一独特品牌，成功地实现了三个转变：在经营体制上由城市信用社向城市商业银行的转变；在经营思路上由追求“规模速度”发展向追求“创新品牌稳健求胜”协调发展转变；在经营管理模式上逐步由粗放型向集约型转变。全行各项业务呈现出持续、快速、健康发展的良好势头。

会荣记“集体一等功”。

经营效益明显提高。优化收入结构，转变盈利模式，依托网点网络优势，打造中间业务拳头产品，个人银行和电子银行业务蓬勃发展，保险代理业务跻身全省先进行列，2007年末实现中间业务净收入2831万元，同比多收894万元，增幅达46.15%，实现经营利润3968万元，基本实现经营利润三年翻番的既定目标。

存款结构进一步优化。到2007年末，各项存款余额达84.289亿元，市场占有率达33.6%，居朔州市四大国有商业银行第一位。其中低成本存款余额达73.16亿元，占各项存款余额的68.04%，较年初净增12.49亿元，占全年净增额的88.3%，低成本存款对全行利润的贡献率显著提高。

不良贷款清收成绩显著。针对农行股改上市，部分欠贷大户等待观望剥离的不利因素，全行上下抢抓机遇，锁定目标，采取措施，全力清收，2007年不良贷款货币清收6616万元，全省排名第二。

股改准备工作扎实推进。2007年举全行之力做好房地产确权、固定资产清理、不良贷款清查摸底等各项基础工作，全行可疑、损失类贷款确权和基本确权率达到99.9%，房地产确权类达到100%，多次受到省分行表彰奖励。

中国农业银行朔州市分行

中国农业银行朔州市分行组建于1989年6月，内设12个部室，3大中心，全辖35个营业机构，共有员工623人，业务辐射全市两区四县（朔城区、平鲁区、山阴县、怀仁县、应县、右玉县）。主要办理人民币存款、贷款、结算、国际业务、票据贴现等，开发完善了金钥匙、金光道、金惠卡和金E顺等“四金”系列产品，设立了自助银行、金融超市、95599电话银行、网上银行等各种金融产品，满足客户不同层次的需求，让客户共享网络网点资源。

近年来，朔州市分行党委大力弘扬和实践“团结拼搏、求真务实、与时俱进、争创一流”的企业精神和“以服务求生存、以信誉求财源、以管理求效益、以竞争求发展、以育人求兴旺、以防范求安全”的企业理念，形成了“人心顺、行风正、纪律严、政令通、企业兴”的良好局面。与此同时，企业经营业绩和风险控制能力不断增强。2005年被国家工商管理总局评为“守合同重信用”企业，被山西省消费者协会评为“诚信单位”，被山西省人民政府评为行风评议先进集体，被省农行评为综合绩效考核先进集体。2006年被农总行评为全国农行系统“先进工会委员会”、“安全保卫先进单位”。2007年连续第六年被山西省文明委授予“文明和谐单位”。2008年被山西省劳动竞赛委员

新，大力提高一线服务质量，核心竞争力明显增强，社会形象明显改观，以一流的产品、一流的效率、一流的服务，赢得了广大城乡居民和行政企事业单位的高度赞扬，社会赞誉度得到了进一步提高。

2007年，朔州工行以打造金融品牌为目标，在朔州市委市政府的大力支持下，促成了朔州市保安押运护卫中心的成立，开创了金融系统与公安系统守押合作之先河；在振华支行建立了全市第一家贵宾理财中心，在同业中率先推出集专业服务品牌、专属服务渠道、专供理财产品、专职客户经理、专享服务优惠、专用服务设施于一体的贵宾客户服务体系，树立了工商银行上市公司的良好形象，提高了全市金融服务整体水平。

展望未来，工行朔州分行将继续深化金融改革，加快金融创新，完善金融体制，加强与市委、市政府及银监局、人民银行的交流沟通，积极融入到朔州市经济建设的宏伟事业中去，为实现全市经济又好又快发展再立新功。

中国工商银行朔州分行

中国工商银行朔州分行是适应朔州市煤、电能源工业城市建设需要,于1989年5月份组建成立的,位于山西省朔州市振华西街50号。本部内设16个部门(中心),下辖10个一级支行、5个二级支行、2个分理处、1个储蓄所,共计18个营业网点,拥有从业人员504人,是一家资金实力雄厚、科技网络发达、金融产品先进、服务功能齐全的二级分行。

建行以来,朔州工行以支持地方经济建设为己任,以稳步推进各项改革为经营动力,以大力调整收益结构为发展主线,以全面实施金融创新为发展战略,圆满完成了股份制改革和经营发展的双重任务,取得了显著的社会效益和经济效益。截至2007年末,全行实现拨备前利润4619万元,同比增加2175万元,人民币各项存款余额达65.5亿,较年初净增14.6亿元,累计发放贷款4.8亿,各项贷款余额达11.35亿元,实收利息收入7413万元,当年实现中间业务收入2287万元,同比增加1316万元,完成了朔州分行从包袱行、亏损行、落后行向盈利行、贡献行、进步行的历史性转变,各项业务步入了良性发展的快车道。

2007年,朔州工行紧紧围绕"十一五"期间全市发展战略规划,积极开展"三五O"建设工程的项目融资工作,积极推动"三大方阵"12个企业的技改扩建工程,重点支持了神头一电、神头二电、平朔煤炭工业公司、同煤集团、山西大唐电力有限公司、格瑞特等一大批国有大中型企业发展,积极介入并扶持了朔州经济转型期各类招商引资项目,为朔州市社会经济的发展做出了积极的贡献。

2007年,朔州工行以改善金融服务为宗旨,全面加快网点改造步伐,不断推进金融产品创

持续发展能力得到全面提升，各项综合评级均达到了银监会规定的三类行标准，大同市商业银行进入了一个全新的发展阶段，各项业务实现了健康快速发展。截至2007年末，全行各项存款余额达到103.44亿元，各项贷款余额达到54.18亿元，全年实现经营利润1.2亿元，所有者权益63973万元，拨备覆盖率76.90%，不良贷款率6.04%。

在7年的发展历程中，大同市商业银行始终坚持“追求成功，服务大同”的经营理念，紧紧围绕“立足地方，服务中小，服务市民”的市场定位，狠抓管理、经营、创新、文化四个方面工作，创建物质、制度、精神三个文明，打造市民信赖的好银行，全力支持大同市中小企业发展，为繁荣地方经济做出了积极贡献。先后多次被大同市委、市政府命名为“先进基层党组织”、“模范单位”、“十佳服务品牌单位”、“市级文明单位”。2005年被山西省财贸工委评为“创建服务品牌模范单位”，被山西省劳动竞赛委员会荣记集体一等功，并通过了ISO9001:2000国际质量体系认证。

大同市商业银行

大同市商业银行成立于2001年1月，现有33个营业网点，拥有员工903人。

建行7年来，面对各种机遇和挑战，在大同市委、市政府的正确领导下，在各有关部门的监管、指导、支持和帮助下，大同市商业银行全行干部职工以认真负责的主人翁精神和高度的政治责任感，认真贯彻执行“三个代表”重要思想，以科学发展观为统领，坚持走规模、质量、效益协调发展之路，恪尽职守，奋力赶超，实现了全行各项业务的健康、快速、可持续发展，综合竞争实力逐步增强，经济效益大幅攀升。

2007年，大同市委、市政府以“政府主导、平台运作”为基本思路，在财力十分紧张的情况下，向大同市商业银行注入8.6亿元资金，用于大同市商业银行的增资扩股和处置不良资产工作。在多方的共同努力下，2007年底，大同市商业银行重组工作顺利完成，风险抵御能力和可

中国工商银行大同分行

大同分行是由始建于1984年的雁北中心支行和大同市支行，历经1993年雁同地市合并成立至今。现有从业人员1798名，下辖1个二级分行、21个一级支行、28个二级支行、1个分理处，机构总数51个，合理分布于市区及周边县(区)，广泛服务于各企事业单位及个人客户。近年来，该行在开办传统存贷业务的同时，始终致力于金融产品创新，相继推出了“超短期人民币理财产品”、“如意金”金条等多种新兴产品，为大众提供了多元化的理财渠道，真正是老百姓身边的银行、可信赖的银行。

截至2007年末，全行实现拨备前利润4.5亿元，同比增加1.4亿元，增幅45%。实现账面利润5.1亿元，同比增加2.4亿元，增幅98.7%；本外币各项存款余额达301.05亿元，各项贷款余额91亿元，存贷款市场份额始终位居全市同业之首。实现中间业务收入1.3亿元，同比增加7750万元，增幅148%，收入绝对额、增长额列全省第二位，计划完成率列第一位，同业占比达到50%，同比提高6.92个百分点，居同业第一。2007年末，绩效等级由上年的C++，提高到A，在全省排名第二位，分别较上年提升了8个级次和6个位次。在全国282家二级分行行长经营绩效考评中排名第71位，较上年提高32个位次，较2005年提高55个位次。

3. 电子化建设开创新局面。2007 年 2 月 10 日，通达全市各营业网点的储蓄通存通兑网络全面开通，在全省第一家实现了全市范围的数据大集中。综合业务系统与现代化支付系统顺利对接，已正式开通运行。至此，全市农村信用社实现了同其他商业银行一样无差别的支付结算功能，打破了阳泉农信 50 多年来跨地区、跨行结算渠道不畅的瓶颈。

4. 内控管理再上新水平。设立了事后监督中心、电子监控中心，建立了事后专职人员监督与电子视频实时监控相结合的综合监督体系；率先引进信贷管理系统，为防范信贷操作风险奠定了基础；面向全市农村信用社公开选拔 38 名专职稽核人员，组建稽核大队，在全省农村信用社率先推行“垂直管理、上挂下查”的稽核体系。

5. 业务创新取得新进展。借助平定联社进入银行间债券市场的业务操作平台，为辖区三家联社搭建了资金协调中心，日均营运超额储备资金 91675 万元，增收 3735 万元，债券投资资产占到总资产的 20%，资金交易量在全国农信系统排名第 14 位，成为我市农村信用社除贷款业务以外的主要创收渠道。

6. 支农主力军作用进一步发挥。投放贷款 97690 万元，对“百项工程”中新农村建设农业产业化项目以及市政府确定的“万村千乡工程建设”、农村沼气利用工程等 46 个项目进行了重点支持。累计投放中小企业贷款 52 亿元，支持了 997 个中小企业的生产发展，贷款余额达到 48 亿元。扎实推进“三千三百惠农工程”，全年累计发放支农贷款 70 亿元，创建信用村 244 个，其中省级信用村 30 个，累计向 132 个能带动农民增收的县域企业、15 个农民专业合作社、100795 户农户提供了信贷支持。

长治市商业银行

长治市商业银行是经中国银行业监督管理委员会批准，由市财政、部分企业及社会居民入股组建的具有独立法人资格的地方性股份制商业银行。其前身为长治市城市信用社(有限责任公司)，自第一家城市信用社成立至今已有20多年的发展历史。多年的发展中，长治市商业银行经历了艰难起步时期的困境、化解历史风险时期的挑战和改革发展时期的转变，在塑形象、严管理、增效益等方面成效显著，由一个名不见经传的小企业迅速成长为金融队伍中一支不可或缺的生力军。

截至2007年12月末，长治市商业银行在全市共设立21家支行，注册资本2.8亿元，拥有员工500余人。存款余额达72.5亿元；贷款余额49.5亿元，存贷比68.24%；不良贷款率为3.90%，收息率达94.56%；支持各类中小企业达到408家；实现利润15890万元，上缴各种税金9000该余万元。在全国盈利超强的城市商业银行中排名第13位。在全国112家城市商业银行中综合排名第31位，在全国48家小型城市商业银行中综合排名第9位，在24

家中部地区城市商业银行中综合排名第6位。2007年，长治市商业银行被省、市企业家联合会双双授予“山西省功勋企业”和“长治市功勋企业”称号，贾沁龙董事长被授予“功勋企业家”称号。

经营管理中，长治市商业银行积极引进适应自身发展的先进管理经验和运作模式，不断开拓业务新品，完善服务渠道，提高服务质量和科技含量，先后推出了双“121”战略工程、业务流程再造、大小额支付结算、银行汇票、银行承兑汇票、个人通知存款一户通、365日计息、小额存单质押、国债质押、住房抵押、保单质押、工资抵押、消费信贷、“小巨人”企业培育工程等一系列产品创新和制度创新，实现了低风险、快增长、高效益的战略目标，树立了充满生机与活力的崭新的商业银行形象。

作为地方性股份制金融机构，长治市商业银行始终秉承“依托地方经济，回馈全市人民”的理念，大力弘扬“勇于进取，开拓创新”的精神，积极倡导“至诚至信，服务大众”的文化，鼎立支持全市经济的发展，累计向各类中小企业投放信贷资金100多亿元，涉及煤炭、焦炭、钢铁、化工、医药、房地产、商贸流通等众多行业，在支持地方经济建设上做出了不懈的努力。2006年，长治市商业银行被山西银监局评为“山西银行业金融机构小企业金融服务工作先进单位”，郭志宏副行长被评为“山西银行业金融机构小企业金融服务工作先进个人”，得到了全市人民的支持和认可。

巍巍太行，万里河山呈画卷，盛世上党，贴心商行谱华章。长治市商业银行按现代企业制度运作模式，不断创新经营方式，以“争先发展，和谐发展，科学发展”的发展观，以“与时代共进步，与客户共发展，与员工共成长”的价值观，努力打造管理先进、质量优异、效益良好的流程银行。同时，随着中国经济全面对外开放，银行业面临更为复杂经济形势、更加严格宏观调控和更加激励市场竞争的大环境下，长治市商业银行以市场为导向，以创新为动力，以客户为中心，以快捷高效为特色，继续走改革发展之路，为建立实力雄厚的现代化股份制商业银行奠定坚实的基础，立足地方经济，力争取得更新、更大的发展！

潞安集团财务有限公司

路安集团财务有限公司是通过重组方式，经中国银行业监督管理委员会批准成立的一家非银行金融机构。2007 年 8 月 19 日正式挂牌营业，注册地为山西省长治市城西路。注册资本金 5 亿元，由山西潞安矿业(集团)有限责任公司、山西潞安环保能源开发股份有限公司，分别出资 3.3335 亿元和 1.6665 亿元，占比 66.67%和 33.33%。

路安集团财务有限公司是山西省第一家财务公司，也是全国煤炭行业第二家财务公司。公司主要经营以下业务：(一)对成员单位办理财务和融资顾问、信用鉴证及相关的咨询、代理业务；(二)协助成员单位实现交易款项的收付；(三)经批准的保险代理业务；(四)对成员单位提供担保；(五)对成员单位办理票据承兑与贴现；(六)办理成员单位之间的内部转账结算及相应的结算、清算方案设计；(七)吸收成员单位的存款；(八)对成员单位办理贷款及融资租赁；(九)从事同业拆借；(十)对金融机构的股权投资。

公司成立以来，努力建立健全法人治理结构，构筑起科学的风险管理体系和内控机制，完善了董事会、监事

会议事规则以及董事会下设风险管理委员会的议事规则，完善了经理办公会以及下设的信贷审批委员会、内部控制委员会的工作规则。总经理、副总经理的工作职责明确，配合融洽和谐。按照金融企业的运作要求，本着既精炼高效又相互监督、相互制约的原则，公司设立了信贷、资金、结算、稽核、会计、投资、综合、信息八个部门，各部门职责明确，制衡有效。财务公司作为金融机构是一个经营风险的特殊企业，混业经营和金融运作的高风险性决定了制度建设的重要性。公司通过一系列工作制度的制定实施，基本实现了“内控有制度、风险有监测、权利有制约、岗位有职责、过程有监控、工作有评价、事后有考核”。公司的经营管理严格按照“432”目标管理的内容进行，即坚持合规经营、坚持风险控制、坚持服务集团、坚持以人为本；提升员工专业素质、提升成员单位满意度、提升财务公司影响力；加强学习培训、加强绩效考核。

潞安集团财务有限公司运营以来坚持以“服务集团”为己任，坚持规范稳健与开拓创新并举，紧跟集团发展需求创新业务品种，在资金结算、融资、资产管理与财务顾问等方面为集团提供了多方位的金融服务，为集团公司资金的高效运作发挥了积极作用；公司以市场为导向，取得了较全面的业务资格，与金融同业建立了良好的合作关系，在公司管理中强化制度建设与风险管理，取得了良好收益。截至2007年12月31日，公司资产总额为33.75亿元，其中贷款9.46亿元，缴存法定准备金4.19亿元，实现营业收入3050万元；负债总额为30.45亿元，净资产3.3亿元，实现利润总额1991万元，资本充足率为34.15%，不良资产率为0。

潞安集团财务有限公司以服务集团成员单位需求为导向，以现代信息技术应用系统为平台，公司构建起了一个安全高效的网络体系，为集团成员单位提供高效快捷的结算、融资、投资等综合金融服务。财务公司是产业资本和金融资本的有机结合体，现在已经初步成为集团的“结算中心、融资中心和资本运营中心”。力争通过三个中心功能的发挥为集团降低交易成本、节省财务费用、提高资金使用效率，为集团发展提供强有力的金融支持，建设既强又大国际化新潞安的助推器。

晋城市商业银行

晋城市商业银行于2006年1月7日挂牌成立，是晋城市唯一的一家地方性股份制银行。作为地方经济的播种机、中小企业的及时雨、城市居民的贴心人，晋城商行始终坚持自己的市场定位，秉承“追求完美，成就你我”的核心文化理念，突出“快捷、方便、灵活”的经营特色，合规经营，用心服务，不断创新，勇于超越，在晋城经济社会发展中发挥了不可替代的作用。

多年来，晋城商行以打造特色精品银行为己任，紧紧围绕“服务客户、经营客户”这一中心工作，坚持科学发展、和谐发展。在积极拓展公司、个人、同业三个市场的同时，在更新观念、创新机制、优化管理、提升服务、产品研发、风险防范、团队建设、文化建设、塑造品牌等方面狠下功夫，有力培育和增强了企业的核心竞争力。

2007年1月，晋城商行召开经营转型工作会议，开始全力构建以客户为中心、以风险控制为基础的专业化、集约化的现代流程银行体系。改革播新绿，创新促发展，在流程银行理念的催化下，各项工作全面提速，焕发出前所未有的蓬勃生机。到2007年末，晋城商行各项存款达到56亿元，当年净增9亿元，各项贷款达到31亿元，当年净增2.4亿元，经营利润达到1.2亿元，剔除各项拨备后，实现利润9911万元，缴纳税金达4300万元。

在成长和发展的道路上，晋城商行深感社会各界和广大客户的相助之恩和关爱之情，始终不忘回馈社会，回报客户。在大力支

持地方经济建设，积极投身社会公益活动，按时足额上缴国家税金的同时，晋城商行不断创新企业文化建设，奋力开拓融资与融智相结合的全新营销服务模式，先后成立了“赢者·企业家俱乐部”、“握美俱乐部”，努力为广大客户和市民搭建沟通、学习、成长、合作的平台，以实际行动担当企业社会责任，争做优秀企业公民，为晋城市和谐社会建设作出了应有的贡献。先后被中共晋城市委、晋城市人民政府授予“服务经济建设先进单位”、“纳税重点企业”、“支持重点公路建设先进单位”、“文明单位”等多项荣誉称号。

大风起兮春潮涌，正是破浪扬帆时。晋城商行这一支孕育着无限生机和活力的年轻团队，正以更加饱满的激情和更加高昂的斗志，实现着自己新的梦想，续写着商行新的传奇！

和谐发展中的中国邮政储蓄银行吕梁市分行

中国邮政储蓄银行吕梁市分行于2008年2月2日成立，是中国邮政储蓄银行的二级分行，隶属于中国邮政储蓄银行山西省分行。现有员工297人，内设7部1室，下辖4个县(市)支行和46个二级支行。

自1986年邮政部门恢复办理储蓄业务以来，吕梁邮政储蓄已走过了22年不平凡的发展历程。22年来，吕梁邮政储蓄狠抓基础设施建设，加大信息化投入，不断创新经营机制，强化内控管理，逐步提升专业人才素质，使吕梁邮储事业得到了持续、快速、健康发展，成为网点遍布城乡、信息技术领先、服务功能齐全的现代金融机构。建成了覆盖全市城乡网点面广、交易额多的居民金融服务网络：拥有储蓄网点74个，汇兑联网网点81个，ATM机51台，成为沟通城乡居民个人结算的主渠道。截至2008年7月份，邮政储蓄余额已发展到85.4亿元。邮政储蓄“绿卡”已成为吕梁人民喜爱的银行卡之一，拥有持卡户数83万户。

邮政储蓄注重开发多样化的金融产品，目前形成了以吸收公众存款为主体的负债业务；以国内、国际汇兑、转账、银行卡、代理保险、代销基金、代收代付等多种形式的中间业务；以小额贷款业务为主渠道的资产业务。

吕梁分行将以十七大精神为指导，认真落实科学发展观，大力深化体制改革，加快业务转

型，全面加强风险管理，继续依托邮政网络优势，拓宽业务领域，丰富银行服务产品，为广大客户提供更全面、更便捷的金融服务，打造成为一家内控严密、营运安全、服务周到、竞争有力的现代化商业银行。

新产品简介：

邮政储蓄“好借好还”小额贷款业务：是中国邮政储蓄银行继定期存单小额质押贷款业务后，再次为广大中小企业主和农户开辟的一个新的贷款渠道，是邮政储蓄银行全面支持社会主义新农村建设的重要举措，能够为地方经济建设注入更多资金，为更多的农户发家致富提供帮助！

贷款种类有商户联保、农户联保、商户保证、农户保证四种形式。

贷款对象主要是个体工商户、个人独资企业主、农户。

是不需要抵押、质押的贷款！不需要请客送礼、找关系的贷款！可以享受到优质服务的贷款！若您恪守信用将会得到更好的贷款服务！

对公业务：目前业务范围包括对公存款和对公结算业务。对公存款业务包括单位活期存款、定期存款、通知存款和协定存款。单位开立的活期账户包括基本存款账户、一般存款账户、专用存款账户和临时存款账户。对公结算业务先期开办支票和汇兑业务，逐步增开本票、汇票、委托收款、托收承付、票据贴现等业务。另外，为了提升服务水平，近期邮储银行还将开通企业网上银行服务。

蓬勃发展的吕梁市农村信用社

吕梁市农村信用社是由农民群众自愿入股组成，主要为地方经济发展服务的社区性金融机构。早在1950年，吕梁市便在兴县、岚县、中阳等县成立了9个信用社，后经过50多年的改革和发展，农村信用社由小到大，由弱变强，目前已成为资金实力雄厚、金融产品齐全、服务功能完善、网点遍布城乡、现代化程度较高的金融机构。全辖设市联社1个、县级联社13个、204个信用社、27个信用分社、101个储蓄所。主要经营个人业务、公司业务、中间业务、结算业务和资金业务。全系统现有从业人员2998人，其中：党员1351人，大专以上学历1252人，具有初级以上专业技术职称1157人，全系统职工平均年龄为41.2岁。

多年来，全市农村信用社在各级行业管理部门的正确领导和有效监管下，以服务三农和地方经济为宗旨，不断完善金融服务，加大信贷投入力度，为支持地方经济的发展作出了应有的贡献，已成为支持地方经济发展的重要金融力量。特别是2004年深化农村信用社改革以来，吕梁市农村信用社以科学发展观和构建和谐社会为统揽，紧紧围绕社会主义新农村建设，坚持“面向三农，面向社区，面向中小企业，面向市域经济”的市场定位，不断强化创新意识，积极推进机制、管理、产品和服务创新，推出了一系列服务“三农”的新举措，充分发挥了地方金融主力军的作用，有效地满足了多元化、多层次的城乡金融需求。同时，全市农村信用社抢抓机遇，加快发展，使各项改革工作扎实推进、业务发展全面提速、合规管理不断强化、经营效益稳步提

高、各项事业取得长足发展。截至2007年底，全市各项存款余额达成146.92亿元，存款的市场份额为28.4%，当年新增份额为31.8%，两项均居全市各金融机构第一位，存款总量在2004年底的基础上翻了一番；各项贷款余额为87.97亿元，较2004年净增34.74亿元，贷款投放总量占到全市金融机构的56.6%，三农贷款的投放占到全市总量的96%；2007年，全辖实现盈余2.35亿元，较2004年增盈1.01亿元。

为充分发挥联系三农的金融纽带作用，吕梁市农村信用社牢固树立以顾客为中心的市场营销理念，着力打造“市域经济的主力银行、立足社区的零售银行、农民喜爱的农村银行”，相继实施了形象工程、服务兴社工程、信息化工程等。先后投入近亿元，对基层营业网点进行了全面的改造、装修和服务系统的升级换代，发展环境有了全新的变化，企业形象全面提升。服务领域不断拓展，为农村信用社在新时期的持续、健康发展奠定了坚实的基础。目前，吕梁市农村信用社正以崭新的形象、坚实的步伐阔步前行。

晋中市商业银行

作为地方性股份制金融机构，晋中市商业银行股份有限公司自2007年8月28日挂牌以来，在晋中市委、市政府、晋中银监分局、人行晋中市中心支行的关怀与大力支持下，本着对股东、客户、员工和社会高度负责的精神，坚持以内部管理为重点，以控制风险为前提，以产品服务创新为动力，全面提升综合实力和市场竞争力，在推动地方经济建设的同时实现了自身的持续快速健康发展。

建行一年来，晋中市商业银行明确发展思路，夯实管理基础，以提升核心竞争力为目标，制定了战略更加清晰的愿景规划，建立了较为严密的内部控制体制、先进的经营管理机制、积极引进高水准的战略顾问团队，着力推进多项人才竞争激励机制，不断加强业务品种的创新，大力提升自身服务品质，逐步优化内外部发展环境，实现了和谐、稳健发展。

建行一年来，晋中市商业银行始终坚持科技兴行的理念，积极加快经营业务电子化步伐，不断打造快捷、高效的现代化业务管理工作平台。初步实现了智能化、现代化、快捷高效的业务管理工作新平台，同时积极探索企业文化建设，提炼企业文化理念，构建了“达善、务实、进取”为核心价值观的一系列具有自身特色的企业文化，实现了企业文化建设与企业管理的相互融合。继内部刊物《晋中商

行》创刊5年之后，又创办了电子杂志《新商行》，力求以前沿的表现形式、独特的文化方式，丰富员工的文化活动，得到了上级领导和内部员工的一致好评。

作为一家地方性股份制金融机构，在实现自我发展的同时，晋中市商业银行坚持“服务地方、服务市民、服务中小企业”的市场定位，充分发挥机制优势，扎根本土、奉献地方，为推动地方经济又好又快发展做出了积极的贡献。同时，勇于履行社会职责，积极参与社会各项公益事业和爱心、扶贫活动，诚心回馈社会，为慈善基金会捐助；并出资全程赞助晋中市第二届运动会，被市委、市政府授予“特殊贡献奖”。开展政策性贷款——下岗失业人员小额贷款业务，支持下岗失业人员创建社区小企业。先后被评为晋中市纳税“50强”企业之一，被山西省税务局评为“山西省纳税信用等级A级企业”；被晋中市工商局评为“守合同重信用企业”；连续两年被晋中市劳动和竞赛委员会授予“集体二等功”和“集体一等功”光荣称号；被晋中市公安局授予“集体三等功”；被晋中经济开发区授予“2006年度服务经济发展先进单位”；2007年被中共山西省委、山西省人民政府授予山西省五一“模范单位”称号，并在《山西日报》2007年5月15日A4版作了题为《璀璨银河中的新星》的专题劳模报道；进一步树立了我行良好的社会形象。

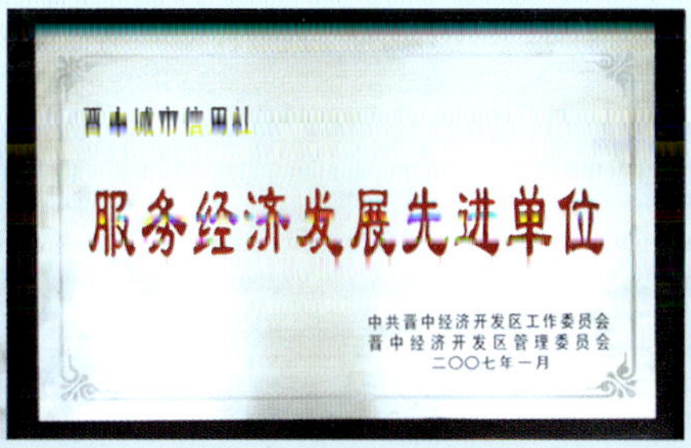

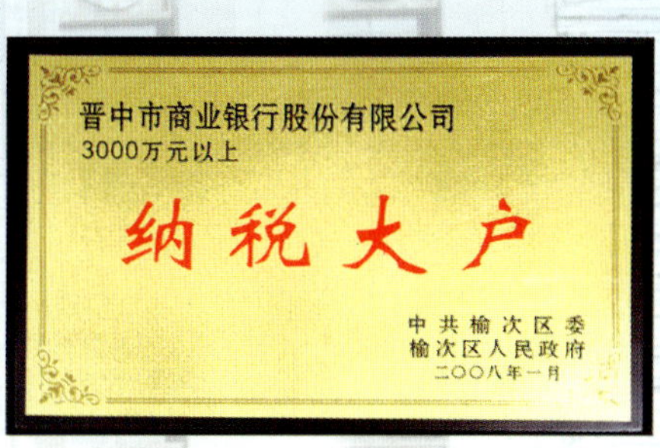

晋中经济开发区农村信用合作联社

风雨兼程七年路　栉风沐雨写春秋

晋中开发区农村信用合作联社位于晋中市安宁街489号，成立于2001年。七年来，在银监部门及上级行业管理部门的有效监管及正确指导下，经历了由小到大，由弱到强，由二级法人向一级法人联社的历史嬗变，实现了跨越式发展。截至2007年末，全辖共有职工327名，所辖7个信用社、1个营业部、20个分社，各项存款余额达16亿元，贷款余额达11.8亿元。联社成立以来，有效行使了管理、指导、协调、服务、监督的职能，促进辖区信用社实现了规范化、标准化、制度化；充分发挥支农主力军作用，实现了支持地方经济腾飞和信用社整体实力及经营效益的快速健康发展；全辖改革发展取得了显著成效，2007年率先在全市实现统一法人挂牌和央行票据兑付，监管目标提前实现，晋中银监分局、山西银监局监管评级为4级，为全省十个联社其中之一；存贷规模快速健康发展，七年间，存款翻了3.2番，贷款翻2.9番；资产质量实现“双降”，不良资产占比6%，比成立时下降43个百分点，不良贷款下降额达8600万元；经营效益持续提高，2007年实现利润5600万元，人均利润达28万元，资产效益率、利息收回率居全市联社之首，连续六年被评为市级先进单位、市级服务经济建设先进单位、文明单位、省级创安先进单位。取得上述的业绩，主要抓了以下几方面的工作：

一是创新理念搞经营，未雨绸缪订目标。联社成立以来，坚持大胆创新，提出搞改革、抓规范、促发展、求实效的工作思路，稳步实现了“一年夯基础，二年迈大步，三年创新路，达到全省先进联社行列”的目标计划。二是防范风险堵漏洞，加强内控促规范。联社一把手把银监部门的监管措施及目标作为重中之重来抓，山西银监局、晋中银监分局在辖区搞了“加强内控制度建设”活动，完善制度368个，干部员工执制行为得到提高，各项业务日趋规范，堵住了风险点、险源，受到省局领导的好评，经验在全省以及全国推广。同时，全辖监管措施到位，目标逐年攀升，2007年末达到4级以上。三是坚持宗旨不动摇，支农目标创佳绩。积极引导辖区农村信用社坚持服务三农为宗旨，加大支农力度，七年累计贷款62亿元，支持辖区4.2万户农民增收，农业贷款达到70%，建立省级信用村6个，县级信用村82个，信用户1.4万户，有力地支持了地方经济的发展，受到了各级党政的好评，被称为老百姓自己的银行。四是突坚攻难措施硬，清收不良效果佳。坚持“清盘”结合，加大责任贷款的追究力度，先后查处达18人，开除1人，记过12人，警告5人，共罚款1.6万元。五是千方百计抓增收，经营效益年年增。2003年在全市实现首家扭亏增盈的基础上连续五年实现利润递增30%以上，人均利润在全晋中市排名前列，受到特奖。六是专项治理扎实抓，实现了三无新成果。联社认真贯彻银监部门案件专项治理工作会议精神，积极开展案件专项治理工作，在全辖坚持突查及专项检查达36次，用“飞行”式的方法开展突查，先后通报了4个单位，共8人，罚款3600元，促进了全辖的规范。

七年的艰辛汗水，七年的不懈耕耘，七年来，我们在银监部门及上级主管部门的正确领导和大力支持下，全辖广大干部职工努力勤奋工作，联社各项工作结出了累累硕果，也磨励出了晋中开发区信合人的开拓创新的精神。面对新的希望、新的机遇、新的挑战，晋中开发区信合人坚信，在今后的工作中，要坚持不懈抓案件专项治理，认真做好风险防范工作，做到严查重处，达到规范操作，促进辖区信用社又好又快发展，为农村经济的发展铸就新的伟业，谱写新的华章。

中国建设银行临汾分行红梅理财中心

红梅理财中心（中国建设银行股份有限公司临汾大楼分理处）位于山西省临汾市尧都区鼓楼东大街46号，其前身是成立于1989年的临汾大楼储蓄所。2003年4月，因业务发展需要，大楼储蓄所升格为大楼分理处，同时成立建设银行山西省分行首家个人理财中心，主任为王红梅，百姓亲切地称之为“红梅理财中心”。网点共有员工25名，大专以上学历100%。理财中心在建行“以客户为中心”的经营理念指导下实施精品战略，积极转变理念，不断创新服务，实现了由传统经营产品、销售产品向经营客户、拓展客户的转变，建立了“与市场节奏合拍，与客户需求吻合”的服务体系和一整套规范服务标准，探索出中西部地区个人理财业务的新路子，其“用心服务”的理念和模式被系统内外誉为“红梅现象”。

品牌效应

红梅理财中心的服务创新与发展，逐步产生了品牌效应。

截至2007年末，红梅理财中心一般性存款余额达到81035万元，本年新增11449万元，是全省建设银行个人存款余额最高的网点。

贷款余额为3378万元，实现贷款利息收入117万元。

中间业务发展迅速，2007年代理基金、保险、国债等共计40111万元，代售利得盈及财富产品4139万元。

实现利润1597万元。其中中间业务收入850万元，较上年度增长了近6倍。

大楼分理处先后荣获全国金融五一劳动奖状、第二届全国金融系统职工职业道德建设“十佳班组”、中国建设银行优秀财富管理机构、山西省总工会“五一巾帼奖”、山西省妇女联合会“巾帼文明岗”、建设银行山西省分行个人银行业务“十佳网点”等多项荣誉。

王红梅当选为十七大党代表，荣获建总行“突出贡献奖”、建总行2006年年度感动人物，建总行百佳网点负责人。同年被山西省金融学会评选为“十佳金融人物”。王红梅因业绩突出被山西省分行破格聘为四级客户经理，继而被聘为临汾分行副行长兼“红梅理财中心”主任。

服务特色

【风险防范】

开展多种形式的风险防范教育，加强规章制度、业务流程和按章操作检查，正确处理业务发展与风险控制的关系，确保各项业务稳健发展。加强业务风险点防范和员工行为动态管理；充分发挥岗位人员作用，严格操作程序，控制风险；加强与员工的沟通，控制道德风险；建立长效机制，加大奖罚力度，做到奖惩分明。

【用心服务】

概括为五点：一是用心服务的落脚点，按照不同类型的客户的需求，设置不同的产品组合，最大限度地满足客户需求；二是用心服务的要求，让服务中的每一个片断都成为优质服务的典范；三是用心服务的原则，只有服务内容、服务形式上的差别，绝无服务态度、服务质量上的差距；四是用心服务的内涵，客户细分，服务分层，客户再分流；五是用心服务的核心，真诚地对待每一位客户，用专业的素质赢得客户的信赖。

【业务创新】

创新服务模式。倡导员工用心服务，细分市场、细分产品、细分客户；提出重点服务中高端客户兼顾普通客户的经营理念，对VIP客户进行差别化、个性化服务；对普通客户实行标准化的服务。

创新理财方法。从销售什么产品、员工推荐什么产品，到顾问式销售，再到为客户创造价值打动和赢得客户。

创新营销模式。从传统的以产品为中心到以客户为中心，从重产品的推介到重视客户关系管理到重视客户的资产管理。

创新工作流程。设立专职大堂经理，建立大堂经理日志登记制度，搜集整理服务案例、分析服务中的不足；开设低柜，分流柜台压力、提高销售业绩；开设贵宾理财室及贵宾客户绿色通道，为高端客户提供方便快捷服务；实行行长坐班制，记录行长工作日志，发现问题及时整改。

转变观念抓机遇　完善机制促发展

侯马市农村信用合作社联合社

侯马市地处山西南部，交通便利、商贸发达，自古有“南来北往商埠地，千车百货旱码头”之称。自20世纪80年代，这里先后建起了服装、鞋帽、家电、建材、副食品等41个不同特色的市场，经营商品3万余种，从业人员5万余人，商品辐射到全国10多个省、市，100多个县区，商品流通已经成为带动侯马发展的支柱产业。2007年9月，被中国物流协会评为“全国五大物流重镇”之一。而在此其中，以个体工商户、小型企业为主体的小企业成为了繁荣商贸、推动物流业的中坚力量。

在繁荣市场商贸、支持中小企业发展的新形势下，如何找准工作的切入点和信用社效益的增长点，有效解决小企业融资难、贷款难、担保难的“瓶颈”问题，侯马市信用联社立足实际，及时调整经营理念和服务方向，逐渐确立了“以客户为中心，以市场为导向”的经营思路，历经"转变经营方向，与小企业建立业务关系;营造诚信环境，扶持中小企业发展壮大;贯彻银监会指导意见，进一步完善授信机制"这三个阶段，推动农村信用社支持小企业发展逐步走向成熟。特别是自2007年，侯马市信用联社根据中国银监会提出的《银行开展小企业授信工作指导意见》的有关精神，选择了其辖内的晋都信用社为试点，着重建立和落实小企业授信"利率的风险定价机制、独立核算机制、高效的审批机制、激励约束机制、专业化的人员培训机制、违约信息通报机制"的六项机制，继续深入推进扶持小企业工作。

侯马市信用联社晋都信用社位于侯马市开发区，扶持有路西副食批发市场、中天建材市场和新世纪家具城。该三大市场的个体商户们在完成了原始积累后，在经营规模和经营效率上都有了质的飞跃，资金需求越来越大，原来的贷款发放和管理模式已经与快速发展的商贸流通不相适应。为此，晋都信用社根据商户短、小、频、急的资金需求，探索出了发放信用贷款的有效途径--评定信用商户，创建信用市场。为了确保信贷资金安全，信用社对市场的商户逐个进行信用等级评定。核发《贷款证》并授予一定的信用贷款额度，商户只签一次贷款合同，在核定的授信额度和期限内，凭《贷款证》可以随用随借、随有随还、一次授信、循环使用。随着商户资金需求的不断扩大，他们还改革了信用商户的评定办法，按照“贷与不贷看信用，贷多贷少看实力，利率高低看贡献”的原则，制定了《信用商户评定管理、信用市场建设实施细则》，设计了《信用商户调查评定打分表》、《信用商户评定表》，在授信额度的测算上，实行“一户一策”、区别对待的差异化授信办法，不仅满足了商户不同的资金需求，同时也降低了信用社的资产风险，有效地稳定了信用商户，巩固了信用市场的拓展。

同时，对于不同商户、不同商品的多样化融资需求，晋都信用社推出了灵活多样的贷款方式，适应了不同商户的经营需求。为了给市场商户和小型企业提供更加快捷方便的融资服务，他们借助山西省农村信用社的电子化平台，推广了“商户通”融资结算办法，创新了融资结算办法。为了激励商户提高资金回社率，实行浮动定价利率，变固定利率为浮动定价利率，浮度从 4%～12%不等，弥补了过去信用商户贷款利率一刀切，缺乏有效激励的缺陷。为了加强贷后管理防控风险，他们严格贷后检查监督，发现问题，迅速处置，防控风险。通过落实责任，定期检查；确定重点，明确内容等方法，采取有效措施，有力地预防了资产风险。

侯马市农村信用合作联社晋都信用社通过扶持小企业工作的有效开展，推动了各项业务的健康持续发展。截至 2007 年末，该社各项指标再创历史新高。各项存款余额达 36461 万元，较年初净增 5601 万元；贷款余额达 23329 万元，比年初净增 2106 万元，其中，累计投放小企业贷款 5600 万元，小企业贷款利息回收率达到 100%；实现收入 1649 万元，盈利 1431 万元，人均创利 40 万元，各项业务均居侯马市信用联社辖内的各信用社之首。与此同时，侯马市农村信用合作联社充分发挥地方金融主力军的重要作用，不断加大对“六项机制”的建设力度，积极服务新农村建设，真正实现了市域财政收入、企业商户创利、信用社经营效益和政府满意的良性发展格局。

运城市农村信用合作社联合社

运城市农村信用合作社联合社成立于2000年9月，是按合作制原则由13个县(市、区)联社(农合行)自愿入股组建、经中国人民银行总行核准并颁发农村合作金融机构法人许可证的市(地)级行业管理组织，属全国首批市(地)联社试点单位之一。全辖有12个县(市、区)联社、1个农村合作银行，下辖218个农村信用社(农村合作银行支行)，共有员工4000余人，聘任联络员6000余人，机构网点遍布全市城乡和村庄，是运城市机构网点最多、综合实力最强、服务范围最广的金融机构。

在山西省农村信用社联合社的正确领导下，在各级党委、政府的大力支持下，在银监部门和人民银行的有效监管和指导下，全市农村信用社认真履行党和国家的金融方针政策，创新思路，严格管理，深化改革，加快发展，使全市农村信用社各项业务稳健增长，资金实力不断壮大，服务体系更加完善，经营管理更有活力，在支持社会主义新农村建设中发挥了“金融主力军”的作用。尤其是2007年，全市农村信用社优化服务，广筹资金，各项存款当年净增34亿元，余额达到187亿元，居全市金融机构之首；以服务社会主义新农村建设为己任，深入推进“助学圆梦工程”，为2059名贫困大学生发放助学贷款1196万元，全面实施“三千三百惠农工程”，累计发

放各项贷款136亿元，贷款余额131亿元，创建省级标准信用村193个，支持能带动农民增收的县域经济企业200个，创建信用市场56个，扶持农民专业合作社80个，为农民提供信贷服务达74万户，有力促进了社会主义新农村建设，推动了农村经济的持续发展，开创了农村金融服务的新局面，使“惠农工程”真正成为惠泽万民的民心工程、富民工程；狠抓增收节支、增盈创利，当年实现经营利润3.3亿元，经营效益进一步提升；积极探索，大胆创新，不断加快新业务拓展步伐，顺利开通“关帝银联卡”业务，两个多月发卡总量突破20万张，服务水平进一步提升，为实现又好又快发展奠定了坚实基础，开创了运城市农村信用合作事业的新局面。

农信开新篇 三晋第一行

山西河津农村合作银行

山西河津农村合作银行是于2007年9月27日经中国银行业监督管理委员会批准成立的，是全省首家农村合作银行。其前身是河津市农村信用联社，是由辖内农民、农村工商户、企业法人和其他经济组织入股组成的股份合作制社区性地方金融机构。该行注册资本为9500万元，实行一级法人、统一核算、分级管理、授权经营的管理体制。其核准的业务范围为：吸收公众存款；发放短期、中期和长期贷款；办理国内结算；办理票据承兑与贴现；代理发行、代理兑付、承销政府债券；买卖政府债券、金融债券；从事同业拆借；提供保管箱服务。下设11个部室、11个支行、10个分理处、11个储蓄所。现有员工320人，其中大中专以上文化程度216人，占比达68%，初中级职称121人，占比达38%。

2007年，该行在以董事长马明立为首的一班人的带领下，深化体制改革，优化经营机制，创新金融服务，提升经营水平，通过全面实施以“深化四项改革，抓好四大工作，加快四个建设”为核心的“三四”方略，使各项业务全面、快速、稳健发展，各项工作连年实现满堂红，各项综合指标考核排队连年名列运城市信合系统第一，全省信合系统前茅，被誉为“河津金融领域的一颗明珠，运城信合系统的一朵奇葩，山西信合改革的一面旗帜”。

四大改革激活力

改革管理体制。积极推进产权制度改革，完善法人治理结构，构建了以股东代表大会、董事会、监事会和经营班子为基本架构的法人治理结构，建立了决策、经营、监督相互分离、相互

制衡的现代企业管理制度，并成功改制成为全省首家农村合作银行。

改革用工制度。积极改革选人用人、人才考核和员工培训三大机制，通过考试、考核等程序，打破了干部终身制和能上不能下的旧体制；通过请进来教、走出去学、岗位练兵等措施，有效提高了员工的综合素质。

改革分配制度。彻底打破了档案工资界限和职工身份区别，全面执行多劳多得、绩效挂钩的新型效益工资分配制度，上不封顶，下不保底，按月考核兑现，年终一次清算，促进了各项指标的全面超额完成。

改革服务机制。试行柜员制服务，开展个性化服务，推行“地毯式”服务，建立客户定期回访制，打造了信合品牌，提高了市场竞争力。

四大工作夯基础

狠抓资金组织工作。实行营销战略，开发金融产品，开拓中间业务，增加服务功能，全方位、多层次、多渠道地增加存款总量，使当年存

款总量突破了20亿元，资金实力进一步增强。

狠抓信贷规范工作。调整信贷投向，坚持面向农户、面向个体工商户、面向中小企业、面向核心客户，实现了信贷资产的合理投放；通过制定出台信贷操作规程，做到了制度健全、标准统一、责任明确、操作规范；通过规范贷款管理，推行贷款"五制"管理办法、信贷档案清查制度、月提示月盘点制度、信贷员驻厂清收制等，有效地保全了信贷资产；通过加大不良贷款清收力度，制定出台了转移承贷主体收、拍卖财产收、兼并重组收等各种行之有效的措施，使不良贷款余额和占比实现了"双降"。

狠抓财务收支工作。推行会计主管委派制，规范财务操作流程，加强重要凭证管理，强化增收节支工作，有效提高了信用社的经营效益。

狠抓风险防范工作。健全完善内控制度，加强内控制度的执行力，推行岗位轮换和强制休假制度，创新稽核工作模式，扎实开展了案件专项治理和治理商业贿赂专项工作等，使河津联社多年来没有发生一起责任性案件。

四个建设促发展

加快网点整合建设。通过整合网点资源、制定网点规划、加快设施建设，进一步提高了网点建设的档次，提升了信用社的社会形象和竞争实力。

加快产品开发建设。通过加快电子化建设步伐，实现了系统联网，发行了关帝银联卡，开通了通存通兑业务、综合处理系统、信贷管理系统，开办了银行承兑汇票签发、贴现等业务，进一步提高了信用社的市场竞争能力。

加快信用工程建设。围绕农村产业结构调整规划，加大支持"三农"力度，推行农户信用等级评定，推广农户小额信用贷款，全力推进信用工程建设，充分发挥了信用社支持"三农"主力军的作用。

加快企业文化建设。积极提炼企业经营理念和核心价值观，全面推行理念识别系统和视觉识别系统建设，坚持举办各种社会公益活动，开展了"捐款助学献爱心"活动，开辟了助学贷款绿色通道，加深了社会各界与信用社的鱼水情谊，提高了信用社的社会知名度。

大鹏一日随风起，扶摇直上九万里。河津农村合作银行的成立，标志着河津信合事业从此翻开了全新的一页，迈上了蓬勃发展的新征途。